*La Chine, la Russie, les
États-Unis et l'avenir de la
géopolitique*

La Chine, la Russie, les États-Unis et l'avenir de la géopolitique

GEW Intelligence Unit

Copyright © 2025 par GEW Intelligence Unit
GEW Reports & Analyses (La voix de la Méditerranée). Global East-West. London.
Sous la direction de Hichem Karoui.
Tous droits réservés.
Aucune partie de ce livre ne peut être reproduite sans l'autorisation écrite de l'éditeur ou de l'auteur, sauf dans les cas autorisés par la loi sur les droits d'auteur.

PREFACE PAR HICHEM KAROUI

Introduction à L'ordre géopolitique mondial contemporain

Contextualisation historique et émergence de l'ordre contemporain

L'ordre géopolitique mondial contemporain est né d'un certain nombre de changements historiques importants qui ont transformé les relations internationales. Pour saisir pleinement cet ordre contemporain, il est crucial d'étudier les conditions historiques qui ont conduit à son développement. En considérant des événements tels que les deux guerres mondiales, la décolonisation et la concurrence des superpuissances, les prémices de l'ordre géopolitique contemporain apparaissent clairement. Ces changements ont modifié la carte du monde et les hiérarchies de pouvoir des États. En outre, les changements économiques, technologiques et idéologiques ont également influencé ce nouvel ordre. La révolution industrielle et l'émergence de nouvelles technologies de l'information et de la communication, ainsi que des idéologies politiques telles que le capitalisme et le socialisme, ont transformé la place du monde dans la géopolitique. En outre, les changements géostratégiques tels que l'introduction de nouvelles puissances régionales et l'effondrement de certains empires modifient radicalement la scène internationale. En regroupant ces changements et ces événements dans un cadre plus large, nous mettons en lumière l'ordre géopolitique international contemporain ainsi que son histoire.

LES PRINCIPAUX ACTEURS ET LEUR INFLUENCE SUR L'ÉQUILIBRE MONDIAL

L'ensemble du conflit russo-ukrainien, de 2022 à aujourd'hui, permet d'approfondir le rôle de ces États et leurs relations. En règle générale, le pouvoir politique mondial est détenu par des groupes d'États spécifiques, appelés superpuissances. À l'heure actuelle, ces puissances comprennent les États-Unis d'Amérique, la Chine et la Russie. Depuis la fin de la Seconde Guerre mondiale, les États-Unis sont considérés comme la puissance dominante au niveau mondial, étant donné qu'ils ont développé leur influence dans le monde entier par le biais d'activités politiques, économiques et culturelles. Toutefois, ce type d'influence est remis en question par la croissance économique rapide de la Chine. Toutefois, la Chine n'est pas encore en mesure de rivaliser avec la Russie en ce qui concerne plusieurs influences. Alors que les États-Unis et la Chine sont en concurrence directe dans tous les domaines, il existe un scénario d'« équilibre des pouvoirs » avec la Russie. Ces acteurs évoluent dans un monde où le système international est beaucoup plus complexe et où l'interaction entre les politiques nationales, les politiques des différents États et l'équilibre mondial est presque inévitable. L'expression « équilibre mondial » décrit l'équilibre qui résulte de l'augmentation de l'interdépendance entre les relations des acteurs dans les différents contextes sociaux et les économies des différents pays. Ces relations favorisent la concurrence et la collaboration qui ont un impact direct sur l'ordre existant de la politique mondiale. En outre, l'émergence d'acteurs non étatiques, à la différence des organisations internationales traditionnelles, des sociétés multinationales et des groupes d'intérêt transfrontaliers, apporte de nouvelles facettes au puzzle géopolitique mondial.

Grâce à leurs actions et à leurs initiatives, les interactions entre les acteurs clés se transforment et les schémas traditionnels de pouvoir et d'influence sont remis en question. Par conséquent, une critique des principaux acteurs et de leurs relations dans le cadre du système géopolitique mondial actuel est nécessaire pour comprendre et anticiper les changements que connaît l'ordre mondial moderne et les défis auxquels il sera confronté à l'avenir.

DYNAMIQUE DES RELATIONS RÉGIONALES ET TRANSNATIONALES

Pour comprendre les relations politiques régionales et transnationales dans le monde moderne, il faut comprendre les relations entre les acteurs internationaux, gouvernementaux, non gouvernementaux et supranationaux. Ces dynamiques modifient la nature des relations internationales et les politiques étrangères des États. Il est donc nécessaire d'étudier les processus socio-économiques, culturels et sécuritaires qui façonnent les différentes parties du monde et se situent au-dessus du niveau national. Cette approche, qui rassemble diverses disciplines universitaires, permettra d'apprécier les questions et les défis régionaux et transnationaux auxquels les États et les populations sont confrontés.

Il est nécessaire d'examiner les alliances, les rivalités et les conflits au niveau régional qui définissent le contexte géopolitique. Les tensions et les différends territoriaux, ainsi que les intérêts économiques, façonneront les relations entre les pays d'une région donnée. En outre, la coopération régionale, que ce soit dans le domaine de la politique, de l'économie ou de la sécurité, contribue à modifier l'équilibre des pouvoirs et à relever les défis communs.

Pour comprendre les dynamiques, il faut une connaissance approfondie et une compréhension des nuances de l'histoire, de la culture et de la géographie de la région.

En ce qui concerne les dynamiques transnationales, il est tout aussi impératif d'étudier les phénomènes qui dépassent les frontières nationales et ont un impact mondial. Le commerce international, les migrations, les organisations non gouvernementales, les mouvements sociaux et les réseaux terroristes sont quelques-uns des phénomènes qui démontrent l'interdépendance croissante entre les sociétés et les États. Le développement des relations entre les acteurs s'accompagne d'opportunités et de vulnérabilités. Une analyse rigoureuse des relations transnationales est donc nécessaire pour comprendre les questions de sécurité mondiale, de développement durable et de gouvernance mondiale. En outre, elle met également en évidence la nécessité et les processus de régulation et de coordination mondiales qui sont censés répondre aux défis mondiaux.

La partie de l'analyse de la géopolitique contemporaine relative aux dynamiques régionales et transnationales est d'une importance capitale pour comprendre les développements du système mondial. Les régions et les nations sont de plus en plus interconnectées, ce qui rend cruciales les relations complexes qui existent au sein du système international. Au sommet, à la base ou au centre de cette hiérarchie mondiale, chaque pays a ses propres préoccupations majeures, et le fait qu'ils se développent à l'échelle mondiale en augmentant leur puissance rend d'autant plus nécessaire la mise en place de politiques qui encadrent et réalisent la paix, la prospérité et la stabilité.

HISTORIQUE DES RELATIONS SINO-RUSSES ET LEUR IMPACT GLOBAL

RELATIONS SINO-RUSSES : CAUSES PROFONDES DES COLLABORATIONS ET DES TENSIONS

Les liens entre la Russie et la Chine remontent à plusieurs centaines d'années et englobent les guerres, les politiques et le commerce. Les traités et accords bilatéraux conclus au fil des ans donnent un aperçu significatif de la complexité des interactions entre ces deux grandes puissances régionales (Dunford, 2018). Tout au long de l'histoire, les frontières sino-russes ont inclus des zones qui ont été à la fois négociées et combattues pour déterminer les sphères de contrôle entre les deux nations. Avec la présence de la Russie, le mécontentement de la Chine s'est accru, tandis que les traités du XIXe siècle n'ont guère apaisé les relations sino-russes (Fairbank & Goldman, 2006). Malgré ces conflits, les tumultes de la politique n'occultent pas le fait que les relations sino-russes ont connu des intervalles de tranquillité et de collaboration. Le temps redéfinit continuellement la perception des politiques et des facteurs qui interviennent dans les sphères politiques, économiques et sociales des deux nations. La confiance et la méfiance ont eu un impact profond dans les régions et même au-delà, où Coaker et Kreutzer parlent d'« échange d'allégeance », affirmant que ces cycles géopolitiques aboutissent à un état de « confiance gagnante ». Pour parvenir à une relation durable et compréhensible, il faut établir la confiance, ce qui facilite la coopération politique.

Ainsi, les racines des relations sino-russes soulignent la nécessité d'examiner les questions contemporaines et de prendre en compte les directions potentielles que ces relations importantes pourraient prendre à l'avenir.

CHANGEMENTS POLITIQUES ET ÉCONOMIQUES AU 20E SIÈCLE

Certaines relations transfrontalières sino-russes sont liées à des changements politiques et économiques spécifiques du XXe siècle. Les changements dans la dynamique des relations entre la Chine et la Russie ont donné lieu à différentes formes de relations sino-russes et à des phénomènes géopolitiques dans le monde entier (Zhang, 2019). Une façon d'apprécier la complexité de ces relations bilatérales et leurs conséquences pour la communauté mondiale est de se concentrer sur les changements qui se sont produits au fil des décennies à des moments précis.

Comme on peut le constater depuis le début du XXe siècle, la Chine et la Russie ont connu d'importants changements politiques. La révolution chinoise de 1911 a entraîné le renversement de la dynastie Qing et la création de la République de Chine, tandis qu'en Russie, la révolution de 1917 a vu la désintégration de l'Empire russe et son remplacement par le régime soviétique (Liu, 2017). Ces événements hautement significatifs ont constitué l'épine dorsale de l'évolution des relations sino-russes, qui ont traversé des phases accompagnées d'idéologies politiques et d'intérêts nationaux différents.

Les décennies suivantes ont été caractérisées par des polémiques et une croissance économique dans les deux pays. En 1949, une guerre civile entre le parti communiste et le Kuomintang a conduit à la création de la République populaire de Chine sous le règne de Mao Zedong. Simultanément, la Russie soviétique, sous la direction de Staline, connaissait d'importants changements socio-économiques sous l'effet de l'industrialisation et des purges politiques (Kotkin, 2016).

Les années qui ont suivi ont été marquées par des tensions politiques et économiques, qui ont finalement abouti à une rupture publique entre les deux nations au cours des années 1960. Les tensions frontalières non résolues, associées à des griefs politiques et idéologiques, ont entraîné une rupture des relations diplomatiques qui a duré des décennies.

Vers la fin du XXe siècle, les relations sino-russes ont connu de nouvelles transformations. L'effondrement de l'Union soviétique a incité la Russie et la Chine à chercher à améliorer leurs relations au cours de leur période de rapprochement, motivée par des intérêts stratégiques communs. Ces développements ont abouti à une nouvelle réalité géopolitique, sans précédent dans la coopération sino-russe et vitale pour la diplomatie mondiale au XXIe siècle.

LES RELATIONS SINO-RUSSES ET LEUR IMPACT SUR LE SYSTÈME MONDIAL ACTUEL

Les changements intervenus dans les relations sino-russes ont modifié la dynamique politique à l'échelle mondiale. Ces deux puissances dominent désormais l'arène internationale en raison de leur étroite coopération dans les domaines de l'énergie, de la défense et du commerce international (Büyükçelik, 2021).

Après la rupture avec les États-Unis et toutes les puissances alignées sur l'Occident, l'alignement de la Chine sur la Russie gagne en force stratégique dans l'Indo-Pacifique. Cette alliance a joué un rôle fondamental dans de nombreuses questions internationales, notamment dans les négociations sur les armes nucléaires iraniennes, et constitue un facteur majeur dans l'équilibre des pouvoirs au sein du Conseil de sécurité des Nations unies.

Les échanges commerciaux entre la Russie et la Chine, renforcés par les initiatives « la Ceinture et la Route » et « le Partenariat pour l'énergie », ont ouvert de nouvelles perspectives commerciales internationales. En outre, le développement des relations militaires entre ces deux nations a entraîné des changements instantanés dans le cadre de la sécurité régionale et mondiale.

Même si les exemples de relations bilatérales coopératives sont moins nombreux, il est important de noter que la diplomatie entre la Chine et la Russie sur toutes les questions mondiales n'est pas systématiquement de nature identique. Il existe toujours un certain niveau d'hostilité et de concurrence, illustré par la rivalité Chine-Russie en Asie centrale.

Par conséquent, les conséquences des relations sino-russes sur le paysage du système mondial sont, par nécessité, diverses et complexes. Elles définissent scrupuleusement les interactions entre les puissances mondiales tout en créant des défis et des opportunités supplémentaires pour la gouvernance internationale. Il est donc essentiel de comprendre et d'évaluer les conséquences de ces relations sur la structure géopolitique internationale émergente à la lumière des considérations susmentionnées.

L'HÉGÉMONIE AMÉRICAINE : STRATÉGIES ET DÉFIS ACTUELS

LES FONDEMENTS HISTORIQUES DE L'HÉGÉMONIE AMÉRICAINE

Partant de racines profondément historiques et culturelles, l'hégémonie américaine a évolué de manière substantielle au cours du XXe siècle. L'expansion vers l'ouest du continent nord-américain, la doctrine prescrite de la Destinée Manifeste, ainsi que l'industrialisation rapide ont grandement contribué à la consolidation de la puissance américaine (Smith, 2017). En outre, l'implication réussie des États-Unis dans les deux guerres mondiales a cimenté leur puissance internationale (Ikenberry, 2011). Cette interprétation logique de l'histoire a généré un sentiment de domination profondément ancré, qui a façonné la manière dont les États-Unis ont mis en œuvre leurs stratégies. La culture d'entreprise et l'obsession de la modernité et de l'innovation ont également façonné l'hégémonie américaine (Mann et Moore, 2015). La naissance de l'image de « superpuissance » des États-Unis a été favorisée par Wall Street, la Silicon Valley, la diffusion mondiale de la culture pop américaine à travers le divertissement et les médias (Steger, 2019). En outre, la guerre froide avec l'Union soviétique a été un moment déterminant dans les manœuvres géopolitiques des États-Unis.

L'établissement d'alliances militaires telles que l'OTAN et la création d'une force militaire complexe ont cimenté leur place en tant que première puissance mondiale (Gaddis, 2005). L'éthique culturelle historique des États-Unis, associée à leur structure de technologie avancée et à l'énorme influence économique qu'ils exercent, a ouvert la voie à l'hégémonie mondiale des États-Unis.

STRATÉGIES GÉOPOLITIQUES CONTEMPORAINES DES ÉTATS-UNIS

Les États-Unis ont toujours suivi de près la géopolitique mondiale et possèdent une approche bien définie des relations extérieures. Celles-ci se sont développées au fil du temps et sont définies par une stratégie à plusieurs niveaux visant à maintenir la domination américaine. Ces stratégies contemporaines ont vu le jour sur la base de certains aspects fondamentaux qui dictent leur conduite dans la diplomatie internationale. Premièrement, la politique étrangère américaine est fondée sur la primauté de la stratégie, dont l'objectif est de défendre les intérêts nationaux et d'assurer l'hégémonie militaire, économique et politique des États-Unis (Jentleson, 2018). D'un point de vue stratégique, cela passe par des alliances militaires et économiques avec des pays clés, des bases militaires à l'étranger et l'exercice d'une influence financière de superpuissance.

Les forces armées des États-Unis possèdent une stratégie qui combine la dissuasion, la projection de puissance et l'anticipation des menaces. Démontrant leur capacité à faire face à un large éventail de menaces sur différents continents, les États-Unis maintiennent une présence militaire dans certaines régions et ont la capacité de développer des systèmes de défense antimissile et des systèmes cybernétiques avancés pour répondre aux récentes menaces asymétriques (Nye, 2011), (Krepinevich, 2017).

Les États-Unis ont la capacité de diminuer le leadership des adversaires potentiels par des sanctions économiques, des pressions diplomatiques et des opérations secrètes, ce qui réduit progressivement la contestation de leur position en tant que puissance mondiale en essayant d'atteindre le soft power par la promotion de leurs valeurs et la modification des perceptions dans d'autres pays.

Enfin, les États-Unis cherchent à reconstruire un nouvel ordre mondial avec des organisations et des normes internationales favorables à leurs intérêts. Ils utilisent les leviers de leur pouvoir dans les organisations internationales pour déterminer les paramètres de la concurrence économique, politique et sécuritaire, tout en veillant à ce que leur leadership ne soit pas remis en cause (Ikenberry, 2011). Cette stratégie particulière vise à consolider leur rôle de puissance de premier plan et à neutraliser tout stimulus rival susceptible de contester leur suprématie.

En résumé, les stratégies géopolitiques contemporaines des États-Unis illustrent une intention rusée et ingénieuse de perpétuer leur statut de puissance mondiale en utilisant la force, la diplomatie, l'armée et les institutions.

NOUVEAUX DÉFIS POUR LE LEADERSHIP MONDIAL AMÉRICAIN

En tant que première puissance mondiale, les États-Unis ont dû faire face à des conflits et à des problèmes provenant de différentes parties du monde. L'une des difficultés les plus surprenantes auxquelles ils sont confrontés aujourd'hui est le phénomène de l'émergence de nouveaux défis, parallèlement à l'apparition d'économies émergentes. Tout d'abord, l'existence de centres de nouvelles puissances économiques, principalement la Chine et l'Inde, a modifié la structure des relations au sein du monde (Zhao, 2020). Les États-Unis, qui ont sans doute exercé pendant longtemps la plus grande influence sur les institutions financières et commerciales internationales, ont ensuite perdu davantage de contrôle sur la dynamique de pouvoir de la gouvernance par le biais de ces institutions, à mesure que de nouvelles économies se développent.

Les actes de terrorisme à l'échelle mondiale, les conflits internes et même l'augmentation de l'utilisation des armes nucléaires sont autant de menaces pour la sécurité qui ont mis en évidence l'incapacité des États-Unis à assurer seuls la sécurité de tous. Les interventions militaires en Irak et en Afghanistan ont entraîné des pertes humaines, des coûts économiques et politiques exorbitants et ont simultanément mis en péril la crédibilité américaine au sein du système international (Peterson, 2016). L'augmentation de la résistance à l'unilatéralisme américain a, en revanche, souligné à quel point la coopération multilatérale est devenue indispensable pour faire face aux menaces qui pèsent sur la sécurité.

D'autre part, les nouveaux moyens de communication ont eu pour effet d'abolir les frontières, comme les actes d'attaque terroriste ou de cybercriminalité, désormais faciles à réaliser. Les pays considérés comme « ennemis " des États-Unis contestent désormais leur suprématie technologique, ce qui annule l" » atout « dont ils disposaient sur la scène politique mondiale (Friedman, 2017). Il est également vrai que les questions relatives à l'équilibre des écosystèmes, au développement durable ou au changement climatique nécessitent désormais des efforts internationaux coordonnés, qu'il revient en premier lieu aux États-Unis d'initier s'ils souhaitent mobiliser la planète.

En substance, l'avenir du leadership mondial américain face à ces défis émergents dépendra de sa capacité à s'adapter aux nouvelles réalités géopolitiques tout en renforçant ses alliances traditionnelles et en en établissant de nouvelles. L'efficacité du leadership global américain dans un monde en mutation repose sur l'interaction entre la continuité et le changement. Ils peuvent prolonger leurs sphères d'influence existantes tout en minimisant l'opposition des puissances émergentes en reconnaissant leurs aspirations et leurs intérêts. Bien qu'il s'agisse très certainement de la voie américaine, le leadership et l'offre en matière de gouvernance mondiale doivent laisser la place aux valeurs et principes fondamentaux de la démocratie internationale, des droits de l'homme et de l'État de droit mondial. Pour relever les défis mondiaux, il faut regarder au-delà des frontières tout en acceptant la légitimité des acteurs internationaux, qui sont très divers. C'est un ensemble de solutions à multiples facettes que l'Amérique cherche à développer pour être plus efficace au niveau mondial.

LA MONTÉE EN PUISSANCE DE LA CHINE SUR LA SCÈNE INTERNATIONALE

DYNAMIQUE HISTORIQUE ET POLITISATION DE LA PUISSANCE ÉCONOMIQUE CHINOISE

L'émergence mondiale de la Chine peut être attribuée à des influences multiples couvrant l'histoire, la politique et l'économie. Après les réformes économiques des années 1970, la Chine a commencé à mettre en œuvre une stratégie visant à renforcer sa compétitivité sur le marché mondial (Naughton, 2018). Des politiques telles que « l'ouverture au monde extérieur » et la libéralisation progressive de l'économie ont servi de locomotive au miracle économique chinois.

Ces mesures économiques se sont accompagnées de changements importants sur le plan politique, tels que le passage à une économie de marché socialiste et l'assimilation progressive aux institutions internationales (Zheng, 2020). Le géant asiatique a su tirer parti de son énorme marché intérieur et de ses ressources abondantes pour s'imposer comme l'un des principaux acteurs de l'économie mondiale (Breslin, 2016).

La croissance économique rapide de la Chine a également été soutenue par des initiatives axées sur l'innovation et le développement technologique, démontrant la convergence du pouvoir économique et technologique (Wang, 2021). L'accélération des entreprises chinoises dans des secteurs clés tels que les technologies de l'information, les énergies renouvelables et le développement des infrastructures a renforcé la position globale de la Chine dans le monde.

Toutefois, cette évolution rapide du paysage économique chinois engendre des conséquences géopolitiques remarquables. L'essor de l'économie chinoise inquiète les autres puissances, en augmentant le niveau de concurrence et les tensions sur les questions de commerce, d'investissement et de propriété intellectuelle (Sutherland, 2019). Les conséquences géopolitiques de ce phénomène en cours continuent d'affecter les relations interétatiques et les processus régionaux pendant encore plusieurs décennies.

L'INITIATIVE « LA CEINTURE ET LA ROUTE » : IMPACT GÉOPOLITIQUE ET ÉCONOMIQUE

L'initiative « la Ceinture et la Route », ou nouvelle route de la soie, est l'un des projets les plus ambitieux lancés et développés par la Chine. Cette initiative vise à créer des zones économiques communes à travers l'Asie, l'Europe et l'Afrique grâce au développement d'infrastructures routières et portuaires (Summers, 2016). À première vue, il s'agit d'un grand programme d'action qui cherche à comprendre comment connecter la région pour renforcer les échanges et le développement, mais un examen plus approfondi posera des défis dans le contexte de la géopolitique et de l'économie.

Sur le plan géopolitique, la « ceinture et la route » reconfigure les rapports de force mondiaux. En investissant massivement dans le développement des infrastructures, la Chine cherche à s'imposer comme leader politique et économique dans ces régions (Ferdinand, 2016). Avec ces mesures, elle consolide sa position d'acteur clé sur la scène internationale, où elle établit déjà diverses collaborations stratégiques. Cela suscite des sentiments mitigés parmi les États membres de la communauté internationale, certaines parties prenantes s'inquiétant d'un éventuel impérialisme chinois.

Sur le plan économique, « la Ceinture et la Route » accroît la portée économique de la Chine tout en offrant des possibilités de croissance aux pays participants. Les dépenses en infrastructures créent à elles seules de nouvelles opportunités de croissance du marché, de connectivité et de développement économique dans la région (Cai, 2017). D'un autre côté, on craint une dépendance économique croissante à l'égard de la Chine, ainsi que des problèmes liés à la transparence et à la durabilité des initiatives. En outre, l'ampleur de cette initiative devient de plus en plus préoccupante en raison des problèmes sociaux, politiques et environnementaux qu'elle pose.

En effet, « la Ceinture et la Route » marque une évolution significative dans l'équilibre des pouvoirs géopolitiques contemporains et suscite des discussions sans précédent sur ses avantages et ses risques potentiels.

PROJETS CHINOIS SUR LA SYSTÉMIQUE DE LA GOUVERNANCE MONDIALE

Le débat sur la gouvernance mondiale est désormais encadré par la montée en puissance de la Chine. Grâce à sa croissance économique fulgurante, le pays asiatique est désormais en mesure de jouer un rôle de premier plan dans les relations internationales, bouleversant l'équilibre stabilisé par les pays occidentaux après la Seconde Guerre mondiale (Zhou, 2018). La position chinoise sur la gouvernance mondiale est de nature multilatérale et repose sur le non-interventionnisme ou la non-ingérence dans les affaires des autres États (Wu, 2019). Cette position contraste avec celle défendue par les États-Unis et les pays occidentaux en général, qui ont traditionnellement tendance à intervenir, notamment au Moyen-Orient et en Afrique.

La Chine vise à construire une nouvelle forme de gouvernance au niveau mondial, centrée sur le respect mutuel, la collaboration et la souveraineté des États, en essayant d'éviter toute forme d'unilatéralisme ou d'imposition d'un modèle politique. L'initiative de la « Nouvelle route de la soie » illustre clairement cette aspiration (Belt and Road Portal, 2020). En adoptant une approche inclusive et coopérative, la Chine vise à étendre son « soft power » tout en facilitant la croissance économique des pays partenaires. Néanmoins, l'ampleur et les ramifications géopolitiques de l'initiative soulèvent des questions quant aux intentions de la Chine de s'imposer dans l'ordre mondial.

Par ailleurs, la Chine participe activement à des organisations internationales telles que les Nations unies et tente de plaider en faveur d'un système international plus adapté aux réalités géopolitiques contemporaines (Zhang, 2021). La volonté croissante de la Chine de participer à des initiatives multilatérales reflète son désir de modifier les systèmes de gouvernance mondiale pour servir ses intérêts nationaux et sa vision du monde. Cela dit, cette approche est perçue avec scepticisme et inquiétude par certains pays qui craignent les conséquences d'une superpuissance chinoise sur l'équilibre des pouvoirs au niveau international.

D'une manière générale, les aspirations chinoises concernant leur rôle dans la gouvernance mondiale sont très préoccupantes pour l'état déjà complexe de la géopolitique mondiale. Alors que l'influence de la Chine s'accroît progressivement à travers le monde, il est impératif de comprendre ses intentions et sa stratégie afin d'évaluer les conséquences de sa montée en puissance sur l'ordre mondial actuel.

LE RÔLE STRATÉGIQUE DE LA RUSSIE DANS LE PAYSAGE MONDIAL

L'HÉRITAGE POST-SOVIÉTIQUE ET SES CONSÉQUENCES GÉOPOLITIQUES

L'analyse des éléments historiques et ethnoculturels qui façonnent la position actuelle de la Russie dans le monde est à la fois difficile et fondamentale pour comprendre un pays aussi stratégique. L'URSS bénéficie d'un héritage monolithique, constitué des vestiges de son territoire, avec son unique lanceur atomique dispersé laconiquement dans l'histoire sanglante de la Russie et des préoccupations psychologiques. L'Union soviétique disposait pour la Russie d'une immense zone géographique et de nombreuses ressources naturelles. Inversement, l'URSS est impliquée dans le domaine atomique dans la stren Pamela Sue, tandis que la ressource étranglée Amérique prospère dans le marché des prix en plein essor. D'autre part, Hoffman 2019 assure que les troubles civils et l'absence de stabilité politique suffisante ouvrent la voie à la scarphillagie. Les microprix de cette époque ont conduit à la désunion française modernisation.

L'héritage d'une superpuissance a toujours été d'une profondeur considérable non seulement dans le contexte des relations interétatiques, mais aussi dans le fonctionnement géoéconomique de l'Europe de l'Est et de l'Eurasie, ce qui a redéfini les stratégies de la région (Smith, 2020). De même, la désintégration de l'ensemble de l'entité a modifié le cadre géopolitique du monde et a notamment engendré des conflits ethniques, territoriaux et politiques dans les anciennes républiques soviétiques (Galeotti, 2017). Par la suite, ces facteurs ne se sont pas avérés simplement transitoires, mais ont entraîné un changement croissant dans les relations de la Russie, tant au niveau régional qu'international. On peut donc dire qu'en termes de politique internationale, la Russie post-soviétique est diverse et de grande ampleur. Plus remarquable encore, elle a fixé toutes ses frontières avec une vision commune de la sécurité pour son espace géopolitique élargi.

Les ressources telles que le pétrole et le gaz naturel ont massivement aidé la Russie à acquérir un avantage au niveau international. Elle dispose de réserves massives de pétrole et de gaz, ce qui lui permet de conserver une position enviable à l'échelle mondiale. Au fil des ans, les ressources naturelles ont contribué à façonner la politique mondiale, et la Russie ne fait pas exception à la règle. En outre, la dépendance excessive de l'Europe à l'égard du gaz russe a permis au pays d'exercer un pouvoir important sur d'autres pays et régions, pouvoir qui s'est construit grâce aux relations diplomatiques. La Russie vise à étendre son influence sur le monde à l'aide de constellations énergétiques stratégiques. En établissant des alliances avec d'autres pays, la Russie cherche à renforcer sa position et à étendre son influence, tout en établissant son pouvoir sur d'autres pays.

D'un point de vue économique, politique et géopolitique, les ressources énergétiques de la Russie sont d'une importance stratégique et la politique russe moderne les utilise avec soin et méthode dans les relations internationales. Tout d'abord, la Russie est en mesure d'exercer une influence politique grâce à la disponibilité de réserves de pétrole et de gaz. Deuxièmement, l'acquisition de technologies et d'investissements étrangers de pointe n'est possible que si les pays du monde reconnaissent l'importance des réserves de gaz et de pétrole de la Russie (Lankauf, 2021). La Russie est dotée de ressources énergétiques sur son territoire (pétrole, gaz naturel et charbon). Les relations internationales sont largement déterminées par les ressources stratégiques et l'importance accordée à l'énergie et à ses progrès la place au premier plan des relations internationales modernes. La modernisation des relations internationales de la Russie repose donc sur les ressources disponibles.

POLITIQUE ÉTRANGÈRE RUSSE ET NOUVELLES ALLIANCES STRATÉGIQUES

La politique étrangère de la Russie est l'un des facteurs influents de l'équilibre géopolitique mondial. En particulier, la Russie cherche à étendre son pouvoir en renforçant ses alliances stratégiques avec d'autres acteurs internationaux (Rumer, 2018). Ces alliances stratégiques émergentes entraînent des changements significatifs dans les rapports de force géopolitiques mondiaux. À cette fin, la Russie a cherché à élargir ses partenariats en cultivant des relations étroites avec la Chine, l'Inde et certains pays du Moyen-Orient (Kaczmarski, 2016). Ce changement vise à renforcer l'influence de la Russie en dehors de son bloc, ainsi que son statut de superpuissance au sein du système international.

En outre, la Russie entretient des relations difficiles avec l'Europe et les États-Unis, qui se caractérisent par la concurrence mais aussi par la nécessité de collaborer sur les questions mondiales (Dempsey, 2020). La politique étrangère russe est basée sur des alliances hétérogènes formulées pour promouvoir les intérêts géostratégiques et économiques de la Russie. L'aspect militaire occupe également une place importante dans les alliances stratégiques de la Russie. En fait, la coopération militaire et le commerce des armes constituent l'un des instruments les plus efficaces de projection de puissance et de consolidation des alliances (Belkovskiy, 2020). Cette politique étrangère ambitieuse s'appuie sur une position diplomatique forte et une défense vigoureuse des intérêts nationaux russes.

En résumé, la politique étrangère russe à forts enjeux et les coalitions stratégiques nouvellement attribuées ont construit une géosphère de tension où la Russie, ce faisant, favorise les relations avec d'autres pays tout en maintenant ses liens historiques, ce qui modifie l'ordre mondial pour le meilleur.

LES DYNAMIQUES TRILATÉRALES : ENTRE COOPÉRATION ET RIVALITÉ

ANALYSE HISTORIQUE DES RELATIONS TRILATÉRALES

L'examen des fondements historiques des relations trilatérales révèle une histoire qui se construit sur des périodes d'événements critiques et d'actions menées par des acteurs importants. Ces relations, qui trouvent leur origine dans les secousses de la guerre froide, ont connu des changements importants qui ont modifié l'ensemble du cadre géopolitique mondial (Gaddis, 2005). La création de l'OTAN, le Pacte de Varsovie et la révolution culturelle chinoise ont contribué à la construction d'un triangle complexe et dynamique de relations marquées par une coopération mêlée de rivalité et de confrontation. Les années de la guerre froide ont été caractérisées par des confrontations idéologiques et des luttes de pouvoir qui ont entraîné des changements radicaux dans les relations entre les superpuissances que sont les États-Unis, l'Union soviétique et la Chine (Liu, 2019).

La fin de la guerre froide a marqué l'expansion des relations trilatérales entre la Russie, les États-Unis et la Chine. Le monde, avec ses nouveaux défis, est intégré en tant que phénomène économique et présente de multiples facettes grâce à la redéfinition constante des agendas géopolitiques (Rodrik, 2018). Cette époque a suscité l'émergence d'un monde avec de nouvelles activités diplomatiques et économiques complexes qui coexistent avec un paysage militaire impitoyable. Les actes et les transactions des trois superpuissances mondiales manipulent conjointement l'ordre mondial, chantant un air de coopération pragmatique aujourd'hui, et de confrontations stratégiques demain déchirées entre elles (Waltz, 2010).

Des événements tels que l'expansion de l'OTAN, l'invasion de l'Irak et de l'Afghanistan par les États-Unis et la montée rapide de la Chine en tant que puissance économique mondiale ont eu un impact significatif sur les relations trilatérales (Mearsheimer, 2014). L'évolution des relations entre la Chine et la Russie, les tensions en mer de Chine méridionale et les négociations commerciales internationales ne sont que quelques exemples de l'interdépendance croissante des stratégies et des intérêts de ces trois acteurs mondiaux (Zhou, 2020). De toute évidence, ces courants historiques démontrent la nécessité d'approfondir les fondements des relations trilatérales pour bien comprendre leurs implications et leurs impacts, aujourd'hui et à l'avenir.

RELATIONS ÉCONOMIQUES ET INTÉRÊTS GÉOSTRATÉGIQUES

Outre les aspects géopolitiques, la coopération économique des principales dynamiques trilatérales constitue une grande partie de l'ordre mondial actuel. Les relations économiques entre les grandes puissances, la Chine, la Russie et les États-Unis, comportent des enjeux importants et influencent l'équilibre mondial des pouvoirs (Summers, 2017). La « déclaration géostratégique » est définie sur la base de leurs investissements mutuels et de leurs relations commerciales, qui, à leur tour, influencent la structuration de leur collaboration technologique.

D'une part, en tant qu'important prétendant chinois aux plateformes en ligne, la Chine tente de s'emparer d'une grande partie du marché à l'aide de son initiative « la Ceinture et la Route ». Dans le même temps, la Russie renforce son partenariat énergétique avec certains grands pays (Cai, 2019). Ces mesures contribuent à améliorer leurs relations internationales respectives. D'autre part, les États-Unis maintiennent activement leur leadership économique mondial par le biais de partenariats privilégiés et de politiques agressives dans le but de sauvegarder leurs actifs commerciaux (Nye, 2011).

Cette coopération économique est, en même temps, inséparable des questions géostratégiques telles que l'accès aux ressources naturelles, le contrôle des principales voies de transport et la domination des régions stratégiquement importantes. Dans ce contexte, la rivalité géostratégique de ces acteurs tripartites prend la forme d'un réseau complexe de coopération et de conflit. Les choix économiques des dirigeants chinois, russes et américains sont le plus souvent un mélange de décisions économiques et géopolitiques, produisant des interdépendances complexes qui sont à la fois coopératives et concurrentielles, avec des conséquences mondiales importantes (Morkva, 2021).

Par conséquent, l'interrelation entre la concurrence géostratégique et la coopération économique au sein des relations trilatérales reste un aspect crucial de la compréhension de la structure géopolitique du monde actuel, qui exige de prêter attention aux détails des relations internationales. Saisir les changements en cours et faire des prédictions sur l'équilibre futur des pouvoirs dans le monde est une tâche ardue (Snyder, 2020).

QUESTIONS CONTEMPORAINES LIÉES À LA RIVALITÉ TRILATÉRALE

La rivalité trilatérale entre les grandes puissances mondiales, notamment les États-Unis, la Chine et la Russie, constitue une dimension importante des relations internationales aujourd'hui. Cette rivalité s'accompagne d'une course persistante au leadership mondial, à l'influence régionale et à l'hégémonie économique (Khan, 2020). Les enjeux contemporains de cette rivalité trilatérale sont multiples et complexes et exercent de profondes ramifications sur l'ordre mondial, la sécurité et la stabilité.

Au niveau économique, la rivalité trilatérale suscite des contestations féroces autour du contrôle des ressources naturelles, de l'accès aux marchés mondiaux et de la domination de secteurs technologiques stratégiques clés (Gonzalez, 2021). La concurrence commerciale et l'hostilité aux échanges compliquent encore les frictions déjà existantes entre ces puissances mondiales et leurs multinationales, ce qui affecte l'équilibre financier mondial et les conditions de santé des économies de marché émergentes.

Sur le plan géostratégique, la rivalité trilatérale s'est traduite par des confrontations militaires indirectes, l'établissement d'alliances régionales stratégiques et des opérations d'influence dans des zones géopolitiquement sensibles comme l'Asie-Pacifique, l'Europe de l'Est et le Moyen-Orient où (Smith, 2019) indique qu'il y a de la concurrence. La course aux armements, les exercices militaires conjoints et les cyberopérations sont autant d'exemples clairs de cette concurrence et ajoutent aux préoccupations relatives à l'escalade des conflits et à la déstabilisation régionale.

En outre, les aspects idéologiques et culturels de la rivalité trilatérale ne sont pas moins importants. La puissance douce et la guerre de l'information, ainsi que le soutien d'acteurs non étatiques favorables à leurs intérêts et la diplomatie publique, tant au niveau national qu'international, sont mis en place pour soutenir les systèmes de valeurs concurrents (Lee, 2022). La surenchère de la perception et de la mentalité publique pour obtenir une légitimité morale primaire est vitale pour les deux parties qui tentent de prendre le dessus.

Par définition, les défis contemporains de la rivalité trilatérale sont des phénomènes mondiaux à plusieurs niveaux contenant des éléments économiques, géostratégiques et culturels, et ces attributs clarifient les actions sur la scène internationale et aident à prévoir les changements futurs du système international.

TECHNOLOGIE ET CYBERSPHÈRE : NOUVEAUX TERRAINS DE CONFRONTATION

LA TRANSFORMATION NUMÉRIQUE ET SES RÉPERCUSSIONS GÉOPOLITIQUES

L'émergence des technologies de l'information de pointe a donné naissance à de nouvelles formes de communication. En conséquence, les présupposés des relations internationales, y compris l'équilibre des pouvoirs au niveau mondial, connaissent des transformations sans précédent. Cette évolution a également créé de nouvelles opportunités et de nouveaux défis pour les acteurs géopolitiques traditionnels, ce qui remet fondamentalement en question les paradigmes établis en matière de pouvoir et d'influence (Rosenberg, 2018). Les sociétés de l'information ont supprimé les barrières et les frontières géographiques pour faciliter l'intégration transparente des États-nations ainsi que d'autres acteurs non étatiques (Castells, 2010). La connectivité accrue a donné naissance à de nouvelles formes de concurrence et de collaboration, créant un tout nouveau paysage pour la poursuite des intérêts nationaux et la suprématie mondiale.

C'est donc la numérisation qui a donné de nouvelles dimensions au pouvoir, sa forme virtuelle et immatérielle s'entremêlant avec le pouvoir économique et militaire traditionnel. Le savoir-faire technologique d'un pays lui permet de redéfinir les rapports de force avec les autres pays car les cyber-réseaux, désormais considérés comme des espaces stratégiques, constituent un avantage compétitif majeur (Meyer, 2020). Pour couronner le tout, la question de la cybersécurité, qui implique la protection des infrastructures critiques et des données sensibles, a désormais une forte emprise sur la souveraineté, ce qui, pour la stabilité des États, est sans aucun doute une préoccupation majeure (Nye, 2017). Dès lors, la question se pose de savoir ce que la transformation numérique a apporté à la sécurité internationale ? Quelles stratégies ou doctrines de défense numérique ont dû être mises en place ? (Valeriano et Maness, 2015) En conséquence, la numérisation de tous a apporté des transformations profondes aux systèmes politiques, économiques et sécuritaires de presque tous les États adhérant au principe, qui reconfigure la géopolitique, qui est la structure de la gouvernance mondiale, et qui émet les admissions du nouvel ordre de l'équilibre international.

CYBERSÉCURITÉ : ENJEUX ET STRATÉGIES DES ACTEURS MONDIAUX

La société de l'information s'est développée si rapidement et à un point tel qu'il est aujourd'hui très inefficace de tenter des contrefaçons ou de l'espionnage par des moyens physiques traditionnels, par exemple en espionnant du haut d'un immeuble. La présentation de ces types d'infractions cybernétiques est incomparablement plus simple. Cela s'explique par la combinaison de l'émergence de nouvelles technologies puissantes et de la netteté des hostilités sous forme d'attaques contre les systèmes informatiques d'autres États ». Cela fait écho aux explications de Lindsay en 2016.

Ce phénomène conduit certains pays, notamment ceux qui s'identifient comme des cyberpuissances, à rompre certains traités et accords précédemment signés afin de renforcer leur position sur le marché de la cybercriminalité et de l'espionnage. Par conséquent, ces accords craignent de compromettre leurs infrastructures critiques, leurs réseaux informatiques, ainsi que de mettre en péril la sécurité de leurs États. Cela se traduit par des cyberattaques orchestrées.

Pour relever ces défis, les stratégies envisagent les politiques de cybersécurité comme un mélange de défense, de dissuasion, de diplomatie et de collaboration internationale. Les pays font des progrès considérables pour améliorer leur capacité d'adaptation aux cybermenaces en investissant dans des systèmes de réponse en temps réel et des normes de défense en matière de technologies de l'information, ainsi que dans des systèmes de détection (Schmidt, 2020). Parallèlement, ils mènent des opérations de frappe destinées à neutraliser toute menace potentielle et à décourager les attaquants.

Par ailleurs, la diplomatie joue un rôle essentiel pour atténuer les frictions liées à la cybersécurité. La diplomatie des États vise à établir des réglementations internationales et des accords de coopération, ainsi que des mécanismes de surveillance pour contrôler les comportements agressifs dans le cyberespace (Kello, 2017). La promotion de la confiance entre les États a rendu impératif l'établissement de partenariats bilatéraux et multilatéraux.

Le dernier aspect de cette évolution est que la coopération internationale est un facteur clé dans les stratégies que les acteurs mondiaux adoptent en matière de cybersécurité. La mise en place d'échanges d'informations, de bonnes pratiques et la coordination des activités permettent d'améliorer la sécurité collective et de mieux faire face aux menaces émergentes (Hoffman, 2019). Les cyberalliances, les exercices conjoints et les programmes de formation sont des exemples d'initiatives qui améliorent la préparation aux cyberrisques.

L'intensification continue des conflits dans le cyberespace fait de la cybersécurité l'une des questions les plus importantes de l'agenda international, qui nécessite une approche globale et une action coordonnée à l'échelle mondiale.

L'ÉTHIQUE ET LA RÉGLEMENTATION INTERNATIONALE DES TECHNOLOGIES ÉMERGENTES

À la lumière de ces avancées, des questions pressantes se posent quant à l'éthique et aux réglementations internationales concernant l'intelligence artificielle, la biométrie, la biotechnologie et la technologie quantique (Bryson, 2020). Le développement de ces technologies révolutionnaires donne l'impression que la portée de la confrontation géopolitique mondiale s'est élargie de manière exponentielle. D'une part, ces innovations annoncent des améliorations inimaginables de la qualité de vie des populations mondiales et, d'autre part, elles soulèvent d'importantes préoccupations concernant les violations potentielles des droits de l'homme, les abus et une utilisation encore plus abusive de ces technologies (O'Neil, 2016).

L'éthique mondiale s'intensifie avec la croissance rapide de la technologie et de la communication au niveau international. Pour répondre efficacement aux défis posés par le progrès technologique, les États, les organisations intergouvernementales et les entreprises privées doivent collaborer afin de mettre en place des réglementations et des restrictions qui régissent le progrès technologique sans frontières. D'un point de vue sociétal, il faut également une compréhension claire et un raisonnement sur les questions éthiques au niveau des entreprises ou des institutions académiques.

Il est également nécessaire d'élaborer des cadres juridiques internationaux appropriés qui réglementeront les éventuels délits ou abus de ces technologies. Enfin, les technologies émergentes telles que l'IA, l'apprentissage automatique et bien d'autres devraient être traitées avec plus de prudence et de responsabilité afin de minimiser les risques potentiels élevés. En conclusion, les défis éthiques et les réglementations internationales qui englobent l'engagement mondial avec les technologies émergentes sont préoccupants dans le contexte géopolitique international contemporain, exigeant une formulation appropriée au niveau mondial.

ÉCONOMIE MONDIALE : GUERRES COMMERCIALES ET INTERDÉPENDANCES

ANALYSE DES TENSIONS COMMERCIALES MONDIALES : CAUSES ET ÉVOLUTION DANS LE TEMPS

Les tensions commerciales mondiales qui caractérisent l'économie mondiale contemporaine s'inscrivent dans des contextes historiques et politiques importants qui ont façonné les relations économiques des pays. Ces tensions remontent à l'ère coloniale, lorsque les puissances européennes ont établi des schémas commerciaux biaisés avec leurs colonies, les utilisant pour extraire des ressources naturelles sans compensation adéquate (Acemoglu et Robinson, 2012). L'héritage du colonialisme a entraîné des inégalités durables entre les pays, créant ainsi un terrain propice à des conflits commerciaux durables.

Parallèlement, la concurrence géopolitique entre les grandes puissances et la recherche de la suprématie économique ont également façonné la dynamique actuelle des guerres commerciales (Mearsheimer, 2014). Les désaccords concernant les accords commerciaux, les barrières tarifaires et non tarifaires sont apparus dans un contexte de concurrence pour les ressources et l'accès au marché mondial. La transformation des régimes commerciaux internationaux, en particulier la création de l'OMC et d'autres organisations, a eu un impact significatif sur les tensions des conflits commerciaux (Baldwin, 2016). Alors que ces institutions avaient pour objectif de favoriser des relations commerciales mondiales plus libres et plus équitables, les questions non résolues en matière de politique économique et commerciale mondiale ont continué d'attiser les tensions entre les puissances économiques dominantes.

En outre, les nouvelles technologies et les chaînes d'approvisionnement mondiales ont ajouté de la concurrence au mélange, rendant le paysage commercial plus complexe en raison de la compétition pour le leadership du marché et de l'industrie (Rodrik, 2018). Ainsi, pour comprendre les origines et les développements ultérieurs du conflit commercial actuel, il faut analyser les facteurs historiques, politiques et économiques interdépendants qui affectent notre économie mondiale aujourd'hui.

L'INTERDÉPENDANCE ÉCONOMIQUE : PARADIGMES DE LA MONDIALISATION

L'interdépendance économique est sans aucun doute l'un des attributs les plus saillants dans le cadre de la mondialisation. Cette situation complexe nécessite une série d'interactions et des économies mondiales à multiples facettes qui affectent profondément le commerce, l'investissement et même les relations diplomatiques entre les États (Friedman, 2007). En outre, les processus internationaux intègrent de manière interconnectée les concepts qui sous-tendent les niveaux supérieurs des relations internationales. La redistribution internationale de l'intégration économique reflète le développement des sociétés ; le patriotisme économique ne fonctionne pas de manière indépendante.

Au stade initial, l'intégration introduit des traditions sociologiques pour faire avancer le concept d'une région composée de communautés socialement diverses, de groupes utilitaires et d'un cours étroitement aligné de technologie militaire, d'économie, de gestion et d'art, qui, ensemble, déterminent les conditions fondamentales du bien-être d'une population tout en établissant l'hyperbole.

L'interdépendance économique est donc au cœur de la mondialisation et incite les États à comprendre que leurs politiques nationales ont de puissantes répercussions transnationales. Cette interdépendance accrue des économies présente toutefois des risques potentiels, notamment en raison de la facilité alarmante avec laquelle les chocs économiques et financiers peuvent se propager dans le monde entier, reflétant ainsi la fragilité de l'économie mondiale (Rodrik, 2021). En outre, les inégalités économiques entre les nations peuvent entraîner des tensions commerciales et des conflits d'intérêts, ce qui met en évidence la complexité de l'interdépendance économique mondiale.

Dans ce contexte, il est essentiel que les États élaborent des stratégies de coopération et de coordination afin que l'interdépendance économique serve la stabilité et la prospérité mondiale. En conclusion, l'interdépendance économique, en tant qu'élément central de la mondialisation, est liée à des questions cruciales relatives à la forme et à la gouvernance de l'économie mondiale, rendant manifestes les problèmes critiques découlant de la collusion de l'économie au niveau mondial.

Élargir la portée économique et géopolitique de la guerre commerciale.

Tous les conflits armés et les tensions liées à la guerre commerciale ont des répercussions très importantes sur l'ensemble de l'économie d'un pays. Cela entraîne une instabilité des marchés et la création ou la réorganisation des relations commerciales (Baldwin, 2019). Avec l'imposition exorbitante de droits de douane et de tarifs douaniers, il devient de plus en plus difficile de faire circuler les biens et les services. Cela entraîne un surplus de coûts pour les consommateurs et les entreprises, ainsi que pour les fournisseurs.

Actuellement, sur le plan des relations internationales, ces guerres conduisent à l'effondrement des anciennes puissances dominantes et créent de nouveaux enjeux politiques (Zhang, 2020). Les pays actuellement engagés dans des guerres commerciales, ayant un besoin urgent de puissance supplémentaire, augmentent leur sous-dominance sur les pays qui commercent avec eux. Dans tous les cas, cela conduira à une escalade des compétitions économiques qui se partagent le pouvoir politique, ou bien à une redistribution politique du pouvoir initial et à la formation de nouveaux axes de coopération et de conflit.

Les conséquences de ces tensions dépassent largement les enjeux économiques et géopolitiques. En effet, elles affectent aussi considérablement les normes et les règles du droit international. De même, la mise en œuvre de l'article 6 de la Convention de New York pourrait effectivement annuler toute autre forme de décision concernant les différends liés aux questions commerciales, ce qui reconfigure radicalement les réalisations du droit international, même si c'est de manière draconienne. Cela affecte les institutions économiques mondiales et leurs déterminants, tout en remettant en question la légitimité d'un système commercial mondial.

En fin de compte, les luttes commerciales créent les conditions d'une domination systémique de plus en plus intense sur le circuit économique mondial, avec des effets sociaux et humains considérables. Les populations commencent à ressentir un stress absolu plus important en termes de travail, de pouvoir d'achat, sans parler des ressources économiques. De plus, les gouvernements doivent également rendre des comptes pour maintenir leur pouvoir d'action et leur prestige sur la liste mondiale, ce qui ajoute une couche aux relations économiques de plus en plus tendues et complexes.

DIPLOMATIE ET MULTILATÉRALISME DANS UN MONDE MULTIPOLAIRE

LA STRUCTURE DU MULTILATÉRALISME DANS LE CONTEXTE DES RELATIONS INTERNATIONALES ACTUELLES

Le multilatéralisme est l'un des éléments les plus cruciaux des relations entre les États internationaux aujourd'hui. Il s'agit d'une approche caractérisée par l'interaction de nombreux acteurs étatiques sur la base de règles convenues et d'institutions partagées (Weiss et Thalur, 2010). Aujourd'hui, cette forme de relations internationales est essentielle pour faire face à de nombreux problèmes mondiaux tels que le changement climatique, la sécurité alimentaire et la santé publique internationale, pour n'en citer que quelques-uns.

L'un des aspects les plus caractéristiques du multilatéralisme est l'engagement en faveur de la paix et de la stabilité mondiales. L'objectif du multilatéralisme est d'éviter les conflits et de fournir des moyens de résolution pacifique des conflits en encourageant le dialogue et les négociations entre les États (Brahimi, 2017). De même, il aide à résoudre les problèmes complexes auxquels la communauté internationale est confrontée par le biais d'actions unifiées.

En raison de l'émergence de nombreux centres de pouvoir, le multilatéralisme est désormais l'une des stratégies les plus appropriées pour adapter et contrôler les interactions entre les États dans un contexte mondial contemporain (Ruggie, 2013). Il conduit à la formation de coalitions et d'alliances stratégiques qui favorisent l'ordre international et renforcent la nature stable et prévisible des relations internationales.

En outre, le multilatéralisme permet de renforcer la légitimité et l'efficacité des normes internationales. En permettant aux États de participer à des forums multilatéraux, ce cadre garantit l'adoption de principes et de règles communs, ce qui renforce la légitimité des actions internationales (Nye, 2011).

En conclusion, la conception du multilatéralisme dans le contexte des relations internationales contemporaines s'inspire d'une approche intégrative, coopérative et gérée qui cherche à relever les défis mondiaux sans étouffer la diversité des intérêts des États. Il ne fait aucun doute que ce phénomène est devenu un élément central de la gouvernance mondiale et qu'il n'a pas de substitut en tant qu'outil nécessaire à l'établissement d'un ordre international juste et équilibré.

UNE ÉTUDE COMPARATIVE DES PRATIQUES DIPLOMATIQUES DANS LES ORGANISATIONS INTERNATIONALES

L'importance des pratiques diplomatiques dans les organisations internationales est un aspect clé dans le contexte de la géopolitique mondiale. En étudiant les divergences et les correspondances de ces pratiques, nous pouvons mieux comprendre les interactions entre les États à l'échelle mondiale (Snyder, 2018). Les diplomates remplissent une fonction vitale dans les organisations internationales pour la négociation, la médiation et la projection des intérêts nationaux.

Cet article se concentre sur les modalités de négociation mises en œuvre par différents pays ou groupes d'intérêt au sein des organisations multilatérales, l'ONU, l'OTAN, l'Union européenne, l'ASEAN, entre autres. L'analyse est comparative et met en évidence l'intervention de différents acteurs en réponse à des questions politiques, économiques et de sécurité à l'échelle mondiale (Krauthammer, 2015). Nous examinons également leur impact sur la coopération internationale et leur capacité à résoudre les conflits, à établir des normes internationales et à créer une entente durable.

En outre, il est important d'explorer la manière dont ces développements dans les pratiques diplomatiques se produisent dans le cadre d'une mondialisation multipolaire avec des dynamiques de pouvoir changeantes et de nouveaux défis transnationaux (Friedman, 2020). Ce processus analytique permet de mettre en lumière des cas spécifiques d'actions diplomatiques menées par des États et des non-États au sein d'organisations internationales, ainsi que la nécessité de ces analyses à la lumière du contexte géopolitique moderne.

ANALYSE DES SUCCÈS ET DES ÉCHECS DES ALLIANCES MULTILATÉRALES FACE AUX DÉFIS GLOBAUX

Les acteurs internationaux ont noué des partenariats multilatéraux sur de nombreuses questions et, dans le cadre du développement, ils ont créé des synergies proactives, espérant ainsi cultiver de nouvelles approches constructives. Dans ce monde très multipolaire, ces unions sont confrontées à des centaines de questions complexes allant de la sécurité internationale au changement climatique et même à la gestion des crises humanitaires (Roth, 2016). Le monde est déjà trop compliqué et trop dangereux pour traiter ces alliances avec négligence. C'est pourquoi il est important d'examiner leurs succès et leurs échecs.

Les institutions multilatérales ont réussi à atteindre de nombreux États qui se considèrent comme des superpuissances et à négocier des solutions à certains des problèmes les plus urgents du monde, par exemple en coordonnant des actions visant à atténuer certaines crises humanitaires dans le monde. Par exemple, l'accord de Paris sur le climat a rassemblé des pays du monde entier autour d'un problème environnemental sans précédent qui nécessitait une attention immédiate (Hale et Roger, 2014). L'action coordonnée de l'ONU et de ses agences spécialisées a également permis d'atténuer les conséquences de nombreuses crises humanitaires réparties sur l'ensemble du globe.

Néanmoins, ces réalisations sont souvent entachées d'échecs notables. Les accords multilatéraux sont souvent confrontés à des défis lorsqu'il s'agit de les mettre en œuvre (Drezner, 2014). Les rivalités géopolitiques et les intérêts nationaux bloquent souvent la mise en œuvre effective des mesures convenues au sein de ces alliances. En outre, certains obstacles structurels tendent à saper l'efficacité de ces organisations multilatérales, ce qui se traduit par des résultats décevants.

En outre, la montée du nationalisme et du protectionnisme dans certaines parties du monde complique de plus en plus la coopération multilatérale (Klein, 2019). En définitive, l'analyse des succès et des échecs des alliances multilatérales révèle un paysage diplomatique mouvant, toujours riche en perspectives, ainsi que des obstacles pleins de ressources qu'il faut surmonter pour résoudre les problèmes mondiaux.

SCÉNARIOS FUTURS POUR L'ÉQUILIBRE GÉOPOLITIQUE MONDIAL

PRÉVISIONS GÉOPOLITIQUES : VERS DE NOUVELLES RELATIONS STRUCTURER LES PARTENARIATS INTERNATIONAUX

Aux niveaux les plus significatifs de l'étude de la géopolitique mondiale, l'anticipation des facteurs susceptibles de délimiter de nouvelles alliances stratégiques géographiques a considérablement gagné en importance. La concurrence entre les superpuissances, telles que les

États-Unis, la Chine et la Russie, et les nouveaux acteurs émergents tels que l'Inde, le Brésil et d'autres pays en développement, soulève des questions fondamentales quant à la forme que prendra le système d'alliances internationales à l'avenir. La montée parallèle de la Chine en tant que superpuissance économique et militaire a certainement modifié l'équilibre du pouvoir mondial, et ce changement a sans aucun doute modifié les positions et les alliances de nombreux pays à l'échelle mondiale. De même, la politique étrangère de la Russie et son engagement dans la politique intérieure de diverses régions ont également modifié les alliances mondiales. Une étude détaillée des phénomènes systémiques régionaux et des intérêts nationaux des différents acteurs indique une tendance prédominante vers ce qui peut être décrit comme un changement radical des coalitions stratégiques. Ce changement est également favorisé par le changement climatique, les migrations et les tensions géoéconomiques, qui obligent les pays à repenser de nouvelles formes d'action commune et de partenariat.

Avec l'émergence des nouvelles technologies de communication et leur intégration dans les réseaux internationaux, de nouvelles voies d'influence et de collaboration ont été découvertes. Toutefois, ces possibilités sans précédent suscitent des préoccupations tout aussi inédites en matière de sécurité. Pour résoudre ces problèmes aux multiples facettes, il est important de comprendre les motivations et les objectifs des acteurs étatiques ainsi qu'une myriade d'autres facteurs qui influencent leurs décisions en matière d'alliances et de partenariats. Ces idées contribueront certainement à restructurer les paradigmes des relations internationales, à comprendre les formes émergentes de coopération internationale et à mieux appréhender la future répartition du pouvoir dans le système international.

L'évolution de l'équilibre des pouvoirs a été fortement influencée par les progrès technologiques. Cela est particulièrement vrai en ce qui concerne la prévision des rapports de force internationaux. Il est évident que les plus grandes percées en matière de pouvoir et d'influence reposent sur la capacité à manier l'intelligence artificielle, les technologies de la communication et la cybernétique. À la lumière de ce fait, il est important de problématiser les effets que ces développements auront sur les relations internationales. Tout d'abord, il faut comprendre que l'automatisation et l'intelligence artificielle vont transformer les économies des nations pour lesquelles les entreprises militaro-industrielles étrangères construiront de nouveaux centres de pouvoir et de concurrence. Les pays qui parviendront à développer ces technologies augmenteront considérablement leur pouvoir géostratégique et rivaliseront plus facilement pour l'influence mondiale. En outre, la capacité des médias sociaux et des communications mobiles à façonner l'opinion publique existe désormais au niveau mondial. Les acteurs étatiques et non étatiques ont la possibilité de propager facilement leurs récits et leur puissance douce sans adhérer aux règles de la géopolitique.

En outre, la cybernétique et la cybersécurité sont des piliers jumeaux de plus en plus importants dans la protection des intérêts nationaux, ce qui oblige les États à repenser leurs politiques de sécurité et à consacrer des ressources substantielles à ce domaine. La gestion de l'infrastructure numérique est donc une question vitale qui mérite d'être prise en considération pour sauvegarder le pouvoir et l'influence dans le système international. En d'autres termes, les ramifications de ces développements sur la future répartition du pouvoir sont vastes et d'une nature différente, et doivent donc faire l'objet d'une analyse critique. Il est important d'encourager ces changements dans le paradigme géopolitique, car ils vont très probablement façonner une nouvelle conception des relations internationales.

Sortir des sentiers battus : Les enjeux mondiaux de la biotechnologie, de la géopolitique et de la gouvernance

La dynamique entourant les performances insatisfaisantes de l'ONU, de l'OMC et de l'OTAN dans les situations de crise a démontré l'absence d'un ordre vertical au sein des structures politiques et militaires les plus puissantes. Les nouvelles technologies telles que l'IA, la cybernétique et la biotechnologie sont en train de modifier de façon spectaculaire le caractère et la domination de ces structures organisationnelles. Le monde a toujours été et sera toujours en constante évolution, avec des conditions sociales changeantes qui mettent à l'épreuve la réactivité, l'élasticité et la transformation du cyberespace social. L'efficacité avec laquelle les systèmes intergouvernementaux prévoient ces menaces et adoptent des mesures pour faire face au changement climatique, aux pandémies et aux cyberguerres générera de nombreux problèmes et conflits.

Leur capacité à impliquer une multitude d'acteurs privés, dont des entreprises, des ONG et d'autres membres de la société civile, sera tout aussi importante pour parvenir à une résilience généralisée. En fin de compte, les institutions internationales devront gagner leur légitimité, ce qui signifiera moins de transparence, plus de représentativité et de participation dans les processus de prise de décision afin de garantir le respect des règles par le plus grand nombre d'États membres. Par conséquent, la question de l'état de préparation des institutions mondiales et de leur capacité à répondre à ces changements attendus est importante par rapport à la balance géopolitique du pouvoir dans le monde.

RÉFÉRENCES

- Acemoglu, D., & Robinson, J. A. (2012). *Why nations fail: The origins of power, prosperity, and poverty.* New York: Crown Business.
- Baldwin, R. E. (2016). *The great convergence: Information technology and the new globalization.* Cambridge: Belknap Press.
- Baldwin, R. E. (2019). The globalization of trade and its impact on global development. *World Bank Research Observer, 34*(1), 1-18.
- Barrett, B. (2019). *The cybersecurity wars: Strategies for protecting digital infrastructure.* Cambridge: MIT Press.

- Belt and Road Portal. (2020). *The Belt and Road Initiative: A brief overview.*
- Brahimi, L. (2017). Multilateralism and the role of the UN in global governance. *Global Governance, 23*(1), 54-67.
- Breslin, S. (2016). *China and the global political economy.* New York: Palgrave Macmillan.
- Cai, P. (2017). Understanding China's Belt and Road Initiative. *Lowy Institute Paper.*
- Cai, P. (2019). Understanding China's Belt and Road Initiative. *Lowy Institute.*
- Castells, M. (2010). *The rise of the network society.* Malden: Wiley-Blackwell.
- Dempsey, J. (2020). Russia and the West: A complex interplay of cooperation and rivalry. *European Council on Foreign Relations.*
- Drezner, D. W. (2014). *The system worked: How the world stopped another Great Depression.* New York: Oxford University Press.
- Dunford, M. (2018). *The Sino-Russian relationship: A historical overview.* London: Routledge.
- Ferdinand, P. (2016). The Belt and Road Initiative: A global strategy for China? *The World Today, 72*(2), 10-13.
- Friedman, G. (2017). *The next 100 years: A forecast for the 21st century.* New York: Doubleday.
- Friedman, T. L. (2007). *The world is flat: A brief history of the twenty-first century.* New York: Farrar, Straus and Giroux.
- Friedman, T. L. (2020). *Thank you for being late: An optimist's guide to thriving in the age of accelerations.* New York: Farrar, Straus and Giroux.
- Galeotti, M. (2017). *Russia's security policy: A new era?* London: The International Institute for Strategic Studies.
- Gereffi, G. (2018). *Global value chains and development: Redefining the contours of 21st century capitalism.* Cambridge: Cambridge University Press.

- Gaddis, J. L. (2005). *The cold war: A new history*. New York: Penguin Press.
- Gonzalez, M. (2021). The triangular rivalry: Economic competition among the great powers. *Journal of International Relations, 17*(2), 57-75.
- Hale, T. N., & Roger, C. (2014). Orchestration and transnational climate governance. *The Review of International Organizations, 9*(1), 59-82.
- Harris, S. (2021). Regulating emerging technologies: Global perspectives. *Technology and Policy Review, 5*(1), 45-61.
- Hoffman, A. (2019). *Securing the cyber frontier: A global perspective*. Washington, DC: Brookings Institution Press.
- Ikenberry, G. J. (2011). *Liberal leviathan: The origins, crisis, and transformation of the American world order*. Princeton: Princeton University Press.
- Jentleson, B. R. (2018). *American foreign policy: The story behind the story*. New York: W. W. Norton & Company.
- Kaczmarski, M. (2016). Russia's pivot to Asia: An elusive dream? *Centre for Eastern Studies*.
- Klein, E. (2019). The unintended consequences of globalization: Effects on international relations. *Journal of Global Policy, 10*(2), 23-39.
- Klein, E. (2021). *Trade wars: The political economy of international trade disputes*. New York: Routledge.
- Kramer, A. (2019). Oil and gas in Russia: The economic leverage of natural resources. *Energy Policy, 128*, 572-580.
- Krauthammer, C. (2015). The unipolar moment revisited. *The National Interest, 70*(1), 5-16.
- Lee, S. (2022). Soft power strategies in the era of great power rivalry. *International Affairs Review, 28*(3), 99-116.
- Lindsay, J. R. (2016). The impact of cyber operations on geopolitics. *International Security, 41*(3), 10-24.
- Liu, F. (2019). The impact of the cold war on Sino-US relations. *Cold War Studies, 11*(4), 45-76.

- Liu, J. (2017). *China and Russia: A new model of major power relations?* Washington, D.C.: Brookings Institution Press.
- Mann, M., & Moore, S. (2015). *The power of global capital: The rise of the American empire.* Cambridge: Cambridge University Press.
- Mearsheimer, J. J. (2014). *The tragedy of great power politics.* New York: W. W. Norton & Company.
- Meyer, T. (2020). Digital power: The effects of the internet on global relations. *Global Studies Quarterly, 6*(4), 70-86.
- Morkva, A. (2021). Energy transport and security in a changing world. *Journal of Energy Security, 46*(4), 34-45.
- Naughton, B. (2018). *The Chinese economy: Adaptation and growth.* Cambridge: MIT Press.
- Nye, J. S. (2011). *The future of power.* Cambridge: Harvard University Press.
- Nye, J. S. (2017). *Cyber power.* Cambridge: Harvard University Press.
- O'Neil, C. (2016). *Weapons of math destruction: How big data increases inequality and threatens democracy.* New York: Crown Publishing.
- Peterson, L. E. (2016). *The limits of American military power: Lessons from the Iraq and Afghanistan wars.* Cambridge: Harvard University Press.
- Rodrik, D. (2018). Globalization and the politics of resentment. *The American Economic Review, 108*(2), 132-140.
- Rodrik, D. (2021). *The globalization paradox: Democracy and the future of the world economy.* New York: W. W. Norton & Company.
- Rosenberg, N. (2018). The geopolitical implications of cybernetics. *Geopolitics and Cybersecurity, 2*(1), 95-113.
- Roth, K. (2016). Multilateral responses to global human rights challenges. *Global Affairs, 2*(3), 253-264.
- Ruggie, J. G. (2013). Multilateralism: The anatomy of an institution. *International Organization, 46*(3), 561-598.

- Sakwa, R. (2015). *Russian politics and society*. London: Routledge.
- Schmid, C. (2020). Cybersecurity strategies: A comparative analysis. *Journal of Strategic Studies, 43*(5), 615-640.
- Shambaugh, D. (2020). *China-Russia relations: A comprehensive study*. University of California Press.
- Smith, G. (2017). *Manifest destiny and American expansionism: An overview*. *New York*: Routledge.
- Smith, S. (2019). Geo-strategic competition and security dilemmas in Europe and Asia. *Global Security Studies, 10*(2), 47-64.
- Smith, S. (2020). Eurasian geopolitics: The legacy of the Soviet Union on modern international relations. *Geopolitics, 25*(3), 487-507.
- Steger, M. (2019). *Globalization: A very short introduction*. Oxford: Oxford University Press.
- Summers, T. (2016). China's Belt and Road Initiative: What will it take to succeed? *The Diplomat*.
- Starr, S. F. (2018). The role of energy in Russian foreign policy. *International Journal of Energy Economics and Policy, 8*(3), 163-171.
- Sutherland, D. (2019). China's economic rise: How it will affect global trade. *Washington DC*: Center for Strategic and International Studies.
- Valeriano, B., & Maness, R. C. (2015). *Cyber war versus cyber realities: Cyber conflict in the international system*. New York: Oxford University Press.
- Waltz, K. (2010). *Theory of international politics*. New York: McGraw-Hill.
- Weiss, T. G., & Thakur, R. (2010). *Global governance and the UN: An uneasy partnership*. Tokyo: United Nations University Press.
- Wu, Y. (2019). China's non-interference policy reassessed. *International Affairs, 95*(3), 621-638.

- Zhang, B. (2019). *The evolution of Sino-Russian relations: 1950-2018.* Beijing: Peking University Press.
- Zhang, S. (2021). China's role in the United Nations: Advancing multilateralism. *Global Governance, 27*(1), 45-58.
- Zhang, Y. (2020). Economic nationalism in a globalized world. *Journal of International Affairs, 73*(2), 50-66.
- Zhao, S. (2020). China's rise: Global perspectives. New York: Oxford University Press.
- Zhou, T. (2018). The rise of China and the global order: Implications for governance. *Global Policy, 9*(3), 50-59.
- Zhou, T. (2020). Sino-Russian relations: A new framework for cooperation and competition. *Asian Affairs, 51*(2), 289-306.

Introduction

L'ÉVOLUTION DU MONDE DES RELATIONS INTERNATIONALES

Définir les relations internationales : Champ d'application et importance

Les relations internationales en tant que discipline ont considérablement évolué, façonnant la manière dont nous comprenons les interactions mondiales et leur impact sur la politique, l'économie et la culture internationales. Au fond, l'étude des relations internationales cherche à comprendre la complexité des relations entre les nations, les acteurs non étatiques et les organisations internationales dans un monde interconnecté.

Les concepts clés qui font partie intégrante des relations internationales comprennent la souveraineté, l'existence d'un État, le pouvoir, la diplomatie et la résolution des conflits. La compréhension de la portée de ces concepts et de leur interaction constitue la base de la compréhension de la dynamique de la politique internationale et des processus de prise de décision aux niveaux national et mondial.

On ne saurait trop insister sur l'importance de l'étude des relations internationales. Dans un monde de plus en plus interconnecté, où la mondialisation a facilité l'amplification des dépendances mutuelles entre les États, la nécessité d'une analyse approfondie des relations internationales est plus vitale que jamais. Les étudiants et les praticiens de ce domaine s'engagent dans les complexités de la gouvernance mondiale, du droit international, des études de sécurité et de la politique étrangère comparée, en acquérant des connaissances sur les forces fondamentales qui régissent la coopération et la concurrence internationales.

En outre, l'étude des relations internationales offre des perspectives précieuses sur le contexte historique, mettant ainsi en lumière les changements et les développements géopolitiques qui ont façonné le monde moderne. En examinant les étapes historiques des conflits, des traités, des alliances et des partenariats économiques, les spécialistes des relations internationales peuvent discerner des modèles et des thèmes récurrents qui continuent d'influencer les affaires diplomatiques contemporaines.

L'étude de la portée et de l'importance des relations internationales révèle que la discipline facilite une compréhension plus profonde du monde qui nous entoure et dote les individus des outils analytiques nécessaires pour naviguer dans l'interaction complexe des intérêts, des idéologies et des dynamiques de pouvoir qui caractérisent le paysage mondial. Ainsi, l'étude des relations internationales favorise le développement intellectuel et la pensée critique et prépare les individus à contribuer de manière significative aux défis et aux opportunités présentés par un ordre mondial en évolution.

Les étapes historiques qui ont façonné la diplomatie moderne

Le développement de la diplomatie moderne a été largement influencé par des étapes historiques qui ont façonné le paysage géopolitique. L'un des principaux jalons est le traité de Westphalie de 1648, souvent considéré comme le début du système étatique moderne et la naissance de la diplomatie moderne. Ce traité a marqué la fin de la guerre de Trente Ans. Il a établi le principe de la souveraineté des États, jetant les bases de relations internationales fondées sur la reconnaissance d'États-nations indépendants. L'essor des empires coloniaux aux XVIIIe et XIXe siècles a encore transformé la pratique de la diplomatie en créant des missions diplomatiques et en négociant des traités entre les puissances impériales et leurs colonies. Le Congrès de Vienne de 1815 a également eu un impact significatif sur la diplomatie moderne, car il visait à rétablir la stabilité et l'ordre en Europe après les guerres napoléoniennes. La conférence a redessiné la carte de l'Europe, établi un cadre pour la diplomatie multilatérale et institutionnalisé le concept de sécurité collective, créant ainsi un précédent pour les efforts diplomatiques futurs.En outre, les deux guerres mondiales du XXe siècle ont entraîné un changement de paradigme dans les relations internationales, conduisant à la création d'organisations internationales telles que la Société des Nations et, plus tard, les Nations unies, visant à promouvoir le dialogue, la coopération et la prévention des conflits. L'ère de la guerre froide, caractérisée par une confrontation idéologique et militaire entre les blocs de l'Est et de l'Ouest, a également eu un impact profond sur la diplomatie, car elle a conduit à la prolifération d'alliances stratégiques, d'accords de contrôle des armements et de conflits par procuration. Dans la période de l'après-guerre froide, la mondialisation, les progrès technologiques et la montée en puissance des acteurs non étatiques ont encore diversifié le paysage diplomatique, présentant de nouveaux défis et de nouvelles opportunités pour les relations internationales. Il est essentiel de comprendre ces étapes historiques pour saisir l'évolution de la diplomatie moderne et les complexités de la politique mondiale contemporaine.

Le rôle des superpuissances dans l'évolution des paysages politiques

Alors que la scène internationale continue d'évoluer, l'influence des superpuissances sur les affaires mondiales ne peut être sous-estimée. Ces nations, caractérisées par leurs importantes prouesses économiques, militaires et politiques, jouent un rôle central dans l'élaboration de la dynamique géopolitique du monde contemporain. L'interaction constante entre ces superpuissances, telles que les États-Unis, la Chine, la Russie et l'Union européenne, a eu un impact profond sur la gouvernance mondiale, les relations commerciales, les accords de sécurité et les initiatives diplomatiques.

Les manœuvres stratégiques et les décisions politiques des superpuissances peuvent déclencher des changements sismiques dans les paysages politiques, ouvrant la voie à des alliances complexes, des luttes de pouvoir et des réalignements régionaux. Leurs vastes ressources, leurs avancées technologiques et leurs sphères d'influence étendues leur permettent d'exercer un contrôle substantiel sur les systèmes économiques mondiaux, les architectures de sécurité et les institutions internationales. En outre, la projection de la puissance douce par le biais de canaux culturels, idéologiques et éducatifs permet aux superpuissances de façonner des récits, d'influencer l'opinion publique et de cultiver le soutien international à leurs programmes.

Dans le domaine de la sécurité et de la défense, les actions des superpuissances ont des implications directes sur la stabilité régionale et mondiale. Les interventions militaires, la prolifération des armes et les conflits territoriaux motivés par les intérêts des superpuissances ont souvent des conséquences considérables, influençant les efforts de résolution des conflits, les opérations de maintien de la paix et les interventions humanitaires. En outre, les partenariats stratégiques et les rivalités entre les superpuissances ont redéfini la nature de la guerre, englobant les domaines traditionnels ainsi que le cyberespace, l'espace extra-atmosphérique et la guerre de l'information.

Sur le plan économique, les politiques et les stratégies commerciales des superpuissances ont un impact profond sur les marchés mondiaux, les chaînes d'approvisionnement et les flux d'investissement. Leur capacité à conclure des accords commerciaux bilatéraux et multilatéraux, à imposer des droits de douane et à gérer la dynamique monétaire détermine souvent le bien-être financier des nations du monde entier. En outre, les initiatives des superpuissances en matière de développement des infrastructures, de coopération énergétique et d'extraction des ressources influencent considérablement les trajectoires économiques des pays en développement et des économies émergentes.

L'influence diplomatique des superpuissances s'étend au-delà des interactions entre États et englobe un large éventail de forums multilatéraux, d'organisations internationales et de sommets mondiaux. Leur capacité à négocier des accords, à arbitrer des conflits et à définir l'ordre du jour de discussions cruciales garantit que leurs positions ont un poids substantiel dans les questions d'importance mondiale. Il est essentiel de comprendre les nuances complexes de l'implication des superpuissances dans la diplomatie pour saisir la complexité des relations internationales et la poursuite d'objectifs mondiaux collectifs.

Théories et perspectives clés en matière de relations internationales

Dans le domaine complexe des relations internationales, diverses théories et perspectives façonnent notre compréhension des interactions entre les États et la communauté mondiale. Ces cadres servent d'outils essentiels pour analyser et interpréter la dynamique de la politique internationale, en fournissant des informations précieuses sur les motivations et les comportements des nations. L'une de ces théories est le réalisme, qui postule que les États poursuivent avant tout leurs propres intérêts dans un système anarchique, en cherchant à maximiser leur sécurité et leur puissance. Dans cette optique, l'équilibre des pouvoirs et le concept de souveraineté nationale sont des principes centraux qui influencent le comportement des États. À l'inverse, le libéralisme met l'accent sur le rôle des institutions internationales, de la coopération et de la diplomatie dans la promotion de la paix et de la stabilité entre les nations. Il souligne l'importance de valeurs telles que la démocratie, le libre-échange et les droits de l'homme pour façonner les interactions mondiales. Le constructivisme offre une perspective unique en soulignant l'impact des idées, des normes et des identités sur le comportement des États. Ce cadre suggère que les croyances partagées et les constructions sociales sont essentielles pour façonner les relations internationales, influençant la façon dont les États perçoivent leurs intérêts et s'engagent avec les autres.En outre, l'étude des relations internationales intègre des perspectives critiques telles que le féminisme, le marxisme et le postcolonialisme, qui remettent en question les structures de pouvoir traditionnelles et offrent des points de vue alternatifs sur les questions mondiales. Ces théories critiques approfondissent les questions de genre, de classe et d'injustice historique, ajoutant ainsi de la profondeur et de la nuance à notre compréhension des relations internationales. Lorsque l'on examine ces cadres théoriques, il devient évident que chacun d'entre eux offre des perspectives précieuses tout en présentant des limites et des critiques. C'est pourquoi les universitaires et les praticiens s'engagent continuellement dans des débats et des discussions afin d'affiner et d'adapter ces théories aux réalités mondiales contemporaines. En incorporant de multiples lentilles à travers lesquelles voir les relations internationales, nous pouvons mieux comprendre les complexités de la politique mondiale et anticiper les défis et les opportunités potentiels. Le développement d'une solide compréhension de ces théories et perspectives clés est essentiel pour naviguer dans le paysage en constante évolution des relations internationales, permettant aux décideurs politiques, aux diplomates et aux citoyens du monde de prendre des décisions éclairées qui contribuent à un monde plus pacifique et plus prospère.

Défis et opportunités de la géopolitique du 21ème siècle

Dans le paysage dynamique de la géopolitique du XXIe siècle, les États-nations et les acteurs mondiaux sont confrontés à de nombreux défis et opportunités. La nature évolutive des relations internationales présente une interaction complexe de dynamiques géopolitiques qui exigent une analyse astucieuse et une diplomatie proactive.

L'un des principaux défis réside dans la prolifération des acteurs non étatiques et des menaces transnationales. Du terrorisme à la cyberguerre, les frontières traditionnelles de l'influence géopolitique ont été transcendées, ce qui exige une réévaluation des stratégies de sécurité nationale. En outre, la montée des menaces asymétriques pose des défis sans précédent aux puissances établies, nécessitant des réponses innovantes et une coopération multilatérale. En outre, l'interconnexion croissante des économies et des sociétés a engendré de nouveaux défis mondiaux, tels que les pandémies, le changement climatique et la pénurie de ressources, qui sont par nature transfrontaliers. La résolution de ces problèmes exige des efforts de collaboration et des politiques tournées vers l'avenir.

À l'inverse, le XXIe siècle offre également des possibilités notables de remodeler la géopolitique mondiale. Les progrès technologiques ont révolutionné la communication et la connectivité, permettant une diffusion rapide de l'information et favorisant la collaboration transfrontalière. En outre, l'importance croissante des marchés émergents et des blocs régionaux a ouvert de nouvelles voies aux partenariats économiques et à l'engagement diplomatique. L'importance croissante accordée au développement durable et aux énergies renouvelables offre des perspectives de gestion partagée de l'environnement et de coopération en matière de gestion des ressources. Ces évolutions permettent d'envisager avec optimisme la promotion d'un dialogue inclusif et d'une action collective à l'échelle mondiale.

Face à ces défis et à ces opportunités, la souveraineté, l'autodétermination et le respect du droit international restent essentiels pour naviguer dans les complexités de la géopolitique contemporaine.

L'équilibre entre les intérêts nationaux et les responsabilités mondiales exige une diplomatie nuancée et une vision stratégique. La montée en puissance des interactions multipolaires et la diversification des centres de pouvoir soulignent l'impératif d'un engagement constructif et d'un leadership moral dans la promotion d'un ordre mondial stable et équitable.

À mesure que nous nous enfonçons dans le domaine multiforme de la géopolitique du XXIe siècle, il devient évident que pour relever les défis et saisir les opportunités, il faut des politiques adaptatives, un leadership visionnaire et une coopération inclusive. Ce chapitre sert de base à la compréhension de la tapisserie complexe des relations internationales contemporaines. Il prépare le terrain pour notre exploration des chapitres suivants, dans lesquels nous disséquerons des domaines géopolitiques spécifiques et analyserons leur dynamique évolutive.

Impact de la technologie et de la communication sur la diplomatie

Dans le monde moderne, la technologie et la communication jouent un rôle essentiel dans les interactions diplomatiques et les relations internationales. Les progrès numériques ont révolutionné le paysage traditionnel de la diplomatie, offrant à la fois des opportunités et des défis. La diffusion rapide d'informations par le biais de divers canaux numériques a transformé la manière dont les nations s'engagent les unes envers les autres, influençant la vitesse et la nature des négociations diplomatiques. Les plateformes virtuelles sont devenues des espaces de dialogue essentiels, permettant aux diplomates d'atteindre un public plus large et de communiquer instantanément au-delà des frontières géographiques. En outre, les médias sociaux et les outils de communication numérique ont permis aux nations de transmettre leurs positions politiques directement aux citoyens du monde, en contournant les gardiens traditionnels des médias. Toutefois, cette accessibilité accrue a également intensifié le besoin de communication stratégique et de diplomatie publique, car tout message peut désormais avoir des implications mondiales. La sécurité de l'information et la protection de la vie privée sont devenues des considérations essentielles dans les échanges diplomatiques, ce qui a nécessité l'élaboration de nouveaux protocoles et de nouvelles mesures de sauvegarde pour protéger les communications sensibles d'un accès non autorisé.En outre, l'essor de la cyberdiplomatie et de la guerre numérique a entraîné de nouveaux défis en matière de préservation de l'intégrité de la correspondance diplomatique et de prévention des cyberattaques susceptibles de perturber les relations diplomatiques. À mesure que la technologie progresse, l'intégration de l'intelligence artificielle et de l'analyse des big data dans les stratégies diplomatiques présente à la fois des possibilités sans précédent et des dilemmes éthiques. L'utilisation d'algorithmes d'analyse prédictive et d'apprentissage automatique peut améliorer les processus de prise de décision dans la diplomatie, mais elle soulève également des préoccupations en matière de transparence, de responsabilité et de biais involontaires. En outre, la prolifération des plateformes numériques a élargi la portée de la diplomatie publique, en facilitant l'engagement direct entre les nations et les publics mondiaux. Les programmes d'échanges culturels, les expositions virtuelles et les dialogues en ligne ont permis aux pays de favoriser la compréhension mutuelle et la coopération, au-delà des barrières géographiques.Néanmoins, le monde numérique a également amplifié la propagation de la désinformation et de la propagande malveillante, ce qui nécessite un effort concerté pour contrer la désinformation et maintenir la crédibilité des communications diplomatiques. En naviguant dans ce paysage complexe, les diplomates doivent s'adapter à l'évolution de l'environnement technologique tout en maintenant les principes de transparence, de confiance et de respect dans leurs engagements. Il est essentiel d'adopter l'innovation tout en se protégeant des risques inhérents afin d'exploiter pleinement le potentiel de la technologie et de la communication pour faire progresser les efforts diplomatiques.

Cadres juridiques et droit international

La nature dynamique des relations internationales est étroitement liée aux cadres juridiques et au droit international, qui constituent la pierre angulaire régissant la conduite des États sur la scène mondiale. Cette section parcourt le réseau complexe du droit international et met en lumière son rôle essentiel dans l'élaboration des engagements diplomatiques et la résolution des conflits. Le droit international repose sur des traités, des conventions et des pratiques coutumières qui ont évolué au fil des siècles pour réglementer les interactions entre les États souverains. Ces instruments juridiques fournissent un cadre pour traiter les différends territoriaux, les violations des droits de l'homme, les accords commerciaux et la conduite de la guerre. En outre, le droit international englobe divers domaines spécialisés, notamment le droit humanitaire, le droit de l'environnement et le droit de la mer, chacun d'entre eux étant conçu pour répondre à des défis mondiaux spécifiques. Il est essentiel de comprendre ces dimensions juridiques pour saisir les complexités de la diplomatie moderne et de la gouvernance mondiale.En outre, l'application et la mise en œuvre du droit international reposent largement sur des institutions multilatérales telles que les Nations unies, la Cour internationale de justice et les organisations régionales. Ces institutions jouent un rôle essentiel dans le règlement des différends, l'interprétation des normes juridiques et la défense de l'État de droit sur la scène internationale. Toutefois, il reste difficile d'assurer le respect universel du droit international, en particulier lorsque des États puissants font fi des normes juridiques pour défendre leurs intérêts. Cela soulève des questions pertinentes sur l'efficacité des régimes juridiques internationaux et des mécanismes d'application. En outre, la nature évolutive de la politique mondiale et les menaces transnationales émergentes nécessitent une adaptation et une réforme continues des cadres juridiques internationaux. De tels développements nécessitent un examen attentif et des délibérations au sein de la communauté des nations afin de s'assurer que les normes juridiques restent pertinentes et répondent aux défis contemporains. En explorant les cadres juridiques et le droit international, il devient évident que l'interaction entre les principes juridiques et les réalités géopolitiques façonne les contours des relations internationales. Comprendre les nuances du droit international est primordial pour les diplomates, les décideurs politiques et les universitaires, car il sous-tend les règles et les normes qui régissent notre monde interconnecté.

Interdépendance et mondialisation

L'interaction entre l'interdépendance et la mondialisation est devenue une caractéristique déterminante des relations internationales contemporaines. L'interdépendance fait référence à la dépendance mutuelle et à l'interconnexion entre les nations dans divers domaines tels que le commerce, la finance, la sécurité, la gestion de l'environnement et la technologie. Ce concept reconnaît que les actions d'un État ou d'une région peuvent avoir des répercussions étendues qui dépassent les frontières, façonnant ainsi le destin collectif de la communauté mondiale. La mondialisation, quant à elle, englobe l'élargissement et l'approfondissement de l'interconnexion à travers le monde, grâce aux progrès réalisés dans les domaines de la communication, des transports et de l'intégration économique. Elle a conduit à l'intensification des flux non seulement de biens et de services, mais aussi d'idées, de cultures et de main-d'œuvre. Le phénomène de l'interdépendance et de la mondialisation symbolise le réseau complexe de relations et de dépendances qui sous-tend le système international moderne. L'une des conséquences fondamentales de l'accroissement de l'interdépendance et de la mondialisation est l'effacement des frontières traditionnelles, ce qui rend les États plus interdépendants et plus imbriqués que jamais. Cette réalité exige un changement de perspective, passant d'intérêts nationaux étroitement ciblés à une compréhension plus holistique des défis et des opportunités mondiaux. L'interdépendance et la mondialisation entraînent l'interconnectivité et l'interdépendance, favorisant un climat où l'action collective et les solutions coopératives sont de plus en plus nécessaires. Dans le même temps, cette dynamique crée des vulnérabilités qui peuvent se répercuter sur le système international, comme en témoignent les crises financières mondiales, les pandémies et la dégradation de l'environnement.En outre, l'interdépendance et la mondialisation entraînent souvent des tensions entre la souveraineté et la gouvernance supranationale, ce qui soulève des questions sur l'équilibre entre l'autonomie et le partage des responsabilités. Alors que nous naviguons dans les méandres de l'interdépendance et de la mondialisation, il est impératif de disséquer leurs impacts multiformes sur des questions allant du développement économique et de la sécurité aux échanges culturels et à la durabilité écologique. La reconnaissance des liens inextricables entre les États et les sociétés nous oblige à adopter une approche multidimensionnelle pour relever les défis et exploiter les avantages potentiels d'un monde de plus en plus interconnecté.

Les chapitres suivants

Dans les chapitres suivants, nous explorerons les dynamiques complexes qui définissent le monde en évolution des relations internationales. Ces chapitres sont conçus pour fournir une compréhension nuancée des interactions à multiples facettes entre les pays, les acteurs mondiaux et les questions transnationales, offrant un aperçu du réseau complexe de forces géopolitiques, économiques et socioculturelles qui façonnent le paysage mondial contemporain. Chaque chapitre servira de fenêtre sur un aspect spécifique des relations internationales, disséquant les complexités de la dynamique du pouvoir, de la diplomatie, de la résolution des conflits et de la coopération sur la scène mondiale. Nous analyserons les antécédents historiques qui ont sculpté les pratiques diplomatiques modernes, nous examinerons l'importance du droit international et des cadres juridiques dans la promotion de la stabilité mondiale et nous explorerons les impacts multiformes de la mondialisation et des avancées technologiques sur les relations internationales. En outre, nous nous pencherons sur les alliances changeantes, les menaces émergentes et les défis stratégiques auxquels sont confrontés les décideurs et les responsables politiques dans une arène géopolitique en constante évolution. Les chapitres à venir offriront également une analyse solide de questions clés telles que la cybersécurité, la guerre économique, le changement climatique, les changements démographiques, la diplomatie des soins de santé et le rôle des organisations internationales dans la résolution des problèmes mondiaux.En outre, ce livre vise à élucider les objectifs de diverses nations et blocs influents dans la politique internationale, en fournissant des informations précieuses sur leurs motivations, leurs aspirations et leurs domaines potentiels de collaboration ou de conflit. En démêlant les subtilités des relations internationales dans un monde en pleine mutation, ces chapitres visent à doter les lecteurs d'une connaissance approfondie des facteurs sous-jacents qui influencent la prise de décision et les efforts diplomatiques à l'échelle mondiale. En substance, les chapitres suivants serviront de voyage éclairant à travers les complexités des relations internationales, mettant en lumière les déterminants clés qui façonnent la conduite des nations, la recherche de la paix et la poursuite de la prospérité collective au XXIe siècle.

Objectifs de ce livre

L'objectif premier de cet ouvrage est de fournir une analyse complète et perspicace du paysage en rapide évolution des relations internationales dans le monde moderne. Grâce à une exploration approfondie des principaux facteurs géopolitiques, économiques et sociaux qui influencent la dynamique mondiale, cet ouvrage vise à doter les lecteurs d'une compréhension nuancée des défis et des opportunités complexes qui définissent les relations internationales contemporaines. En examinant les multiples facettes de la diplomatie, de la stratégie militaire, de la guerre économique et de l'impact de la technologie sur la géopolitique, cet ouvrage offre une perspective holistique qui transcende les frontières et les paradigmes traditionnels. Il vise à favoriser la pensée critique et le discours éclairé, en encourageant les lecteurs à s'engager dans les questions urgentes qui façonnent la communauté internationale. En outre, en analysant les précédents historiques et en examinant les tendances géopolitiques actuelles, cet ouvrage élucide les scénarios futurs potentiels et leurs ramifications pour la stabilité et la coopération mondiales. L'objectif est également de présenter une image équilibrée des diverses perspectives et approches des relations internationales et de reconnaître les nuances et les complexités inhérentes à la politique mondiale. Il s'efforce de stimuler la curiosité intellectuelle, d'inciter à la réflexion et d'inspirer un engagement proactif dans les discussions sur la gouvernance mondiale, la sécurité et le développement durable.En outre, cet ouvrage se veut une ressource précieuse pour les étudiants, les universitaires, les décideurs politiques et tous ceux qui souhaitent approfondir leur compréhension de la tapisserie complexe des relations internationales. En s'appuyant sur des avis d'experts, des preuves empiriques et des analyses scientifiques, ce livre offre une plateforme fiable aux lecteurs pour élargir leurs connaissances et saisir les subtilités des affaires internationales. En fin de compte, l'objectif principal est de permettre aux individus de naviguer dans les complexités de la scène mondiale avec compréhension et discernement, en favorisant une approche plus informée et plus consciencieuse pour relever les formidables défis et saisir les opportunités sans précédent auxquels le monde d'aujourd'hui est confronté.

3

Le contexte historique

L'ÉVOLUTION DU POUVOIR MONDIAL APRÈS LA GUERRE FROIDE

Vue d'ensemble de l'après-guerre froide

Après la chute du mur de Berlin et la dissolution de l'Union soviétique qui s'en est suivie, l'atmosphère politique mondiale a connu une profonde transformation. La fin de la bipolarité entre les États-Unis et l'Union soviétique a conduit à un nouvel ordre mondial caractérisé par le passage d'une confrontation idéologique à des réalignements géopolitiques complexes. La fin de la rivalité de la guerre froide a fait naître l'espoir d'un système international plus pacifique et plus coopératif. Toutefois, la réalité est loin d'avoir été une transition sans heurts. L'après-guerre froide a été marqué par des conflits régionaux, des vides de pouvoir et la montée en puissance d'acteurs non étatiques remettant en cause les notions traditionnelles de souveraineté des États. Avec l'effondrement de l'Union soviétique, les anciens États satellites ont subi d'importantes transformations politiques, économiques et sociales, ce qui a entraîné de profonds défis et opportunités pour la communauté mondiale. L'unification de l'Allemagne et la transformation des nations d'Europe de l'Est en entités indépendantes ont remodelé le paysage géopolitique, entraînant de nouvelles alliances et de nouvelles considérations stratégiques pour les grandes puissances.

En outre, le déclin d'un bloc communiste centralisé a ouvert de nouvelles opportunités économiques et de nouvelles ressources pour les pays occidentaux et a créé une nouvelle dynamique géopolitique au Moyen-Orient, en Asie et en Afrique. L'introduction de principes démocratiques dans certaines régions a permis la diffusion de valeurs et de systèmes politiques libéraux, tandis que d'autres régions ont connu une instabilité prolongée et des régimes autoritaires. La combinaison de ces facteurs a contribué à reconfigurer les structures du pouvoir mondial et à réévaluer les priorités géopolitiques. Pour aborder ce nouveau chapitre, il a fallu s'adapter à un monde multipolaire, où les stratégies diplomatiques, économiques et militaires se jouent sur une scène plus large et interconnectée.

La dissolution de l'Union soviétique et son impact mondial

La dissolution de l'Union soviétique en 1991 a été un moment crucial de l'histoire mondiale, marquant la fin de l'ère de la guerre froide et remodelant radicalement le paysage géopolitique. L'effondrement de l'Union soviétique a eu de profondes répercussions sur la communauté internationale , influençant la dynamique politique, économique et sécuritaire à l'échelle mondiale. La dissolution de l'URSS a entraîné l'émergence de nouveaux États indépendants, modifiant les structures de pouvoir régionales et créant de nouveaux défis pour la diplomatie et la gouvernance internationales. Sur le plan géopolitique, la dissolution a reconfiguré les frontières et les sphères d'influence, en particulier en Europe de l'Est et en Asie centrale. Le passage d'un ordre mondial bipolaire à un ordre mondial unipolaire, avec les États-Unis comme superpuissance prédominante, a introduit une période de changement transformationnel et de recalibrage dans les affaires internationales.

En outre, la dissolution de l'Union soviétique a précipité des changements importants dans la dynamique de la sécurité mondiale. L'élimination d'une superpuissance concurrente a atténué les tensions géopolitiques tout en faisant naître de nouvelles menaces et de nouveaux défis en matière de sécurité. La redistribution des moyens militaires et des capacités nucléaires soviétiques a exigé des ajustements stratégiques et des efforts collectifs pour gérer les risques de prolifération. Sur le plan économique, la dissolution de l'Union soviétique a provoqué une vague de libéralisation et d'intégration, les anciennes républiques soviétiques cherchant à mettre en place des économies de marché et à s'engager dans le système économique mondial.

En outre, l'arrivée soudaine de nouveaux venus sur la scène internationale a également offert des opportunités uniques en matière de commerce et d'investissement, tout en nécessitant une aide au développement globale et des interventions de renforcement des capacités. Cet événement historique a transformé l'ordre mondial et catalysé des réalignements idéologiques et politiques dans le monde entier. La rencontre avec les idéologies et les systèmes politiques post-soviétiques a suscité des débats intellectuels sur les modèles de gouvernance et la trajectoire de la démocratie à l'échelle mondiale. En outre, la dissolution de l'Union soviétique a entraîné une ère de mondialisation rapide, favorisant l'interdépendance économique et les échanges culturels entre les nations. Les répercussions de l'effondrement de l'Union soviétique continuent d'influencer le discours géopolitique contemporain, soulignant l'importance durable de ce moment historique transformateur.

La montée des États-Unis en tant que puissance unipolaire

Après l'effondrement de l'Union soviétique, le paysage politique mondial a connu une transformation sans précédent, les États-Unis s'imposant comme la principale superpuissance. La fin de la guerre froide a marqué l'avènement d'un ordre mondial unipolaire caractérisé par la domination américaine dans les domaines politique, économique et militaire. Au cœur de cette reconfiguration se trouve la victoire éclatante de la démocratie libérale et du capitalisme de marché, qui a fait des États-Unis le paradigme de la réussite sociopolitique et économique. Dotés de capacités militaires inégalées, d'une influence diplomatique considérable, de et d'une société technologiquement avancée, les États-Unis ont assumé le rôle de nation indispensable au monde. Ce moment unipolaire a eu des conséquences géopolitiques importantes, façonnant profondément les relations internationales et la gouvernance mondiale. Les politiques, les interventions et les alliances américaines ont influencé les dynamiques régionales dans le monde entier, du Moyen-Orient à l'Asie et de l'Amérique latine à l'Afrique. L'expansion de l'OTAN dirigée par les États-Unis et l'établissement de bases militaires dans des lieux stratégiques ont projeté la puissance américaine dans le monde entier, donnant un sentiment de sécurité à certains tout en suscitant l'appréhension d'autres. Sur le plan économique, les États-Unis ont joué un rôle central dans l'élaboration de l'architecture financière mondiale, la promotion des accords de libre-échange et la défense de l'ouverture des marchés, suscitant souvent des applaudissements et des critiques.

En outre, les exportations culturelles américaines, des films hollywoodiens à la musique populaire, ont contribué à la diffusion de leur "soft power", influençant les perceptions et les valeurs dans le monde entier. Toutefois, l'ère de l'unipolarité n'a pas été exempte de défis et de controverses. Les critiques se sont inquiétés de l'unilatéralisme, citant l'interventionnisme et les politiques étrangères affirmatives qui ont conduit à des tensions avec d'autres grandes puissances. L'émergence d'acteurs régionaux et de blocs économiques a cherché à contrebalancer l'hégémonie américaine, tandis que des questions transnationales telles que le changement climatique et le terrorisme ont nécessité des solutions de collaboration au-delà des approches unilatérales. Néanmoins, le moment unipolaire a remodelé la dynamique de la politique mondiale et préparé le terrain pour les complexités d'un monde multipolaire au 21e siècle.

Reconfigurations économiques en Europe et en Asie

L'ère de l'après-guerre froide a été marquée par d'importantes reconfigurations économiques en Europe et en Asie, qui ont remodelé le paysage mondial et influencé les relations internationales. En Europe, la dissolution de l'Union soviétique a conduit à l'émergence de nouveaux États indépendants, chacun étant confronté à des défis et à des opportunités économiques divers. Les pays de l'ancien bloc soviétique ont entrepris de passer d'une économie planifiée à un système fondé sur le marché, avec plus ou moins de succès. L'intégration des pays d'Europe de l'Est dans l'Union européenne (UE) et l'adoption de l'euro par plusieurs États membres ont encore transformé la dynamique économique du continent.

La région asiatique a connu un réalignement économique, caractérisé par la montée rapide de la Chine en tant que puissance économique et la résurgence de l'Inde en tant qu'acteur mondial. Les réformes économiques de la Chine et son ouverture aux investissements étrangers l'ont propulsée au rang de deuxième économie mondiale, exerçant une influence considérable sur le commerce et la finance au niveau mondial. Parallèlement, l'adoption par l'Inde de politiques axées sur le marché et son émergence en tant que plaque tournante de la technologie et des services ont contribué à son importance croissante dans l'économie mondiale.

Les reconfigurations économiques en Europe et en Asie se sont également croisées avec l'évolution des organisations et des alliances régionales. L'expansion de l'UE vers l'Est et l'approfondissement de l'intégration économique ont créé de nouvelles opportunités pour le commerce et l'investissement, bien qu'accompagnées de défis tels que les disparités économiques et les flux migratoires. En Asie, la création de forums tels que l'Association des nations de l'Asie du Sud-Est (ANASE) et l'évolution de la dynamique au sein de la région Asie-Pacifique ont reflété l'interdépendance économique croissante et les complexités géopolitiques.

En outre, l'essor économique de certains pays européens et asiatiques a favorisé la concurrence et la coopération dans divers secteurs stratégiques, notamment l'énergie, le développement des infrastructures et les technologies de pointe. Ce paysage dynamique a donné lieu à des accords commerciaux, des partenariats d'investissement et des manœuvres géopolitiques, les pays cherchant à s'assurer l'accès aux ressources, aux marchés et à l'innovation.

Ces reconfigurations économiques en Europe et en Asie ont considérablement façonné les réalités géopolitiques et la dynamique des pouvoirs, influençant les priorités diplomatiques, les considérations de sécurité et les mécanismes de gouvernance mondiale. Il est essentiel de comprendre ces changements pour appréhender le contexte contemporain des relations internationales et l'interaction multiforme entre les forces économiques et les stratégies géopolitiques.

Changements dans les alliances militaires et les paradigmes de sécurité

L'ère de l'après-guerre froide a été marquée par des changements significatifs dans les alliances militaires et l'évolution des paradigmes de sécurité au niveau mondial. Alors que le monde passe de la bipolarité à la multipolarité, les alliances traditionnelles ont été réévaluées, recalibrées et, dans certains cas, dissoutes, cédant la place à de nouveaux partenariats stratégiques et à des accords de coopération en matière de sécurité.

L'Organisation du traité de l'Atlantique Nord (OTAN), dont l'objectif principal était autrefois de protéger l'Europe occidentale de l'agression soviétique, a adapté sa mission et élargi son champ d'action en réponse aux menaces et aux défis émergents. Avec la fin de la guerre froide, l'OTAN s'est engagée dans des opérations de maintien de la paix, de lutte contre le terrorisme et de gestion des crises au-delà de son champ d'action géographique initial, reflétant ainsi un engagement plus large en faveur du maintien de la sécurité régionale et mondiale.

Parallèlement, la montée en puissance de nouveaux centres de pouvoir, tels que la Chine et l'Inde, a conduit à la formation de cadres et d'alignements de sécurité alternatifs. Ces pays ont établi des partenariats stratégiques avec des alliés régionaux et ont cherché à affirmer leur influence par le biais de la coopération multilatérale en matière de sécurité, ce qui a eu un impact sur la domination traditionnelle des institutions de sécurité dirigées par l'Occident.

En outre, les progrès technologiques ont transformé la nature de la guerre, incitant les nations à adapter leurs stratégies de défense et à investir dans des capacités de pointe. La cybersécurité, les moyens spatiaux et les armes de pointe font désormais partie intégrante des doctrines de sécurité nationale, ce qui conduit à une réévaluation des alliances militaires traditionnelles et des mécanismes de dissuasion.

Outre les acteurs étatiques, le rôle des acteurs non étatiques dans l'élaboration des paradigmes de sécurité ne peut être négligé. Les organisations terroristes transnationales, les réseaux criminels et les acteurs de la cybermenace posent de nouveaux défis aux alliances militaires traditionnelles et nécessitent des approches novatrices en matière de sécurité collective. Pour faire face à ces menaces asymétriques, il faut renforcer la coopération et la coordination entre les nations, au-delà des lignes de fracture géopolitiques traditionnelles.

Le besoin de cadres de sécurité collaboratifs et d'alliances adaptables est devenu de plus en plus évident à mesure que la communauté internationale est confrontée à des dynamiques de sécurité complexes. La nature évolutive des menaces, associée à l'interconnexion de la sécurité mondiale, nécessite une agilité diplomatique, une prévoyance stratégique et une volonté d'adapter les alliances traditionnelles pour relever les défis contemporains. Dans ce contexte, la compréhension du paysage changeant des alliances militaires et des paradigmes de sécurité est essentielle pour naviguer dans les complexités de l'environnement géopolitique moderne et sauvegarder la stabilité et la paix internationales.

Les progrès technologiques et leur influence sur le pouvoir mondial

Les progrès technologiques ont joué un rôle essentiel dans la dynamique du pouvoir mondial à l'époque contemporaine. Le rythme rapide de l'innovation technologique a influencé tous les aspects des relations internationales, des capacités militaires à la compétitivité économique et aux échanges culturels. En matière de défense et de sécurité, les technologies émergentes telles que l'intelligence artificielle, les véhicules aériens sans pilote et les capacités de cyberguerre ont transformé les notions traditionnelles de force militaire et de dissuasion.

En outre, l'exploitation de l'analyse des big data, de l'apprentissage automatique et de l'informatique quantique a donné aux États et aux acteurs non étatiques des capacités sans précédent en matière d'espionnage, de surveillance et de guerre de l'information. Cela a non seulement brouillé les lignes entre les menaces conventionnelles et asymétriques, mais a également soulevé d'importantes préoccupations concernant la vie privée, l'éthique et les normes internationales régissant l'utilisation de ces technologies dans les conflits et les crises.

Dans le domaine économique, l'avènement des monnaies numériques, de la technologie blockchain et des plateformes de commerce électronique a révolutionné le commerce mondial, l'investissement et les transactions financières. L'essor des conglomérats technologiques et la numérisation des industries ont donné naissance à de nouvelles formes de pouvoir économique qui transcendent les frontières géopolitiques traditionnelles. En outre, le recours croissant à l'automatisation et à la robotique a remodelé les marchés du travail, les chaînes d'approvisionnement et les processus de fabrication, ce qui a eu un impact sur la répartition des richesses et la division mondiale du travail.

Les progrès technologiques ont eu un impact profond sur les échanges culturels et la mondialisation, conduisant à une interconnexion sans précédent des sociétés dans le monde entier. La prolifération des médias sociaux, des plateformes de streaming et des outils de communication numérique a facilité la diffusion rapide d'idées, de valeurs et d'idéologies au-delà des frontières, influençant l'opinion publique et les normes sociétales. Simultanément, la numérisation des artefacts culturels, des documents historiques et des expressions artistiques a suscité des débats sur la propriété, la préservation et la marchandisation du patrimoine culturel.

En outre, les progrès de l'exploration spatiale, de la technologie des satellites et des systèmes d'énergie renouvelable ont repoussé les frontières de l'activité humaine, offrant de nouvelles voies à la collaboration scientifique, à l'exploitation des ressources et à la gestion de l'environnement. La compétition pour la domination de l'espace et la recherche de sources d'énergie durables sont devenues des points de convergence des rivalités géopolitiques et des alliances stratégiques, avec des implications pour la sécurité nationale, la politique environnementale et l'avenir de l'humanité.

Alors que nous naviguons dans les complexités d'un monde dominé par la technologie, les décideurs politiques, les diplomates, les chefs d'entreprise et les citoyens doivent comprendre les implications multiformes de ces avancées sur la structure du pouvoir mondial. Saisir les opportunités et relever les défis posés par les technologies émergentes sera déterminant pour façonner la trajectoire des relations internationales au 21e siècle.

Échanges culturels et mondialisation

Les échanges culturels et la mondialisation sont devenus des éléments centraux du paysage contemporain des relations internationales. L'interconnexion des cultures, des sociétés et des économies a profondément transformé la façon dont les nations interagissent et se perçoivent les unes les autres. Grâce à la diplomatie culturelle, les pays tirent parti de la richesse de leur patrimoine, de leurs traditions et de leurs expressions artistiques pour renforcer les relations bilatérales et multilatérales, favoriser la compréhension mutuelle et relever des défis communs. Dans un monde de plus en plus globalisé, l'échange d'idées, de croyances et de valeurs transcende les frontières nationales, créant des opportunités de coopération et de dialogue tout en posant des défis uniques. Les échanges culturels sont de puissants outils de projection de la puissance douce, qui permettent aux nations de renforcer leur influence sur la scène mondiale. Les pays peuvent cultiver des perceptions positives et établir des liens durables avec des publics internationaux en mettant en valeur leurs arts, leur littérature, leur cuisine et leurs coutumes.

En outre, la prolifération des plateformes numériques et des médias sociaux a facilité un accès sans précédent à divers contenus culturels, permettant aux gens du monde entier de s'engager et d'apprécier la richesse du patrimoine mondial. Cependant, la mondialisation met également en évidence les problèmes d'homogénéisation culturelle et de préservation de l'identité. Si les échanges culturels favorisent la diversité et l'inclusion, ils risquent d'éroder les traditions et les langues locales face aux tendances mondiales dominantes. Les nations doivent trouver un équilibre entre l'interconnexion mondiale et la préservation de leurs identités culturelles uniques. En outre, les échanges culturels permettent de relever des défis mondiaux urgents tels que le changement climatique, les crises sanitaires et les disparités socio-économiques. Les initiatives culturelles collaboratives peuvent favoriser la solidarité transfrontalière, promouvoir des pratiques durables et amplifier les voix qui plaident en faveur d'un changement positif. En outre, les échanges culturels ouvrent la voie à la coopération économique, car les industries créatives et les secteurs du tourisme prospèrent en encourageant les partenariats transnationaux et en promouvant les expériences interculturelles. Alors que le monde continue d'adopter les échanges culturels et la mondialisation, les décideurs politiques, les diplomates et les organisations internationales doivent reconnaître le potentiel de transformation de la diplomatie culturelle pour façonner une communauté mondiale plus harmonieuse et plus interconnectée.

Les puissances émergentes : La Chine, l'Inde et le Brésil

Le paysage géopolitique a connu une évolution remarquable au cours des dernières décennies, avec la montée en puissance de pays émergents tels que la Chine, l'Inde et le Brésil, qui exercent une influence significative sur la scène mondiale. Chacun de ces pays possède des attributs et des aspirations uniques, contribuant à reconfigurer la dynamique du pouvoir international. Avec sa croissance économique rapide et ses avancées technologiques, la Chine s'est imposée comme un formidable acteur mondial, remettant en cause les normes établies et influençant les affaires régionales et mondiales. L'initiative "la Ceinture et la Route", défendue par la Chine, représente un effort stratégique pour étendre sa portée économique à travers l'Asie, l'Afrique et au-delà, en remodelant fondamentalement les réseaux commerciaux et d'infrastructure. En outre, l'affirmation croissante de la Chine dans les conflits territoriaux et le développement de ses capacités militaires ont attiré l'attention sur ses ambitions de domination régionale. L'Inde, quant à elle, se présente comme une force influente en Asie du Sud et au-delà. Avec une population en plein essor et une économie qui se développe rapidement, l'Inde cherche à s'imposer comme un acteur clé dans l'élaboration de l'ordre mondial. Ses partenariats stratégiques croissants, notamment en matière de défense et de commerce, reflètent son ambition de jouer un rôle plus important dans le traitement des questions transnationales et le maintien de la stabilité dans la région indo-pacifique.

En outre, l'engagement de l'Inde dans les forums et initiatives multilatéraux souligne son engagement en faveur de la coopération et du leadership internationaux. Le Brésil, souvent considéré comme une puissance en Amérique latine, a également renforcé sa position en tant qu'acteur important de la géopolitique mondiale. Doté de ressources naturelles abondantes et d'une économie diversifiée, le Brésil exerce une influence sur les scènes régionales et internationales. Sa participation à des forums tels que les BRICS et ses efforts diplomatiques pour promouvoir la coopération Sud-Sud contribuent à son objectif de renforcer sa position mondiale. En outre, l'approche proactive du Brésil en matière de durabilité environnementale et de changement climatique reflète son engagement à relever les défis mondiaux les plus pressants. Collectivement, l'ascension de ces puissances émergentes introduit une nouvelle dimension dans l'ordre mondial traditionnel centré sur l'Occident, signalant une période de transformation dans les relations internationales. Alors qu'elles continuent à façonner la dynamique économique, politique et sécuritaire mondiale, il est essentiel de comprendre les motivations et les comportements de ces puissances émergentes pour naviguer dans la nature complexe et interconnectée de la géopolitique contemporaine.

Acteurs non étatiques et questions transnationales

Dans le paysage complexe des relations internationales, l'influence des acteurs non étatiques est devenue de plus en plus importante, façonnant les questions transnationales de manière sans précédent. Ces entités, telles que les sociétés multinationales, les organisations non gouvernementales (ONG), les groupes terroristes et les réseaux criminels, ont eu un impact significatif sur la politique, l'économie et la sécurité mondiales. Leur capacité à manœuvrer au-delà des frontières et à opérer au-delà des limites des structures étatiques traditionnelles ( ) oblige à réévaluer la dynamique du pouvoir et la gouvernance. Les acteurs non étatiques jouent souvent un rôle central dans les questions transnationales, influençant des sujets allant de la préservation de l'environnement à la cybersécurité et à l'aide humanitaire. Les multinationales, par exemple, possèdent de vastes ressources et peuvent exercer une influence économique considérable, en influençant les accords commerciaux, les normes de travail et les pratiques d'investissement à l'échelle mondiale. Cette influence s'étend à la gestion de l'environnement, car elles sont soumises à une pression croissante pour répondre aux préoccupations liées à la durabilité et au climat.

Par ailleurs, les ONG contribuent à faire progresser les droits de l'homme, le développement et les initiatives d'aide, en tant que défenseurs influents et acteurs du changement social. À l'inverse, les acteurs non étatiques posent également des défis, notamment en matière de sécurité. Les organisations terroristes et les syndicats du crime exploitent la porosité des frontières et les avancées technologiques pour propager la violence, perpétrer des activités illicites et déstabiliser des régions. Leurs actions nécessitent des efforts de collaboration entre les États-nations et les organisations internationales pour atténuer les menaces que représentent ces acteurs transnationaux. Le cyberespace amplifie encore l'impact des acteurs non étatiques, les groupes d'hacktivistes et la cyberguerre soutenue par les États posant des risques importants pour les infrastructures critiques, la sécurité nationale et la vie privée. La nature interconnectée de la société moderne souligne la nécessité de traiter les questions transnationales de manière collaborative et adaptative. Au fur et à mesure que la technologie progresse, les acteurs non étatiques évolueront sans aucun doute dans leurs méthodes et leur portée, ce qui compliquera encore le paysage des relations internationales. Il est impératif pour les décideurs politiques, les diplomates et les dirigeants mondiaux de comprendre ces entités et de s'engager avec elles. En reconnaissant l'influence des acteurs non étatiques et en abordant les questions transnationales avec une vision stratégique, la communauté internationale peut s'orienter vers une gouvernance plus efficace et plus inclusive et, en fin de compte, naviguer dans les complexités d'un monde multipolaire.

Réévaluer le pouvoir mondial : vers un monde multipolaire

Le XXIe siècle a été le témoin d'un changement significatif dans la dynamique du pouvoir mondial, signalant l'émergence d'un ordre mondial multipolaire. Cette transformation se caractérise par la montée et la résurgence de divers États-nations et blocs régionaux exerçant une influence économique, politique et militaire considérable sur la scène internationale. La domination traditionnelle de quelques grandes puissances a cédé la place à un paysage plus diversifié où de multiples acteurs jouent un rôle central dans l'élaboration des affaires mondiales.

Au cœur de cette reconfiguration se trouve l'affirmation croissante de puissances montantes telles que la Chine, l'Inde et le Brésil, qui remettent toutes en question les normes établies des relations internationales. Ces nations ont connu une croissance économique rapide et des avancées technologiques qui leur ont permis d'exercer une plus grande influence et de faire valoir leurs intérêts dans diverses régions. Leurs engagements proactifs dans la gouvernance mondiale, les accords commerciaux et les initiatives d'investissement ont contribué à la redistribution du pouvoir et des ressources d'une manière qui transcende les paradigmes traditionnels centrés sur l'Occident.

En outre, l'interconnexion croissante des États par le biais du commerce, de la communication et des questions transnationales a favorisé un environnement géopolitique plus interdépendant. Cela a conduit à la montée en puissance d'acteurs non étatiques, notamment des entreprises multinationales, des organisations de la société civile et des groupes de pression, qui exercent une influence considérable sur l'élaboration des programmes politiques et le discours international. La prolifération des défis transnationaux tels que le changement climatique, le terrorisme et les crises de santé publique a nécessité des efforts de collaboration entre diverses parties prenantes, diluant ainsi le monopole des États-nations sur les processus décisionnels mondiaux.

En outre, les avancées technologiques et la révolution numérique ont brouillé les frontières entre les domaines physiques et virtuels, amplifiant l'influence de l'information et des cybercapacités dans l'élaboration de la géopolitique. L'essor de l'intelligence artificielle, de l'analyse des données de masse et de l'infrastructure numérique a permis aux nations et aux acteurs non étatiques de projeter leur puissance et de mener des opérations d'influence au-delà des sphères militaires et diplomatiques traditionnelles. Par conséquent, les contours de la projection de puissance et de la concurrence stratégique se sont élargis, englobant de nouvelles dimensions de la cyberguerre, des campagnes de désinformation et des différends relatifs à la souveraineté des données.

Alors que le monde évolue vers une réalité multipolaire, il devient impératif de réévaluer les cadres existants de la gouvernance mondiale et de l'architecture de sécurité. Les Nations unies et d'autres institutions multilatérales doivent relever le défi de prendre en compte des intérêts divers et de garantir des processus décisionnels inclusifs qui reflètent l'évolution de la dynamique des pouvoirs. En outre, les alliances traditionnelles et les accords de sécurité doivent s'adapter pour tenir compte des intérêts et des préoccupations des puissances émergentes, favorisant ainsi un ordre international plus équilibré et plus stable. La transition vers un monde multipolaire nécessite un changement de paradigme dans le leadership mondial, la coopération et la résolution des conflits, annonçant des opportunités et des complexités dans la poursuite d'un avenir plus équitable et durable.

*LA CHINE, LA RUSSIE, LES ÉTATS-UNIS ET
L'AVENIR DE LA GÉOPOLITIQUE* 71

Comprendre la perturbation géopolitique

LES MOUVEMENTS STRATÉGIQUES DE LA RUSSIE

Contextualiser les ambitions stratégiques de la Russie

Alors que nous nous plongeons dans le réseau complexe de la géopolitique mondiale, il devient impératif de disséquer méticuleusement la trajectoire historique qui façonne les ambitions stratégiques de la Russie. La période charnière qui s'est écoulée entre l'effondrement de l'Union soviétique et l'ascension de Vladimir Poutine a annoncé un changement radical dans l'approche russe des relations internationales. Il est essentiel de comprendre les nuances de cette transition pour démêler les motivations qui sous-tendent les initiatives de politique étrangère et les manœuvres géopolitiques de la

Russie. Le président Vladimir Poutine est à la tête de ce voyage transformateur. Sa détermination et son engagement inébranlable à faire de la Russie un acteur redoutable sur la scène internationale ont étayé la conception et l'exécution des ambitions stratégiques de la Russie. Les objectifs géopolitiques à long terme de Poutine, profondément ancrés dans la restauration de l'influence et de la prééminence de la Russie, ont joué un rôle déterminant dans l'orientation des stratégies internationales de la nation. Une exploration complète de l'évolution historique des aspirations stratégiques de la Russie sous la direction de Poutine dévoile un récit entremêlé de notions de résurgence nationale, d'intégrité territoriale et de préservation des sphères d'influence.

En outre, il brosse un tableau convaincant de la perception qu'a la Russie de son rôle sur la scène internationale, qui a été façonné par un mélange de griefs historiques, de dynamique du pouvoir et de poursuite inébranlable de l'autonomie stratégique. Les fils entrelacés de l'histoire, de l'idéologie et de la perception de l'intérêt national soulignent la nature multiforme des ambitions stratégiques de la Russie, en mettant l'accent sur leur lien intrinsèque avec les tendances géopolitiques plus larges et la dynamique du pouvoir mondial. Pour saisir l'essence de cette tapisserie complexe, il faut procéder à un examen approfondi des principaux jalons historiques, des changements politiques décisifs et de la logique sous-jacente qui sous-tend les aspirations de la Russie à une position mondiale revigorée. Ainsi, plonger dans la toile historique qui dessine la trajectoire des ambitions stratégiques de la Russie offre un aperçu inestimable des motifs qui motivent ses décisions de politique étrangère, de la manière dont elle projette sa puissance sur la scène mondiale et des implications primordiales pour les relations internationales.

Aperçu historique : De l'effondrement de l'Union soviétique à l'ascension de Poutine

La trajectoire historique de la Russie depuis l'effondrement de l'Union soviétique en 1991 a été marquée par des changements géopolitiques importants et par l'ascension de Vladimir Poutine en tant que figure dominante sur la scène mondiale. Après la dissolution de l'Union soviétique, la Russie a connu une période de profonds bouleversements intérieurs et de restructuration politique sous la présidence de Boris Eltsine. Les années 1990 ont été marquées par des turbulences économiques, des efforts de privatisation et de timides avancées vers la démocratie, mais aussi par l'érosion de l'influence russe dans l'espace post-soviétique. Dans le même temps, l'engagement du monde occidental à l'égard de la Russie a fait naître l'espoir d'une intégration de ce pays dans la communauté et les institutions internationales.

Toutefois, le début du 21e siècle a vu une transformation de l'approche de la Russie en matière de politique étrangère et une résurgence d'un nationalisme affirmé sous la direction de Vladimir Poutine. Avec l'annexion de la Crimée en 2014 et l'intervention militaire dans l'est de l'Ukraine, Poutine a signalé la volonté de la Russie de défier l'ordre établi en Europe. En outre, le conflit en Syrie a mis en évidence le rôle élargi de la Russie en tant qu'acteur clé au Moyen-Orient. Cette période a vu la réaffirmation d'une position plus agressive à l'égard de l'Occident, avec des investissements significatifs dans les capacités militaires et un discours de protection des intérêts russes à l'étranger. La consolidation du pouvoir intérieur de Poutine a également attiré l'attention sur son impact sur l'orientation de la politique étrangère de la Russie. L'utilisation habile par le Kremlin des médias contrôlés par l'État et de la diplomatie stratégique a renforcé l'influence régionale et mondiale de la Russie.

En outre, l'évolution des relations de la Russie avec l'Occident a été particulièrement multiforme. Alors que la dynamique de confrontation s'est intensifiée, les interdépendances économiques persistent, en particulier dans le secteur de l'énergie, soulignant la complexité des relations russo-européennes. Parallèlement, les alliances de la Russie avec des pays comme la Chine et ses ouvertures à d'autres puissances non occidentales témoignent d'une diversification et d'une réorientation de ses priorités diplomatiques. Le parcours historique qui va de la désintégration de l'Union soviétique à l'ascension de Poutine reflète un tournant dans la géopolitique mondiale, façonnant le paysage contemporain et conduisant à la reconfiguration de la dynamique du pouvoir international.

Analyse des engagements et des alliances militaires

Les engagements militaires et les alliances jouent un rôle essentiel dans la formation de la géopolitique mondiale, et cela n'est nulle part plus évident que dans le cas de la Russie. Le pays a une longue histoire d'engagement militaire ( ) à l'intérieur et à l'extérieur de ses frontières, avec des alliances clés qui ont un impact significatif sur ses manœuvres stratégiques. Qu'il s'agisse de conflits historiques ou de positions militaires contemporaines, les actions de la Russie dans ce domaine ont de profondes répercussions sur les relations internationales. On ne peut parler de la stratégie militaire russe sans reconnaître l'héritage de l'ère soviétique. L'effondrement de l'Union soviétique n'a pas seulement marqué une transformation géopolitique, il a également laissé un résidu de capacités et d'infrastructures militaires en Russie. En conséquence, la Russie moderne maintient une force militaire redoutable équipée d'armes et de technologies de pointe héritées de son prédécesseur. Cet arsenal constitue la pierre angulaire de la politique de défense de la Russie et souligne sa position en tant qu'acteur mondial important dans les affaires militaires.

En outre, l'approche de la Russie en matière d'alliances militaires reflète sa position géopolitique affirmée. Le pays a entretenu des partenariats clés avec diverses nations, ce qui lui permet d'exercer une influence sur la dynamique de la sécurité régionale et mondiale. L'Organisation de coopération de Shanghai, qui regroupe la Russie et plusieurs États d'Asie centrale, témoigne de l'engagement diplomatique et militaire de la Russie dans son voisinage. En outre, l'alignement de la Russie sur des pays tels que la Syrie et le Venezuela démontre sa volonté de s'engager dans des alliances militarisées au-delà de sa sphère d'influence immédiate. Ces partenariats servent de multiplicateur de force, projetant le poids militaire de la Russie et élargissant son empreinte stratégique au niveau mondial. L'examen des engagements et des alliances militaires de la Russie révèle des schémas complexes de coopération, de concurrence et de coercition. Les activités de la nation en Crimée, en Europe de l'Est et en Syrie soulignent les multiples facettes de sa présence et de son influence militaires. L'intervention de la Russie dans la guerre civile syrienne illustre notamment sa détermination à sauvegarder ses intérêts géopolitiques par une implication militaire directe. Ce déploiement est un rappel brutal de l'interaction complexe entre la puissance militaire, la diplomatie et la sécurité internationale.

En outre, les engagements militaires et les alliances de la Russie sont soumis à l'examen et à la réaction d'autres puissances mondiales. En particulier, l'Organisation du traité de l'Atlantique Nord (OTAN) a suivi de près les manœuvres militaires de la Russie et a renforcé ses défenses en réponse. L'équilibre délicat des forces et le risque d'escalade militaire constituent des défis majeurs pour la stabilité internationale. Il est essentiel de reconnaître l'importance des engagements et des alliances militaires de la Russie pour comprendre le réseau complexe de la géopolitique contemporaine. À mesure que nous approfondissons les complexités de la stratégie militaire russe, il devient évident que ces facteurs façonnent la dynamique régionale et ont un impact d'une portée considérable sur l'ordre international au sens large. L'analyse des engagements et des alliances militaires de la Russie est donc indispensable pour quiconque cherche à comprendre la tapisserie complexe de l'environnement sécuritaire mondial actuel.

Stratégies économiques : Dépendance énergétique et sanctions

La Russie utilise depuis longtemps ses vastes ressources énergétiques comme un outil essentiel pour promouvoir ses intérêts géopolitiques. Contrôlant d'importantes réserves de pétrole et de gaz naturel, le pays s'est appuyé sur sa richesse énergétique pour affirmer son influence à la fois dans sa sphère d'influence et sur la scène mondiale. L'Union européenne, en particulier, a été un important consommateur d'énergie russe, ce qui en fait un partenaire stratégique essentiel pour la Russie. Grâce à sa dépendance énergétique, la Russie a cherché à façonner les politiques et la diplomatie internationales, en utilisant sa position de principal fournisseur d'énergie pour gagner en influence politique et affaiblir les sanctions imposées par l'Occident. Cela lui a permis d'influencer les processus décisionnels liés aux projets transnationaux, aux pipelines et à d'autres infrastructures énergétiques, ce qui lui confère un poids géopolitique considérable.

En outre, la manipulation par la Russie de l'offre et de la tarification de l'énergie a effectivement exercé une pression sur les pays voisins et les a dissuadés de s'aligner trop étroitement sur les puissances occidentales. En outre, l'imposition de sanctions par les États-Unis et l'UE en réponse aux activités de politique étrangère de la Russie a entraîné des mesures de rétorsion, démontrant l'interconnexion de l'énergie et de la politique internationale. Malgré les répercussions économiques de ces sanctions, la Russie a stratégiquement diversifié ses marchés d'exportation d'énergie, en forgeant des partenariats avec des pays asiatiques et en réduisant sa dépendance à l'égard de la demande européenne. Ce faisant, la Russie vise à atténuer l'impact d'éventuelles sanctions futures, renforçant ainsi sa résistance aux pressions économiques extérieures. En outre, l'importance du secteur de l'énergie dans le financement des capacités militaires de la Russie ne peut être négligée. Les revenus tirés des exportations de pétrole et de gaz jouent un rôle essentiel dans le financement des dépenses de défense, des programmes de modernisation et des interventions militaires de la Russie. Cette imbrication de l'énergie et de la défense souligne le rôle intégral des stratégies économiques dans l'élaboration du comportement géopolitique de la Russie. Il est essentiel de comprendre l'approche de la Russie en matière de dépendance énergétique et de sanctions pour comprendre ses manœuvres géopolitiques plus générales et les défis qu'elle lance à la stabilité internationale.

La guerre de l'information : La bataille du cyberespace

La cyberguerre est devenue une composante essentielle de la stratégie géopolitique moderne, les États tirant parti de leurs capacités numériques pour prendre le dessus dans les affaires mondiales. Dans le contexte des mouvements stratégiques de la Russie, l'utilisation du cyberespace comme champ de bataille est devenue de plus en plus importante. Cela va au-delà des engagements militaires traditionnels, car le domaine cybernétique offre un moyen secret et puissant d'influencer d'autres nations, organisations et individus. L'habileté de la Russie à manier les outils cybernétiques pour atteindre des objectifs politiques et de sécurité a suscité de vives inquiétudes au sein de la communauté internationale. La bataille du cyberespace implique diverses activités, notamment l'espionnage, les campagnes de désinformation, les intrusions dans les réseaux et les attaques perturbatrices visant les infrastructures essentielles. Les opérations cybernétiques parrainées par l'État russe ont fait appel à des tactiques sophistiquées, brouillant souvent les frontières entre les acteurs étatiques et non étatiques dans la poursuite de son programme géopolitique. L'utilisation des plateformes de médias sociaux et la diffusion ciblée d'informations ont notamment permis à la Russie de façonner des récits, de semer la discorde et de saper la confiance dans les processus démocratiques au sein des nations étrangères. Ces activités ont suscité une surveillance accrue et des contre-mesures de la part des États concernés et des alliances mondiales en matière de cybersécurité. La nature interconnectée du cyberespace pose des problèmes uniques pour attribuer les cyberattaques à des acteurs spécifiques, ce qui ajoute des couches de complexité au paysage géopolitique. Des stratégies efficaces de dissuasion et de réaction sont essentielles pour sauvegarder les intérêts nationaux et la stabilité mondiale face à la menace évolutive de la cyberguerre. Le chapitre sur les mouvements stratégiques de la Russie souligne l'impératif d'une compréhension globale et de mesures proactives pour faire face à la dynamique complexe de la guerre de l'information à l'ère numérique.

Opérations d'influence à l'étranger : Les médias et l'influence politique

Les opérations d'influence menées par la Russie à l'étranger ont constitué un élément important de sa stratégie géopolitique, utilisant les médias traditionnels et les canaux de communication modernes pour exercer une influence politique et façonner l'opinion publique dans les pays ciblés. Par le biais d'agences de presse contrôlées par l'État, de plateformes de médias sociaux et de cyber tactiques, la Russie a cherché à influencer les perceptions, à amplifier les récits favorables à ses intérêts et à déstabiliser ses adversaires. Ces opérations d'influence sont souvent conçues pour exploiter les divisions sociétales existantes, alimenter les dissensions et saper la confiance dans les institutions démocratiques. Le programme de propagande du Kremlin ( ) a ciblé les publics occidentaux, exploitant l'ouverture des sociétés démocratiques pour diffuser des informations erronées et semer la discorde. Cela a suscité des inquiétudes quant à l'intégrité des processus électoraux et à la résilience des normes et valeurs démocratiques. L'utilisation des médias comme outil de coercition et de manipulation s'est étendue au-delà de la guerre de l'information pour englober le soutien manifeste et secret à des acteurs et groupes politiques sympathisants dans des pays étrangers. En entretenant des relations avec des mouvements populistes et en finançant des entités politiques marginales, la Russie cherche à cultiver des alliés capables de défendre son programme dans le paysage politique des États ciblés. L'investissement dans les médias locaux, associé à la diffusion d'une couverture biaisée, amplifie le sentiment pro-russe et diminue la confiance dans les dirigeants établis.

En outre, l'infiltration des réseaux de médias sociaux et la prolifération des campagnes de désinformation ont contribué à créer un climat d'incertitude et de polarisation, sapant la cohésion sociale et favorisant la méfiance. Au-delà de ces tactiques, la Russie a tiré parti de ses ressources énergétiques pour exercer une pression économique et une coercition politique, en utilisant les exportations de gaz et les projets de gazoducs pour influencer les décisions politiques et l'allégeance des pays voisins. Le placement stratégique de ressources militaires et les revendications territoriales dans les régions limitrophes ont également façonné la dynamique géopolitique, créant un climat d'insécurité perçue et nécessitant des manœuvres diplomatiques de la part des puissances mondiales. Pour comprendre les opérations d'influence de la Russie à l'étranger, il faut procéder à un examen complet de son approche à multiples facettes, comprenant la manipulation des médias, les alliances politiques et la coercition économique.

Le contexte arctique : L'exploitation des nouvelles frontières

L'Arctique est devenu un théâtre critique de la concurrence géopolitique, principalement parce que le changement climatique ouvre de nouvelles perspectives et de nouveaux défis dans cette région. Les intérêts stratégiques de la Russie dans l'Arctique sont multiples et profondément liés à ses ambitions géopolitiques plus larges. Avec le recul des calottes glaciaires, des ressources naturelles auparavant inaccessibles, telles que le pétrole, le gaz et les minerais, deviennent plus accessibles, ce qui suscite un intérêt accru de la part des pays qui cherchent à tirer parti de ces réserves lucratives. Avec son vaste littoral arctique et ses investissements économiques importants dans la région, la Russie se positionne comme un acteur clé de la géopolitique de l'Arctique. La route maritime du Nord, qui s'étend le long de la côte arctique russe, pourrait devenir une voie commerciale essentielle, offrant des avantages économiques et stratégiques considérables. Les autres États de l'Arctique et les puissances non arctiques s'inquiètent donc des conséquences de la domination croissante de la Russie sur , ce couloir de transit potentiellement lucratif.

En outre, le renforcement militaire et le développement des infrastructures de la Russie dans l'Arctique témoignent de sa volonté d'affirmer son contrôle et son influence dans la région. L'établissement de bases militaires et le déploiement de systèmes d'armes avancés soulignent l'intention de la Russie de sauvegarder ses intérêts et de projeter sa puissance dans l'Arctique. L'exploitation des nouvelles frontières de l'Arctique met également en avant des considérations environnementales et écologiques. L'équilibre délicat entre l'extraction des ressources de l'Arctique et la préservation de l'environnement présente des défis complexes pour toutes les parties prenantes. L'approche adoptée par la Russie pour concilier les impératifs économiques et la durabilité écologique aura des répercussions considérables sur l'écosystème fragile de l'Arctique et sur la dynamique du climat mondial. Le contexte arctique constitue donc une étude de cas éclairante sur la façon dont les intérêts géopolitiques se croisent avec les préoccupations environnementales, où les actions des États-nations dans l'exploitation de nouvelles frontières peuvent avoir des répercussions durables sur l'environnement et les communautés indigènes traditionnelles. Il est essentiel de comprendre et de naviguer dans ce réseau complexe d'intérêts et de défis dans la région arctique pour comprendre les mouvements stratégiques de la Russie et la dynamique évolutive de la géopolitique du XXIe siècle.

Relations de la Russie avec les pays voisins

Les relations de la Russie avec ses voisins constituent un aspect essentiel de la géopolitique contemporaine et exercent une influence considérable sur la stabilité régionale et mondiale. Ces relations s'appuient sur des considérations historiques, culturelles, économiques et géopolitiques, qui façonnent les priorités stratégiques et les décisions de politique étrangère de la Russie et de ses voisins. La complexité de ces interactions se manifeste à travers diverses dimensions, notamment les accords de sécurité, les partenariats économiques, les dépendances énergétiques et les différends historiques. L'approche de la Russie à l'égard de ses voisins est multiforme, reflétant un mélange de coopération, de concurrence et, parfois, de confrontation géopolitique. Il est donc essentiel d'examiner les nuances de l'interaction de la Russie avec les pays voisins pour comprendre le paysage géopolitique dans son ensemble. L'un des aspects centraux est le rôle significatif des États voisins dans le façonnement de la sphère d'influence de la Russie, en particulier dans l'espace post-soviétique. Le concept d'"étranger proche" fait partie intégrante de la politique étrangère russe, soulignant les aspirations de la Russie à maintenir une influence et un contrôle stratégiques dans son voisinage immédiat. Cela se manifeste par des engagements bilatéraux et multilatéraux, des alliances de sécurité et des initiatives économiques destinées à renforcer les liens avec les États voisins.

En outre, la présence d'importantes populations d'origine russe dans certains pays voisins ( ) a historiquement influencé les politiques de la Russie, posant souvent des défis et des opportunités pour favoriser des liens plus étroits. Le réseau complexe de relations entre la Russie et ses voisins reste essentiel pour comprendre les implications géopolitiques plus larges. Des revendications territoriales conflictuelles, des griefs historiques et des visions divergentes de l'intégration régionale ont parfois conduit à des tensions accrues. En outre, les débats en cours sur la souveraineté et l'alignement de ces États voisins ont contribué à créer des lignes de fracture géopolitiques sensibles, nécessitant un équilibre délicat en matière d'engagement et de diplomatie. Compte tenu de ces facteurs, il est impératif d'examiner les relations de la Russie avec les États voisins pour comprendre les complexités des relations internationales contemporaines. Cela implique de se plonger dans les subtilités des liens bilatéraux spécifiques et des dynamiques régionales, d'évaluer l'impact des héritages historiques, des asymétries de pouvoir et de l'évolution des stratégies géopolitiques. Seule une compréhension globale de ces relations permet de saisir l'interconnexion de la géopolitique mondiale et l'influence durable des manœuvres géopolitiques de la Russie.

Études de cas : Ukraine et Syrie

Les études de cas de l'Ukraine et de la Syrie donnent un aperçu critique des manœuvres géopolitiques de la Russie et de leur impact sur les dynamiques régionales et mondiales. En Ukraine, l'annexion de la Crimée par la Russie en 2014 a déclenché une crise internationale majeure, conduisant à des tensions accrues entre la Russie et l'Occident. Le conflit dans l'est de l'Ukraine, alimenté par des mouvements séparatistes prétendument soutenus par la Russie, a encore exacerbé la situation. Cette étude de cas se penche sur les complexités historiques, ethniques et stratégiques qui sous-tendent l'implication de la Russie en Ukraine, mettant en lumière les ambitions de Moscou d'affirmer son influence sur les États voisins. En outre, elle analyse les réponses multiformes de la communauté internationale, notamment les négociations diplomatiques, les sanctions et l'assistance à la sécurité de l'Ukraine. L'étude du cas syrien dévoile l'intervention de la Russie dans la guerre civile en cours, qui a considérablement modifié l'équilibre des forces dans la région. Le soutien militaire de la Russie au régime d'Assad, associé à sa campagne aérienne contre les forces d'opposition, a remodelé le conflit syrien et attiré l'attention des acteurs mondiaux. Cette étude de cas examine le réseau complexe d'alliances, de rivalités et d'intérêts sur le théâtre syrien, illustrant la poursuite par la Russie d'objectifs stratégiques au-delà de ses frontières immédiates. En outre, elle explore les implications de l'implication de la Russie sur la stabilité régionale, les flux de réfugiés et le paysage géopolitique du Moyen-Orient au sens large. En examinant ces deux études de cas essentielles , les lecteurs acquerront une compréhension globale de l'approche proactive de la Russie pour façonner les résultats géopolitiques par le biais d'interventions directes et d'engagements par procuration dans des conflits régionaux complexes.

Implications pour la stabilité mondiale et les relations futures

Les implications des actions stratégiques de la Russie en Ukraine et en Syrie s'étendent bien au-delà de leurs frontières géographiques immédiates et se répercutent sur le paysage politique international. Du point de vue de la stabilité mondiale, ces manœuvres géopolitiques ont eu un impact significatif sur l'équilibre des pouvoirs et les relations diplomatiques entre les principaux acteurs de la scène mondiale. L'annexion de la Crimée et l'intervention militaire dans l'est de l'Ukraine ont exacerbé les tensions entre la Russie et les puissances occidentales, entraînant des sanctions économiques généralisées et remodelant les alliances régionales. De même, l'implication militaire de la Russie dans le conflit syrien a non seulement modifié le cours de la guerre, mais a également intensifié les complexités de la géopolitique du Moyen-Orient. Ces actions ont mis à l'épreuve l'efficacité et la crédibilité d'institutions internationales telles que les Nations unies et ont soulevé des questions cruciales sur les principes de souveraineté et de non-intervention.

En outre, elles ont contraint les pays à réévaluer leurs stratégies de défense et leur engagement vis-à-vis des points chauds potentiels. Les implications à long terme de l'affirmation de la Russie affecteront probablement les relations mondiales futures. Elle a contribué à la réémergence de la concurrence entre grandes puissances, remettant en cause l'ordre existant fondé sur des règles et favorisant un climat d'incertitude et de méfiance. En continuant d'affirmer son influence dans diverses régions et domaines, la Russie remet directement en question les normes de conduite internationale établies. Cette situation a incité les autres grandes puissances à recalibrer leur politique étrangère et à réévaluer leur approche de la gestion des ambitions de la Russie.

En outre, cela a amplifié la nécessité d'un dialogue multilatéral solide et de mesures de sécurité coopératives pour atténuer le risque d'escalade et promouvoir la sécurité collective. L'évolution de la conduite stratégique de la Russie souligne la nécessité d'efforts soutenus en matière d'engagement diplomatique, de transparence et de mesures de confiance. En comprenant bien les implications des bouleversements géopolitiques de la Russie, la communauté mondiale peut relever de manière proactive les défis posés par cette évolution, en jetant les bases de relations futures constructives et stables.

5

La rivalité sino-américaine

COMMERCE, TECHNOLOGIE ET TERRITOIRE

Aperçu historique des relations sino-américaines

Depuis l'établissement de liens diplomatiques en 1979, les relations sino-américaines ont traversé un paysage complexe et en constante évolution. D'abord marquées par un optimisme prudent et un objectif commun de stabilisation des affaires mondiales, ces relations cruciales ont connu des changements notables de dynamique, passant progressivement de la coopération à la confrontation. Au cours des premières années qui ont suivi la normalisation des relations, les deux pays se sont engagés dans une danse délicate d'engagement stratégique, cherchant un terrain d'entente au milieu de disparités idéologiques persistantes. Toutefois, les ambitions se sont heurtées au fil du temps, l'équilibre bilatéral ayant été mis à l'épreuve par l'ascension économique rapide de la Chine et ses manœuvres géopolitiques affirmées.

Le tournant s'est produit à la fin des années 1990 et au début des années 2000, lorsque l'interdépendance économique est devenue la pièce maîtresse des relations sino-américaines. Les États-Unis ont cherché à intégrer la Chine dans l'ordre économique mondial, la positionnant comme un partenaire favorisant la prospérité et la stabilité régionale. Cette période a également été marquée par une collaboration mesurée en matière de lutte contre le terrorisme et de non-prolifération, soulignant le potentiel d'un engagement constructif entre les deux puissances. Néanmoins, des signes de tension sont apparus au fur et à mesure que des divergences de vues se faisaient jour sur les droits de l'homme, la propriété intellectuelle et les pratiques commerciales.

Au début du 21e siècle, les contours des relations sino-américaines ont subi un réétalonnage palpable, avec l'émergence de frictions prononcées motivées par la concurrence stratégique. Les revendications affirmées de Pékin dans la mer de Chine méridionale, sa modernisation militaire accélérée et la nature asymétrique des relations commerciales ont accentué le changement de paradigme. Les ramifications de ces développements se sont répercutées dans divers domaines, notamment la technologie, la sécurité et la gouvernance mondiale, modifiant fondamentalement la physionomie des liens bilatéraux.

Au milieu de ces complexités, l'éclatement de la guerre commerciale en 2018 a marqué un point d'inflexion décisif, mettant à nu la discorde profondément enracinée et manifestant un pivot distinct vers la rivalité. Ainsi, l'aperçu historique des relations sino-américaines présente un récit empreint de dualité qui englobe des aspirations de partenariat et un crescendo de contestation stratégique. Ces nuances évolutives soulignent la fluidité et la complexité inhérente à l'interface entre les deux plus grandes économies du monde, façonnant les contours plus larges de la géopolitique contemporaine.

La guerre commerciale : origines et conséquences

La guerre commerciale sino-américaine, déclenchée en 2018, représente un moment décisif dans les relations économiques entre les deux plus grandes économies du monde. Déclenché par les droits de propriété intellectuelle, le transfert de technologie et les différends relatifs à l'accès au marché, ce conflit aux multiples facettes s'est répercuté sur les marchés mondiaux, les chaînes d'approvisionnement et la dynamique géopolitique. Au fond, la guerre commerciale est le reflet d'une concurrence stratégique plus large, les deux pays se disputant la domination de secteurs clés et cherchant à redéfinir les règles du commerce international. Les origines de ce conflit remontent à des griefs de longue date et à des déséquilibres structurels, exacerbés par des paysages politiques changeants et des agendas politiques divergents. L'imposition de droits de douane et de mesures de rétorsion a entraîné des perturbations dans la circulation des biens et des services, ce qui a eu un impact sur les entreprises, les consommateurs et la stabilité économique mondiale.

En outre, l'escalade des tensions a engendré de l'incertitude, suscitant l'hésitation des investisseurs et remodelant les alliances transfrontalières. L'exploitation des nouvelles technologies et la refonte des industries traditionnelles sont essentielles à la sécurité nationale et à la prospérité économique. Alors que la Chine et les États-Unis se disputent la suprématie technologique, la course à la 5G, à l'intelligence artificielle, à l'informatique quantique et à d'autres innovations de pointe est devenue le point central de leur rivalité. Cette compétition technologique va au-delà des intérêts économiques et a des implications stratégiques pour la défense, la cybersécurité et l'équilibre des pouvoirs. La quête du leadership technologique a amplifié les préoccupations relatives à la confidentialité des données, à la protection de la propriété intellectuelle et aux considérations éthiques, accentuant les contours de cette rivalité aux enjeux considérables. Les répercussions de cette course technologique se font sentir à l'échelle mondiale, les pays et les entreprises devant faire face au double impératif de l'innovation et de la sécurité dans un paysage numérique en constante évolution. L'affirmation territoriale croissante et les différends maritimes en mer de Chine méridionale ont ajouté une nouvelle couche de complexité à la rivalité sino-américaine. La lutte pour le contrôle des voies maritimes critiques, des ressources naturelles et des avant-postes stratégiques a alimenté les appréhensions régionales et suscité un examen international. L'importance stratégique et économique de la mer de Chine méridionale a entraîné un renforcement de la présence militaire, des manœuvres diplomatiques et un enchevêtrement des intérêts commerciaux, façonnant ainsi le récit plus large de la concurrence entre grandes puissances. Les implications des différends territoriaux vont bien au-delà des tensions localisées, influençant les structures des alliances, les doctrines de sécurité et les perspectives de coexistence pacifique . Les répercussions de ces frictions territoriales se répercutent sur les routes commerciales, les flux énergétiques et les calculs géopolitiques, ajoutant une dimension nuancée à la rivalité sino-américaine.

Course à la technologie : 5G, IA et au-delà

La course à la technologie entre les États-Unis et la Chine est devenue un champ de bataille crucial pour la domination mondiale, alors que le monde est aux prises avec les complexités de la géopolitique moderne. Au cœur de cette rivalité se trouve la compétition pour la maîtrise des technologies de la prochaine génération, en particulier les réseaux sans fil 5G, l'intelligence artificielle (IA) et au-delà. Les deux nations reconnaissent que les prouesses technologiques alimentent non seulement la croissance économique, mais aussi les capacités militaires et, en fin de compte, la trajectoire des relations internationales. Les progrès de la technologie 5G ont de profondes répercussions sur les industries, les infrastructures essentielles et la sécurité nationale. Parallèlement, les progrès de l'IA ont des conséquences considérables pour l'automatisation, l'analyse des données et l'avenir du travail. La course à l'exploitation de ces technologies transformatrices reflète une lutte stratégique pour l'influence, l'innovation et la domination du marché. Dans leur quête de leadership mondial, les deux pays ont investi massivement dans la recherche et le développement, favorisant un environnement de concurrence intense et de progrès technologiques rapides. La tension est palpable alors que les débats sur les droits de propriété intellectuelle, la cybersécurité et les considérations éthiques ne cessent de s'intensifier.

En outre, le défi dépasse le cadre national et s'étend aux collaborations internationales, aux efforts de normalisation et aux relations diplomatiques. Les composants matériels et logiciels technologiques critiques sont au cœur des vulnérabilités de la chaîne d'approvisionnement, ce qui incite à réévaluer les dépendances et la résilience dans un monde hyperconnecté. Les implications de cette course à la technologie se répercutent sur de multiples dimensions, de la prospérité économique et de la sécurité nationale aux valeurs fondamentales qui façonnent le tissu social. Pour la communauté mondiale au sens large, les résultats de cette rivalité façonneront sans aucun doute le paysage futur de l'innovation, de la gouvernance et du progrès humain. À ce titre, la course vers la 5G, l'IA et au-delà constitue un tournant dans l'histoire globale de la concurrence sino-américaine, signalant une nouvelle ère de dynamique géopolitique alimentée par les forces de la technologie.

Différends territoriaux en mer de Chine méridionale

La mer de Chine méridionale est une région stratégiquement vitale, caractérisée par des litiges territoriaux complexes impliquant plusieurs nations. Les revendications maritimes étendues de la Chine, incarnées par la ligne des neuf traits, ont conduit à des tensions accrues avec les pays voisins tels que le Viêt Nam, les Philippines, la Malaisie et le Brunei. Ces différends découlent d'interprétations divergentes du droit international, de griefs historiques et des riches réserves de pétrole et de gaz qui se trouveraient dans les fonds marins. Les îles Spratly, les îles Paracel et le haut-fond de Scarborough sont des points chauds, et les revendications qui se chevauchent exacerbent les problèmes. Les États-Unis, en tant que puissance du Pacifique, se sont également impliqués dans la région, en défendant la liberté de navigation et en s'opposant aux actions agressives de la Chine. La présence de ressources naturelles, de pêcheries et de routes maritimes stratégiques ajoute une dimension économique et géopolitique aux différends. Le potentiel d'escalade du conflit et ses implications pour la stabilité régionale font de la mer de Chine méridionale un point central de la géopolitique mondiale actuelle.

Propriété intellectuelle et espionnage industriel

Dans la géopolitique mondiale, la question de la propriété intellectuelle et de l'espionnage industriel est devenue un aspect litigieux de la rivalité sino-américaine. Le réseau complexe des avancées technologiques et des développements innovants devient vulnérable à l'exploitation dans un environnement alimenté par la concurrence et les manœuvres stratégiques. La Chine et les États-Unis ont été impliqués dans des affaires de vol de propriété intellectuelle et d'espionnage industriel, ce qui a entraîné des tensions accrues et des batailles juridiques. Au cœur de ce problème se trouve la protection des connaissances, des brevets et des secrets commerciaux essentiels à la compétitivité économique et à la sécurité nationale. L'ascension technologique rapide de la Chine, souvent accusée de ne pas respecter les lois internationales en matière de propriété intellectuelle, est devenue un sujet de préoccupation pour les décideurs politiques et les chefs d'entreprise américains.

En outre, la prévalence des activités d'espionnage industriel parrainées par l'État et menées par la Chine, ciblant des secteurs critiques tels que l'aérospatiale, les technologies de l'information et la biotechnologie, a exacerbé la méfiance bilatérale. D'autre part, les États-Unis ont également fait l'objet d'accusations de la part de divers pays concernant leurs techniques de collecte de renseignements et leurs cyber-opérations visant à obtenir des données commerciales et technologiques sensibles. Ce paysage complexe a conduit à des mesures réglementaires, des sanctions et des barrières commerciales imposées par les deux parties, ce qui a amplifié la pression sur les relations commerciales bilatérales. Alors que les nations s'efforcent de préserver leurs avancées technologiques et de maintenir leur avantage commercial, l'application des droits de propriété intellectuelle et les efforts de contre-espionnage sont devenus essentiels pour façonner la dynamique de la rivalité sino-américaine. Les institutions internationales et les accords multilatéraux, y compris l'Organisation mondiale du commerce et les traités sur la propriété intellectuelle, sont de plus en plus sollicités pour favoriser une concurrence loyale tout en empêchant l'acquisition non autorisée d'actifs technologiques. La nature évolutive de la protection de la propriété intellectuelle et de la préparation à la cybersécurité a incité à réévaluer les cadres juridiques et les mécanismes de surveillance existants afin d'atténuer les risques de pratiques prédatrices. En outre, l'interaction entre les réglementations gouvernementales, la responsabilité des entreprises et les normes éthiques souligne la nécessité d'une approche globale pour lutter contre les atteintes à la propriété intellectuelle et l'espionnage industriel. Alors que les enjeux continuent d'augmenter dans la course à la suprématie technologique, l'équilibre délicat entre les incitations à l'innovation et la protection des droits de propriété intellectuelle reste une entreprise essentielle pour la communauté internationale.

Interdépendances économiques et vulnérabilités de la chaîne d'approvisionnement

L'imbrication des économies chinoise et américaine a donné naissance à un réseau complexe d'interdépendances économiques, contribuant à la mise en place d'un réseau complexe de chaînes d'approvisionnement mondiales. Les deux nations dépendent fortement l'une de l'autre pour leurs échanges commerciaux, la Chine étant un centre de production crucial pour de nombreuses entreprises américaines. Dans le même temps, les États-Unis représentent un marché important pour les exportations chinoises. Cette relation économique profondément interconnectée a favorisé une interdépendance qui présente des opportunités et des vulnérabilités. Les perturbations causées par les tensions commerciales sino-américaines ont mis en évidence les risques potentiels associés à une dépendance excessive à l'égard de nœuds spécifiques de la chaîne d'approvisionnement.

La pandémie de COVID-19 a encore mis en évidence la vulnérabilité des chaînes d'approvisionnement mondiales aux chocs imprévus. Avec la fermeture des usines en Chine et l'arrêt des transports internationaux, les entreprises du monde entier ont été confrontées à de graves perturbations dans l'approvisionnement en composants vitaux, ce qui a entraîné des retards de production et des pertes de revenus. Cette situation a mis en évidence la fragilité inhérente aux chaînes d'approvisionnement fortement centralisées et a souligné la nécessité de la diversification et de la résilience.

En réponse à ces vulnérabilités, l'accent a été mis de plus en plus sur la relocalisation ou la régionalisation des chaînes d'approvisionnement afin de réduire la dépendance à l'égard d'un seul pays. Le découplage, ou la réduction de la dépendance économique à l'égard des rivaux stratégiques, a gagné du terrain, incitant les entreprises à réévaluer leurs stratégies en matière de chaîne d'approvisionnement. Les efforts visant à relocaliser les installations de production plus près des marchés de consommation, connus sous le nom de "near-shoring", ont pris de l'ampleur, dans le but d'atténuer les perturbations et de minimiser les risques géopolitiques.

En outre, le déploiement de technologies avancées telles que la blockchain, l'intelligence artificielle et l'analyse prédictive est à l'étude pour optimiser la gestion de la chaîne d'approvisionnement. Ces innovations offrent davantage de transparence, de traçabilité et de capacités d'évaluation des risques, ce qui permet aux entreprises d'identifier et de traiter les vulnérabilités au sein de leurs chaînes d'approvisionnement de manière proactive. La coopération internationale et le dialogue multilatéral sont également impératifs pour favoriser la résilience face aux perturbations de la chaîne d'approvisionnement, car les initiatives de collaboration peuvent contribuer à harmoniser les normes, à améliorer la coordination et à promouvoir les meilleures pratiques.

Alors que la rivalité sino-américaine continue d'évoluer, les entreprises et les décideurs politiques sont confrontés au défi de trouver un équilibre entre les gains d'efficacité découlant de l'interdépendance mondiale et l'impératif d'atténuer les vulnérabilités de la chaîne d'approvisionnement. Pour trouver cet équilibre, il faudra des solutions innovantes, une adaptation souple et une compréhension nuancée de l'évolution du paysage géopolitique. En reconnaissant la complexité des interdépendances économiques et en s'attaquant avec diligence aux vulnérabilités de la chaîne d'approvisionnement, les parties prenantes peuvent œuvrer à la mise en place de réseaux commerciaux mondiaux plus solides et plus durables.

Positionnement militaire et alliances stratégiques

L'évolution du paysage géopolitique mondial s'est traduite par une augmentation notable de la posture militaire et des alliances stratégiques entre les nations, qui naviguent dans la dynamique complexe de la répartition du pouvoir et de l'influence régionale. À une époque caractérisée par des tensions croissantes et des alliances changeantes, la posture militaire joue un rôle crucial dans la projection de la domination, la dissuasion des adversaires potentiels et la sauvegarde des intérêts nationaux. Cette section se penche sur les multiples aspects de la posture militaire et de la formation d'alliances stratégiques, en mettant en lumière leurs implications pour les relations internationales.

La démonstration des capacités militaires d'un pays par le biais d'exercices, de déploiements et de démonstrations d'armement de pointe est au cœur de la posture militaire. Ces actions permettent d'affirmer l'état de préparation d'un pays en matière de défense, de mettre en avant les prouesses technologiques et d'exprimer sa détermination, en façonnant les perceptions de la force et des capacités de dissuasion. En tant que telle, la posture militaire sert souvent d'outil pour signaler les intentions, dissuader l'agression et maintenir une position de défense crédible. En outre, elle peut influencer les calculs des adversaires comme des alliés, en façonnant le calcul stratégique dans les régions d'importance géopolitique.

Parallèlement, la formation d'alliances stratégiques représente un aspect fondamental de la dynamique de la sécurité mondiale contemporaine. Les nations s'engagent de plus en plus dans des accords de collaboration en matière de défense, impliquant des pactes de défense mutuelle, des exercices militaires conjoints et l'échange de renseignements, entre autres activités de coopération. Ces alliances contribuent à la sécurité collective et à la dissuasion et signalent l'alignement des intérêts et des valeurs des nations participantes. En outre, les partenariats stratégiques renforcent l'influence diplomatique et militaire, ce qui permet aux partenaires d'accroître leur influence et d'étendre la portée de leur appareil de sécurité. La nature globale de ces partenariats permet la mise en commun des ressources, de l'expertise et des capacités, ce qui renforce encore la position de défense globale des nations alliées.

Il est essentiel de reconnaître que l'interaction entre la posture militaire et les alliances stratégiques est intimement liée, car elles se renforcent mutuellement en façonnant l'architecture de la sécurité mondiale. Des partenariats bilatéraux aux coalitions multilatérales, ces alliances cultivent des sphères d'influence qui se chevauchent et fournissent un cadre pour une action concertée en cas de conflit ou de crise. En outre, les alignements stratégiques ont le potentiel d'exercer une influence significative sur les équilibres régionaux et peuvent avoir un impact fondamental sur la dynamique de la dissuasion et de la coercition dans les affaires internationales. En favorisant l'interopérabilité et la coordination, les alliances facilitent l'harmonisa-

Opérations d'influence et guerre de l'information

Dans les relations internationales, les opérations d'influence et la guerre de l'information sont devenues des outils essentiels pour façonner les perceptions mondiales, l'opinion publique et les résultats stratégiques. Ces activités secrètes sont conçues pour manipuler les récits, influencer les processus décisionnels et affaiblir les adversaires par la désinformation, la propagande et les cyberattaques. Dans le contexte de la rivalité sino-américaine, les deux pays se sont activement engagés dans des opérations d'influence et dans la guerre de l'information, employant des tactiques sophistiquées pour faire avancer leurs programmes respectifs et obtenir des avantages concurrentiels. Les opérations d'influence englobent diverses tactiques, notamment la manipulation des médias sociaux, les faux récits et les messages ciblés visant à semer la division et à semer la confusion au sein des nations rivales. Ces opérations exploitent souvent les lignes de fracture existantes, amplifiant les tensions sociétales et suscitant la méfiance à l'égard des institutions démocratiques ( ). La guerre de l'information, quant à elle, implique l'utilisation de cyberarmes, le piratage et la diffusion de logiciels malveillants pour compromettre les infrastructures, voler des données sensibles et perturber les réseaux de communication. La nature interconnectée de la société moderne a encore amplifié la puissance de la guerre de l'information, avec des implications potentielles couvrant les domaines économique, politique et de la sécurité nationale.

En outre, la prolifération des "fake news", de la technologie "deepfake" et de la manipulation algorithmique pose d'importants problèmes pour discerner la vérité de la tromperie, ce qui complique les efforts visant à lutter efficacement contre la désinformation. Face à ces menaces omniprésentes, les gouvernements et les organisations internationales ont cherché à renforcer la résistance aux opérations d'influence et à la guerre de l'information. Les initiatives englobent le partage collaboratif des renseignements, les cadres politiques visant à réglementer le contenu en ligne et les efforts pour renforcer les cyberdéfenses et les capacités d'attribution. Toutefois, l'évolution du paysage de la technologie et de la communication nécessite une adaptation et une innovation permanentes pour atténuer les risques émergents. En outre, il est impératif d'impliquer la société civile, de développer la culture numérique et de promouvoir la pensée critique pour renforcer la résilience de la société face aux campagnes d'influence malveillantes. Alors que la compétition géopolitique entre les grandes puissances s'intensifie, les opérations d'influence et la guerre de l'information continueront d'occuper une place prépondérante dans la recherche d'un avantage stratégique et d'une position dominante à l'échelle mondiale. Il est indispensable de comprendre les subtilités de ces phénomènes pour élaborer des stratégies de dissuasion efficaces et préserver l'intégrité des processus démocratiques et des normes internationales.

Trajectoires futures : Conflit ou coopération?

L'avenir des relations sino-américaines est un sujet d'une importance capitale dans le domaine des affaires internationales. Dans cette perspective, il est essentiel d'examiner les voies potentielles que ces puissances mondiales pourraient emprunter - seront-elles caractérisées par le conflit ou la coopération ? Plusieurs facteurs influenceront cette trajectoire. Tout d'abord, les interdépendances économiques entre les deux nations jouent un rôle essentiel dans l'élaboration de leurs relations futures. Malgré la guerre commerciale et les tensions actuelles, le réseau complexe de liens financiers et d'investissements mutuels pourrait servir de force d'atténuation, en favorisant un environnement de coopération plutôt que de confrontation. En outre, l'évolution du paysage technologique, en particulier dans des domaines tels que l'intelligence artificielle, l'informatique quantique et les cybercapacités, aura sans aucun doute un impact sur la dynamique future de la rivalité sino-américaine. Alors que les deux pays s'efforcent de dominer ces domaines, le potentiel de découplage technologique représente un risque important pour la perspective d'une coexistence pacifique.

En outre, les différends territoriaux, en particulier dans la région cruciale de la mer de Chine méridionale, constituent un défi permanent pour la coopération entre les deux puissances. L'écheveau complexe de revendications territoriales concurrentes et de positions militaires fait planer le spectre d'un conflit régional aux implications mondiales considérables. Un autre aspect essentiel est le conflit idéologique et de valeurs entre les États-Unis et la Chine, qui englobe les questions des droits de l'homme, de la liberté d'expression et de la gouvernance démocratique. Ces différences fondamentales peuvent potentiellement exacerber les tensions et conduire à un conflit plutôt qu'à une coopération. En outre, l'évolution de la nature des opérations d'influence et de la guerre de l'information à l'ère numérique est susceptible de façonner la trajectoire future des relations sino-américaines. Le recours à la désinformation, aux cyber-attaques et aux campagnes d'influence secrètes pourrait éroder davantage la confiance et favoriser un climat de haine. Toutefois, il existe également des possibilités de coopération, notamment pour relever les défis mondiaux communs tels que le changement climatique, les pandémies et les menaces à la sécurité internationale. Le potentiel de coopération bilatérale et multilatérale sur ces questions représente une lueur d'espoir pour un avenir caractérisé par l'engagement diplomatique et le bénéfice mutuel. Il est impératif que les décideurs politiques, les universitaires et les citoyens du monde analysent attentivement ces dynamiques complexes et s'efforcent d'orienter la trajectoire des relations sino-américaines vers un engagement et une collaboration constructifs, afin d'atténuer les risques de conflit et de maximiser le potentiel de prospérité mutuelle et de stabilité mondiale.

6

La position de l'Europe

LE RÔLE DE L'UNION EUROPÉENNE DANS L'ÉQUILIBRE DES PUISSANCES MONDIALES

La position stratégique de l'UE dans la politique mondiale

L'Union européenne (UE) occupe une position géographiquement stratégique qui a des répercussions importantes sur la dynamique du pouvoir mondial. En tant qu'union économique et politique de 27 États membres, l'UE est au carrefour de plusieurs régions influentes, notamment l'Europe de l'Est, l'Europe de l'Ouest, la Méditerranée et la Scandinavie. Cette situation géographique permet à l'UE d'accéder à divers marchés et ressources et influence son rôle dans la géopolitique. La proximité de l'UE avec la Russie, le Moyen-Orient et l'Afrique du Nord souligne sa position d'acteur central dans les affaires internationales. Le contexte historique de la formation et de l'expansion de l'UE façonne également son importance géopolitique.

L'intégration progressive des nations européennes après les dévastations de la Seconde Guerre mondiale visait à favoriser la coopération économique et à prévenir les conflits futurs. La création de la Communauté économique européenne (CEE) dans les années 1950 et son évolution ultérieure vers l'UE ont redéfini le rôle du continent dans la politique mondiale. Avec la chute de l'Union soviétique, l'UE a étendu sa portée vers l'est, absorbant les anciens pays du bloc de l'Est et remodelant finalement le paysage géopolitique. L'élargissement de la sphère d'influence de l'UE et son engagement avec les régions voisines illustrent l'évolution de sa politique étrangère.

En outre, le statut de l'UE en tant que bloc commercial majeur avec une interdépendance économique étendue souligne son importance dans l'élaboration des modèles de commerce et d'investissement mondiaux. Sa position stratégique sur les principales voies maritimes internationales et l'accent qu'elle met sur le développement durable et les ressources énergétiques renouvelables contribuent à son importance dans la résolution des problèmes d'environnement et de sécurité énergétique à l'échelle mondiale. En outre, l'engagement de l'UE en faveur du multilatéralisme et de l'adhésion au droit international souligne son rôle de force stabilisatrice dans la gouvernance mondiale. En fin de compte, la position stratégique de l'UE lui permet de naviguer dans une dynamique de pouvoir complexe, de promouvoir la paix et la stabilité et d'influencer les politiques mondiales par des moyens diplomatiques, économiques et normatifs.

Aperçu historique de l'évolution de la politique étrangère de l'UE

La politique étrangère de l'Union européenne est le fruit d'une évolution complexe qui remonte aux lendemains de la Seconde Guerre mondiale. L'impact dévastateur de la guerre a conduit les dirigeants européens à chercher des moyens de prévenir des conflits similaires à l'avenir. Cette vision a ouvert la voie à la création de la Communauté européenne du charbon et de l'acier en 1951, marquant ainsi les premières étapes de la coopération entre les nations européennes. La nécessité d'une stratégie de politique étrangère cohérente est devenue de plus en plus évidente au fur et à mesure que l'Union s'élargissait et comptait de plus en plus de membres. La signature du traité de Maastricht en 1992, qui fait de la politique étrangère et de sécurité commune (PESC) l'un des piliers de l'UE, constitue un moment clé de cette évolution. Ce traité historique a jeté les bases d'une coordination et d'une cohérence accrues dans le domaine des affaires étrangères. Au fil des ans, l'UE a accompli des progrès considérables dans la définition de son identité en tant qu'acteur mondial, guidée par les principes de la diplomatie, de la coopération et du multilatéralisme. L'élargissement de l'UE aux pays d'Europe centrale et orientale a encore transformé la dynamique de sa politique étrangère. Le rôle de l'UE dans la promotion de la stabilité et de la prospérité à l'intérieur de ses frontières s'est naturellement étendu à ses relations extérieures, obligeant l'Union à développer une politique étrangère plus robuste et plus affirmée.

En outre, les nouveaux défis en matière de sécurité, tels que le terrorisme et les cybermenaces, ont incité l'UE à adapter son cadre de politique étrangère pour répondre à ces préoccupations en constante évolution. Le traité de Lisbonne, entré en vigueur en 2009, a renforcé la capacité de l'UE à répondre aux défis et aux crises mondiales en créant le poste de haut représentant de l'Union pour les affaires étrangères et la politique de sécurité. Ce développement institutionnel souligne l'engagement de l'UE à jouer un rôle plus actif et plus influent sur la scène internationale. L'évolution de la politique étrangère de l'UE a été façonnée par des facteurs internes et externes, notamment les changements géopolitiques, l'intégration économique et l'évolution de la dynamique du pouvoir mondial. Tout au long de ce processus, l'UE s'est efforcée de trouver un équilibre entre la préservation de ses valeurs fondamentales et l'adaptation à un monde de plus en plus interconnecté et contesté. Tout en faisant face à divers obstacles et critiques, l'UE continue d'affiner son approche de la politique étrangère, en recherchant une plus grande cohésion et une plus grande efficacité pour relever les défis multiformes du 21e siècle.

Effet de levier économique et accords commerciaux

L'Union européenne (UE) est une puissance économique mondiale de premier plan, qui exerce une influence considérable grâce à ses politiques en matière de commerce et d'échanges. Avec un PIB collectif qui rivalise avec celui des États-Unis et de la Chine, l'UE joue un rôle central dans la dynamique du commerce international. Son marché unique ( ), qui compte plus de 440 millions de consommateurs, lui confère un poids considérable dans la négociation d'accords commerciaux avec des pays du monde entier. L'engagement de l'UE à promouvoir le libre-échange tout en garantissant des normes réglementaires a favorisé les partenariats économiques et renforcé sa position géopolitique. L'UE a renforcé ses liens économiques avec diverses régions en établissant des unions douanières et en mettant en œuvre des accords commerciaux préférentiels, consolidant ainsi son rôle d'acteur clé dans le commerce mondial.

En outre, l'accent mis par l'UE sur le développement durable et les normes environnementales a influencé les négociations commerciales, conduisant à l'intégration des préoccupations écologiques dans les politiques commerciales. Cette approche reflète la volonté de l'UE de concilier croissance économique et préservation de l'environnement, créant ainsi un précédent en matière de pratiques commerciales responsables et éthiques à l'échelle mondiale. La négociation d'accords commerciaux par l'UE englobe des considérations économiques et des objectifs politiques et stratégiques. En tirant parti de ses prouesses économiques, l'UE harmonise ses intérêts commerciaux avec des objectifs de politique étrangère plus larges, renforçant ainsi son influence géopolitique. En outre, la participation de l'UE aux organisations et forums commerciaux multilatéraux facilite le dialogue et la collaboration sur les questions liées au commerce, servant de plateforme pour défendre des pratiques commerciales justes et équitables. Alors que l'UE s'adapte à l'évolution de la dynamique commerciale mondiale, elle reste déterminée à favoriser l'interconnexion, à promouvoir une concurrence loyale et à respecter les principes de réciprocité dans les relations commerciales. L'approche globale de l'UE en matière de levier économique et d'accords commerciaux souligne son engagement proactif dans le façonnement du paysage financier mondial, reflétant son importance durable dans les relations internationales.

Les approches diplomatiques de l'UE en matière de résolution des conflits

L'Union européenne (UE) s'est imposée comme un acteur clé de la diplomatie internationale, en particulier dans la résolution des conflits. En tirant parti de son pouvoir diplomatique collectif et de son influence économique, l'UE s'est activement attaquée à des conflits dans différentes régions, en promouvant la paix et en favorisant la stabilité. Les approches diplomatiques de l'UE en matière de résolution des conflits sont multiples et soulignent son engagement en faveur du maintien de la paix et de la sécurité internationales. L'un des principaux outils diplomatiques utilisés par l'UE est l'importance qu'elle accorde au dialogue et à la négociation. L'UE s'engage dans des processus de diplomatie de la navette, de médiation et de résolution des conflits par l'intermédiaire de son corps diplomatique, agissant souvent en tant qu'intermédiaire impartial entre les parties en conflit. Cette approche a permis de désamorcer les tensions et de faciliter la résolution pacifique de divers différends.

En outre, l'UE met fortement l'accent sur le multilatéralisme et la collaboration avec des organisations internationales telles que les Nations unies, dans le but de rassembler diverses parties prenantes pour résoudre des conflits régionaux et mondiaux complexes. Outre la médiation, l'UE a également recours à la diplomatie préventive, cherchant à identifier et à traiter les sources potentielles de conflit avant qu'elles ne dégénèrent. En déployant des missions diplomatiques et en maintenant une forte présence dans les régions sujettes à des troubles, l'UE s'efforce d'empêcher les conflits d'éclater.

En outre, l'UE s'est engagée à promouvoir la bonne gouvernance, les droits de l'homme et l'État de droit en tant qu'éléments essentiels d'une résolution durable des conflits. Par la voie diplomatique, l'UE défend les principes démocratiques, soutient les efforts visant à renforcer les institutions et encourage le respect des droits de l'homme, autant d'éléments qui font partie intégrante de la résolution des conflits et du maintien de la paix. L'UE a également déployé des missions de maintien de la paix et des opérations de gestion de crise dans des régions touchées par des conflits, démontrant ainsi son engagement concret à atténuer l'impact des conflits sur les populations civiles. Ces opérations ont englobé toute une série d'activités, notamment la fourniture d'aide humanitaire, la réforme du secteur de la sécurité et le soutien à la reconstruction après un conflit. En outre, l'UE tire parti de ses ressources économiques et de ses partenariats commerciaux pour encourager la résolution des conflits. En offrant une assistance économique, une aide au développement et des opportunités commerciales, l'UE vise à encourager la coopération et à favoriser l'interdépendance économique entre les parties en conflit, créant ainsi des avantages mutuels qui peuvent contribuer à la désescalade des tensions. Alors que l'UE continue de naviguer dans une dynamique mondiale changeante et de relever des défis géopolitiques, ses approches diplomatiques de la résolution des conflits restent déterminantes pour façonner les relations internationales et faire progresser la recherche d'une paix et d'une stabilité durables.

L'équilibre entre les puissances de l'Est et de l'Ouest : Le double rôle de l'UE

L'Union européenne (UE) joue un double rôle crucial en équilibrant les intérêts des puissances orientales et occidentales dans le paysage géopolitique mondial. Composée de 27 États membres, l'UE est une entité influente qui jette un pont entre le monde occidental et les pays d'Europe de l'Est et d'ailleurs. Cette dualité s'accompagne de considérations stratégiques complexes et de responsabilités diplomatiques qui ont un impact significatif sur la position de l'UE dans les relations internationales.

L'un des principaux défis auxquels l'UE est confrontée consiste à trouver un équilibre délicat entre ses alliances avec les puissances occidentales, telles que les États-Unis, le Canada et le Royaume-Uni, et ses engagements avec les pays d'Europe centrale et orientale. Cet équilibre exige une diplomatie astucieuse, car des intérêts divergents et des griefs historiques peuvent compliquer les relations entre ces régions. En outre, l'UE doit défendre ses valeurs fondamentales de démocratie, de droits de l'homme et d'État de droit tout en naviguant dans les dynamiques régionales de l'Europe de l'Est et de l'Europe de l'Ouest.

D'un point de vue géopolitique, le double rôle de l'UE consiste à favoriser la stabilité et la coopération entre les différents États membres et les pays voisins. Ce rôle s'étend à la gestion des disparités économiques, à la garantie de la sécurité et au traitement des héritages historiques qui façonnent le paysage politique de la région. En outre, l'UE favorise le dialogue et la collaboration entre les puissances de l'Est et de l'Ouest, promouvant ainsi la paix et la prospérité sur le continent.

Outre sa gouvernance interne et son engagement extérieur, l'UE joue également un rôle de médiateur dans le contexte plus large de la géopolitique mondiale. En tirant parti de ses vastes réseaux et de son influence diplomatique, l'UE s'efforce d'apaiser les tensions et de faciliter le dialogue entre les grandes puissances qui ont des intérêts en Europe de l'Est et de l'Ouest. Ce rôle de médiation est essentiel pour minimiser les conflits, favoriser la compréhension mutuelle et faire progresser les intérêts communs au niveau international.

En fin de compte, le double rôle de l'UE dans l'équilibre entre les puissances de l'Est et de l'Ouest illustre la nature multiforme de son influence mondiale. En naviguant dans la complexité des dynamiques régionales et des affaires mondiales, les stratégies de l'UE façonnent l'avenir de l'intégration européenne et contribuent au discours plus large des relations internationales. L'interaction complexe entre les puissances de l'Est et de l'Ouest dans le cadre de l'UE souligne l'importance de ses initiatives diplomatiques et de son positionnement stratégique dans le paysage géopolitique en évolution.

Principaux partenariats et alliances au sein de l'UE

L'Union européenne (UE) a stratégiquement cultivé un réseau de partenariats et d'alliances qui contribuent de manière significative à son influence géopolitique et à son engagement mondial. Au cœur de ces relations se trouve l'engagement de l'UE à promouvoir la stabilité, la prospérité et la sécurité à l'intérieur de ses frontières et sur la scène internationale. L'un des partenariats clés de l'UE est celui qu'elle entretient avec les États-Unis, qui ont historiquement joué un rôle fondamental dans l'élaboration de l'ordre mondial de l'après-Seconde Guerre mondiale. Cette relation transatlantique englobe une coopération multiforme dans les domaines du commerce, de la sécurité et de la coordination diplomatique, servant de pivot à l'unité transatlantique et à l'action collective sur diverses questions mondiales ( ). En outre, le partenariat de l'UE avec l'Organisation des Nations unies (ONU) souligne son attachement à la défense du droit international, des droits de l'homme et du développement durable. En collaborant avec l'ONU, l'UE renforce ses efforts pour relever les défis mondiaux complexes, notamment la résolution des conflits, l'aide humanitaire et la durabilité environnementale.

En outre, l'UE a forgé des alliances stratégiques avec les pays voisins et les organisations régionales, favorisant des relations mutuellement bénéfiques grâce à des initiatives telles que la politique européenne de voisinage et le partenariat oriental. Ces partenariats visent à promouvoir la stabilité, la démocratie et l'intégration économique dans le voisinage immédiat de l'UE, renforçant ainsi sa sphère d'influence et son "soft power". En outre, l'engagement de l'UE auprès de puissances émergentes telles que l'Inde, le Brésil et la Chine souligne son engagement en faveur d'un dialogue constructif et d'une collaboration allant au-delà des alliances occidentales traditionnelles. En entretenant ces liens, l'UE cherche à promouvoir des intérêts communs, à répondre à des préoccupations partagées et à contribuer à façonner le paysage de la gouvernance mondiale. L'attachement de l'UE au multilatéralisme est également illustré par sa collaboration avec d'autres organismes internationaux, notamment l'OTAN et l'Organisation mondiale du commerce (OMC). Ces partenariats facilitent la coordination des efforts en matière de sécurité, de défense et de commerce, renforçant ainsi le rôle de l'UE en tant qu'acteur clé dans la promotion de la stabilité et de la prospérité mondiales. Alors que l'UE continue de naviguer dans des paysages géopolitiques dynamiques et de relever des défis mondiaux en constante évolution, la promotion et la consolidation de partenariats et d'alliances clés restent essentielles pour sa capacité à influencer, à conduire des changements positifs et à promouvoir la coopération internationale.

Les défis de l'unité : Le Brexit et ses implications

La décision du Royaume-Uni (RU) de quitter l'Union européenne (UE), communément appelée Brexit, a provoqué des vagues d'incertitude et de complexité sur tout le continent. Le référendum historique qui s'est tenu en juin 2016 s'est soldé par une courte majorité en faveur du retrait de l'UE, déclenchant une série de défis à la fois pour le Royaume-Uni et pour les États membres restants. L'une des principales conséquences du Brexit est la perturbation potentielle des liens commerciaux et économiques établis de longue date entre le Royaume-Uni et le reste de l'UE. Cela a nécessité de longues négociations pour forger un nouvel accord commercial qui tienne compte de la divergence des réglementations et des normes entre le Royaume-Uni et l'UE. En outre, le retrait du Royaume-Uni de l'UE a également soulevé des questions sur l'avenir de diverses initiatives de collaboration, y compris la coopération en matière de sécurité et de défense, que la participation active du Royaume-Uni à avait étayée. Alors que les États membres de l'UE cherchent à s'adapter à ce changement de paradigme, les préoccupations relatives à l'intégrité du marché unique, à la sécurité des frontières et au départ des institutions financières de Londres sont apparues comme des questions urgentes qui justifient un recalibrage stratégique.

En outre, les ramifications politiques du Brexit vont au-delà des considérations économiques et sécuritaires, affectant le tissu plus large de l'unité et de la solidarité européennes. Le départ du Royaume-Uni a mis en évidence des tensions sous-jacentes au sein de l'UE, certains États membres exprimant leur scepticisme à l'égard de certains aspects de l'intégration et remettant en question l'équilibre entre la souveraineté et la gouvernance supranationale. Ces dissensions internes mettent à rude épreuve la cohésion et la solidarité qui définissent historiquement l'identité collective de l'UE. En outre, le Brexit a eu des répercussions sur la géopolitique mondiale, suscitant des réflexions sur le rôle futur de l'UE dans un ordre mondial multipolaire. Les pays extérieurs à l'UE suivent de près les répercussions du Brexit et évaluent leurs relations avec l'Union, ce qui pourrait remodeler la dynamique de la diplomatie mondiale et des alliances commerciales. Alors que l'UE est aux prises avec les retombées du Brexit, elle doit impérativement maintenir ses principes fondamentaux tout en s'adaptant à l'évolution du paysage géopolitique. Pour relever ces défis complexes, il faut un leadership astucieux, un engagement diplomatique habile et une volonté inébranlable de renforcer l'unité dans la diversité.

Politiques de défense et de sécurité dans un monde multipolaire

Alors que le paysage géopolitique mondial continue d'évoluer, le rôle des politiques de défense et de sécurité dans le maintien de la stabilité et la gestion des risques devient de plus en plus vital. L'Union européenne (UE) est confrontée à des défis et des opportunités uniques dans l'élaboration de ses stratégies de défense et de sécurité dans un monde multipolaire caractérisé par des centres de pouvoir divers et des interdépendances complexes. L'approche de l'UE est ancrée dans les principes de la sécurité collective et de la coopération, et se concentre sur la lutte contre les menaces traditionnelles et non traditionnelles à la sécurité. Compte tenu de la dynamique changeante des relations internationales, les politiques de défense et de sécurité de l'UE s'adaptent aux nouvelles réalités. Un aspect essentiel de cette adaptation est le renforcement des capacités de défense tout en améliorant l'autonomie stratégique. L'UE a développé une politique de sécurité et de défense commune (PSDC) afin de faciliter les efforts de collaboration des États membres pour relever les défis communs en matière de sécurité. Cela implique des capacités militaires, la gestion civile des crises, la prévention des conflits et la consolidation de la paix.

En outre, l'UE s'engage dans des partenariats stratégiques avec des nations aux vues similaires afin de favoriser une interopérabilité et une solidarité accrues pour répondre aux préoccupations communes en matière de sécurité. Compte tenu de l'évolution de l'environnement sécuritaire mondial, l'UE redéfinit également son rôle en matière d'innovation et de progrès technologique dans le domaine de la défense, en reconnaissant l'importance des menaces cybernétiques et hybrides. En outre, l'UE s'est engagée à faire respecter les normes internationales et l'ordre fondé sur des règles, en stabilisant les architectures de sécurité régionales et mondiales. La collaboration avec l'OTAN reste une pierre angulaire du dispositif de défense de l'UE, reflétant la nature complémentaire de leurs missions et de leurs objectifs. Les politiques de défense et de sécurité de l'UE englobent également des efforts visant à relever les défis de sécurité non traditionnels tels que le terrorisme, la criminalité transnationale organisée et la cybersécurité.

En outre, l'UE tient à renforcer sa résilience face aux menaces hybrides qui exploitent les vulnérabilités dans de multiples domaines.

Alors que l'UE navigue dans les complexités d'un monde multipolaire, elle s'efforce de trouver un équilibre délicat entre la dissuasion et le dialogue, la préparation et la coopération, et la souveraineté et la solidarité. L'efficacité des politiques de défense et de sécurité de l'UE réside dans sa capacité à s'adapter aux nouvelles dynamiques de sécurité tout en respectant ses valeurs et principes fondamentaux. En fin de compte, les contributions de l'UE à la défense et à la sécurité dans un monde multipolaire font partie intégrante de la promotion de la stabilité, de la résilience et de la coopération à une époque de profonde transformation mondiale.

Perspectives d'avenir : Stratégies d'adaptation pour l'influence géopolitique

Alors que la dynamique de la politique mondiale continue d'évoluer, l'Union européenne (UE) est confrontée à un paysage complexe caractérisé par des dynamiques de pouvoir changeantes, des menaces émergentes et des avancées technologiques rapides. En naviguant dans cet environnement complexe, l'UE doit s'engager dans des stratégies d'adaptation pour maintenir son influence géopolitique et sa pertinence sur la scène mondiale. L'un des aspects essentiels consiste à tirer parti des canaux diplomatiques pour forger des partenariats solides avec les alliés traditionnels et les nouveaux acteurs du pouvoir. En outre, l'UE doit donner la priorité au renforcement de ses capacités en matière de cybersécurité, de protection des données et de lutte contre le terrorisme afin de relever efficacement les défis contemporains en matière de sécurité.

En outre, les perspectives d'avenir de l'UE dépendent de sa capacité à exploiter le potentiel des technologies émergentes telles que l'intelligence artificielle, l'informatique quantique et l'exploration spatiale. L'adoption de l'innovation dans ces domaines renforcera l'avantage concurrentiel de l'UE et consolidera son rôle de chef de file en matière de progrès technologique. En outre, l'UE doit faire face à la complexité de l'interdépendance économique tout en préservant ses intérêts économiques. Ce site implique de recalibrer les politiques commerciales, de favoriser une croissance économique durable et d'atténuer l'impact des perturbations économiques mondiales.

L'UE est également confrontée à l'impératif de répondre aux préoccupations sociales et environnementales dans le cadre de son programme stratégique. Alors que le changement climatique et les mutations démographiques continuent d'avoir de profondes répercussions, les stratégies d'adaptation de l'UE devraient intégrer des objectifs de développement durable, des initiatives de transition énergétique et des mesures proactives visant à atténuer les répercussions de la dégradation de l'environnement. Parallèlement, la quête d'influence géopolitique de l'UE nécessite une vision claire de la promotion des valeurs démocratiques et des droits de l'homme, ainsi que du respect des normes éthiques dans les relations internationales.

Parallèlement à ces efforts, l'UE doit s'engager de manière proactive dans les forums multilatéraux et tirer parti de ses instruments de soft power, notamment la diplomatie culturelle et les échanges éducatifs, pour favoriser la compréhension interculturelle et promouvoir la stabilité mondiale. En investissant dans les relations interpersonnelles, l'UE peut cultiver des relations durables qui transcendent les perturbations géopolitiques. En outre, l'engagement de l'UE dans des projets d'aide humanitaire et d'aide au développement est essentiel pour projeter son engagement en faveur du bien-être mondial et renforcer son discours sur le soft power.

Face à ces impératifs stratégiques, l'UE doit continuer à promouvoir l'unité de ses États membres. Surmonter les divisions internes, renforcer la résilience institutionnelle et défendre les principes de solidarité sont essentiels à la capacité d'action collective de l'UE pour naviguer dans les méandres de la géopolitique contemporaine. En fin de compte, les stratégies adaptatives de l'UE pour l'influence géopolitique doivent englober une approche globale et dynamique qui intègre la diplomatie, l'innovation, la durabilité et l'unité, positionnant l'UE comme une force redoutable pour façonner l'avenir des affaires mondiales.

Conclusion : L'importance continue de l'UE dans les affaires mondiales

L'Union européenne (UE) continue d'exercer une influence significative sur les affaires mondiales, bien qu'elle soit confrontée à de nombreux défis et à des changements géopolitiques. Alors que le paysage géopolitique évolue, l'UE a fait preuve de résilience et d'adaptabilité pour façonner les relations internationales. Dans cette dernière partie, nous explorerons la pertinence durable de l'UE dans le réseau complexe des affaires mondiales. En mettant l'accent sur le multilatéralisme et la diplomatie, l'UE a joué un rôle central dans la résolution de problèmes mondiaux urgents tels que le changement climatique, les négociations commerciales et la coopération en matière de sécurité. Son engagement à défendre les valeurs démocratiques et les droits de l'homme a encore renforcé sa position de boussole morale dans les relations internationales.

En outre, grâce à l'euro, une monnaie redoutable, les prouesses économiques de l'UE ont renforcé sa position en tant que force économique mondiale importante. La capacité de l'UE à naviguer entre les alliances et les rivalités complexes des grandes puissances témoigne de sa finesse diplomatique et de sa perspicacité stratégique. L'UE est devenue un leader proactif pour relever les défis mondiaux en défendant des initiatives telles que l'accord de Paris et en plaidant en faveur des objectifs de développement durable. Si le départ du Royaume-Uni à la suite du Brexit a constitué un revers important, l'UE a fait preuve de résilience et d'unité, réaffirmant son engagement en faveur de l'intégration et de la collaboration. Les efforts continus de l'UE pour établir des partenariats stratégiques avec des pays de différentes régions soulignent sa détermination à favoriser la stabilité et la prospérité à l'échelle mondiale. L'évolution des politiques de défense et de sécurité de l'UE montre également qu'elle est prête à faire face aux nouvelles menaces et à maintenir l'équilibre géopolitique. Alors que le monde évolue vers un ordre multipolaire, le rôle de l'UE dans l'équilibre des intérêts concurrents des grandes puissances devient d'autant plus crucial. À l'avenir, l'UE doit continuer à s'adapter à l'environnement géopolitique dynamique en adoptant l'innovation et en tirant parti de son "soft power". Il sera impératif de renforcer son engagement auprès des puissances montantes et de consolider les relations transatlantiques pour conserver sa pertinence.

En outre, l'engagement de l'UE à promouvoir les valeurs démocratiques et les droits de l'homme restera au cœur de son identité en tant qu'acteur mondial. En conclusion, la pertinence continue de l'UE dans les affaires mondiales réside dans son dévouement inébranlable à l'action collective, aux politiques progressistes et au leadership moral. Alors qu'elle navigue dans les complexités d'un monde multipolaire, l'engagement inébranlable de l'UE en faveur de la coopération, de l'inclusion et du développement durable façonnera l'avenir de la gouvernance et de la diplomatie mondiales.

Le soldat et le diplomate

STRATÉGIES MILITAIRES ET PRAGMATISME DIPLOMATIQUE

Stratégie militaire et diplomatie

L'interaction complexe entre la stratégie militaire et les négociations diplomatiques constitue la pierre angulaire des paysages géopolitiques contemporains. Il est essentiel de comprendre l'importance de l'intégration de ces deux facettes pour naviguer dans les complexités des affaires mondiales modernes. La stratégie militaire, ancrée dans les doctrines et les théories, sert de fondement à la posture de défense et aux capacités de projection de puissance d'une nation. Elle englobe l'art de la guerre, les tactiques, les opérations et la logistique nécessaires à la réalisation des objectifs de sécurité nationale. Parallèlement, les négociations diplomatiques constituent la clé de voûte de la résolution pacifique des conflits, offrant une plate-forme pour le dialogue, la médiation et la constitution d'alliances.

L'alignement de la puissance militaire et du pragmatisme diplomatique est l'incarnation d'un art de gouverner astucieux, qui sous-tend l'équilibre délicat entre la dissuasion des adversaires et la promotion de relations internationales coopératives. À une époque marquée par des menaces asymétriques et des défis transnationaux, l'intégration harmonieuse de la stratégie militaire et de la diplomatie devient indispensable. Ce lien est vital pour éviter les conflits armés et cultiver les alliances, naviguer dans les rivalités géopolitiques et répondre aux préoccupations en matière de sécurité mondiale.

La nature évolutive de la guerre, caractérisée par des menaces non conventionnelles telles que la cyberguerre, les campagnes de désinformation et les tactiques hybrides, souligne le besoin crucial de synergie entre les prouesses militaires et la finesse diplomatique. En outre, le réseau complexe de problèmes mondiaux interconnectés nécessite une approche à multiples facettes qui allie la dissuasion militaire aux initiatives diplomatiques. L'aptitude à tirer parti de la capacité militaire pour renforcer l'influence des négociations et, inversement, à utiliser les voies diplomatiques pour désamorcer les tensions, met en évidence la tapisserie sophistiquée de l'art de gouverner contemporain.

En outre, la relation complexe entre la stratégie militaire et la diplomatie s'étend à la collecte de renseignements, à la coercition économique et aux interventions humanitaires. Ces interactions à multiples facettes exigent une compréhension globale des intérêts nationaux, des dynamiques régionales et des nuances culturelles. L'adoption de cette perspective holistique permet aux décideurs politiques d'élaborer des stratégies qui entrent en résonance avec les complexités de la politique mondiale, ce qui leur permet d'accéder au site et de respecter les impératifs de sécurité nationale tout en naviguant dans les courants transversaux des relations internationales.

C'est pourquoi ce chapitre cherche à démêler la dynamique symbiotique de la stratégie militaire et de la diplomatie, en élucidant leur interconnexion complexe, leurs rôles essentiels et leur potentiel de collaboration dans la promotion des intérêts des États au sein du tissu complexe de la géopolitique du XXIe siècle.

Cadres théoriques influençant la stratégie militaire

La stratégie militaire est profondément influencée par divers cadres théoriques qui fournissent des principes fondamentaux et des lignes directrices pour la prise de décision dans des environnements géopolitiques complexes. L'un des cadres les plus influents est le concept de dissuasion, qui postule que la menace de représailles ou de punition peut dissuader les adversaires de mener des actions hostiles. Cette idée trouve ses racines dans la théorie des jeux et a été la pierre angulaire de la doctrine nucléaire pendant la guerre froide et au-delà. En outre, les théories de la guerre asymétrique ont gagné en importance ces dernières années, soulignant l'importance des tactiques adaptatives et non conventionnelles face à un adversaire plus fort. Ces cadres soulignent l'importance de comprendre les motivations et les capacités des adversaires pour éclairer la planification stratégique et l'exécution opérationnelle. Le concept de guerre limitée, tel qu'il a été formulé par le stratège militaire Carl von Clausewitz, reste pertinent dans la pensée militaire moderne, soulignant la nécessité d'aligner les objectifs militaires sur les objectifs politiques. En reconnaissant l'interconnexion entre l'action militaire et les résultats diplomatiques, ce cadre souligne la nécessité d'intégrer la stratégie militaire dans des considérations plus larges de politique étrangère.
En outre, l'évolution de la technologie militaire a donné naissance à de nouveaux paradigmes théoriques tels que la guerre réseau-centrée et la cyberdissuasion. Ces cadres tirent parti de la supériorité de l'information et perturbent les processus décisionnels des adversaires grâce à des capacités technologiques avancées. Ils soulignent également la nécessité d'une adaptation et d'une innovation constantes en réponse aux défis émergents dans le domaine numérique. Une autre perspective théorique influente est le concept de guerre hybride, qui

associe des tactiques militaires conventionnelles à des moyens non militaires tels que la propagande, les cyberopérations et la subversion politique. Cette approche brouille les frontières entre la guerre et la paix, posant des défis uniques aux stratégies militaires traditionnelles et nécessitant une compréhension holistique de la dynamique des conflits contemporains. Lorsque les stratèges militaires naviguent dans ces divers cadres théoriques, ils doivent soigneusement évaluer la pertinence et l'applicabilité de chaque paradigme dans des contextes opérationnels spécifiques. L'interaction entre les précédents historiques, les principes doctrinaux ( ) et l'évolution des menaces sécuritaires exige une approche nuancée pour synthétiser les différentes perspectives théoriques dans des stratégies militaires et des plans opérationnels efficaces.

Études de cas de tactiques militaires réussies

Pour comprendre les subtilités des tactiques et des stratégies militaires, il est impératif de se plonger dans des études de cas qui illustrent les applications réussies de ces concepts dans des scénarios réels. Tout au long de l'histoire, de nombreuses campagnes militaires ont démontré le rôle essentiel d'une planification astucieuse, d'une capacité d'adaptation et d'une exécution décisive. La bataille de Stalingrad, pendant la Seconde Guerre mondiale, est une étude de cas remarquable : l'Union soviétique a utilisé une combinaison de fortifications défensives, de positionnement stratégique et de résilience pour contrecarrer l'offensive allemande implacable. Cette bataille prolongée a non seulement changé le cours de la guerre, mais a également mis en lumière l'importance des tactiques militaires globales dans la détermination de l'issue des conflits. En outre, la guerre du Golfe constitue une étude de cas convaincante, illustrant l'utilisation efficace de la suprématie aérienne, des frappes aériennes de précision et de la coordination de la coalition pour atteindre rapidement les objectifs stratégiques. Le succès de cette campagne a mis en évidence la puissance de la technologie militaire moderne et de l'habileté des manœuvres tactiques.

En outre, l'opération des forces de défense israéliennes à Entebbe, connue sous le nom d'opération Thunderbolt, témoigne de la planification et de l'exécution méticuleuses nécessaires à la réussite d'une mission de libération d'otages. L'opération a atteint son objectif avec un minimum de pertes en intégrant la collecte de renseignements, une prise de décision rapide et une coordination précise. Ces études de cas mettent en lumière les multiples facettes d'une tactique militaire réussie, en soulignant l'interaction entre la stratégie, les prouesses logistiques et la capacité d'adaptation dans le cadre d'engagements complexes. En outre, elles fournissent des indications précieuses sur la dynamique évolutive de la guerre, dans laquelle les progrès technologiques, les considérations géopolitiques et l'alignement diplomatique convergent pour façonner les résultats militaires. L'étude de ces succès historiques permet aux stratèges militaires et aux décideurs politiques contemporains de tirer des enseignements inestimables sur la manière de répondre aux diverses menaces et défis dans un paysage mondial en constante évolution.

Le rôle du pragmatisme diplomatique dans la résolution des conflits

Le pragmatisme diplomatique joue un rôle essentiel dans la résolution des conflits en mettant l'accent sur des approches pratiques et des évaluations réalistes des relations internationales. Dans la diplomatie internationale, pragmatisme souligne l'importance d'être guidé par des considérations pratiques et une compréhension fine des complexités géopolitiques. Cette approche implique un mélange nuancé de prise de décision pragmatique, de négociation stratégique et d'engagement à obtenir des résultats tangibles. Appliqué à la résolution des conflits, le pragmatisme diplomatique permet de favoriser le dialogue, de dégager un consensus et d'atténuer les tensions entre les parties adverses. L'essence du pragmatisme diplomatique réside dans sa capacité à naviguer dans des paysages politiques complexes et à concilier des intérêts conflictuels grâce à des manœuvres diplomatiques astucieuses. En privilégiant les solutions réalisables à la rigidité idéologique, le pragmatisme diplomatique facilite un engagement constructif et ouvre la voie à des accords de paix durables. Un exemple de pragmatisme diplomatique peut être observé dans les accords historiques de Camp David de 1978, où le premier ministre israélien Menachem Begin et le président égyptien Anouar el-Sadate ont fait preuve d'un pragmatisme remarquable en transcendant des animosités de longue date pour négocier un traité de paix qui fera date. En outre, la diplomatie pragmatique a également fait partie intégrante des négociations fructueuses qui ont abouti aux accords de Dayton, qui ont mis fin au conflit brutal en Bosnie-Herzégovine. La reconnaissance des intérêts mutuels et la poursuite d'objectifs réalisables ont mis en évidence la diplomatie pragmatique qui a sous-tendu ces accords transformateurs.

En outre, le pragmatisme diplomatique est essentiel pour désamorcer les tensions et prévenir les conflits potentiels en facilitant les voies d'un dialogue constructif et la gestion des conflits. En adoptant un point de vue pragmatique, les diplomates peuvent identifier les points communs, tirer parti des intérêts partagés et élaborer des solutions diplomatiques qui répondent aux principaux griefs tout en reconnaissant les complexités inhérentes aux divers contextes géopolitiques. En outre, l'impact de la diplomatie pragmatique va au-delà de la résolution immédiate des conflits, car elle favorise la confiance et la bonne volonté, essentielles à la stabilité et à la coopération à long terme. Par exemple, l'engagement soutenu des diplomates pragmatiques dans les négociations relatives à la non-prolifération nucléaire a permis des avancées significatives dans la réduction des risques nucléaires mondiaux et dans la garantie de la stabilité stratégique. Alors que la communauté internationale est confrontée à des défis géopolitiques complexes, le pragmatisme diplomatique offre une voie pragmatique vers une résolution durable des conflits, ouvrant la voie à une paix et une coopération durables entre les nations.

Intégrer les efforts militaires et diplomatiques

L'intégration des efforts militaires et diplomatiques est un aspect essentiel de la gestion des défis géopolitiques dans le paysage complexe des relations internationales. Cette relation symbiotique entre la stratégie militaire et le pragmatisme diplomatique exige une compréhension nuancée des objectifs tactiques immédiats et des objectifs stratégiques à long terme de la politique étrangère d'une nation. La coordination sans faille entre les canaux militaires et diplomatiques permet aux États d'exploiter leurs forces et d'obtenir des résultats favorables dans la résolution des conflits, la gestion des crises et les efforts de maintien de la paix. L'intégration des efforts militaires et diplomatiques implique de synchroniser les objectifs politiques avec les opérations militaires, en alignant efficacement l'application de la force sur les objectifs diplomatiques plus larges. Cette approche nécessite une collaboration étroite entre les diplomates, les commandants militaires, les agences de renseignement et les décideurs politiques afin de garantir la cohérence de la prise de décision et de la mise en œuvre. Grâce à des efforts synchronisés, les nations peuvent s'engager de manière proactive dans la diplomatie préventive, dissuader les agressions et maintenir la stabilité régionale.

En outre, l'intégration des efforts militaires et diplomatiques devient impérative pour faire face aux menaces asymétriques et aux défis non traditionnels en matière de sécurité, tels que le terrorisme, la cyberguerre et les activités criminelles transnationales. En combinant les capacités militaires et les initiatives diplomatiques, les États peuvent faire preuve de détermination tout en recherchant des voies de dialogue et des solutions pacifiques. En outre, l'interaction entre les efforts militaires et diplomatiques s'étend au-delà des conflits, englobant les interventions humanitaires, les missions de secours en cas de catastrophe et les activités de consolidation de la paix. La capacité de synchroniser les moyens militaires avec les efforts diplomatiques renforce la capacité d'une nation à atténuer les crises, à favoriser la confiance et à établir des relations constructives avec d'autres acteurs du système international. L'intégration efficace des efforts militaires et diplomatiques nécessite également un leadership astucieux, une communication stratégique et une compréhension culturelle pour naviguer dans les complexités de la politique mondiale. Les dirigeants doivent trouver un équilibre entre les stratégies de puissance dure et les approches de puissance douce, en exploitant la force militaire lorsque cela s'avère nécessaire, tout en poursuivant simultanément l'engagement diplomatique pour atteindre les intérêts nationaux primordiaux. Grâce à cette fusion harmonieuse des efforts militaires et diplomatiques, les nations peuvent préserver leur sécurité, accroître leur influence géopolitique et défendre les principes de la coopération internationale. Alors que le paysage mondial continue d'évoluer, la synergie entre les capacités militaires et diplomatiques restera essentielle pour façonner la trajectoire des relations internationales et garantir un monde plus sûr et plus prospère.

Progrès technologiques et guerre moderne

Les progrès technologiques ont révolutionné le paysage de la guerre moderne, remodelant la nature des conflits et les capacités stratégiques. L'innovation technologique a considérablement transformé les opérations militaires au cours des dernières décennies, en introduisant les véhicules aériens sans pilote (UAV), les munitions guidées avec précision, la cyberguerre, l'intelligence artificielle et les systèmes de communication avancés. Ces technologies ont amélioré l'efficacité et la précision des engagements militaires et soulevé des questions éthiques et juridiques complexes. Les UAV, communément appelés drones, sont devenus essentiels pour la reconnaissance, la surveillance et les frappes ciblées, offrant une approche nuancée du combat tout en suscitant des débats sur les pertes civiles et les violations de la souveraineté. La prolifération des munitions guidées avec précision a permis aux armées de minimiser les dommages collatéraux et de cibler des ressources ennemies spécifiques avec une précision sans précédent, modifiant ainsi la dynamique de la guerre conventionnelle. La cyberguerre est apparue comme un nouveau domaine de conflit, posant des défis uniques liés à l'espionnage, à la perturbation des infrastructures critiques et à la protection des données sensibles. Les gouvernements et les acteurs non étatiques ont cherché à exploiter le potentiel des outils cybernétiques pour promouvoir leurs intérêts stratégiques, ce qui a entraîné un changement de paradigme dans la conception traditionnelle de la guerre. L'intelligence artificielle a ouvert de nouvelles perspectives dans les applications militaires, allant des systèmes d'armes autonomes à l'analyse de données pour la modélisation prédictive, suscitant des discussions sur les implications éthiques de la délégation de décisions critiques à des machines.

En outre, les systèmes de communication avancés ont facilité la coordination en temps réel et le partage d'informations entre les unités militaires, permettant une intégration sans faille et des opérations synchronisées. À l'intersection des avancées technologiques et de la guerre moderne, il est nécessaire de mettre en place des cadres internationaux complets pour régir l'utilisation responsable de ces innovations. Alors que les nations s'efforcent de maintenir leur supériorité stratégique, elles doivent prendre en compte les aspects moraux, juridiques et stratégiques de l'exploitation des technologies de pointe. En outre, la nature de plus en plus interconnectée de la sécurité mondiale nécessite des efforts de collaboration pour faire face aux menaces émergentes dans le cyberespace, en reconnaissant les implications transnationales de la guerre numérique. La convergence de technologies émergentes telles que l'informatique quantique, les nanotechnologies et la bio-ingénierie est sur le point de remodeler la guerre, offrant des possibilités sans précédent de renforcement de la sécurité et posant des défis redoutables pour la stabilité internationale. Alors que les doctrines militaires évoluent en réponse aux avancées technologiques, une approche proactive et multidimensionnelle de l'exploitation de l'innovation tout en respectant les normes éthiques sera impérative pour naviguer dans les complexités de la guerre moderne.

Alliances militaires et relations internationales

Les alliances militaires jouent un rôle crucial dans la dynamique des relations internationales et constituent souvent la pierre angulaire de la coopération stratégique et de la sécurité collective. Dans un paysage mondial en constante évolution, ces partenariats favorisent la stabilité, dissuadent les agressions et renforcent les capacités des États membres. L'histoire des alliances militaires regorge d'exemples de collaboration réussie, comme l'Organisation du traité de l'Atlantique Nord (OTAN), qui s'est imposée comme un rempart de défense et de dissuasion, contribuant à la paix et à la sécurité dans la région euro-atlantique. En outre, des alliances régionales telles que l'Association des nations de l'Asie du Sud-Est (ANASE) ont contribué à promouvoir la confiance mutuelle et les mesures de renforcement de la confiance entre les États membres.

L'un des principaux avantages des alliances militaires réside dans leur capacité à cultiver l'interopérabilité et les exercices d'entraînement conjoints, renforçant ainsi l'état de préparation et l'efficacité des forces armées à répondre aux défis sécuritaires multiformes. En outre, ces partenariats facilitent l'échange de renseignements, de bonnes pratiques et d'avancées technologiques, amplifiant ainsi la force collective des nations alliées. En forgeant des liens militaires solides, les États peuvent exploiter des synergies qui transcendent les capacités individuelles et projeter un front unifié contre les menaces potentielles. En outre, les alliances militaires servent de vecteur à l'alignement diplomatique et à la solidarité politique, amplifiant ainsi l'influence et l'effet de levier des États membres dans les forums et les négociations internationales.

Cependant, la dynamique des alliances militaires présente également des considérations diplomatiques nuancées, car les intérêts nationaux divergents et les objectifs stratégiques nécessitent souvent des négociations et des compromis complexes. L'équilibre délicat des pouvoirs au sein de ces partenariats exige une diplomatie astucieuse et une prise de décision prudente pour résoudre les désaccords internes et maintenir la cohésion. La gestion réussie des divers points de vue et priorités politiques au sein des alliances militaires est primordiale pour maintenir la confiance et l'engagement mutuels entre les États membres. En outre, les implications éthiques et la conduite d'opérations militaires dans le cadre de ces alliances exigent un examen minutieux et le respect du droit et des normes internationales.

Alors que le paysage géopolitique mondial continue d'être le théâtre de réalignements stratégiques et de nouveaux défis en matière de sécurité, l'adaptabilité et la résilience des alliances militaires sont de plus en plus vitales. Il est impératif que les nations entretiennent et développent ces partenariats, en cherchant de nouvelles voies de collaboration et d'innovation en réponse à l'évolution des menaces. La pertinence continue des alliances militaires souligne leur rôle essentiel dans la consolidation des relations internationales et la préservation de la paix et de la stabilité mondiales.

La diplomatie préventive et son importance stratégique

La diplomatie préventive joue un rôle crucial dans la prévention des conflits et le maintien de la stabilité mondiale. En s'attaquant de manière proactive aux tensions sous-jacentes et aux menaces potentielles, les efforts diplomatiques peuvent prévenir efficacement l'escalade des différends en crises généralisées. Cette approche proactive se concentre sur l'identification des signes avant-coureurs, l'engagement d'un dialogue et l'utilisation d'outils diplomatiques pour atténuer le risque d'éruption d'un conflit. L'un des principaux objectifs de la diplomatie préventive est de répondre aux griefs, de désamorcer les tensions et de favoriser une paix durable par des moyens non coercitifs. Ces initiatives font souvent appel à la médiation, à la négociation et à des mesures de confiance pour désamorcer les situations instables. Dans le monde interconnecté d'aujourd'hui, où les conflits régionaux peuvent rapidement se transformer en crises internationales plus importantes, l'importance stratégique de la diplomatie préventive ne peut être surestimée. Il s'agit d'un mécanisme essentiel pour renforcer la sécurité, promouvoir la coopération et minimiser les coûts humains et économiques des conflits armés. La diplomatie préventive contribue également à préserver l'ordre mondial en s'attaquant aux causes profondes et aux préoccupations avant qu'elles n'atteignent un point d'ébullition. Cette approche proactive permet non seulement de prévenir les conflits, mais aussi de renforcer la confiance entre les nations et de faciliter la résolution des différends de longue date. La mise en œuvre pratique de la diplomatie préventive nécessite une compréhension approfondie des dynamiques historiques, culturelles et géopolitiques, ainsi qu'une appréciation nuancée des multiples facettes des défis contemporains en matière de sécurité. Les initiatives réussies de diplomatie préventive impliquent souvent une collaboration avec diverses parties prenantes, notamment des organisations internationales, des acteurs régionaux et des médiateurs neutres, afin de créer des environnements propices au dialogue et à la négociation.

En outre, l'intégration de systèmes d'alerte précoce, d'analyse des conflits et de mécanismes de gestion des crises renforce l'efficacité de la diplomatie préventive dans la prévention des conflits potentiels. Alors que la communauté mondiale est aux prises avec des menaces sécuritaires complexes, les avancées de la diplomatie préventive témoignent du pouvoir de l'engagement proactif et de la prévoyance stratégique dans la gestion des relations internationales. En fin de compte, l'importance stratégique de la diplomatie préventive réside dans sa capacité à préserver la paix, à soutenir la stabilité et à cultiver un climat de respect mutuel et de compréhension entre les nations.

Considérations éthiques dans les engagements militaires

L'intersection des engagements militaires et de l'éthique est un aspect complexe et important des relations internationales. Alors que les nations font face aux défis des conflits, les considérations relatives à la moralité, aux droits de l'homme et à la conduite juste jouent un rôle essentiel dans l'élaboration des résultats des affrontements armés. Les considérations éthiques dans les engagements militaires englobent un large éventail de questions, allant des principes de la théorie de la guerre juste à l'utilisation éthique de la technologie militaire et au traitement des non-combattants. L'objectif principal est de faire respecter les normes morales tout en répondant aux impératifs de sécurité.

L'un des principes fondamentaux qui sous-tend la conduite militaire éthique est le concept de proportionnalité, qui affirme que l'utilisation de la force doit être équilibrée par rapport à l'avantage militaire attendu et ne doit pas causer de dommages excessifs aux civils ou à l'infrastructure civile. En outre, le principe de distinction impose une distinction claire entre les combattants et les non-combattants, garantissant que les populations civiles sont préservées de tout dommage excessif pendant les opérations militaires. Le respect du droit et des conventions humanitaires internationaux est essentiel pour faire respecter ces normes éthiques, démontrant un engagement inébranlable à protéger les droits de l'homme, même en cas de conflit.

Au-delà du champ de bataille, les considérations éthiques s'étendent aux conséquences des confrontations militaires, y compris la reconstruction post-conflit, la réhabilitation des communautés affectées et la fourniture d'une aide aux régions déchirées par la guerre. Les complexités morales de l'intervention, du maintien de la paix et de l'édification d'une nation requièrent une gestion prudente des sensibilités culturelles et sociales, ainsi qu'un dévouement sans faille à la promotion de la stabilité et de la confiance au sein de populations diverses. Cela nécessite souvent un équilibre délicat entre le respect des coutumes indigènes et la mise en place d'institutions démocratiques qui défendent les droits de l'homme et les valeurs universelles.

Les progrès de la technologie militaire, y compris les systèmes d'armes autonomes et les capacités de cyberguerre, ont ajouté de nouvelles dimensions aux délibérations éthiques. Les inquiétudes concernant la nature potentiellement aveugle de certaines technologies et leurs implications pour la sécurité des civils ont suscité de profondes discussions éthiques au sein de la défense nationale et de la sécurité mondiale. Des lignes directrices et des réglementations claires régissant les technologies émergentes garantissent que les considérations éthiques restent au premier plan des processus décisionnels militaires, même si la guerre évolue.

Tout au long de l'histoire, les engagements militaires ont été émaillés de dilemmes éthiques, mais la poursuite d'une conduite éthique dans les conflits reste un objectif indispensable pour une gestion responsable des affaires de l'État. En adoptant des considérations éthiques, les militaires et les décideurs politiques défendent les valeurs communes de l'humanité et cherchent à atténuer l'impact dévastateur de la guerre sur les individus et les sociétés. En fin de compte, l'intégration de perspectives éthiques dans les engagements militaires témoigne de l'engagement durable à préserver la dignité et les droits de toutes les personnes, même dans les circonstances les plus difficiles.

Tendances futures des stratégies militaires et de la diplomatie

Alors que nous naviguons dans le paysage complexe de la sécurité mondiale, il devient impératif d'anticiper et de s'adapter aux futures stratégies militaires et tendances diplomatiques. Les décennies à venir seront probablement marquées par des changements importants dans le domaine de la guerre, sous l'effet des avancées technologiques, de l'évolution de la dynamique géopolitique et de la nature changeante des conflits internationaux. De la résurgence de la concurrence entre grandes puissances à l'influence croissante des acteurs non étatiques, l'avenir des stratégies militaires et de la diplomatie sera façonné par une confluence de facteurs qui exigent une analyse minutieuse et une réponse proactive. L'une des principales tendances qui devrait définir les stratégies militaires futures est l'intégration accrue de l'intelligence artificielle (IA) et de l'apprentissage automatique dans les opérations offensives et défensives. La prolifération des systèmes d'armes autonomes, des capacités de cyberguerre et de l'analyse prédictive transformera le champ de bataille, ce qui nécessitera une réévaluation des doctrines et des règles d'engagement traditionnelles.

En outre, les implications éthiques de la guerre pilotée par l'IA et le potentiel de conséquences involontaires poseront des défis complexes aux décideurs militaires et diplomatiques. En outre, l'interconnexion des économies et des sociétés mondiales continuera d'influencer les stratégies militaires et diplomatiques. Les nations devenant de plus en plus interdépendantes, les perturbations dans une partie du monde peuvent avoir des effets en cascade au-delà des frontières, ce qui nécessite une approche plus holistique et coopérative de la résolution des conflits et de la gestion des crises. En outre, l'émergence de nouveaux domaines tels que l'espace et le cyberespace en tant qu'arènes contestées pour les manœuvres militaires et diplomatiques nécessitera de nouvelles stratégies et normes internationales pour prévenir l'escalade et promouvoir la stabilité. Une autre tendance significative est l'évolution du rôle des alliances et coalitions multilatérales dans l'élaboration des initiatives militaires et diplomatiques sur le site . Avec la résurgence de la concurrence stratégique entre les grandes puissances, la capacité à forger et à maintenir des partenariats efficaces sera essentielle pour relever les défis communs en matière de sécurité et faire respecter les normes internationales. L'adaptation des stratégies militaires pour faire face aux menaces transnationales telles que le terrorisme, les cyberattaques et les pandémies nécessitera des approches novatrices combinant des capacités conventionnelles et non conventionnelles. La poursuite proactive de la diplomatie préventive et des mécanismes de résolution des conflits sera essentielle pour éviter les crises futures et gérer l'escalade. Alors que les acteurs étatiques et non étatiques continuent d'exploiter les tactiques des zones grises et les stratégies asymétriques, le pragmatisme diplomatique jouera un rôle crucial dans l'engagement avec les adversaires et la désescalade des tensions. En fin de compte, la compréhension et la préparation de ces tendances futures en matière de stratégie militaire et de diplomatie nécessiteront un investissement soutenu dans la recherche et le développement, une coopération interdisciplinaire et un état d'esprit tourné vers l'avenir au sein des établissements de sécurité nationale et des ministères des affaires étrangères. En anticipant ces tendances et en s'y adaptant, les décideurs politiques peuvent s'efforcer d'atténuer les risques, de maximiser les possibilités de résolution pacifique et de contribuer à un ordre mondial plus stable et plus sûr.

8

Guerre économique

SANCTIONS, DROITS DE DOUANE ET ACCORDS COMMERCIAUX

Les instruments de la guerre économique

Dans le cadre des relations internationales et du commerce mondial, la guerre économique est un outil essentiel que les nations utilisent pour asseoir leur influence et atteindre leurs objectifs stratégiques. Au fond, la guerre économique englobe une série d'instruments, chacun étant méticuleusement conçu et déployé pour exercer des pressions, façonner les comportements et sauvegarder les intérêts nationaux. Dans ce contexte, il est essentiel de comprendre la dynamique complexe des sanctions, des droits de douane et des accords commerciaux. Ces instruments exercent un pouvoir immense, dictant souvent le cours des relations géopolitiques et l'orientation du commerce mondial. Les sanctions, qui constituent l'un des principaux outils de coercition économique, témoignent de la puissance du levier financier dans la diplomatie moderne. En ciblant des industries ou des individus spécifiques, en imposant des restrictions au commerce ou en limitant l'accès aux systèmes financiers, les sanctions sont des mécanismes puissants qui ont des répercussions considérables sur les économies visées. Leurs objectifs sont multiples : promotion des droits de l'homme, lutte contre le terrorisme, prévention de la prolifération nucléaire et lutte contre les violations du droit international. En outre, leur impact se répercute sur le commerce mondial, les relations diplomatiques et la stabilité intérieure, façonnant le comportement des entités sanctionnées tout en influençant les décisions des parties prenantes.

En outre, les droits de douane, autre pierre angulaire de la guerre économique, sont devenus des éléments déterminants des politiques protectionnistes contemporaines. En imposant des coûts supplémentaires sur les produits importés, les pays cherchent à protéger leurs industries nationales, à modifier les balances commerciales et à obliger à négocier des conditions plus favorables. Le discernement stratégique dans la mise en œuvre des droits de douane est évident et représente un calibrage minutieux de l'influence économique, du positionnement politique et de la stratégie commerciale. De même, les accords commerciaux contribuent à façonner les alliances économiques, à établir des cadres réglementaires et à favoriser les partenariats de coopération. Qu'il s'agisse d'accords bilatéraux ou de pactes régionaux globaux, les accords commerciaux définissent les règles d'engagement dans une économie mondiale de plus en plus interconnectée. En tirant parti des avantages mutuels et en abordant les sujets de discorde, ces accords engendrent l'interdépendance économique, favorisent la stabilité et ouvrent la voie à une collaboration durable. Par conséquent, une exploration complète de ces instruments est indispensable pour comprendre la tapisserie complexe de la guerre économique, offrant des aperçus profonds des manœuvres stratégiques et des interactions nuancées qui sous-tendent la dynamique économique mondiale.

Les sanctions : Objectifs et impacts sur le commerce mondial

Les sanctions jouent un rôle essentiel dans la dynamique du commerce mondial et influencent le comportement des nations. Ces mesures punitives, imposées par un ou plusieurs pays à l'encontre d'une entité ciblée, visent à atteindre des objectifs politiques ou économiques spécifiques. Les objectifs des sanctions varient considérablement, allant de la lutte contre les violations des droits de l'homme, la lutte contre le terrorisme et la prévention de la prolifération nucléaire à la punition d'actions agressives de la part de gouvernements étrangers. Si les résultats escomptés des sanctions correspondent souvent à ces nobles aspirations, leur impact réel sur le commerce mondial peut être multiple et complexe.

Du point de vue des relations internationales, les sanctions sont généralement utilisées comme des outils coercitifs pour modifier le comportement des États ou des acteurs non étatiques. Elles servent à manifester la désapprobation de certaines actions ou politiques, à contraindre au respect des normes internationales ou à décourager les comportements indésirables en imposant des coûts économiques. Toutefois, l'application des sanctions a fait l'objet d'un examen minutieux, car leur efficacité dans la réalisation des objectifs politiques n'est pas toujours garantie et peut avoir des conséquences inattendues.

L'impact des sanctions sur le commerce mondial se manifeste par des perturbations dans les chaînes d'approvisionnement, un accès restreint à des ressources cruciales, une volatilité accrue du marché et un ralentissement potentiel des activités économiques. Les entreprises et les secteurs d'activité du pays visé subissent des effets négatifs directs, notamment une diminution des possibilités d'exportation, une instabilité financière accrue et une baisse de la compétitivité sur le marché mondial. En outre, les sanctions peuvent également favoriser un climat d'incertitude, décourager les investissements étrangers et entraver les perspectives de croissance globale de l'économie touchée. Par conséquent, il est impératif de procéder à des évaluations complètes des effets d'entraînement déclenchés par l'imposition de sanctions sur les schémas commerciaux mondiaux et les économies nationales.

Dans le même temps, la mise en œuvre des sanctions crée des opportunités pour les individus et les entités engagés dans le contournement de ces mesures, ce qui conduit à l'augmentation des réseaux illicites, des marchés noirs et d'autres canaux alternatifs pour contourner les restrictions. Ce phénomène pose des défis aux décideurs politiques, qui doivent constamment adapter leurs stratégies pour limiter les possibilités de contournement offertes aux entités ciblées et renforcer l'efficacité des sanctions . Pour faire face à ces complexités, la coopération internationale, des mécanismes de contrôle transparents et des efforts coordonnés entre les pays parties prenantes sont impératifs pour garantir que les effets escomptés des sanctions sur le commerce mondial s'alignent sur les objectifs plus larges de la stabilité et de la sécurité.

En résumé, le déploiement de sanctions reflète l'équilibre délicat entre l'influence géopolitique, l'interdépendance économique et les considérations éthiques. L'examen des objectifs et de l'impact des sanctions sur le commerce mondial met en lumière les dynamiques complexes en jeu dans la guerre économique, obligeant les universitaires, les praticiens et les décideurs politiques à s'engager dans des discussions nuancées et à évaluer de manière critique les implications de ces mesures dans le paysage évolutif des relations internationales.

Tarifs douaniers : Naviguer dans la complexité du protectionnisme moderne

Les tarifs douaniers exercent une influence considérable sur la dynamique économique mondiale en englobant un ensemble de politiques et de stratégies à multiples facettes. Leur rôle dans l'environnement commercial complexe d'aujourd'hui va au-delà de la simple réglementation commerciale. Les droits de douane déterminent le flux de biens et de services à travers les frontières, ce qui a un impact profond sur les industries, les consommateurs et les relations géopolitiques. Comprendre le paysage complexe du protectionnisme moderne est primordial pour les décideurs politiques, les économistes et les entreprises qui cherchent à prospérer dans un monde de plus en plus interconnecté.

À la base, un tarif est une taxe sur les marchandises importées ou exportées, conçue pour modifier l'avantage concurrentiel des industries nationales. Parce qu'ils peuvent entraver la libre circulation des marchandises, les droits de douane sont souvent utilisés comme instruments de protectionnisme, protégeant les produits nationaux de la concurrence étrangère. Cependant, au-delà de la promotion de la production nationale, les droits de douane déclenchent souvent des mesures de rétorsion de la part des partenaires commerciaux, qui dégénèrent en véritables conflits commerciaux. Ainsi, pour naviguer dans le domaine des droits de douane, il est nécessaire de prendre méticuleusement en compte les gains à court terme et les répercussions à long terme.

La mise en œuvre des droits de douane est un exercice d'équilibre délicat qui consiste à optimiser la croissance de l'industrie nationale tout en respectant les obligations commerciales internationales. Les complexités sont amplifiées dans les chaînes d'approvisionnement mondiales, où l'origine des composants et des matériaux est souvent dispersée dans plusieurs pays. Par conséquent, l'imposition de droits de douane exige une évaluation approfondie de ses effets sur les différentes parties prenantes, telles que les fabricants, les détaillants et les consommateurs finaux, tant au niveau national qu'à l'étranger.

En outre, le déploiement stratégique des droits de douane s'inscrit dans le cadre d'objectifs économiques et politiques plus larges. Les préoccupations réelles concernant les pratiques commerciales équitables et les droits de propriété intellectuelle justifient le recours à des droits de douane ciblés pour remédier aux déséquilibres commerciaux et encourager la réciprocité. À l'inverse, un recours excessif aux droits de douane peut avoir des répercussions négatives, précipiter la rupture des partenariats économiques établis et amplifier la volatilité des marchés.

Face à la complexité des droits de douane, on ne saurait trop insister sur le rôle essentiel des cadres réglementaires et des accords multilatéraux. L'harmonisation des politiques tarifaires avec les régimes commerciaux internationaux facilite le commerce transfrontalier et favorise la prévisibilité pour les entreprises mondiales. Toutefois, les intérêts nationaux divergents compliquent souvent la négociation d'accords commerciaux mutuellement bénéfiques, ce qui souligne la nécessité de faire preuve de finesse diplomatique et d'aligner stratégiquement les objectifs économiques.

En fin de compte, pour comprendre les nuances des droits de douane, il faut avoir une connaissance approfondie de l'histoire économique, de la dynamique géopolitique actuelle et des tendances commerciales futures. Alors que l'économie mondiale continue d'évoluer, la navigation avisée du protectionnisme moderne est au cœur du maintien de relations économiques stables et mutuellement bénéfiques entre les nations.

Accords commerciaux : Tactiques de formation d'alliances économiques

Les accords commerciaux sont des instruments essentiels pour façonner et réglementer les alliances économiques entre les nations. Ces accords ne se limitent pas à la réduction des droits de douane et des quotas ; ils englobent un large éventail de domaines politiques essentiels à la promotion de la coopération économique. La négociation d'accords commerciaux implique des manœuvres stratégiques de la part des pays participants afin d'obtenir des conditions favorables conformes à leurs intérêts nationaux. Les tactiques clés pour former ces alliances comprennent l'exploitation des avantages comparatifs, l'établissement de mécanismes de règlement des différends et l'harmonisation des normes réglementaires.

Une tactique cruciale dans la formulation des accords commerciaux consiste à utiliser les avantages comparatifs pour optimiser les gains mutuels. En identifiant et en capitalisant sur leurs forces respectives, les nations peuvent maximiser l'efficacité de la production et de l'allocation des ressources. Cela permet non seulement de renforcer la compétitivité des économies participantes, mais aussi d'encourager la spécialisation et l'innovation, ce qui stimule en fin de compte la croissance économique. En outre, les accords commerciaux contiennent des dispositions relatives à la protection des droits de propriété intellectuelle, qui protègent les innovations et les inventions d'un pays et encouragent la poursuite de la recherche et du développement.

En outre, la mise en place de mécanismes efficaces de règlement des différends est impérative pour garantir le bon fonctionnement des accords commerciaux. Les procédures d'arbitrage et de médiation offrent une plateforme cohérente pour résoudre les conflits et les griefs découlant des différends commerciaux. En outre, la normalisation des règles d'arbitrage et des mécanismes d'application accroît la prévisibilité et la fiabilité du commerce international, ce qui renforce la confiance des investisseurs et favorise une interaction économique durable.

L'harmonisation des normes réglementaires est une autre tactique essentielle déployée dans les accords commerciaux pour faciliter les alliances économiques. La convergence des réglementations et des normes communes améliore l'accès au marché en éliminant les évaluations de conformité et les procédures redondantes. Cette rationalisation optimise les chaînes d'approvisionnement et réduit les coûts de transaction, ce qui renforce l'interconnexion des marchés mondiaux. En outre, la cohérence des cadres réglementaires favorise la transparence et la responsabilité, créant ainsi un environnement propice à des partenariats économiques durables.

Comme on peut le constater, la mise en œuvre de tactiques stratégiques dans l'élaboration d'accords commerciaux est essentielle pour structurer les alliances économiques. En exploitant les avantages comparatifs, en instituant des mécanismes solides de résolution des conflits et en harmonisant les normes réglementaires, les nations peuvent favoriser des partenariats économiques durables et mutuellement bénéfiques. Ces alliances stimulent non seulement le commerce et l'investissement, mais renforcent également les relations diplomatiques, créant ainsi un cadre propice à une prospérité durable dans le contexte complexe de l'économie mondiale.

Études de cas : Succès et échecs des stratégies économiques

Tout au long de l'histoire, diverses nations ont mis en œuvre des stratégies économiques pour renforcer leur économie nationale et leur influence géopolitique. L'examen d'études de cas fournit des indications précieuses sur l'efficacité de ces stratégies et sur les conséquences qui en résultent pour la dynamique mondiale. La mise en œuvre de politiques protectionnistes aux États-Unis au début du XXe siècle constitue une étude de cas notable. L'imposition de droits de douane élevés par le biais de la loi Smoot-Hawley a entraîné des mesures de rétorsion de la part d'autres pays, exacerbant la Grande Dépression et démontrant l'interconnexion des économies mondiales. À l'inverse, la création d'un marché unique par l'Union européenne en éliminant les barrières commerciales est une étude de cas réussie. Cela a facilité la libre circulation des biens, des services et des capitaux au sein de l'UE, favorisant la croissance économique et renforçant le pouvoir de négociation collective dans les négociations commerciales mondiales.

En outre, l'utilisation stratégique des sanctions contre l'Afrique du Sud à l'époque de l'apartheid ( ) constitue une étude de cas convaincante de l'efficacité potentielle d'une coercition économique ciblée. Les sanctions internationales globales ont exercé une pression considérable sur le gouvernement et ont joué un rôle important en catalysant finalement le changement politique. En revanche, l'efficacité des sanctions contre la Corée du Nord a fait l'objet d'un débat, ce qui met en évidence la complexité et les limites de ces mesures pour atteindre les résultats souhaités. Une autre étude de cas pertinente concerne le partenariat transpacifique (TPP), un projet d'accord commercial visant à promouvoir l'intégration économique des pays riverains du Pacifique. Sa dissolution éventuelle sous l'administration Trump illustre la façon dont les paysages politiques changeants peuvent avoir un impact dramatique sur des alliances économiques soigneusement construites. Ces différentes études de cas soulignent la nature nuancée des stratégies financières et la nécessité d'évaluer soigneusement le contexte historique, l'environnement géopolitique et les intérêts des parties prenantes lors de la formulation et de la mise en œuvre des politiques économiques.

La guerre économique et ses effets sur les économies nationales

La guerre économique, caractérisée par l'utilisation d'outils économiques à des fins coercitives, a des effets profonds sur les économies nationales du monde entier. Lorsque les nations s'engagent dans des guerres tarifaires, imposent des sanctions et négocient des accords commerciaux, les effets d'entraînement se font sentir à l'intérieur de leurs propres frontières. Cette section se penche sur la dynamique complexe de la guerre économique et ses conséquences sur les économies nationales.

L'une des principales répercussions de la guerre économique sur les économies nationales est la perturbation des chaînes d'approvisionnement. Les tarifs douaniers et les barrières commerciales peuvent entraver la circulation des biens essentiels, entraînant une augmentation des coûts et une diminution de la disponibilité de certains produits dans le pays d'origine. Cela peut exacerber les pressions inflationnistes et entraver la productivité économique globale.

En outre, la guerre économique déclenche souvent la volatilité des marchés financiers, affectant les investisseurs nationaux et les entreprises. L'incertitude accrue due aux mesures de rétorsion ou à l'escalade des tensions commerciales peut entraîner des fluctuations du cours des actions, des dévaluations monétaires et des sorties de capitaux. Cette instabilité du marché pose des problèmes aux entreprises qui cherchent à prendre des décisions d'investissement et à planifier leurs activités futures.

En outre, l'imposition de sanctions en tant que forme de guerre économique peut avoir un impact direct sur les industries nationales qui dépendent du commerce international. Les restrictions à l'exportation de biens vers les pays sanctionnés ou à l'importation de composants et de technologies essentiels peuvent perturber les modèles d'entreprise existants et entraîner des pertes de revenus pour les entreprises nationales. En outre, les sanctions ciblées ( ) contre des secteurs clés tels que la finance, l'énergie ou la technologie peuvent encore réduire l'avantage concurrentiel des industries nationales sur la scène mondiale.

Un autre aspect important de l'impact de la guerre économique sur les économies nationales est l'interaction entre la coercition économique et les politiques nationales. Les pays confrontés à des pressions économiques extérieures mettent souvent en œuvre des mesures de protection, telles que des subventions, des droits de douane ou des interventions monétaires, afin de protéger les industries nationales de la concurrence étrangère. Ces tactiques défensives peuvent apporter un soulagement temporaire, mais elles peuvent fausser les marchés nationaux et entraver l'efficacité à long terme, ce qui risque d'étouffer l'innovation et de nuire au bien-être des consommateurs.

En outre, l'impact psychologique de la guerre économique ne peut être sous-estimé. L'incertitude et l'appréhension omniprésentes résultant des différends commerciaux et des sanctions économiques peuvent susciter l'hésitation des consommateurs et des entreprises, réduisant les dépenses, diminuant la confiance des consommateurs et reportant les décisions d'investissement. Une tension économique durable peut contribuer à un sentiment général négatif, affectant le moral de la main-d'œuvre et risquant de freiner la croissance économique.

La nature interconnectée de l'économie mondiale souligne que les performances économiques nationales solides dépendent fortement de la stabilité des relations économiques internationales. En tant que tel, l'exploration des complexités de la guerre économique et l'atténuation de ses effets perturbateurs exigent une anticipation stratégique, des cadres politiques adaptables et des compétences diplomatiques. En comprenant les impacts multiformes de la guerre économique sur les économies nationales, les décideurs politiques et les chefs d'entreprise peuvent mieux anticiper les défis, formuler des stratégies résilientes et sauvegarder les intérêts de leurs nations.

Cadres juridiques et droit international

Les cadres juridiques et le droit international jouent un rôle essentiel dans la réglementation et le traitement des différends entre nations dans le cadre de la guerre économique. Les complexités du commerce mondial et de la coercition économique nécessitent une infrastructure juridique solide régissant la conduite des États et leurs interactions sur la scène internationale. Au cœur de ce cadre se trouvent les principes fondamentaux du droit international, qui englobent les traités, les pratiques coutumières et les normes qui guident le comportement des États-nations dans leurs engagements économiques. Ces normes juridiques servent non seulement à régler les différends, mais aussi à dissuader les actions économiques unilatérales et injustes. L'Organisation mondiale du commerce (OMC) est une institution de premier plan qui incarne le cadre juridique du commerce international ( ). Son mécanisme de règlement des différends offre une procédure structurée par laquelle les pays membres peuvent présenter des griefs liés aux politiques et pratiques commerciales.

En outre, les accords commerciaux régionaux et les traités bilatéraux contribuent à la complexité du droit économique international et façonnent le paysage de la gouvernance économique. L'évolution des cadres juridiques a également mis l'accent sur les obstacles non tarifaires au commerce, les droits de propriété intellectuelle et la protection des investissements. Ces instruments juridiques offrent des voies de recours en cas de coercition économique et de pratiques commerciales déloyales, garantissant des conditions de concurrence équitables pour tous les participants. En outre, le concept de responsabilité de l'État en vertu du droit international tient les nations responsables de leurs actions dans le domaine économique. Ce principe souligne la nécessité de la transparence, de la responsabilité et du respect des normes juridiques établies, ce qui favorise la stabilité et l'équité des relations économiques. Si les cadres juridiques offrent des mécanismes de résolution des différends économiques, ils ne sont pas à l'abri des difficultés et des lacunes. L'application du droit international dépend souvent de la volonté des États de se conformer aux jugements et aux décisions, ce qui constitue une dynamique complexe influencée par des considérations géopolitiques et des différences de pouvoir.

En outre, l'ambiguïté entourant certains aspects de la guerre économique, tels que les sanctions ciblées et les mesures de rétorsion, souligne le besoin permanent de clarté juridique et d'adaptabilité. Alors que le paysage économique mondial continue d'évoluer, les cadres juridiques et le droit international resteront essentiels pour définir les paramètres de la concurrence et de la coopération économiques. Naviguer à l'intersection de la souveraineté, du commerce et des obligations légales exige une compréhension nuancée des complexités inhérentes à la guerre économique. Ainsi, une appréciation des cadres juridiques et du droit international est indispensable pour les décideurs politiques, les diplomates et les praticiens qui s'engagent dans la diplomatie économique.

Réponses à la coercition économique : Négociation et représailles

En réponse à la coercition économique, les nations sont confrontées au défi complexe de déployer des stratégies efficaces pour sauvegarder leurs intérêts économiques tout en atténuant les effets négatifs des mesures coercitives. La négociation est l'un des principaux moyens de faire face à la coercition économique. Le dialogue diplomatique et les négociations permettent aux nations concernées de s'engager dans un discours constructif afin de trouver des solutions mutuellement acceptables. En favorisant la communication et la compréhension, la négociation peut souvent conduire à l'assouplissement ou à la suppression des mesures coercitives, rétablissant ainsi la stabilité des relations économiques. En outre, la négociation peut servir de plateforme pour l'élaboration d'accords et d'engagements visant à prévenir toute coercition économique future.

En outre, face à la coercition économique, les nations peuvent recourir à diverses formes de représailles. Cela peut se traduire par des tarifs de rétorsion, des restrictions commerciales ou des sanctions ciblées afin d'imposer des pressions équivalentes à la partie qui exerce la coercition. Toutefois, les mesures de rétorsion doivent être soigneusement calibrées afin d'éviter que les tensions ne dégénèrent en une véritable guerre commerciale, qui pourrait avoir des conséquences néfastes considérables pour toutes les parties concernées. Les pays peuvent signaler leur détermination par des représailles stratégiques et calculées, tout en laissant une place à la désescalade et à une éventuelle réconciliation.

En outre, la coopération multilatérale et la constitution d'alliances sont essentielles pour répondre à la coercition économique. La formation de coalitions et d'alliances permet aux nations de présenter un front uni contre les tactiques coercitives, en amplifiant leur pouvoir de négociation collectif et leur résilience. En forgeant des partenariats, les nations peuvent explorer les possibilités de réponses coordonnées, de négociations conjointes et de partage des charges, augmentant ainsi leur capacité à résister à la coercition économique et à la contrer. En outre, l'utilisation des institutions et des forums internationaux pour mettre en évidence et traiter les cas de coercition économique peut renforcer la solidarité et le soutien des nations touchées, ce qui accroît la pression sur l'entité qui exerce la coercition pour qu'elle reconsidère ses tactiques.

Un autre aspect crucial de la réponse à la coercition économique est la diversification des partenaires commerciaux et d'investissement. En élargissant leurs engagements économiques et en réduisant leur dépendance à l'égard d'un seul marché ou d'une seule source, les nations peuvent renforcer leur résistance aux actions coercitives. La diversification offre également un certain degré d'isolation par rapport aux perturbations potentielles causées par la coercition économique, ce qui permet aux nations de faire face aux défis avec plus d'agilité et de flexibilité.

En fin de compte, les réponses à la coercition économique exigent un équilibre délicat entre l'assurance et la prudence. Les pays doivent évaluer de manière critique les coûts et les avantages des différentes stratégies de réponse, en mettant en balance l'impact immédiat et les implications à long terme. L'élaboration d'un cadre de réponse global et adaptatif est essentielle pour atténuer les effets perturbateurs de la coercition économique tout en préservant les intérêts nationaux et la stabilité économique mondiale.

Tendances futures : Prévoir l'évolution des politiques économiques

À l'ère des progrès technologiques rapides et de l'évolution des paysages géopolitiques, il est à la fois crucial et difficile de prévoir les tendances futures des politiques économiques. Alors que la communauté internationale navigue à travers des interdépendances mondiales complexes, plusieurs facteurs clés sont susceptibles de façonner la trajectoire des politiques économiques dans les années à venir. L'une des principales tendances est l'essor continu des économies numériques et l'importance croissante des industries basées sur les données. Avec la prolifération des technologies numériques et la croissance du commerce électronique, les gouvernements seront contraints d'adapter leurs politiques économiques pour réglementer et exploiter le potentiel de ces nouveaux domaines tout en répondant aux préoccupations en matière de confidentialité des données et de cybersécurité. En outre, la mondialisation et l'interconnectivité des marchés financiers, en cours, entraîneront probablement une évolution vers des politiques économiques plus coordonnées et plus collaboratives entre les nations. Le besoin de réglementations et de normes cohérentes à travers les frontières deviendra primordial, en particulier en réponse aux défis émergents tels que les crypto-monnaies et la finance décentralisée.

En outre, la durabilité environnementale est appelée à jouer un rôle déterminant dans l'élaboration des politiques économiques à l'avenir. Les impacts du changement climatique devenant de plus en plus évidents, les gouvernements seront de plus en plus poussés à mettre en œuvre des réglementations et des mesures incitatives respectueuses de l'environnement, ce qui favorisera la transition vers des économies plus vertes et plus durables. Cette évolution devrait influencer les accords commerciaux, les décisions d'investissement et les pratiques industrielles, reflétant une prise de conscience plus large de l'interconnexion entre la prospérité économique et le bien-être environnemental. En outre, les changements sociaux et démographiques continueront d'influencer les politiques économiques, avec le vieillissement des populations, l'urbanisation et l'évolution de la dynamique de la main-d'œuvre nécessitant des adaptations telles que la réglementation du travail, les dépenses de santé et les systèmes de retraite. L'essor de l'automatisation et de l'intelligence artificielle est en outre sur le point de transformer le travail et la productivité, ce qui incite les décideurs à réévaluer les modèles économiques traditionnels et à explorer des approches innovantes pour garantir une croissance économique inclusive. Les tensions géopolitiques et les dynamiques de pouvoir entre les principales économies influenceront également l'avenir des politiques économiques. La concurrence et la coopération actuelles entre les nations peuvent potentiellement conduire à des changements dans les alliances commerciales, les structures tarifaires et les cadres réglementaires, car les pays cherchent à sauvegarder leurs intérêts économiques et à naviguer dans les complexités d'un ordre mondial multipolaire. En fin de compte, la prévision des tendances futures des politiques économiques nécessite une compréhension globale des interactions complexes entre la technologie, la géopolitique, l'environnement, la société et l'économie. En identifiant et en analysant ces forces clés, les décideurs politiques peuvent mieux anticiper et répondre aux changements et aux défis inévitables qui se profilent à l'horizon, pour finalement façonner le cours de la gouvernance économique mondiale. À mesure que le monde évolue, la capacité d'anticiper et de s'adapter aux tendances économiques à venir s'avérera inestimable pour favoriser la stabilité, la prospérité et la résilience dans le paysage économique international.

Conclusion : L'équilibre des pouvoirs dans une économie mondialisée

À mesure que le paysage économique mondial évolue, il devient de plus en plus important d'équilibrer les pouvoirs dans une économie mondialisée. L'interconnexion des nations par le biais du commerce international, des investissements et des flux financiers nécessite un équilibre délicat pour assurer la stabilité et la prospérité de toutes les parties prenantes. À l'ère de la guerre économique, où les sanctions, les droits de douane et les accords commerciaux sont utilisés comme des outils stratégiques, il n'a jamais été aussi urgent de naviguer judicieusement entre des alliances et des rivalités complexes. En tant que telle, la conclusion repose sur la reconnaissance du fait que l'équilibre dans l'économie mondialisée nécessite une diplomatie habile, une politique astucieuse et un engagement coopératif entre les nations. Les efforts visant à contourner la coercition économique et les mesures protectionnistes doivent être étayés par un engagement à respecter les principes du commerce équitable, du bénéfice mutuel et du développement durable. Bien que des défis et des perturbations imprévus puissent survenir, il est crucial de rester agile et adaptable en réponse aux paradigmes économiques changeants.

En outre, la promotion de dialogues inclusifs et d'une coopération multilatérale est un moyen efficace de favoriser la compréhension, d'instaurer la confiance et d'atténuer les risques de conflit dans le domaine économique. La conclusion propose un appel à l'action pour les décideurs politiques, les chefs d'entreprise et les citoyens afin qu'ils défendent des politiques qui respectent les normes éthiques et promeuvent l'inclusivité économique. La vision d'une économie mondiale équilibrée et équitable peut être réalisée en exploitant les voies d'un dialogue constructif, en encourageant une culture de la transparence et en recherchant des solutions innovantes aux défis économiques communs. En outre, reconnaissant l'impact multiforme des décisions économiques sur les sociétés, la conclusion préconise de donner la priorité au développement durable, au bien-être social et à la gestion de l'environnement dans la recherche de l'équilibre économique. L'adoption d'une approche holistique de l'élaboration des politiques économiques qui tienne compte des divers besoins et aspirations de la société est essentielle pour garantir que le pouvoir dans l'économie mondialisée n'est pas concentré entre les mains de quelques privilégiés, mais plutôt réparti équitablement pour le bien de tous. Enfin, la conclusion souligne la nécessité de favoriser un climat propice à une concurrence économique robuste et éthique qui transcende les frontières et les idéologies, favorisant une économie mondialisée qui encourage la prospérité, la stabilité et l'unité.

9

Marchés émergents

FAÇONNER L'AVENIR DE LA GÉOPOLITIQUE MONDIALE

Les marchés émergents et leur rôle dans la politique mondiale

Les marchés émergents sont devenus des acteurs importants dans le paysage économique mondial, remodelant les structures de pouvoir traditionnelles et influençant de manière significative la politique internationale. Ces économies, caractérisées par une industrialisation, une urbanisation et des progrès technologiques rapides, s'affirment de plus en plus comme des moteurs essentiels du développement mondial et de la dynamique géopolitique. L'interconnexion croissante des marchés émergents avec le reste du monde a fondamentalement transformé la nature des relations internationales. Alors que ces pays continuent de connaître une croissance exponentielle et d'étendre leur influence, leur rôle dans le façonnement de la géopolitique mondiale devient de plus en plus prononcé. En analysant l'essor des marchés émergents, nous pouvons obtenir des informations précieuses sur l'interaction complexe entre les prouesses économiques et l'influence politique sur la scène mondiale. On ne peut ignorer l'impact profond que ces marchés ont eu sur la répartition du pouvoir et des ressources, ainsi que les implications pour les institutions et les alliances internationales existantes.

En outre, les nouvelles puissances économiques ont reconfiguré les notions traditionnelles d'influence et de domination entre les nations, remettant en cause les normes établies et favorisant des approches diversifiées de la diplomatie et du commerce. Comprendre l'essor des marchés émergents nous permet d'apprécier le réseau complexe de relations qui sous-tend la politique internationale contemporaine, en mettant en lumière les facteurs multiformes qui alimentent la dynamique mondiale. Il est impératif d'évaluer les réalisations économiques des marchés émergents et l'évolution de leurs ambitions et stratégies politiques pour comprendre leur importance croissante dans l'arène géopolitique. Cette section vise à approfondir la nature multiforme des marchés émergents et leur impact sur l'avenir de la politique internationale.

Définir les marchés émergents : Critères et classification

Les marchés émergents représentent un groupe dynamique et diversifié d'économies qui jouent un rôle essentiel dans l'évolution du paysage géopolitique mondial. Toutefois, la définition de ces marchés peut s'avérer complexe en raison de la diversité de leurs caractéristiques et de leurs stades de développement. L'un des critères couramment utilisés pour classer les marchés émergents est le niveau de revenu du pays. La Banque mondiale ( ) et d'autres organisations internationales utilisent souvent le revenu national brut (RNB) par habitant comme indicateur clé. Les pays dont le niveau de revenu est faible ou moyen sont généralement classés parmi les marchés émergents. Cette classification permet d'identifier les nations qui affichent une croissance économique rapide et une intégration croissante dans l'économie mondiale.

En outre, la taille et le potentiel du marché, l'ouverture aux investissements étrangers et le développement des infrastructures contribuent à la classification des marchés émergents. Un autre aspect de la définition de ces marchés consiste à évaluer leur environnement institutionnel, leur cadre réglementaire et leur stabilité politique. Ces aspects sont cruciaux pour les investisseurs et les décideurs politiques afin de comprendre l'environnement des affaires et d'évaluer les risques. En outre, la classification des marchés émergents va au-delà des critères purement économiques. Des indicateurs sociopolitiques tels que la gouvernance, l'État de droit et le développement social influencent la manière dont ces marchés sont classés.

En outre, certaines classifications prennent en compte le niveau de développement des marchés financiers, y compris les bourses, les marchés obligataires et l'accès aux capitaux. Au fur et à mesure que l'économie mondiale évolue, de nouvelles approches de classification des marchés émergents voient le jour. Certains chercheurs soulignent l'importance de l'innovation technologique et de la préparation au numérique en tant qu'éléments essentiels de la définition des marchés émergents à l'ère contemporaine. À la lumière de ces discussions, il apparaît clairement que la classification des marchés émergents est multiforme et en constante évolution. Malgré les défis que pose la définition de ces marchés, ils restent un point central pour les relations internationales, le commerce et l'investissement. Il est essentiel de comprendre les critères spécifiques et la classification des marchés émergents pour saisir leur impact sur l'avenir de la géopolitique mondiale.

Trajectoires économiques des principaux marchés émergents

Les trajectoires économiques des principaux marchés émergents sont devenues des déterminants essentiels de la dynamique géopolitique mondiale. L'industrialisation rapide, l'urbanisation et les progrès technologiques ont propulsé la croissance économique des économies émergentes, les transformant en acteurs influents sur la scène mondiale. La Chine, l'Inde, le Brésil, la Russie, l'Afrique du Sud, le Mexique, l'Indonésie, la Turquie et quelques autres pays sont devenus des participants notables qui façonnent l'avenir de la géopolitique mondiale.

Ces marchés émergents présentent des trajectoires économiques diverses, déterminées par la dotation en ressources, les profils démographiques, la stabilité politique et les réformes institutionnelles. La Chine, souvent considérée comme l'usine du monde, a connu une expansion économique sans précédent, , passant d'une économie agraire à une puissance manufacturière et exportatrice. Ses investissements stratégiques dans l'infrastructure, la technologie et le capital humain ont contribué à son ascension fulgurante en tant que géant économique mondial. De même, avec sa population en plein essor et l'accent mis sur les technologies de l'information, l'Inde s'est taillé une place de choix dans le développement de logiciels, les opérations de back-office et l'innovation.

Le Brésil, doté de vastes ressources naturelles et d'un marché de consommation en expansion, a prospéré dans les secteurs de l'agriculture, de l'exploitation minière et de l'énergie, stimulant ainsi une croissance économique substantielle. La résilience de la Russie face aux défis géopolitiques, sa domination énergétique et son expertise technologique l'ont positionnée comme un acteur clé sur les marchés mondiaux de l'énergie. L'Afrique du Sud, malgré des disparités socio-économiques, s'est imposée comme une puissance économique régionale, tirant parti de ses richesses minérales et de son secteur des services financiers.

Le Mexique, niché entre les marchés dynamiques d'Amérique du Nord et d'Amérique latine, a bénéficié de ses prouesses manufacturières et de ses liens étroits avec les États-Unis, ce qui a favorisé le développement économique et le commerce international. Grâce à sa position stratégique et à ses abondantes ressources naturelles, l'Indonésie a attiré d'importants investissements étrangers, stimulant l'expansion économique et le développement des infrastructures. La position unique de la Turquie, au carrefour de l'Europe et de l'Asie, lui a permis de tirer parti des routes commerciales et de diversifier son économie grâce à l'industrie et aux services.

Les trajectoires économiques de ces marchés émergents clés influencent les schémas commerciaux et les flux d'investissement mondiaux et ont un impact sur le paysage géopolitique. Alors que ces économies continuent d'étendre leur sphère d'influence, leurs partenariats stratégiques, leur concurrence et leur collaboration avec les puissances mondiales traditionnelles façonnent les futurs contours de la politique mondiale. Il est essentiel de comprendre les nuances de leurs trajectoires économiques pour saisir la dynamique évolutive de la géopolitique mondiale.

Changements dans le paysage politique des économies émergentes

Au cours des dernières décennies, les économies émergentes ont connu d'importants changements dans leur paysage politique, remodelant la dynamique de la géopolitique mondiale. Ces changements sont dus à de nombreux facteurs, notamment la croissance économique, les réformes internes, l'évolution démographique et les changements dans les alliances géopolitiques. Au fur et à mesure que ces nations évoluent, leurs systèmes politiques subissent des transformations qui ont des répercussions considérables sur les relations internationales et la stabilité mondiale. L'une des principales tendances est le passage d'un régime autoritaire à des structures de gouvernance plus démocratiques dans plusieurs économies émergentes. Cette évolution a favorisé une plus grande participation politique, une augmentation des libertés civiles et a entraîné de nouveaux défis en matière d'adaptation aux normes et aux institutions démocratiques.

En outre, la montée des sentiments nationalistes et des mouvements populistes dans certaines économies émergentes a introduit des complexités dans leurs politiques étrangères, influençant la dynamique régionale et les partenariats mondiaux. En outre, les rivalités géopolitiques et les luttes de pouvoir au sein des régions émergentes ont façonné le paysage politique, conduisant à la coopération et à la discorde entre ces nations. L'émergence de nouveaux dirigeants et de nouvelles idéologies politiques a influencé l'élaboration des politiques nationales et contribué à redéfinir le rôle de ces pays sur la scène mondiale. En outre, l'influence croissante des acteurs non étatiques, tels que les sociétés transnationales et les organisations de la société civile, a modifié les structures de pouvoir traditionnelles au sein des économies émergentes, insufflant une nouvelle dynamique dans leur paysage politique. Ces changements ont conduit à diverses approches de la gouvernance, incorporant des éléments du capitalisme dirigé par l'État, des modèles d'État-providence et des systèmes politiques hybrides. Alors que les économies émergentes naviguent dans ces changements politiques, elles doivent faire face aux complexités des conflits régionaux, aux politiques identitaires et aux exigences d'un ordre mondial en évolution rapide. La compréhension de ces changements du paysage politique est cruciale pour les décideurs, les analystes et les diplomates qui cherchent à s'engager avec les économies émergentes et à s'adapter à la nature changeante de la géopolitique mondiale.

Dynamique commerciale et intégration des marchés

Alors que les marchés émergents continuent de gagner en importance dans l'économie mondiale, les dynamiques d'intégration du commerce et des marchés jouent un rôle essentiel dans l'élaboration de l'avenir de la géopolitique mondiale. Ces dynamiques englobent de nombreux facteurs, notamment le développement d'accords commerciaux internationaux, les efforts de libéralisation des marchés et l'interconnexion croissante des chaînes d'approvisionnement mondiales.

L'une des caractéristiques de la dynamique commerciale dans les marchés émergents est l'importance croissante accordée à l'intégration économique régionale. Les pays d'une même zone géographique resserrent leurs liens par le biais de blocs et d'accords commerciaux régionaux, dans le but de stimuler le commerce intrarégional et de créer une prospérité économique partagée. L'Association des nations de l'Asie du Sud-Est (ANASE), la zone de libre-échange continentale africaine (ZLECA) et l'accord Mercosur en Amérique du Sud sont autant d'exemples de ces initiatives. Ces efforts d'intégration facilitent la circulation des biens et des services et favorisent une plus grande coopération politique et une meilleure compréhension mutuelle entre les nations.

En outre, l'essor des marchés émergents a entraîné une reconfiguration des schémas commerciaux mondiaux. Traditionnellement, les économies développées ont dominé les flux commerciaux mondiaux, mais les marchés émergents deviennent de plus en plus des acteurs clés du commerce international. La Chine, par exemple, est devenue un partenaire commercial majeur pour de nombreux pays, son initiative "la Ceinture et la Route" facilitant l'amélioration de la connectivité et des liens commerciaux à travers l'Asie, l'Afrique et l'Europe. Cette évolution de la dynamique commerciale a des répercussions sur les structures de pouvoir géopolitiques traditionnelles et a entraîné un rééquilibrage des alliances stratégiques et des politiques économiques à l'échelle mondiale.

L'intégration des marchés, autre facette essentielle de ce paysage, consiste à assimiler sans heurt différents marchés dans un cadre mondial cohérent. Le processus d'intégration des marchés comprend l'harmonisation des normes réglementaires, la promotion de la compatibilité financière et l'encouragement des flux d'investissement transfrontaliers. À mesure que les marchés émergents s'ouvrent aux investissements étrangers et participent aux chaînes de valeur mondiales, leur intégration dans l'économie mondiale devient de plus en plus prononcée. Cette intégration diversifie et élargit les opportunités de marché et favorise l'innovation, la diffusion technologique et l'échange de connaissances.

Enfin, la dynamique commerciale et l'intégration des marchés catalysent les changements géopolitiques, influençant les relations diplomatiques, l'interdépendance économique et les alignements stratégiques. L'évolution des schémas commerciaux et des stratégies d'intégration des marchés émergents remodèle le paysage géopolitique traditionnel, entraînant de nouvelles alliances, des interdépendances économiques et des dynamiques de pouvoir complexes. Il est essentiel pour les parties prenantes du monde entier de comprendre et de naviguer dans ces dynamiques complexes, car elles cherchent à s'adapter et à prospérer dans une ère caractérisée par l'ascension des marchés émergents et la reconfiguration de la géopolitique mondiale qui l'accompagne.

Flux d'investissement et tendances de l'investissement direct étranger (IDE)

Le réseau complexe de l'interconnectivité économique mondiale est de plus en plus défini par les flux de capitaux transfrontaliers, les marchés émergents jouant un rôle central dans l'élaboration de cette dynamique. En tant que moteurs de la croissance dans l'économie mondiale contemporaine, les marchés émergents ont attiré l'attention des investisseurs internationaux à la recherche d'opportunités d'investissement lucratives. Les tendances des flux d'investissement et des investissements directs étrangers (IDE) dans ces régions ont de profondes implications pour l'avenir de la géopolitique mondiale. Les investissements directs étrangers, en particulier, représentent des engagements stratégiques à long terme de la part de multinationales et d'autres entités pour établir ou étendre leur présence dans les économies émergentes. Ces investissements ne sont pas seulement des transactions financières, mais aussi des vecteurs de transfert de technologie, d'expertise managériale et de meilleures pratiques, qui facilitent le développement économique et favorisent des partenariats mutuellement bénéfiques. Comprendre les tendances des flux d'IDE permet d'obtenir des informations essentielles sur l'évolution du pouvoir économique mondial et ses implications géopolitiques. Ces dernières années, les marchés émergents sont devenus des destinations de plus en plus attrayantes pour les IDE, grâce à des facteurs tels que l'expansion des marchés de consommation, des profils démographiques favorables et l'amélioration des environnements réglementaires.

En outre, les gouvernements de ces régions ont activement poursuivi des politiques visant à attirer et à retenir les investissements étrangers, reconnaissant leur potentiel pour alimenter la croissance économique, créer des opportunités d'emploi et améliorer les capacités technologiques. Les tendances en matière d'IDE reflètent également des changements géopolitiques plus larges, car elles signifient la reconfiguration des chaînes d'approvisionnement mondiales et la redistribution de l'influence économique. La concurrence entre les marchés émergents pour attirer les IDE s'est intensifiée, conduisant à des réformes politiques et à des développements d'infrastructures pour améliorer l'attractivité des investissements.

En outre, les intérêts stratégiques des puissances mondiales traditionnelles dans ces flux d'investissement ajoutent une nouvelle couche de complexité au paysage géopolitique, car elles cherchent à s'assurer l'accès à des marchés et à des ressources critiques tout en naviguant simultanément dans des rivalités géopolitiques. Toutefois, le dynamisme des tendances en matière d'IDE introduit également des vulnérabilités et des défis, allant des risques de dépendance aux perturbations potentielles dues aux tensions géopolitiques ou aux changements réglementaires. Par conséquent, une compréhension nuancée des modèles d'IDE est essentielle pour les décideurs politiques, les entreprises et les investisseurs afin de naviguer dans les courants changeants de la géopolitique mondiale et d'exploiter les opportunités de croissance durable et de développement collaboratif.

Avancées technologiques sur les marchés émergents

À mesure que le paysage géopolitique mondial évolue, les marchés émergents deviennent de plus en plus des foyers d'innovation technologique. Ces économies, souvent caractérisées par une industrialisation rapide et une croissance importante, ont fait preuve d'une capacité remarquable à adopter et à stimuler les avancées technologiques. Cette section examine les prouesses technologiques des marchés émergents et leur impact sur la scène mondiale.

L'une des caractéristiques les plus frappantes des avancées technologiques au sein des marchés émergents est le rythme rapide de l'innovation. Les gouvernements et les entreprises privées investissant massivement dans la recherche et le développement, ces pays comblent rapidement le fossé technologique qui les sépare des puissances établies. Les secteurs des télécommunications, des énergies renouvelables, de la biotechnologie et de l'intelligence artificielle ont notamment connu des progrès considérables. Cette montée en puissance des capacités technologiques a alimenté la croissance intérieure et fait des marchés émergents des acteurs redoutables de l'écosystème technologique mondial.

En outre, les avancées technologiques au sein des marchés émergents ont entraîné de profonds changements socio-économiques. L'accès à la technologie mobile, par exemple, a facilité l'inclusion financière et transformé les modes de commerce traditionnels. Les plateformes de commerce électronique se sont multipliées, donnant plus de pouvoir aux petites entreprises et facilitant le commerce transfrontalier. En outre, les progrès réalisés dans le domaine des technologies de la santé ont amélioré l'accès à des services médicaux de qualité, ce qui a permis d'obtenir de meilleurs résultats en matière de soins de santé. La convergence de la technologie et de l'esprit d'entreprise a également créé des écosystèmes de startups dynamiques, favorisant la créativité et l'innovation.

En outre, les marchés émergents se sont positionnés à l'avant-garde des technologies durables. En mettant de plus en plus l'accent sur la préservation de l'environnement et les sources d'énergie renouvelables, des pays comme l'Inde, la Chine, le Brésil et l'Afrique du Sud ont fait des progrès considérables dans le domaine des technologies vertes. Qu'il s'agisse d'initiatives en matière d'énergie solaire ou de solutions de transport respectueuses de l'environnement, ces innovations répondent aux défis locaux et contribuent à la lutte mondiale contre le changement climatique.

Les avancées technologiques des marchés émergents ont fortement influencé l'intégration de ces derniers dans la chaîne d'approvisionnement mondiale. Ces économies ont développé des capacités de fabrication et des réseaux de chaîne d'approvisionnement sophistiqués, offrant une production rentable et des canaux de distribution efficaces. Elles sont ainsi devenues des contributeurs indispensables à l'économie mondiale, jouant un rôle central dans la dynamique du commerce international.

En conclusion, les avancées technologiques au sein des marchés émergents redessinent le paysage mondial, remettent en question les paradigmes existants et favorisent un monde plus interconnecté. L'impact transformateur de ces avancées s'étend au-delà des frontières, offrant de nouvelles opportunités de collaboration et de croissance économique. En continuant à exploiter le pouvoir de la technologie, les marchés émergents sont sur le point d'exercer une influence encore plus grande sur l'avenir de la géopolitique mondiale.

Impact des marchés émergents sur les chaînes d'approvisionnement mondiales

L'intégration des marchés émergents dans les chaînes d'approvisionnement mondiales a considérablement transformé la dynamique du commerce international. Ces marchés, alimentés par une industrialisation rapide et des avancées technologiques, sont devenus des acteurs clés de la production et de la distribution de biens et de services, et leur impact sur les chaînes d'approvisionnement mondiales ne peut être sous-estimé. L'une des façons les plus influentes dont les marchés émergents ont remodelé les chaînes d'approvisionnement est le rôle croissant qu'ils jouent en tant que plaques tournantes de l'industrie manufacturière. Ces marchés offrent une main-d'œuvre bon marché et des ressources abondantes, ce qui incite les multinationales à établir des sites de production et des chaînes d'assemblage sur leur territoire. Cette décentralisation de la fabrication a conduit à un réseau d'approvisionnement mondial plus distribué et interconnecté, permettant aux entreprises de tirer parti des avantages comparatifs offerts par les marchés émergents. En outre, l'essor des marchés émergents a stimulé l'innovation et l'amélioration de l'efficacité de la gestion de la chaîne d'approvisionnement. Grâce à l'adoption de technologies avancées et à l'automatisation, ces marchés ont renforcé leurs capacités en matière de logistique, de transport et de gestion des stocks, contribuant ainsi à l'optimisation des chaînes d'approvisionnement mondiales.

En outre, le pouvoir de consommation croissant de la classe moyenne dans les marchés émergents a stimulé la demande d'une large gamme de produits, ce qui a incité les entreprises à ajuster leurs stratégies de chaîne d'approvisionnement pour répondre à l'évolution des besoins des consommateurs. Cette évolution a nécessité des structures de chaîne d'approvisionnement agiles et adaptables, capables de répondre aux diverses demandes du marché dans différentes régions géographiques. Cependant, si l'intégration des marchés émergents a apporté de nombreuses opportunités, elle a également posé des défis aux chaînes d'approvisionnement mondiales. La dépendance à l'égard de fournisseurs éloignés et géographiquement dispersés a accru la vulnérabilité des chaînes d'approvisionnement aux perturbations, telles que les tensions géopolitiques, les catastrophes naturelles et les pandémies. La pandémie de COVID-19, en particulier, a mis en évidence la fragilité des chaînes d'approvisionnement fortement tributaires de sources spécifiques des marchés émergents, ce qui a entraîné des perturbations et des pénuries généralisées.

En outre, la diversité des environnements réglementaires, l'instabilité politique et les limites des infrastructures dans certains marchés émergents ont suscité des inquiétudes quant à la résilience et à la durabilité des chaînes d'approvisionnement mondiales. Malgré ces défis, l'influence continue des marchés émergents sur les chaînes d'approvisionnement mondiales souligne la nécessité de stratégies de gestion des risques solides et d'une plus grande diversification pour garantir la stabilité et la continuité des opérations d'approvisionnement. Alors que le rôle des marchés émergents continue d'évoluer, les parties prenantes des chaînes d'approvisionnement mondiales doivent rester vigilantes et s'adapter, en évaluant de manière proactive les interdépendances complexes qui caractérisent cette nouvelle ère d'interconnexion et en y apportant des réponses.

Les défis des économies émergentes : Du développement à la diplomatie

Les économies émergentes sont confrontées à de nombreux défis alors qu'elles naviguent dans le paysage complexe de la politique mondiale et s'efforcent de parvenir à un développement durable. De la volatilité économique et des faiblesses structurelles à l'instabilité politique et aux pressions géopolitiques, ces nations sont confrontées à des obstacles multiformes qui ont un impact significatif sur leur trajectoire de croissance et leurs relations diplomatiques. L'un des principaux défis pour les économies émergentes est de parvenir à un développement économique solide et inclusif. Si l'industrialisation rapide et les avancées technologiques offrent des opportunités de croissance, elles exacerbent également la dégradation de l'environnement, l'épuisement des ressources et les disparités socio-économiques. En outre, les infrastructures inadéquates, les inefficacités institutionnelles et la corruption entravent l'allocation efficace des ressources et réduisent le potentiel de progrès durable. Alors que ces pays se débattent avec des obstacles internes, ils doivent également faire face à des facteurs externes qui compliquent leurs efforts de développement. Les tensions géopolitiques, les différends commerciaux et la fluctuation des conditions du marché mondial représentent des risques importants pour leur stabilité économique et leur prospérité.

En outre, les dépendances financières internationales et la dynamique des investissements étrangers ajoutent une nouvelle couche de complexité à leur paysage économique, nécessitant des stratégies diplomatiques astucieuses pour sauvegarder leurs intérêts et leur souveraineté. Au-delà des défis économiques, les économies émergentes sont également confrontées à des obstacles diplomatiques lorsqu'elles cherchent à s'affirmer sur la scène mondiale. L'équilibre des relations avec les grandes puissances, les alliances régionales et les institutions multilatérales exige de la finesse diplomatique et de la perspicacité stratégique. L'élaboration de politiques étrangères efficaces préservant les intérêts nationaux tout en favorisant des partenariats mutuellement bénéfiques est une entreprise délicate mais impérative. En outre, naviguer dans les structures de gouvernance mondiale, participer aux négociations internationales et façonner les récits géopolitiques constituent des défis diplomatiques permanents qui requièrent un leadership et une diplomatie habiles. La confluence de ces défis à multiples facettes souligne la nature complexe du paysage développemental et diplomatique auquel sont confrontées les économies émergentes. Pour relever ces défis, il faut des réformes globales, des solutions innovantes et un engagement collaboratif avec la communauté mondiale. En surmontant ces obstacles, les économies émergentes peuvent parvenir à un développement durable et contribuer de manière substantielle à l'évolution de la géopolitique mondiale.

Perspectives d'avenir : Prévoir l'impact des marchés émergents sur la géopolitique

Les marchés émergents sont appelés à jouer un rôle central dans l'évolution de la géopolitique mondiale. À mesure que ces économies continuent de croître et de se développer, leur influence sur la scène internationale devrait s'accroître de manière significative. L'évolution de la dynamique des marchés émergents, caractérisée par une industrialisation rapide, des innovations technologiques et des changements démographiques, aura de profondes répercussions sur les structures de pouvoir et les relations diplomatiques au niveau mondial. La trajectoire de croissance économique des marchés émergents est l'un des aspects clés qui déterminent les perspectives d'avenir.

Avec l'augmentation de la demande des consommateurs, l'expansion des classes moyennes et l'urbanisation croissante, ces économies devraient devenir les principaux moteurs de la croissance économique mondiale. Cette transformation devrait modifier les flux commerciaux, les schémas d'investissement et la dynamique des marchés, redéfinissant ainsi la géopolitique du commerce et de la finance.

En outre, le paysage politique des marchés émergents subit des changements significatifs. À mesure que ces pays s'affirment sur la scène mondiale, ils chercheront probablement à être mieux représentés et à exercer une plus grande influence dans les institutions internationales et les processus de prise de décision. Par conséquent, ce changement dans la dynamique de la gouvernance mondiale pourrait conduire à un réalignement des alliances géopolitiques et des coalitions diplomatiques. En outre, les avancées technologiques au sein des marchés émergents sont sur le point de perturber les paradigmes de pouvoir traditionnels. Les centres d'innovation et les startups technologiques de ces régions sont à l'origine de progrès dans les domaines de l'intelligence artificielle, des énergies renouvelables et de l'infrastructure numérique. Par conséquent, les marchés émergents sont appelés à devenir des acteurs clés dans le façonnement du paysage technologique mondial, en remettant en question les normes établies et en favorisant de nouvelles formes de coopération et de concurrence internationales. Il est également essentiel de prendre en compte l'impact des marchés émergents sur les chaînes d'approvisionnement mondiales. Comme ces économies contribuent de manière significative aux activités de fabrication et de production, les perturbations ou les transformations de leurs réseaux de chaînes d'approvisionnement peuvent avoir des répercussions considérables sur l'interdépendance économique mondiale et la stabilité régionale. Enfin, les perspectives d'avenir des marchés émergents en matière de géopolitique nécessitent une évaluation des défis et des opportunités qu'ils présentent. Qu'il s'agisse de remédier aux inégalités socio-économiques ou de gérer des relations diplomatiques complexes, les marchés émergents doivent surmonter une myriade d'obstacles tout en exploitant leur potentiel en tant que moteurs du changement mondial. En conclusion, l'influence grandissante des marchés émergents ( ) est appelée à redéfinir le paysage géopolitique, présentant à la fois des opportunités et des défis pour les décideurs politiques, les entreprises et les citoyens du monde entier.

10

Technologie et cybersécurité

NOUVELLES FRONTIÈRES DE LA GÉOPOLITIQUE

La cybersécurité dans la géopolitique mondiale

Les progrès rapides de la technologie ont incontestablement transformé le paysage de la géopolitique mondiale, ouvrant la voie à une ère où la cybersécurité joue un rôle central dans l'élaboration des relations internationales et des stratégies de sécurité nationale. Dans cette ère numérique interconnectée, les gouvernements, les organisations et les individus s'appuient de plus en plus sur les systèmes et les réseaux d'information pour faciliter la communication, les transactions économiques et le fonctionnement des infrastructures critiques. Cette dépendance à l'égard de l'infrastructure numérique a ouvert de nouvelles frontières à la concurrence et aux conflits géopolitiques, car les États-nations reconnaissent l'impact potentiel des cybercapacités sur les intérêts politiques, économiques et militaires de leurs adversaires.

La cybersécurité est donc devenue un élément fondamental des stratégies géopolitiques contemporaines, englobant un large éventail de mesures défensives et offensives visant à se prémunir contre les cybermenaces et à exploiter les vulnérabilités des domaines numériques des entités rivales. L'interconnexion du cyberespace signifie qu'un cyberincident dans une partie du monde peut avoir des conséquences considérables au-delà des frontières internationales, ce qui incite les décideurs politiques à reconnaître la nature transnationale des défis en matière de cybersécurité. En outre, les frontières floues entre les cyberactivités parrainées par des États, la cybercriminalité et l'hacktivisme ajoutent des couches de complexité aux implications géopolitiques de la cybersécurité, ce qui nécessite des approches nuancées pour évaluer et traiter ces menaces à multiples facettes.

Alors que les frontières entre les domaines physique et virtuel continuent de s'estomper, l'importance stratégique de la cybersécurité s'est étendue au-delà des considérations de défense traditionnelles pour englober la stabilité économique, le droit à la vie privée et la protection de la propriété intellectuelle. En outre, l'infusion dans la cybersécurité de technologies émergentes telles que l'intelligence artificielle, l'informatique quantique et l'internet des objets amplifie encore l'importance géopolitique de l'innovation technologique et de la résilience. Il est essentiel de comprendre l'interaction entre les avancées technologiques et les impératifs de cybersécurité pour saisir l'évolution de la dynamique du pouvoir et du paysage des menaces dans la politique mondiale contemporaine.

La cybersécurité recoupe également les relations diplomatiques, le droit international et les droits de l'homme dans la géopolitique mondiale, ce qui souligne la nécessité de collaborer pour établir des normes et des protocoles régissant le comportement responsable des États dans le cyberespace. L'incidence croissante des cyberattaques visant les infrastructures critiques, les processus électoraux et les données gouvernementales sensibles souligne l'urgence de favoriser la coopération internationale dans la lutte contre les cybermenaces et le renforcement de la cyberrésilience. En outre, le calcul stratégique des

États englobe de plus en plus les capacités cybernétiques offensives et les doctrines de dissuasion, ce qui met en évidence le rôle intégral de la cybersécurité dans l'élaboration de manœuvres géopolitiques défensives et proactives.

L'évolution de la guerre technologique

L'évolution de la guerre technologique a fondamentalement transformé le paysage de la géopolitique mondiale. Historiquement, les conflits armés se déroulaient principalement sur des champs de bataille physiques, les armes conventionnelles et les tactiques militaires jouant un rôle central. Cependant, les progrès rapides de la technologie ont conduit à l'émergence d'un nouveau domaine de la guerre qui opère dans le cyberespace, en tirant parti d'outils et de stratégies numériques pour atteindre des objectifs stratégiques. Ce changement de paradigme a créé des opportunités et des défis pour les nations qui cherchent à naviguer dans les intersections complexes entre la technologie et la sécurité nationale.

Un aspect essentiel de cette évolution est la prolifération des cybercapacités parmi les acteurs étatiques et non étatiques. Le développement et le déploiement d'armes cybernétiques sophistiquées ont brouillé les frontières entre la guerre traditionnelle et la guerre technologique, faisant peser des menaces sans précédent sur les infrastructures critiques, les systèmes de défense nationale et même les processus démocratiques. En outre, la nature interconnectée du cyberespace signifie que l'impact d'une cyberattaque peut rapidement dépasser les frontières, amplifiant ainsi son potentiel de déstabilisation des relations mondiales.

Une autre dimension importante de la guerre technologique est la montée en puissance des systèmes autonomes et sans pilote. Des véhicules aériens sans pilote (UAV) à la robotique avancée, ces technologies ont révolutionné les opérations militaires, permettant d'améliorer la reconnaissance, les frappes de précision et le soutien logistique. En outre, l'intégration de l'intelligence artificielle (IA) et des algorithmes d'apprentissage automatique a permis de doter les capacités militaires d'une autonomie et d'une prise de décision sans précédent, ouvrant ainsi une nouvelle ère de possibilités stratégiques.

L'évolution de la guerre technologique a nécessité le développement de mécanismes de défense robustes en plus des capacités offensives. Les établissements de défense nationale sont confrontés au défi de fortifier les infrastructures numériques critiques contre les cybermenaces persistantes tout en atténuant les risques posés par les technologies émergentes telles que l'informatique quantique et la biotechnologie. L'interaction complexe entre l'offensive et la défensive dans la guerre technologique souligne l'impératif d'élaborer des stratégies de cybersécurité globales et adaptatives.

En outre, la dépendance croissante à l'égard des biens spatiaux a accru l'importance de l'espace extra-atmosphérique en tant que domaine contesté dans les guerres modernes. Les satellites constituent l'épine dorsale des systèmes mondiaux de communication, de surveillance et de navigation, ce qui en fait des cibles de choix pour les actions adverses. Alors que les pays rivalisent pour développer leurs capacités spatiales et s'assurer une domination orbitale, les implications stratégiques de la guerre spatiale deviennent de plus en plus prononcées, redessinant les frontières traditionnelles de l'influence géopolitique.

L'évolution de la guerre technologique représente un tournant dans la trajectoire de la sécurité mondiale, obligeant les nations à recalibrer leurs doctrines de défense et leurs cadres politiques. Alors que les progrès technologiques continuent de s'accélérer, l'évolution continue de la guerre exigera des solutions innovantes et une coopération internationale pour préserver la stabilité et l'intégrité du système mondial.

Stratégies de sécurité nationale et de cyberdéfense

Alors que le paysage numérique continue de s'étendre et de s'imbriquer dans tous les aspects de la société moderne, les stratégies de sécurité nationale et de cyberdéfense sont devenues des éléments essentiels de la force géopolitique d'une nation. Les gouvernements du monde entier sont confrontés à la tâche formidable de protéger leurs infrastructures critiques, leurs informations classifiées et les données de leurs citoyens contre les cybermenaces malveillantes, qu'il s'agisse d'attaques parrainées par des États ou de pirates informatiques solitaires. Les stratégies de sécurité nationale et de cyberdéfense englobent une approche multidimensionnelle intégrant une évaluation proactive des risques, des mécanismes de défense robustes et des collaborations stratégiques aux niveaux national et international. Le XXIe siècle a été le témoin d'un changement de paradigme dans la guerre, le cyberespace étant devenu un nouveau champ de bataille pour affirmer son influence et infliger des dommages. Les nations reconnaissent désormais qu'il est impératif de renforcer leurs cybercapacités pour dissuader, détecter et répondre efficacement aux cybermenaces. Les stratégies de cyberdéfense sont étroitement liées au cadre plus large de la sécurité nationale, qui englobe la collecte de renseignements, la gestion des risques, la formulation de politiques et l'innovation technologique. Une stratégie de cyberdéfense efficace nécessite des mesures défensives et des capacités offensives pour dissuader les adversaires potentiels et riposter en cas d'attaque.

En outre, l'intégration de la cybersécurité dans le programme de sécurité nationale nécessite une compréhension globale de la nature évolutive des cybermenaces et des vulnérabilités inhérentes aux systèmes interconnectés. Cela implique un investissement continu dans la recherche et le développement, la formation d'une main-d'œuvre qualifiée dans le domaine de la cybernétique et l'établissement de partenariats avec les leaders de l'industrie afin de tirer parti des technologies de pointe. La collaboration internationale est également indispensable pour faire face aux cybermenaces qui dépassent les frontières nationales. Les efforts diplomatiques visant à établir des normes cybernétiques, à partager les renseignements sur les menaces et à contrer collectivement les cyberagressions sont essentiels au maintien de la stabilité et de la sécurité mondiales. La cyberdéfense est devenue un pilier de la souveraineté et de la résilience d'une nation à une époque où la guerre s'étend au-delà des frontières physiques. L'interaction entre la technologie, la sécurité nationale et la géopolitique souligne l'importance de formuler des stratégies de cyberdéfense agiles et adaptables, capables de résister aux assauts incessants des cyberadversaires et de préserver l'intégrité du domaine numérique d'une nation.

Les principales cyberattaques mondiales et leurs conséquences

Ces dernières années, le monde a été témoin d'une recrudescence de cyberattaques mondiales majeures qui ont perturbé des infrastructures essentielles et ont eu d'importantes répercussions géopolitiques. Qu'il s'agisse d'incidents liés à des ransomwares ciblant des organismes gouvernementaux ou de violations de données à grande échelle affectant des multinationales, ces cyberattaques ont mis en évidence la vulnérabilité des nations et l'interconnexion de la sécurité mondiale. L'une des attaques les plus tristement célèbres a été l'épidémie de ransomware WannaCry en 2017, qui a touché plus de 300 000 ordinateurs dans plus de 150 pays, provoquant une perturbation généralisée des systèmes de santé, des réseaux de télécommunication et des institutions financières. Cet incident a mis en évidence les conséquences considérables des cyberattaques sur la stabilité et la coopération internationales. De même, la campagne de cyberespionnage SolarWinds de 2020, attribuée à des acteurs de la menace parrainés par un État, a compromis de nombreuses organisations gouvernementales et entités du secteur privé, suscitant des inquiétudes quant à l'intégrité des réseaux de communication mondiaux et à la sécurité des données. Ces cyberattaques très médiatisées ont remis en question les notions traditionnelles de guerre et de sécurité et ont contraint les nations à réévaluer leur position en matière de cybersécurité et leurs relations diplomatiques. Les conséquences de ces cyberincidents vont au-delà des perturbations techniques immédiates et englobent les ramifications économiques, l'érosion de la confiance du public et les tensions diplomatiques entre les pays touchés. En outre, l'absence d'attribution claire et de responsabilité dans le cyberespace a soulevé des questions juridiques et éthiques complexes, mettant à l'épreuve l'efficacité des normes internationales et des cadres de gouvernance ( ). Alors que les États-nations sont confrontés à la sophistication et à l'audace croissantes des cybermenaces, il devient de plus en plus urgent de coordonner les efforts pour atténuer les effets de ces attaques et y répondre. Les partenariats de collaboration, le partage d'informations et les exercices conjoints sont essentiels pour renforcer la résilience collective face à la cyberguerre, favoriser la confiance mutuelle et consolider la stabilité mondiale.

En outre, le domaine émergent de la cyberdiplomatie a pris de l'importance, les nations cherchant à naviguer dans les méandres des cyberconflits internationaux tout en respectant les protocoles diplomatiques. Pour faire face efficacement aux conséquences des cyberattaques mondiales majeures, il faut adopter une approche globale qui intègre l'innovation technologique, les mesures politiques stratégiques et la coopération internationale. Alors que le paysage numérique continue d'évoluer, la compréhension et l'atténuation des répercussions des cyberattaques resteront essentielles pour façonner l'avenir de la géopolitique et préserver la sécurité mondiale.

Cyberespionnage et relations internationales

Le cyberespionnage est devenu un aspect essentiel des relations internationales, qui a un impact considérable sur le paysage géopolitique. Dans le monde interconnecté d'aujourd'hui, le cyberespionnage parrainé par un État est un outil formidable pour les nations qui cherchent à obtenir des avantages stratégiques, à recueillir des renseignements et à influencer les affaires mondiales. La nature clandestine du cyberespionnage permet aux États de mener des opérations secrètes, d'infiltrer des réseaux sensibles et de recueillir des informations précieuses avec un risque minimal d'attribution. Il est donc devenu une composante à part entière de l'art de gouverner et de la politique étrangère modernes. Les pays pratiquent le cyberespionnage pour connaître les intentions et les capacités de leurs adversaires, surveiller les activités diplomatiques et recueillir des renseignements économiques afin de renforcer leur position géopolitique. Les techniques sophistiquées employées dans le cadre du cyberespionnage brouillent souvent les frontières entre l'espionnage traditionnel et la guerre technologique, ce qui pose des problèmes complexes pour la diplomatie et la sécurité internationales. En outre, l'absence de normes et de réglementations universellement acceptées en matière de cyberespionnage complique la réponse mondiale à ces activités. L'utilisation par les acteurs étatiques de menaces persistantes avancées (APT) et de logiciels malveillants furtifs met en évidence l'intersection croissante de la cybersécurité et de la géopolitique. Il est essentiel de comprendre les motivations du cyberespionnage pour saisir la dynamique complexe des relations internationales. Le cyberespionnage peut avoir des répercussions considérables sur les interactions diplomatiques et la sécurité nationale, qu'il s'agisse du vol de la propriété intellectuelle ou de la manipulation des récits politiques.

En outre, la révélation d'activités de cyberespionnage peut mettre à mal les relations bilatérales et multilatérales ( ), entraînant une aggravation des tensions et des répercussions diplomatiques. L'interconnexion du cyberespace a transformé les paradigmes traditionnels de l'espionnage et soulevé des questions pertinentes sur la souveraineté, la vie privée et la responsabilité dans le domaine numérique. Pour relever les défis posés par le cyberespionnage, il est nécessaire de déployer des efforts collectifs à l'échelle mondiale, en adoptant des mesures de cybersécurité robustes, en partageant des renseignements et en engageant un dialogue diplomatique. En favorisant une plus grande transparence et une meilleure coopération entre les nations, il est possible d'atténuer les risques liés au cyberespionnage et d'établir des normes de comportement responsable des États dans le cyberespace. En outre, la mise en place de cyberdéfenses résistantes et la promotion de la collaboration internationale sont des étapes essentielles pour sauvegarder l'intégrité des infrastructures nationales et préserver la stabilité de l'ordre géopolitique mondial.

Cadres juridiques et législation internationale sur le cyberespace

Alors que le cyberespace continue de s'étendre et d'évoluer, il devient de plus en plus impératif de disposer de cadres juridiques clairs et de lois internationales régissant les cyberactivités. Dans le monde interconnecté d'aujourd'hui, le cyberespace ne connaît pas de frontières et, par conséquent, l'absence de réglementations solides peut entraîner des vulnérabilités importantes et des menaces potentielles pour la sécurité mondiale. Cette section examine la complexité de l'établissement de paramètres juridiques dans le cyberespace et l'importance de la coopération internationale dans l'élaboration et l'application des lois sur le cyberespace.

La nature unique du cyberespace pose des problèmes pour l'élaboration de cadres juridiques harmonisés. Les concepts traditionnels de juridiction ne permettent souvent pas de traiter efficacement les crimes et les litiges liés au cyberespace qui dépassent les frontières géographiques. La coopération internationale est donc essentielle pour établir des normes et des principes communs qui guident un comportement responsable dans le cyberespace. La formulation de ces cadres juridiques nécessite un équilibre délicat entre la promotion de l'innovation et la protection contre les cyberactivités malveillantes.

Les efforts visant à codifier les lois sur le cyberespace ont été multiples, englobant divers traités, conventions et accords internationaux. Ces instruments traitent de questions allant de la cyberguerre et de l'espionnage à la protection des données et à la confidentialité numérique. Toutefois, comme la technologie progresse rapidement, l'adaptabilité et l'exhaustivité de ces instruments juridiques restent des sujets de débat et d'amélioration.

L'un des défis fondamentaux du droit international du cyberespace est l'attribution des cyberattaques et la détermination des réponses juridiques appropriées qui en découlent. La complexité de l'identification des véritables origines des incidents cybernétiques fait qu'il est difficile de demander des comptes aux parties responsables ( ). En outre, la définition de ce qui constitue un acte illicite dans le cyberespace est ambiguë, ce qui rend le paysage juridique encore plus complexe.

Outre les cadres juridiques généraux, il ne faut pas négliger le rôle des accords régionaux et bilatéraux dans le renforcement de la cybersécurité. Les efforts de collaboration entre les nations pour partager les meilleures pratiques, les renseignements et les capacités renforcent considérablement le dispositif global de cyberdéfense. En outre, la mise en place de mesures de confiance facilite la transparence et la communication entre les États, réduisant ainsi le risque de perceptions et de calculs erronés liés aux activités cybernétiques.

L'implication proactive des organisations internationales, telles que les Nations unies et Interpol, est essentielle pour favoriser une approche cohérente de la lutte contre les cybermenaces transnationales. Ces entités jouent un rôle essentiel en facilitant le dialogue, en promouvant la coopération et en normalisant les normes de comportement dans le cyberespace. En outre, l'élaboration de lignes directrices et de protocoles par ces organismes contribue à aligner les cyberstratégies nationales sur des principes universellement acceptés.

En conclusion, l'établissement de cadres juridiques complets et de lois internationales sur le cyberespace est essentiel pour atténuer les instabilités potentielles inhérentes au domaine numérique. Cela exige un effort concerté de la part de la communauté mondiale pour naviguer dans le réseau complexe de la cyber-gouvernance, en veillant à ce que les avantages du progrès technologique soient exploités tout en dissuadant les actions malveillantes. Les prochains chapitres continueront à explorer l'évolution du paysage de la cybersécurité et ses implications sur la géopolitique.

Initiatives de collaboration pour renforcer la cybersécurité

À l'ère du numérique et de l'interconnexion, l'importance de la cybersécurité ne peut être sous-estimée. Les cybermenaces devenant de plus en plus complexes et fréquentes, la collaboration entre les gouvernements, les organisations internationales et les entités du secteur privé est essentielle pour renforcer la cybersécurité mondiale. Les initiatives de collaboration sont essentielles pour mettre en place des mécanismes de défense robustes et favoriser une plus grande résilience face aux cyberattaques.

L'un des principaux efforts de collaboration consiste à partager les renseignements sur les menaces et les meilleures pratiques entre les nations et les organisations internationales. En échangeant des informations sur les cybermenaces et les vulnérabilités, les pays peuvent collectivement identifier et traiter les risques potentiels, renforçant ainsi leurs cyberdéfenses collectives. Ce partage de renseignements facilite la détection précoce et la réponse aux cyberincidents, contribuant ainsi à l'amélioration globale de la posture de cybersécurité mondiale.

En outre, les exercices et simulations multinationaux sont des éléments essentiels des initiatives de collaboration en matière de cybersécurité. Ces exercices permettent aux différentes nations de tester leur état de préparation et leurs capacités de réaction face à des cyberattaques simulées. Grâce à ces exercices, les participants peuvent identifier les faiblesses, affiner les protocoles de réponse et améliorer la coordination, réduisant ainsi l'impact potentiel des cyberincidents. Ces exercices facilitent également le développement de la confiance et de la compréhension entre les entités participantes, jetant ainsi les bases d'une collaboration plus efficace à l'avenir.

Le renforcement des capacités dans les pays en développement est un autre domaine d'intérêt pour les initiatives de collaboration en matière de cybersécurité. De nombreux pays ne disposent pas des ressources et de l'expertise nécessaires pour lutter efficacement contre les cybermenaces. Les partenariats internationaux et les initiatives visant à fournir une formation, une assistance technique et un partage des ressources peuvent renforcer la cyber-résilience de ces pays. En les aidant à mettre en place des capacités et des infrastructures cybernétiques indigènes, la communauté mondiale peut contribuer à un cyberespace plus sûr et plus stable.

En outre, les partenariats public-privé font partie intégrante des efforts de collaboration visant à renforcer la cybersécurité. Le secteur privé, y compris les entreprises technologiques et les opérateurs d'infrastructures critiques, possède une expertise et des ressources précieuses pour sauvegarder les actifs numériques. En s'engageant dans des initiatives conjointes avec les gouvernements et les organismes internationaux, le secteur privé peut contribuer à l'élaboration de normes de cybersécurité, de mécanismes de partage de l'information et de protocoles de réponse aux incidents. En outre, les partenariats public-privé favorisent l'innovation et le déploiement rapide de technologies de pointe pour contrer les cybermenaces émergentes.

En fin de compte, les initiatives de collaboration visant à améliorer la cybersécurité servent de multiplicateur de force, en tirant parti des forces et des capacités de multiples parties prenantes pour renforcer l'écosystème cybernétique mondial. Grâce à une action collective, la communauté internationale peut affronter le paysage dynamique et évolutif de la cybernétique avec plus de souplesse et de résilience, ce qui permet d'atténuer les effets potentiellement perturbateurs des cyberincidents sur la stabilité géopolitique et la sécurité nationale.

Le rôle du secteur privé dans le renforcement de la cyber-résilience

Dans le paysage mondial complexe et interconnecté de la cybersécurité, le secteur privé joue un rôle essentiel dans le renforcement de la cyber-résilience. Avec les avancées technologiques et la numérisation croissante dans tous les secteurs, les organisations sont confrontées à des cybermenaces en constante évolution qui nécessitent des mesures proactives pour protéger leurs actifs et infrastructures numériques. La collaboration entre les entités gouvernementales ( ) et les entreprises privées est essentielle pour élaborer des stratégies de cybersécurité solides afin d'atténuer les risques et de répondre efficacement aux cyberincidents. En tant que gardiennes de données et d'actifs précieux, les entités du secteur privé ont tout intérêt à renforcer leurs cyberdéfenses pour maintenir la confiance et la fiabilité de leurs parties prenantes.

L'engagement du secteur privé dans le renforcement de la cyber-résilience passe par la mise en œuvre d'un cadre de sécurité complet englobant l'évaluation des risques, le renseignement sur les menaces et les capacités de réaction en cas d'incident. En investissant dans des technologies de cybersécurité de pointe, telles que des systèmes avancés de détection des menaces, des protocoles de cryptage et des canaux de communication sécurisés, les entreprises peuvent renforcer leurs défenses contre les cyberattaques sophistiquées. En outre, il est impératif d'encourager une culture de sensibilisation à la cybersécurité et aux meilleures pratiques au sein du personnel pour créer une posture de défense vigilante et proactive. Les programmes de formation, les simulations et les audits de sécurité réguliers contribuent à doter les employés des connaissances et des compétences nécessaires pour identifier et contrecarrer les cybermenaces potentielles.

En outre, la collaboration entre les entités du secteur privé dépasse les frontières organisationnelles, car les initiatives à l'échelle de l'industrie et les mécanismes de partage de l'information permettent une défense collective contre les cyberadversaires. Les partenariats public-privé facilitent l'échange de renseignements exploitables sur les menaces, de cadres de bonnes pratiques et de soutien mutuel en cas de cyberincidents. La collaboration intersectorielle améliore la résilience cybernétique des entités individuelles et renforce la position globale de cybersécurité de secteurs industriels et d'infrastructures critiques entiers. En outre, la participation à des groupes de défense de la cybersécurité, à des associations professionnelles et à des organismes de normalisation permet aux organisations du secteur privé de se tenir au courant des nouvelles menaces, des exigences réglementaires et des normes de sécurité spécifiques à l'industrie, renforçant ainsi leur cyber-résilience.

La technologie progressant rapidement, le rôle du secteur privé dans le renforcement de la cyber-résilience s'étend à l'adoption de solutions et de cadres novateurs pour contrer les cyber-menaces émergentes. L'adoption d'initiatives telles que la conception sécurisée, l'architecture zéro confiance et la surveillance continue de la sécurité permet aux organisations de s'adapter de manière proactive à l'évolution du paysage des menaces. En outre, l'intégration de l'intelligence artificielle, de l'apprentissage automatique et de l'analyse comportementale dans les opérations de cybersécurité permet de détecter rapidement les activités anormales et d'améliorer les capacités prédictives afin d'anticiper les cyber-attaques potentielles.

En conclusion, la participation active du secteur privé au renforcement de la cyber-résilience est indispensable pour sauvegarder les infrastructures critiques, sécuriser les données sensibles et assurer la continuité des activités face aux cyber-menaces incessantes. En alignant leurs investissements en matière de cybersécurité sur leurs objectifs stratégiques et en tirant parti de cadres de collaboration, les organisations du secteur privé peuvent jouer un rôle central en contribuant à la défense collective contre les cybermenaces et en favorisant un cyberespace mondial plus résilient.

Technologies émergentes et avenir des cyberconflits

Les progrès technologiques rapides ont révolutionné la sécurité mondiale, offrant des possibilités sans précédent et posant de graves défis pour les relations internationales. Alors que nous sommes à l'aube d'une nouvelle ère définie par l'intelligence artificielle, l'informatique quantique et l'internet des objets, le lien entre les technologies émergentes et les cyberconflits est devenu de plus en plus complexe et lourd de conséquences. On ne saurait trop insister sur l'importance de comprendre les implications de ces technologies et de s'y préparer.

L'intelligence artificielle (IA) a changé la donne en matière de cybersécurité. Son potentiel d'automatisation des stratégies d'attaque et de renforcement des mesures défensives constitue une arme à double tranchant, qui soulève des questions essentielles sur l'utilisation éthique de l'IA dans la cyberguerre. Les pays investissent massivement dans le développement de capacités d'IA afin d'anticiper et de contrer l'évolution des cybermenaces, créant ainsi une interaction complexe de manœuvres offensives et défensives dans le domaine numérique.

En outre, l'informatique quantique représente un changement de paradigme dans les systèmes cryptographiques, rendant les méthodes de chiffrement traditionnelles vulnérables à un déchiffrement rapide. Cette percée technologique menace d'ébranler les fondements des réseaux de communication sécurisés, ce qui nécessite une réévaluation complète des protocoles et des infrastructures de cybersécurité à l'échelle mondiale. La course au chiffrement résistant aux quanta s'intensifie, soulignant l'urgence d'atténuer les bouleversements potentiels dans le cyberespace.

Parallèlement au progrès technologique, la prolifération des dispositifs interconnectés grâce à l'internet des objets a élargi la surface d'attaque des acteurs malveillants. La convergence des technologies opérationnelles et informatiques a amplifié la vulnérabilité des infrastructures critiques, nécessitant des approches innovantes pour renforcer la résilience contre les cyber-attaques perturbatrices. Alors que les villes intelligentes, les véhicules autonomes et les systèmes de contrôle industriel font partie intégrante de notre vie quotidienne, les ramifications d'une cyber-attaque à grande échelle sur la continuité de la société et la sécurité nationale sont de plus en plus prononcées.

L'intersection de ces technologies émergentes et des manœuvres géopolitiques laisse présager un avenir où les cyberconflits exerceront une influence sans précédent sur la conduite des affaires de l'État. L'exploitation stratégique des vulnérabilités technologiques et la puissance des cybercapacités offensives redéfiniront la dynamique de la guerre asymétrique. La puissance militaire conventionnelle et les prouesses en matière d'exploitation et de protection du domaine numérique façonneront l'équilibre du pouvoir mondial.

Les décideurs politiques, les experts en cybersécurité et les diplomates doivent faire preuve de clairvoyance et collaborer pour naviguer dans ce paysage inexploré. L'établissement de normes et de protocoles internationaux régissant le déploiement responsable des technologies émergentes dans les cyberopérations est primordial pour atténuer les risques d'escalade déstabilisatrice. L'adoption d'une coopération interdisciplinaire et la promotion d'une culture technologique aux plus hauts niveaux de gouvernance seront essentielles pour façonner un avenir où l'innovation et la sécurité convergeront harmonieusement dans la géopolitique du cyberespace.

Conclusion : Intégrer la technologie et la cybersécurité dans la stratégie géopolitique

En conclusion, l'intersection de la technologie et de la cybersécurité a transformé le paysage de la géopolitique mondiale, offrant des opportunités et des défis sans précédent aux nations du monde entier. Alors que nous entrons dans une ère caractérisée par des avancées technologiques rapides, les États doivent adopter des mesures proactives pour aligner leurs stratégies géopolitiques sur les complexités du cyberespace. La fusion de la technologie et de la cybersécurité est devenue un pilier de la sécurité nationale, car les cadres de défense traditionnels ne suffisent plus à se prémunir contre les cybermenaces. Il est essentiel de comprendre l'interaction complexe entre l'innovation technologique et la dynamique géopolitique pour formuler des politiques efficaces visant à atténuer les vulnérabilités inhérentes au monde interconnecté d'aujourd'hui. À cette fin, l'intégration de la technologie et de la cybersécurité dans la stratégie géopolitique est une pierre angulaire pour naviguer dans le paysage mondial en évolution. Le domaine numérique étant de plus en plus imbriqué dans la gestion traditionnelle des affaires publiques, les impératifs stratégiques doivent intégrer de manière transparente les considérations relatives à la technologie et à la cybersécurité. Cette convergence nécessite une approche globale qui intègre des mécanismes défensifs et des mesures d'anticipation qui prévoient et neutralisent les cybermenaces potentielles. En outre, il est primordial d'encourager la collaboration, le partage d'informations et les initiatives de collaboration à l'échelle régionale et mondiale. La coopération internationale dans la lutte contre les cybermenaces est essentielle, compte tenu de la nature transnationale des cyberattaques et du cyberespionnage.

En outre, le renforcement de la résilience des infrastructures critiques et la promotion d'un comportement responsable dans le cyberespace sont des aspects essentiels d'une stratégie géopolitique intégrée. En outre, le rôle de l'engagement du secteur privé ne peut être surestimé, car les partenariats public-privé sont essentiels pour renforcer les cyberdéfenses et garantir le développement sécurisé et le déploiement des technologies émergentes sur le site . À l'avenir, une approche souple et adaptative de la cyber-gouvernance sera indispensable, car le paysage des cyber-conflits continue d'évoluer avec les technologies émergentes. Il est impératif de trouver un équilibre entre l'innovation technologique et les considérations éthiques afin de garantir que les progrès réalisés dans le cyberespace s'alignent sur les principes plus larges de la stabilité et de la sécurité internationales. À une époque de dépendance croissante à l'égard des infrastructures numériques, l'intégration de la technologie et de la cybersécurité dans la stratégie géopolitique n'est pas simplement un choix, mais une nécessité pour sauvegarder les intérêts et le bien-être des nations et de leurs citoyens sur la scène mondiale.

11

Changement climatique et Écologie

UNE PERSPECTIVE MONDIALE

L'impératif de la lutte contre le changement climatique

Le changement climatique est l'un des défis les plus pressants de notre époque, dépassant les frontières et affectant tous les coins du globe. L'impératif de lutter contre le changement climatique a atteint un niveau d'urgence sans précédent, obligeant les nations à s'unir pour atténuer ses effets néfastes. Ce problème nécessite non seulement une action immédiate, mais aussi un engagement soutenu pour catalyser un changement transformateur à l'échelle mondiale. Les répercussions de l'inaction sont désastreuses, comme en témoignent l'élévation du niveau des mers, les phénomènes météorologiques extrêmes et les modifications alarmantes des écosystèmes. Des stratégies globales et concertées doivent être mises en œuvre pour faire face à cette crise aux multiples facettes, en intégrant les avancées scientifiques, les interventions politiques et la mobilisation de la société. La coopération mondiale est primordiale et met l'accent sur l'interconnexion des systèmes environnementaux, sociaux et économiques. Il est essentiel de reconnaître qu'aucune nation ou entité ne peut lutter indépendamment contre les complexités du changement climatique ; au contraire, une réponse collective et coordonnée est impérative. Cela correspond à la compréhension commune du fait que les conséquences du changement climatique vont bien au-delà des pays individuels et ont des répercussions considérables sur les générations actuelles et futures. À ce titre, la promotion de la collaboration entre les diverses parties prenantes, des gouvernements et des organisations internationales aux entreprises et à la société civile, devient essentielle pour façonner un avenir durable et résilient. Les impératifs de la lutte contre le changement climatique ne se limitent pas à la nécessité de protéger l'environnement ; ils s'imbriquent dans des considérations fondamentales de sécurité humaine, de stabilité économique et d'équité mondiale. En établissant une base solide pour une action multidimensionnelle, nous pouvons nous efforcer d'atténuer les effets néfastes du changement climatique tout en libérant des possibilités d'innovation, de développement durable et de prospérité inclusive. Cette section introductive ouvre la voie à une exploration complète des politiques environnementales mondiales, soulignant l'ampleur du défi et la nécessité d'efforts concertés pour faire face au changement climatique.

Aperçu historique des politiques environnementales mondiales

Des événements importants et des changements de paradigme ont influencé l'évolution historique des politiques environnementales mondiales. La première reconnaissance de la nécessité d'une action collective sur les questions environnementales est apparue au lendemain de la révolution industrielle, lorsque les effets de l'industrialisation rapide sont devenus de plus en plus évidents. La création d'organisations telles que l'Union internationale pour la conservation de la nature (UICN) en 1948 et l'établissement ultérieur du Programme des Nations unies pour l'environnement (PNUE) en 1972 ont marqué des étapes décisives dans le paysage de la politique environnementale mondiale.

Tout au long de la seconde moitié du 20e siècle, la prise de conscience et l'inquiétude concernant la dégradation de l'environnement se sont accrues, sous l'impulsion de publications influentes telles que "Silent Spring" de Rachel Carson et d'événements marquants tels que la première Journée de la Terre en 1970. Ces développements ont catalysé la création d'agences nationales de protection de l'environnement et l'adoption de lois importantes, telles que la loi sur la pureté de l'air et la création de l'agence de protection de l'environnement aux États-Unis.

Les années 1980 ont été marquées par une intensification des efforts internationaux visant à relever les défis environnementaux, avec pour point d'orgue la Commission mondiale sur l'environnement et le développement en 1983 et son rapport révolutionnaire "Notre avenir à tous", qui a popularisé le concept de développement durable. Cette époque a également vu l'émergence de mouvements environnementaux transnationaux et l'établissement d'accords multilatéraux, tels que le protocole de Montréal, pour protéger la couche d'ozone.

Les années 1990 ont marqué un tournant dans la gouvernance mondiale de l'environnement avec la conférence historique des Nations unies sur l'environnement et le développement à Rio de Janeiro, qui a conduit à l'adoption de l'Agenda 21 et à l'établissement de la Convention-cadre des Nations unies sur les changements climatiques (CCNUCC). Cette décennie a également vu la création du Groupe d'experts intergouvernemental sur l'évolution du climat (GIEC), qui a joué un rôle crucial dans la consolidation des connaissances scientifiques sur le changement climatique et dans la prise de décisions politiques.

Au début du XXIe siècle, les politiques environnementales ont été confrontées à de nouveaux défis posés par une urbanisation sans précédent, la croissance démographique et les progrès technologiques. La prise de conscience de l'interconnexion des questions écologiques avec le développement socio-économique a stimulé l'intégration des considérations environnementales dans des cadres politiques plus larges, comme en témoignent les objectifs de développement durable (ODD) adoptés par les Nations unies. En outre, l'Accord de Paris 2015 représente un jalon dans la diplomatie environnementale mondiale, signalant un engagement renouvelé en faveur de l'atténuation du changement climatique grâce à des efforts coordonnés au niveau international.

L'évolution des politiques environnementales mondiales reflète une réponse continue aux menaces écologiques émergentes et la tentative de concilier les activités humaines avec l'impératif de préserver la santé de la planète. La compréhension de ce continuum historique fournit des indications précieuses pour l'élaboration de stratégies environnementales futures qui soient adaptables, équitables et efficaces pour sauvegarder la planète pour les générations actuelles et futures.

Le rôle des accords internationaux dans la lutte contre le changement climatique

Les accords internationaux jouent un rôle crucial dans la lutte contre le changement climatique, car ils fournissent un cadre pour la coopération mondiale et l'action collective visant à atténuer les effets de la dégradation de l'environnement. Parmi ces accords internationaux, l'Accord de Paris, adopté en 2015 par 196 parties à la Convention-cadre des Nations unies sur les changements climatiques (CCNUCC), joue un rôle clé. Cet accord historique vise à limiter le réchauffement climatique à bien moins de 2 degrés Celsius par rapport aux niveaux préindustriels, en s'efforçant de limiter davantage l'augmentation de la température à 1,5 degré Celsius. L'Accord de Paris souligne également la nécessité pour tous les pays de soumettre des contributions déterminées au niveau national (CDN) décrivant leurs efforts pour réduire les émissions de gaz à effet de serre et s'adapter aux impacts du changement climatique. L'accord met en avant le principe des responsabilités communes mais différenciées, reconnaissant que les pays développés devraient prendre la tête des efforts de réduction des émissions et fournir un soutien financier et technologique aux nations en développement.

En outre, le protocole de Kyoto, aujourd'hui largement remplacé par l'accord de Paris, a jeté les bases des efforts internationaux de lutte contre le changement climatique en fixant des objectifs contraignants de réduction des émissions pour les pays développés. Ces accords sont essentiels pour favoriser la collaboration mondiale et fixer des objectifs clairs de réduction des émissions. Ils facilitent l'échange de bonnes pratiques et de technologies, ainsi que l'aide financière aux pays moins développés. En outre, les accords internationaux fournissent une plateforme pour le suivi et l'établissement de rapports sur les progrès réalisés par les pays dans le respect de leurs engagements en matière de climat, ce qui favorise la transparence et la responsabilité. Malgré leur importance, les accords internationaux sont confrontés à des défis, notamment en ce qui concerne les mécanismes d'application et le retrait des principales parties prenantes. La récente décision des États-Unis de se retirer de l'Accord de Paris a suscité des inquiétudes quant à l'efficacité globale des efforts mondiaux de lutte contre le changement climatique. Toutefois, l'engagement d'autres signataires et d'entités infranationales au sein des États-Unis a atténué certaines de ces préoccupations. Le renforcement de la coopération internationale et l'amélioration de l'ambition des engagements climatiques seront essentiels pour relever efficacement le défi urgent et complexe du changement climatique.

Stratégies nationales : Réussites et défis

Les efforts nationaux de lutte contre le changement climatique varient considérablement d'un pays à l'autre. Cette section se penche sur les diverses stratégies adoptées par les différents pays, en analysant les réussites et les défis persistants. Plusieurs pays se sont imposés comme des modèles exemplaires de politiques environnementales proactives, démontrant le potentiel de développement durable et de réduction des émissions. La Suède, par exemple, a accompli des progrès remarquables dans la transition vers les sources d'énergie renouvelables et la mise en œuvre de taxes strictes sur le carbone, ce qui a entraîné une diminution substantielle des émissions de gaz à effet de serre. De même, l'engagement du Costa Rica en faveur de la reforestation et de la conservation a fait de ce pays un leader en matière de neutralité carbone. D'un autre côté, de nombreux pays se heurtent à des obstacles notables dans la poursuite de la durabilité environnementale. Les pays en développement se heurtent souvent à des obstacles financiers lorsqu'ils intègrent des technologies renouvelables ou mettent en œuvre des pratiques respectueuses de l'environnement. En outre, les complexités politiques et la dépendance actuelle à l'égard des combustibles fossiles constituent de formidables défis pour la mise en œuvre de politiques climatiques efficaces. L'interaction des facteurs économiques, sociaux et politiques souligne la nécessité d'adopter des approches personnalisées qui tiennent compte des circonstances uniques de chaque pays.

En outre, l'absence de normes uniformes et de mécanismes d'application dans les accords internationaux nécessite des cadres nationaux cohérents pour garantir des progrès significatifs. Ces disparités soulignent la complexité de l'élaboration et de la mise en œuvre de stratégies nationales de lutte contre le changement climatique. En examinant les initiatives réussies et les obstacles persistants, nous obtenons des informations précieuses sur les subtilités de la mise en œuvre des politiques environnementales, ce qui permet de mieux comprendre le paysage mondial de l'action climatique.

Impacts économiques du changement climatique

Le changement climatique est devenu un facteur important d'impact économique, posant des défis aux industries, aux gouvernements et aux sociétés du monde entier. La fréquence et l'intensité croissantes des phénomènes météorologiques extrêmes, tels que les sécheresses, les inondations et les tempêtes, ont perturbé la production agricole, entraînant de mauvaises récoltes, des pénuries alimentaires et une volatilité accrue des marchés. Cela s'est traduit par des pertes financières considérables pour les agriculteurs et les entreprises agroalimentaires ( ), ce qui a eu un impact sur les prix des denrées alimentaires et les chaînes d'approvisionnement au niveau mondial. En outre, l'élévation du niveau des mers et l'érosion côtière menacent les infrastructures, notamment les ports, les routes et les zones urbaines, ce qui incite à investir massivement dans des mesures d'adaptation et dans la résilience des infrastructures. Ces risques environnementaux entraînent des coûts immédiats et suscitent des inquiétudes à long terme quant à la durabilité de secteurs économiques clés.

En outre, la corrélation entre le changement climatique et la santé humaine ne peut être sous-estimée, l'évolution des schémas pathologiques et les maladies liées à la chaleur contribuant à l'augmentation des dépenses de santé et à la réduction de la productivité de la main-d'œuvre. En outre, l'évolution des conditions météorologiques peut avoir des répercussions importantes sur la demande et l'offre d'énergie, ce qui influe sur les prix de l'énergie et sur la viabilité des sources d'énergie traditionnelles. En conséquence, la nécessité d'une transition vers des options énergétiques renouvelables et plus propres prend de l'importance, entraînant à la fois des changements sur le marché et des interventions politiques. Le secteur de l'assurance est confronté à des pressions croissantes en raison de l'escalade des risques liés au climat, ce qui nécessite une réévaluation des méthodes d'évaluation des risques et des structures de primes, avec des conséquences importantes pour les consommateurs et les entreprises. Ces répercussions économiques sont encore aggravées par les dimensions sociales et géopolitiques du changement climatique, notamment les dynamiques migratoires potentielles, la concurrence pour les ressources et les tensions diplomatiques. En réponse, les gouvernements et les chefs d'entreprise reconnaissent de plus en plus que le changement climatique constitue un risque important pour la stabilité financière et intègrent les considérations climatiques dans les décisions d'investissement, la communication financière et les cadres réglementaires. Les retombées économiques du changement climatique soulignent l'urgence de coordonner les efforts d'atténuation à l'échelle mondiale et de trouver des solutions innovantes permettant de se prémunir efficacement contre ces effets et de construire un avenir plus résilient et plus durable.

Innovations technologiques dans le domaine de l'énergie et du développement durable

Dans le paysage mondial actuel, qui évolue rapidement, l'urgence d'aborder la question de la durabilité énergétique et la recherche incessante d'innovations technologiques sont devenues des éléments déterminants des sociétés modernes. Alors que les préoccupations liées à la dégradation de l'environnement et à la diminution des ressources naturelles se poursuivent, la recherche de solutions énergétiques durables a pris une place prépondérante. Les avancées technologiques dans divers secteurs, notamment les énergies renouvelables, l'efficacité énergétique et les infrastructures durables, sont des éléments essentiels de l'effort mondial de lutte contre le changement climatique et d'établissement d'un cadre énergétique résilient pour l'avenir.

Les sources d'énergie renouvelables telles que l'énergie solaire, éolienne, hydroélectrique et géothermique ont démontré un potentiel considérable pour réduire la dépendance aux combustibles fossiles et limiter les émissions de gaz à effet de serre. La recherche et le développement en cours dans ces domaines visent à optimiser l'efficacité, à améliorer l'évolutivité et à réduire les coûts afin de rendre les sources d'énergie renouvelables plus accessibles et commercialement viables à l'échelle mondiale. Cela nécessite des investissements importants dans l'innovation et l'infrastructure afin de transformer ces sources d'énergie renouvelables en contributeurs fiables au bouquet énergétique global. En outre, les percées dans les technologies de stockage de l'énergie sont indispensables pour amortir les sources renouvelables intermittentes et assurer une alimentation électrique constante, augmenter leur fiabilité et renforcer la stabilité du réseau.

L'efficacité énergétique englobe des mesures stratégiques visant à minimiser la consommation d'énergie sans compromettre les performances. En intégrant des technologies innovantes, des analyses de données avancées et des solutions IoT (Internet des objets), les industries, les transports et les secteurs résidentiels peuvent améliorer de manière significative l'efficacité énergétique, réduisant ainsi l'empreinte carbone et atténuant les impacts environnementaux. En outre, la planification urbaine durable et le développement des infrastructures sont essentiels pour optimiser l'utilisation de l'énergie, promouvoir les transports publics et mettre en œuvre des conceptions de bâtiments écologiques afin de minimiser la demande d'énergie et de favoriser les communautés soucieuses de l'environnement.

Au-delà de la production et de la consommation d'énergie, les technologies innovantes offrant des solutions pour le captage et le stockage du carbone (CSC), la gestion durable des déchets et les principes de l'économie circulaire jouent un rôle déterminant dans la réalisation d'objectifs globaux en matière de durabilité. Ces développements pionniers contribuent à décarboniser les processus industriels, à gérer efficacement les flux de déchets et à maximiser l'utilisation des ressources pour s'aligner sur les principes de l'économie circulaire. En outre, l'émergence d'innovations révolutionnaires dans le domaine des transports propres, notamment les véhicules électriques, les piles à hydrogène et l'aviation durable, signifie un changement de paradigme vers la réduction des émissions dans l'ensemble du secteur des transports. L'intégration de ces technologies dans les pratiques courantes sera cruciale pour remodeler le paysage des transports et entraîner des réductions substantielles des émissions de gaz à effet de serre.

En conclusion, la progression continue des innovations technologiques dans le domaine de l'énergie et de la durabilité représente un atout inestimable dans l'effort collectif visant à atténuer le changement climatique, à établir la sécurité énergétique et à favoriser le développement durable. L'amalgame synergique des avancées en matière d'énergies renouvelables, des stratégies d'efficacité énergétique et des concepts révolutionnaires de durabilité redessine la trajectoire des systèmes énergétiques mondiaux. Le site offre une perspective prometteuse pour un avenir durable et résilient. L'adoption et la promotion de ces solutions technologiques à l'échelle mondiale offrent la possibilité de transcender les paradigmes énergétiques existants, de s'orienter vers une économie à faible émission de carbone et de préserver le bien-être des générations actuelles et futures. Les décideurs politiques, les chefs d'entreprise et la communauté internationale doivent se rallier à ces avancées et catalyser un changement transformateur vers des pratiques énergétiques durables.

Adaptation et atténuation : Comparaison des approches politiques

L'adaptation et l'atténuation sont deux approches politiques essentielles pour faire face aux effets du changement climatique à l'échelle mondiale. Bien qu'elles soient toutes deux essentielles, elles diffèrent considérablement dans leurs stratégies et leurs objectifs. L'adaptation implique la mise en œuvre de mesures visant à atténuer les effets négatifs du changement climatique sur les communautés et les écosystèmes. Elle se concentre sur l'ajustement aux nouvelles conditions environnementales et la réduction de la vulnérabilité aux phénomènes météorologiques extrêmes, à l'élévation du niveau de la mer et à d'autres conséquences climatiques. L'atténuation, quant à elle, vise à réduire les émissions de gaz à effet de serre afin de prévenir l'aggravation du réchauffement de la planète et de ses conséquences. Cela implique de passer à des sources d'énergie plus propres, d'améliorer l'efficacité énergétique et de mettre en œuvre des technologies de captage et de stockage du carbone. La comparaison de ces approches révèle leur complémentarité : alors que l'adaptation se concentre sur les impacts déjà en cours, l'atténuation s'efforce de prévenir les dommages futurs.

Lorsque l'on évalue ces approches politiques, il devient évident qu'une réponse équilibrée et intégrée est cruciale. En particulier, les pays en développement sont souvent confrontés à des difficultés pour équilibrer les efforts d'adaptation et d'atténuation, car ils donnent la priorité à des besoins immédiats tels que l'éradication de la pauvreté et le développement économique. Pour être efficaces, les politiques doivent tenir compte à la fois des vulnérabilités à court terme et de la croissance durable à long terme. En outre, l'interaction entre l'adaptation et l'atténuation doit être gérée avec soin afin de garantir des synergies plutôt que des compromis. Par exemple, le boisement contribue au piégeage du carbone (une forme d'atténuation) et permet de minimiser l'érosion des sols et d'améliorer la biodiversité, servant ainsi de stratégie d'adaptation. Toutefois, ces options à double avantage nécessitent une planification et une mise en œuvre minutieuses afin de maximiser l'efficacité de ressources limitées.

En outre, les aspects financiers de l'adaptation et de l'atténuation ne peuvent être négligés. Les mesures d'adaptation ont souvent des coûts initiaux élevés et fonctionnent au niveau local, ce qui les rend particulièrement difficiles à mettre en œuvre pour les communautés aux ressources limitées. D'autre part, les efforts d'atténuation nécessitent généralement des investissements à grande échelle dans les infrastructures et la technologie , ce qui représente une charge financière importante pour les économies. Pour concevoir des politiques climatiques efficaces, il est essentiel de trouver un équilibre entre ces considérations financières et d'assurer une répartition équitable des coûts entre les différentes parties prenantes. La collaboration entre les gouvernements, le secteur privé et les organisations internationales devient impérative pour résoudre ce problème. En outre, des mécanismes de financement innovants tels que les fonds climatiques et les obligations vertes peuvent contribuer à mobiliser des ressources pour les efforts d'adaptation et d'atténuation.

Face à l'urgence croissante de la lutte contre le changement climatique, la nécessité d'une approche holistique intégrant l'adaptation et l'atténuation est de plus en plus reconnue. Cela nécessite des cadres politiques solides, des innovations technologiques, des ressources financières et une collaboration internationale. Alors que les pays s'efforcent de respecter leurs engagements climatiques dans le cadre d'accords tels que l'Accord de Paris, il devient primordial de trouver le bon équilibre entre l'adaptation et l'atténuation. Les objectifs de développement durable doivent être alignés sur l'action climatique pour répondre aux priorités environnementales, sociales et économiques. La réalisation des synergies potentielles entre l'adaptation et l'atténuation sera cruciale pour construire des sociétés durables et résilientes au climat pour les générations futures.

L'influence des organisations non gouvernementales

Alors que nous naviguons dans le paysage complexe du changement climatique et de la politique environnementale, nous devons reconnaître le rôle significatif des organisations non gouvernementales (ONG) dans l'élaboration des agendas mondiaux et dans la conduite de changements significatifs. Les ONG, avec leur expertise diversifiée, leurs initiatives de plaidoyer et leurs relations avec la base, sont devenues des acteurs essentiels pour influencer la formulation des politiques, promouvoir les pratiques durables et tenir les gouvernements et les entreprises responsables de leur impact sur l'environnement. Cette section se penche sur l'influence et les contributions multiformes des ONG au discours écologique mondial.

Les ONG jouent un rôle de catalyseur dans la sensibilisation et l'action en faveur de l'environnement, tant au niveau local qu'international. En s'appuyant sur leurs réseaux et en mobilisant les communautés, ces organisations soulignent l'urgence de la lutte contre le changement climatique et plaident en faveur de politiques donnant la priorité à la conservation de l'environnement. Leur capacité à combler le fossé entre les décideurs politiques, les experts scientifiques et le public facilite la diffusion d'informations cruciales et favorise un dialogue ouvert sur les questions environnementales urgentes. En outre, grâce à la recherche, aux efforts de lobbying et aux partenariats de collaboration, les ONG proposent des recommandations fondées sur des preuves et des solutions innovantes pour lutter contre le changement climatique, contribuant ainsi à une approche plus informée et proactive de la gouvernance environnementale.

En outre, les ONG jouent un rôle essentiel dans le suivi et l'examen de la mise en œuvre des politiques environnementales, en garantissant la transparence et la responsabilité au sein des sphères gouvernementales et des entreprises. En réalisant des évaluations indépendantes, en facilitant la participation des citoyens et en employant des mécanismes de surveillance, ces organisations sont les gardiennes de l'intégrité environnementale et s'efforcent d'empêcher l'écoblanchiment et les pratiques non durables. Leur capacité à générer une pression publique et à sensibiliser aux injustices environnementales oblige les décideurs à prendre en compte les implications sociétales et écologiques plus larges de leurs actions, ce qui favorise une plus grande responsabilité et une prise de décision consciencieuse.

Outre leurs efforts de sensibilisation, les ONG s'engagent souvent dans des initiatives de renforcement des capacités et des programmes d'échange de connaissances, donnant aux communautés locales et aux populations vulnérables les moyens de s'adapter aux défis environnementaux et de participer à des projets de développement durable. Par l'éducation, la formation et l'allocation de ressources, ces organisations permettent aux individus et aux communautés de tirer parti de leurs forces et de contribuer aux efforts de renforcement de la résilience, en encourageant un sentiment d'appropriation et de gestion de l'environnement.

Dans l'ensemble, l'influence des organisations non gouvernementales sur la politique environnementale et l'atténuation du changement climatique ne peut être surestimée. Leur engagement à favoriser la collaboration, à amplifier les voix et à catalyser les changements transformateurs illustre le pouvoir de la société civile à faire progresser une coexistence plus durable et plus harmonieuse avec notre planète. À mesure que nous avançons, il sera essentiel de reconnaître et d'exploiter les contributions inestimables des ONG pour élaborer des politiques environnementales efficaces et équitables en vue d'un avenir meilleur.

Recommandations pour des politiques efficaces

Alors que nous envisageons l'avenir de la politique environnementale mondiale, il est impératif de considérer les prochaines étapes et les recommandations pour des politiques efficaces. Tout d'abord, il est indispensable de renforcer la coopération et la collaboration internationales. Les pays doivent donner la priorité aux efforts multilatéraux et aux négociations diplomatiques afin d'élaborer des stratégies cohérentes qui transcendent les intérêts nationaux. Il s'agit notamment de favoriser les partenariats avec les organisations non gouvernementales afin de tirer parti de leur expertise et de leurs ressources en vue d'une action collective. En outre, il est essentiel de mettre en place des mécanismes de responsabilité solides. Les cadres de transparence et de suivi garantissent que les nations respectent leurs engagements et contribuent de manière significative aux objectifs environnementaux mondiaux.

En outre, les gouvernements devraient donner la priorité à l'allocation de fonds aux initiatives de développement durable et d'atténuation du changement climatique. Investir dans la recherche, la technologie et les infrastructures axées sur les énergies renouvelables et les pratiques neutres en carbone permettra de réaliser des progrès en matière d'environnement et de stimuler la croissance économique. En outre, l'intégration de l'éducation écologique dans les programmes scolaires nationaux et les campagnes de sensibilisation du public peuvent favoriser une culture de la durabilité et une gestion responsable des ressources naturelles. Cette approche proactive peut permettre aux générations futures de mieux comprendre l'importance de la préservation de l'environnement. Il est également essentiel de reconnaître les impacts différenciés du changement climatique sur les différentes régions et populations. Les décideurs politiques devraient adapter leurs interventions aux vulnérabilités et aux besoins spécifiques des différentes communautés, en particulier celles qui sont les plus exposées. Enfin, il est essentiel de promouvoir l'innovation et d'encourager la responsabilité des entreprises. Encourager les entreprises à adopter des pratiques respectueuses de l'environnement par le biais d'incitations ou de réglementations peut réduire de manière significative l'empreinte carbone et promouvoir une économie plus verte. En conclusion, les recommandations pour des politiques environnementales efficaces englobent une approche globale intégrant la coopération internationale, la responsabilité, l'investissement, l'éducation, les interventions sur mesure et l'engagement des entreprises. En adoptant ces mesures, les nations peuvent collectivement œuvrer à un avenir durable et résilient pour notre planète.

Résumé et perspectives d'avenir

En conclusion, les défis complexes posés par le changement climatique exigent une approche à multiples facettes intégrant la politique, la technologie et la coopération aux niveaux national et international. Pour faire face au changement climatique, il est urgent de prendre des mesures immédiates et de s'engager résolument en faveur de pratiques durables. Le présent résumé vise à distiller les principaux enseignements tirés de l'exploration des politiques environnementales mondiales et à présenter une feuille de route stratégique pour aller de l'avant.

Tout d'abord, il est essentiel de reconnaître la nature interconnectée des questions environnementales et leur impact omniprésent sur les économies, les sociétés et les écosystèmes du monde entier. La fréquence et la gravité croissantes des phénomènes météorologiques extrêmes, l'élévation du niveau des mers et les perturbations des modèles agricoles soulignent les conséquences considérables du changement climatique. Conscients de la menace fondamentale qu'il fait peser sur le bien-être humain et la stabilité de la planète, les dirigeants mondiaux doivent donner la priorité à des stratégies globales qui transcendent les frontières géopolitiques.

En outre, le renforcement de l'efficacité des accords internationaux et des efforts de collaboration est primordial pour atténuer les effets néfastes du changement climatique. En s'appuyant sur les réalisations d'accords historiques tels que l'Accord de Paris, il est crucial de déployer des efforts concertés pour faire respecter les objectifs en matière d'émissions, soutenir les initiatives en matière d'énergies renouvelables et favoriser le développement durable. En encourageant une responsabilité collective à l'égard de la gestion de l'environnement, la communauté mondiale peut s'efforcer de réaliser des progrès tangibles dans la réduction des émissions de gaz à effet de serre et la préservation des écosystèmes vitaux.

Au niveau national, les gouvernements jouent un rôle essentiel dans la formulation de politiques solides qui encouragent les pratiques respectueuses de l'environnement et renforcent la résilience face aux risques liés au climat. L'investissement dans des technologies énergétiques propres, la promotion d'industries neutres en carbone et la mise en œuvre de réglementations strictes en matière d'émissions sont des aspects essentiels d'un programme proactif. En exploitant l'innovation et en encourageant les partenariats public-privé, les nations peuvent devenir des pionnières dans la transition vers un avenir plus vert et plus durable.

La voie à suivre implique une réévaluation globale de la manière dont les sociétés interagissent avec l'environnement et un réengagement à préserver l'équilibre écologique. L'engagement de diverses parties prenantes, des entreprises aux communautés de base, nécessite de catalyser un changement systémique. L'adoption de mesures d'adaptation, la défense de politiques inclusives et l'adoption de solutions de pointe seront fondamentales pour tracer une trajectoire vers un monde résilient et résistant au changement climatique. En fin de compte, la poursuite collective du développement durable et de la justice environnementale est un témoignage indomptable de notre capacité de transformation positive.

12

Migration et changements démographiques

LES IMPACTS SOCIOPOLITIQUES

Tendances migratoires

Les migrations ont été l'un des principaux moteurs de l'évolution démographique mondiale et ont eu un impact considérable sur les paysages sociaux et politiques. Les données et les projections récentes sur les schémas migratoires mondiaux révèlent un phénomène dynamique et évolutif qui nécessite un examen approfondi. Selon le Département des affaires économiques et sociales des Nations unies, le nombre de migrants internationaux dans le monde devrait atteindre 281 millions en 2020, ce qui représente une augmentation considérable par rapport aux années précédentes. Cette explosion des migrations mondiales peut être attribuée à de nombreux facteurs, notamment les disparités économiques, l'instabilité géopolitique et les défis environnementaux. En outre, alors que certaines régions connaissent une hausse notable des migrations sortantes, d'autres enregistrent des changements dans les tendances migratoires entrantes, reflétant diverses dynamiques d'attraction et de répulsion. Il est impératif d'approfondir les complexités entourant ces schémas migratoires et leurs ramifications sociétales. L'augmentation du nombre de migrants soulève des questions sur la capacité des pays de destination à accueillir et à intégrer les nouveaux arrivants, ainsi que sur la pression potentielle exercée sur les services sociaux et les marchés du travail.

En outre, l'examen de l'évolution de la répartition géographique des populations migrantes offre de précieuses indications sur la nature interconnectée des migrations mondiales contemporaines. Étant donné les multiples facettes des tendances migratoires, il est essentiel d'adopter une approche globale qui tienne compte de l'interaction des facteurs économiques, sociaux et politiques qui façonnent les schémas migratoires. En approfondissant ces nuances, nous pourrons mieux comprendre l'état actuel des migrations mondiales et leurs implications pour les sociétés du monde entier.

Historique des flux migratoires mondiaux

Les migrations mondiales ont des racines historiques profondes, qui remontent aux premières civilisations humaines. Tout au long de l'histoire, les gens ont été contraints de se déplacer d'une région à l'autre en raison de divers facteurs tels que les opportunités économiques, la persécution, les conflits et les catastrophes naturelles. L'une des premières grandes migrations documentées dans l'histoire est la grande migration humaine hors d'Afrique, qui a ensuite entraîné le peuplement d'autres continents. Les schémas migratoires ultérieurs ont été influencés par les routes commerciales, la colonisation et l'industrialisation ( ), façonnant ainsi le paysage démographique des différentes régions. L'ère de l'exploration a donné lieu à des migrations à grande échelle, les explorateurs, les marchands et les colons parcourant de vastes distances à la recherche de nouvelles terres et de nouveaux débouchés. La traite transatlantique des esclaves a déplacé de force des millions d'Africains vers les Amériques, ce qui a eu un impact profond sur la démographie et le tissu culturel des régions concernées. À la fin du XIXe siècle et au début du XXe siècle, l'industrialisation et l'urbanisation ont déclenché d'importantes migrations internes et internationales, les gens cherchant du travail dans les villes en plein essor et à l'étranger. Au lendemain de la Seconde Guerre mondiale, les déplacements massifs et les mouvements de réfugiés à travers l'Europe et d'autres régions déchirées par la guerre ont entraîné une reconfiguration de la démographie mondiale.

En outre, la décolonisation et les bouleversements géopolitiques du milieu du XXe siècle ont provoqué des vagues de migration des anciennes colonies vers les puissances colonisatrices et au-delà. La seconde moitié du XXe siècle a été le théâtre d'une importante migration de main-d'œuvre des pays en développement vers les pays industrialisés, à la recherche de meilleures perspectives économiques. Ces flux migratoires historiques ont non seulement remodelé la composition démographique des régions d'accueil, mais ont également contribué à l'évolution des dynamiques culturelles, politiques et sociales. Comprendre le contexte historique des flux migratoires mondiaux permet de mieux comprendre l'interaction complexe des facteurs à l'origine des tendances migratoires contemporaines et de leurs impacts sociopolitiques.

Impacts économiques des changements démographiques

Les changements démographiques résultant des migrations ont de profondes implications économiques, influençant divers aspects des marchés du travail, du comportement des consommateurs et des finances publiques. L'évolution des populations due aux schémas d'immigration a un impact significatif sur la dynamique de l'offre et de la demande au sein des économies. Un élément crucial est le dividende démographique, où un afflux de migrants en âge de travailler peut stimuler la productivité et la croissance économique d'un pays. À l'inverse, le vieillissement de la population dû à la baisse des taux de natalité peut peser sur les systèmes de protection sociale et compromettre une expansion économique soutenue. En outre, les populations migrantes contribuent souvent aux activités entrepreneuriales, à l'innovation et à la diversification des compétences dans les pays d'accueil, ce qui renforce encore le dynamisme économique. Cependant, l'assimilation d'un grand nombre de migrants dans la population active peut également entraîner des différences de salaires et une concurrence pour des secteurs d'emploi spécifiques, ce qui suscite des débats sur l'équité des opportunités économiques. En outre, le comportement des consommateurs migrants peut influencer les demandes du marché, car les préférences culturelles et les modèles de dépenses ont un impact sur diverses industries, de la vente au détail ( ) à l'alimentation et au logement.

En outre, les changements démographiques peuvent exercer une pression sur les systèmes de soins de santé et de retraite, nécessitant une planification stratégique pour garantir la durabilité et l'adéquation des services publics. L'interaction dynamique entre les migrations et les forces économiques souligne la nécessité de politiques globales en matière d'intégration de la main-d'œuvre, de développement des compétences et d'inclusion sociale. Au niveau macroéconomique, les changements démographiques nécessitent des ajustements des politiques fiscales, des priorités d'investissement et de la planification économique à long terme. Les gouvernements et les entreprises doivent s'adapter à l'évolution des structures démographiques et aligner leurs stratégies afin de tirer parti des avantages potentiels tout en atténuant les difficultés liées aux transitions démographiques. Il est essentiel pour les décideurs politiques, les entreprises et les sociétés de comprendre les impacts économiques des changements démographiques résultant des migrations afin de pouvoir naviguer efficacement dans les complexités du monde globalisé d'aujourd'hui.

Politiques migratoires et cadres réglementaires

Les politiques migratoires et les cadres réglementaires jouent un rôle essentiel dans le façonnement du paysage sociopolitique des nations tout en gérant l'afflux de migrants. Ces politiques englobent un large éventail de mesures qui régissent l'entrée, la résidence et les droits des immigrants, ainsi que l'intégration et l'assimilation des nouveaux arrivants dans la société d'accueil. L'un des principaux objectifs des politiques migratoires est de veiller à ce que les mouvements de personnes à travers les frontières se fassent de manière ordonnée et contrôlée, en conciliant les besoins économiques du pays d'accueil et les préoccupations humanitaires.

Ces politiques englobent souvent différentes catégories de visas, de permis et de statuts de résidence conçus pour répondre aux divers besoins des immigrants et du pays d'accueil. Par exemple, les programmes de migration qualifiée visent à attirer des professionnels et des experts dans des domaines où il y a une pénurie de talents locaux, contribuant ainsi à la croissance économique et à l'innovation. Inversement, les dispositions relatives au regroupement familial permettent aux migrants de parrainer les membres de leur famille pour qu'ils les rejoignent dans le pays d'accueil, ce qui favorise la cohésion sociale et les réseaux de soutien. Les voies d'admission humanitaires offrent une protection et une assistance aux réfugiés fuyant les conflits ou les persécutions, reflétant l'engagement d'une nation à respecter les obligations internationales et les principes des droits de l'homme.

En outre, les cadres réglementaires traitent de l'accueil et de l'intégration des migrants, ce qui englobe la formation linguistique, l'aide à l'emploi, l'accès à l'éducation et aux services de santé. Ces mesures sont essentielles pour favoriser l'inclusion sociale et faire en sorte que les nouveaux arrivants puissent contribuer de manière significative à leur communauté d'adoption. En outre, les efforts de lutte contre l'immigration irrégulière et la traite des êtres humains font partie intégrante de ces cadres réglementaires, préservant ainsi la sécurité et le bien-être des migrants et de la société d'accueil.

L'élaboration et la mise en œuvre des politiques migratoires nécessitent une compréhension globale des tendances démographiques, de la dynamique du marché du travail et des besoins de la société. Les décideurs politiques doivent soigneusement équilibrer les intérêts des différentes parties prenantes, y compris les entreprises, les groupes de défense, les communautés locales et les migrants eux-mêmes. En outre, il est essentiel d'engager un dialogue avec les pays voisins et les organisations internationales pour relever efficacement les défis de la migration mondiale. Les initiatives de collaboration peuvent faciliter le partage des meilleures pratiques, coordonner les opérations de sauvetage et promouvoir la stabilité régionale.

D'une manière générale, les politiques migratoires et les cadres réglementaires sont des outils complexes et multiformes qui influencent le tissu culturel, économique et politique des sociétés. Alors que le monde continue de connaître des changements démographiques et une mobilité sans précédent, les nations doivent adapter et faire évoluer leurs approches de la gestion des migrations, en veillant à ce qu'elles s'alignent sur leurs intérêts nationaux à long terme tout en respectant les valeurs humaines fondamentales.

Intégration culturelle et sociétés multiculturelles

L'intégration culturelle dans les sociétés multiculturelles est un processus complexe et nuancé qui a un impact significatif sur le tissu sociopolitique des nations. À mesure que les sociétés sont confrontées à un afflux de milieux culturels divers, la dynamique d'intégration devient de plus en plus vitale pour façonner la cohésion sociale et l'identité nationale. L'intégration culturelle implique la coexistence, l'interaction et l'influence mutuelle de différents groupes culturels. Un cadre d'intégration réussi cherche à exploiter les possibilités offertes par la diversité tout en relevant les défis associés aux préjugés, à la discrimination et aux chocs culturels. En tant que principe directeur, le multiculturalisme met l'accent sur la reconnaissance et la célébration de la diversité culturelle, en favorisant un environnement inclusif où tous les individus se sentent valorisés et respectés, quelles que soient leurs origines culturelles. Il promeut l'idée d'une société mosaïque, où des identités culturelles distinctes contribuent à la richesse de la tapisserie sociale d'une nation. Les politiques et initiatives multiculturelles favorisent la compréhension et l'unité entre les diverses communautés. Ces politiques peuvent inclure des programmes de formation linguistique, une éducation interculturelle, des événements communautaires et des échanges culturels visant à combler les fossés sociétaux et à améliorer la communication interculturelle.

En outre, les sociétés multiculturelles bénéficient souvent des contributions culinaires, artistiques et intellectuelles de , ce qui ajoute de la vitalité et de la variété au paysage culturel. Toutefois, si les efforts d'intégration ne sont pas mis en œuvre de manière efficace, des problèmes tels que les malentendus culturels, la ségrégation sociale et les crises d'identité peuvent survenir. Pour relever ces défis, il est nécessaire d'adopter une approche globale englobant l'éducation, l'emploi, les politiques gouvernementales et les initiatives locales. En outre, la promotion d'un environnement de tolérance, d'empathie et d'ouverture est essentielle à l'épanouissement d'une société multiculturelle harmonieuse. Parallèlement, la préservation du patrimoine et des traditions des différents groupes culturels est essentielle au maintien d'un sentiment d'appartenance et d'une identité culturelle. En conclusion, l'intégration culturelle est un processus à multiples facettes qui nécessite un dialogue continu, une adaptation et un respect mutuel entre les diverses communautés culturelles. Embrasser la richesse des sociétés multiculturelles tout en relevant les défis qui y sont associés peut conduire à un renforcement de la connectivité sociale, de l'innovation et de la prospérité collective.

Répercussions politiques de l'augmentation des migrations

L'afflux de migrants dans les pays d'accueil a de profondes répercussions politiques qui façonnent les politiques nationales, le discours public et les relations internationales. Les changements démographiques influencent inévitablement la dynamique politique, ce qui crée des opportunités et des défis pour les gouvernements et les sociétés. La question de la migration devient une pierre de touche pour diverses idéologies et factions politiques au sein des pays d'accueil, ce qui donne souvent lieu à des débats animés et à des réformes politiques. L'une des principales répercussions politiques de l'augmentation des migrations est l'émergence de sentiments anti-immigrés et de mouvements populistes. Ces sentiments peuvent imprégner le discours politique, conduire à la polarisation de l'opinion publique et avoir un impact potentiel sur les résultats des élections et les programmes des gouvernements.

En outre, les migrations transfrontalières peuvent mettre à rude épreuve les relations diplomatiques entre les pays d'origine et d'accueil et les organisations supranationales. La négociation de traités et d'accords liés aux migrations devient souvent conflictuelle, ce qui influence les alliances et la coopération géopolitiques au sens large. Au niveau national, la gouvernance des migrations contribue à la réévaluation de l'identité nationale et du concept de citoyenneté. Les partis politiques et les décideurs sont aux prises avec des questions d'inclusion, de cohésion sociale et d'allocation des ressources alors qu'ils naviguent dans les méandres du multiculturalisme et de l'intégration. Les débats sur les lois relatives à l'immigration, les droits des réfugiés et les procédures d'asile deviennent des points centraux de l'action législative, reflétant les lourdes ramifications politiques des transformations démographiques.

La diversité accrue résultant de l'immigration remet également en question les institutions politiques et les structures administratives existantes. Les élections, la représentation et la répartition du pouvoir au sein des organes gouvernementaux font l'objet d'un examen minutieux et de réformes potentielles pour s'adapter à l'évolution démographique. En outre, les dirigeants politiques doivent trouver un équilibre entre la sauvegarde de la sécurité nationale et le respect des valeurs humanitaires lorsqu'ils s'attaquent aux complexités du contrôle des frontières et de la gestion des populations migrantes. Pour faire face aux répercussions politiques de l'augmentation des migrations, il faut une direction stratégique, des politiques éclairées et une compréhension de l'interconnexion des problèmes mondiaux. Cette dynamique aux multiples facettes souligne l'impératif de favoriser un discours politique inclusif, de promouvoir la compréhension mutuelle et de forger des solutions coopératives pour faire face aux impacts sociopolitiques de la migration dans un monde de plus en plus interconnecté.

Défis et opportunités sociales dans les pays d'accueil

L'afflux de migrants dans les pays d'accueil entraîne une myriade de défis sociaux et d'opportunités qui nécessitent une compréhension nuancée et des réponses stratégiques. D'une part, l'intégration de cultures et d'identités diverses peut enrichir le tissu social en lui insufflant de nouvelles traditions, langues et perspectives. Le mélange de différentes communautés favorise souvent le dynamisme culturel et ouvre des possibilités de dialogue et d'échange interculturels.

Toutefois, ce processus n'est pas sans poser de problèmes. Les pays d'accueil sont souvent confrontés à des tensions sociales résultant de l'assimilation d'un grand nombre de migrants, ce qui peut peser sur les ressources et les infrastructures locales. Au milieu des préoccupations relatives à la préservation de la culture et à la cohésion sociétale, des tensions peuvent apparaître entre les résidents de longue date et les nouveaux arrivants, conduisant à des problèmes tels que la xénophobie et la discrimination. En outre, l'afflux de migrants peut exercer une pression sur les secteurs des soins de santé, de l'éducation et du logement.

L'un des principaux défis sociaux auxquels sont confrontés les pays d'accueil est d'assurer l'intégration réussie des migrants dans leurs nouvelles communautés. Il s'agit de surmonter les barrières linguistiques, de faciliter l'accès à l'éducation et à l'emploi et de mettre en place des réseaux de soutien social. La construction de sociétés inclusives nécessite des mesures proactives pour favoriser la compréhension et le respect entre les diverses populations tout en promouvant l'égalité des chances pour tous.

Néanmoins, il est essentiel de reconnaître les opportunités potentielles offertes par l'arrivée des migrants. La diversité culturelle peut être exploitée comme source d'innovation et de créativité, enrichissant le paysage social et contribuant à la croissance économique. Les migrants apportent une richesse de compétences et de talents ( ) qui, lorsqu'ils sont utilisés efficacement, peuvent renforcer la main-d'œuvre du pays d'accueil et stimuler l'esprit d'entreprise et l'innovation.

En outre, la présence de communautés de migrants offre une opportunité d'engagement mondial et de relations commerciales. Cultiver un environnement inclusif pour les migrants peut créer de la bonne volonté sur la scène internationale, ouvrant potentiellement des portes pour des partenariats diplomatiques et économiques avec leurs pays d'origine.

En conclusion, l'exploration du paysage social des pays d'accueil dans un contexte de migration croissante nécessite une approche équilibrée qui reconnaisse à la fois les défis et les opportunités qui se présentent. S'il faut s'efforcer de résoudre les tensions sociales et les problèmes liés aux migrations, il est également impératif de tirer parti de la diversité en tant que moteur du progrès social et économique.

Analyse comparative des effets des migrations régionales

La migration a toujours été un facteur important dans le façonnement du paysage démographique et socio-économique des régions à travers le monde. Au fur et à mesure que nous approfondissons l'analyse comparative des effets des migrations régionales, il devient évident que les différentes régions subissent des impacts variables en fonction de leurs contextes sociaux, économiques et politiques uniques. Il est essentiel de comprendre ces nuances régionales pour formuler des politiques et des stratégies éclairées afin de gérer efficacement les migrations. Lorsque l'on compare les effets des migrations dans différentes régions, il est essentiel de tenir compte des schémas migratoires historiques, de la dynamique géopolitique, des structures du marché du travail, de la diversité culturelle et des réponses politiques. Par exemple, dans les régions ayant un passé colonial ou des flux migratoires post-coloniaux, l'intégration sociopolitique des communautés de migrants peut être influencée par les relations de pouvoir historiques et les dynamiques identitaires. En outre, dans les régions économiquement diverses, l'impact de la migration sur les marchés du travail et les opportunités d'emploi peut varier de manière significative. Par exemple, certaines régions peuvent connaître des pénuries de compétences et une croissance économique grâce à l'immigration, tandis que d'autres peuvent être confrontées à des problèmes de chômage et de stagnation des salaires. En outre, la diversité culturelle résultant de la migration peut entraîner une cohésion sociale et des tensions au sein des communautés d'accueil, en fonction de la capacité d'intégration multiculturelle de la région. Les réponses politiques à la migration diffèrent également d'une région à l'autre, certaines adoptant des politiques d'ouverture pour attirer les talents et relever les défis démographiques. D'autres, en revanche, peuvent mettre en œuvre des mesures restrictives en raison des charges sociales ou des préoccupations en matière de sécurité nationale. Les décideurs politiques, les universitaires et les parties prenantes peuvent obtenir des informations précieuses ( ) sur l'interaction complexe des facteurs qui déterminent les résultats des migrations en effectuant une analyse comparative des effets des migrations régionales. Cette compréhension plus approfondie peut éclairer le développement d'interventions ciblées et d'initiatives de collaboration visant à maximiser les opportunités et à atténuer les défis de la migration dans divers contextes régionaux.

Projections pour l'avenir : Tendances migratoires et scénarios potentiels

Alors que notre monde continue d'évoluer, il est essentiel pour les décideurs politiques, les économistes et les citoyens du monde de comprendre les projections futures des tendances migratoires. Plusieurs facteurs clés façonneront ces tendances dans les années à venir. Tout d'abord, les déséquilibres démographiques entre les régions seront à l'origine de schémas migratoires importants, les populations vieillissantes de certaines parties du monde cherchant à combler les déficits de main-d'œuvre de populations plus jeunes et en croissance dans d'autres régions. L'impact du changement climatique sur l'habitabilité et la disponibilité des ressources jouera également un rôle important dans les mouvements migratoires. En outre, l'instabilité géopolitique et les conflits, souvent exacerbés par les disparités économiques, continueront probablement à provoquer des déplacements massifs de population. Pour comprendre les scénarios possibles, il est essentiel d'examiner l'interaction de ces facteurs dans le contexte de l'évolution des politiques mondiales et des dynamiques socio-économiques changeantes. L'un des scénarios possibles concerne la montée en puissance des mégapoles en tant que pôles majeurs de diversité et d'activité économique, attirant des migrants du monde entier et remodelant les notions traditionnelles d'identité nationale.
En outre, des efforts proactifs pour lutter contre le changement climatique pourraient accroître le nombre de migrants environnementaux cherchant refuge dans des régions plus durables. À l'inverse, les

conflits prolongés et les disparités économiques peuvent, en l'absence d'interventions adéquates, exacerber les tensions et accentuer les déplacements. Lorsque l'on considère ces scénarios potentiels, il devient évident qu'une approche à multiples facettes est nécessaire pour se préparer et répondre aux futures tendances migratoires. Cela nécessite une coopération internationale coordonnée sur l'intégration du marché du travail, l'aide humanitaire et les initiatives de développement durable. Les possibilités de tirer parti des avantages de sociétés diverses tout en atténuant les difficultés seront intégrales. Les acteurs mondiaux doivent s'engager dans un dialogue ouvert et favoriser des politiques inclusives qui respectent les droits de l'homme, facilitent la cohésion culturelle et abordent les réalités complexes de la migration au 21e siècle.

Réflexions finales sur les impacts sociopolitiques des migrations

Au terme de notre exploration des impacts sociopolitiques des migrations, il devient évident que ce phénomène complexe façonne de manière significative le tissu des sociétés du monde entier. L'interaction entre les migrants et les communautés d'accueil donne lieu à un large éventail d'effets, allant des changements économiques aux transformations culturelles et à la dynamique politique. Ce chapitre vise à résumer les implications multiples des migrations et des changements démographiques, en offrant une compréhension globale des défis et des opportunités qu'ils représentent pour les nations et la gouvernance mondiale. Un aspect crucial à prendre en compte est la nécessité de mesures politiques proactives pour faire face aux répercussions sociales des migrations. Qu'il s'agisse de favoriser des cadres d'intégration inclusifs ou d'atténuer les tensions sociétales potentielles, les gouvernements et les organismes internationaux doivent trouver un équilibre entre les idéaux humanitaires et les considérations sociopolitiques pragmatiques.

En outre, les variables croisées de l'âge, du sexe et de la répartition des compétences au sein des populations migrantes nécessitent des réponses politiques nuancées qui tiennent compte des divers besoins et contributions des nouveaux arrivants. Sur le plan économique, les changements démographiques représentent à la fois des opportunités et des défis. Si l'afflux de migrants en âge de travailler peut renforcer la main-d'œuvre et stimuler la croissance dans certains secteurs, il nécessite également une adaptation des systèmes de protection sociale et des marchés de l'emploi. Trouver un équilibre harmonieux qui exploite les avantages de la diversité démographique tout en s'attaquant aux disparités socio-économiques correspondantes reste un dilemme central pour les décideurs politiques. En outre, l'impact des migrations sur les paysages culturels ne peut être sous-estimé. La fusion des traditions, des langues et des croyances enrichit les sociétés, mais peut aussi provoquer des problèmes d'identité et des tensions ethnoculturelles. Il est essentiel d'encourager le dialogue interculturel et de promouvoir le respect mutuel pour naviguer dans les récits complexes de la cohésion sociale au milieu des transformations démographiques. En outre, les migrations jouent un rôle essentiel dans le façonnement des paysages politiques, devenant souvent un point central du discours public et des débats politiques. Les décideurs sont confrontés à des questions de citoyenneté, de représentation et d'idéologies dans un paysage marqué par l'évolution des compositions démographiques. Il est impératif de s'efforcer de mettre en place une gouvernance inclusive qui garantisse les droits de tous les habitants tout en nourrissant un sentiment d'appartenance face à l'évolution de la dynamique démographique. Pour l'avenir, il est clair que les migrations continueront d'avoir un impact profond sur les sociétés du monde entier. Il est essentiel de comprendre les dimensions sociopolitiques de ce phénomène pour élaborer des stratégies réactives et équitables qui exploitent tout le potentiel de la diversité démographique et atténuent les défis qui y sont associés. En reconnaissant les complexités inhérentes aux migrations et aux changements démographiques, nous pouvons forger des sociétés inclusives qui prospèrent grâce à la résilience et à la richesse apportées par un mélange dynamique de peuples, enrichissant ainsi la tapisserie de la civilisation mondiale.

13

Crises sanitaires et géopolitique

LES CRISES SANITAIRES ET LEURS RÉPERCUSSIONS GÉOPOLITIQUES

***U**ne relation complexe*

L'intersection des crises sanitaires et de la géopolitique a toujours été un point focal dans les relations internationales. La relation complexe entre les pandémies, les épidémies et les manœuvres politiques a considérablement façonné l'histoire et continue d'influencer la dynamique mondiale actuelle. L'examen de la trajectoire historique des grandes crises sanitaires offre un aperçu inestimable des ramifications géopolitiques émanant de ces périodes tumultueuses. Tout au long de l'histoire, des pandémies telles que la peste noire, la grippe espagnole et le VIH/sida ont laissé des traces indélébiles dans le paysage géopolitique, modifiant les structures de pouvoir, les systèmes économiques et les dynamiques sociopolitiques. Ces épisodes soulignent la nature interconnectée des crises sanitaires et leur impact profond sur la scène internationale. Au-delà des simples urgences de santé publique, les pandémies peuvent catalyser des changements géopolitiques, mettre à l'épreuve les relations diplomatiques et tester la résilience des systèmes de gouvernance mondiale.

En outre, les réactions des acteurs politiques aux crises sanitaires révèlent des luttes de pouvoir sous-jacentes, les nations rivalisant d'influence, cherchant à sauvegarder leurs intérêts nationaux et poursuivant des objectifs diplomatiques dans la tourmente d'une urgence de santé publique. La pandémie de COVID-19 a récemment illustré l'interaction complexe entre les crises sanitaires et les stratégies géopolitiques. La propagation rapide du virus a incité les États-nations à mettre en place des contrôles aux frontières, des restrictions de voyage et une diplomatie du vaccin, mettant ainsi en lumière la façon dont les considérations sanitaires s'entremêlent avec les calculs géopolitiques. En outre, la course mondiale à l'approvisionnement en fournitures médicales, vaccins et ressources pharmaceutiques a accentué la nature compétitive des relations internationales, démontrant les multiples facettes des crises sanitaires dans l'arène géopolitique. En tant que telle, la compréhension de la dynamique complexe entre les crises sanitaires et la géopolitique est essentielle pour comprendre les implications plus larges pour la sécurité mondiale, la stabilité économique et les relations diplomatiques. Cette section vise à examiner les fondements historiques des pandémies et leur rôle essentiel dans l'élaboration des résultats géopolitiques, tout en abordant les manifestations contemporaines de ce lien complexe.

Aperçu historique des pandémies et de leurs conséquences politiques

Au cours de l'histoire, le monde a connu plusieurs pandémies qui ont eu un impact considérable sur le paysage géopolitique. L'une des premières pandémies répertoriées est la peste de Justinien, qui a balayé l'Empire byzantin au VIe siècle, contribuant au déclin de l'empire. La peste noire, l'une des pandémies les plus dévastatrices de l'histoire de l'humanité, a entraîné un vaste bouleversement social et économique dans l'Europe du XIVe siècle, modifiant fondamentalement les structures du pouvoir et les normes sociétales. Ces pandémies historiques témoignent du lien étroit entre les crises sanitaires et les répercussions géopolitiques. La pandémie de grippe espagnole de 1918-1919 a non seulement coûté la vie à des millions de personnes, mais elle a également façonné les suites de la Première Guerre mondiale et influencé la dynamique politique mondiale. Plus récemment, l'épidémie de VIH/sida des années 1980 et 1990 a suscité des débats internationaux sur la politique de santé publique, les droits de l'homme et l'accès aux soins de santé, révélant l'impact profond des pandémies sur les programmes gouvernementaux et les relations diplomatiques. En outre, l'épidémie de SRAS de 2003 a incité les nations à réévaluer leur infrastructure et leur coopération en matière de soins de santé, mettant en évidence l'interconnexion des systèmes de santé et de la politique internationale. En explorant ces pandémies historiques, il devient évident que chaque événement a eu des conséquences durables sur la gouvernance, le commerce et les alliances, réaffirmant la pertinence de comprendre le contexte historique des pandémies et leurs implications durables pour la politique mondiale.

Analyse de la pandémie de COVID-19 et des relations internationales

La pandémie de COVID-19 a fondamentalement modifié le paysage des relations internationales, catalysant les changements géopolitiques et la coopération mondiale. Alors que le virus se propageait rapidement au-delà des frontières, les nations ont été confrontées à des défis sans précédent qui ont mis à rude épreuve les liens diplomatiques et testé les cadres internationaux existants. La pandémie a mis en évidence l'interconnexion du monde moderne, incitant à une réévaluation de la sécurité sanitaire et de la géopolitique. L'un des thèmes centraux qui a émergé de la crise du COVID-19 a été la diversité des réponses apportées par les différents pays et leurs implications sur les relations internationales. Les disparités dans les mesures d'endiguement, la distribution des vaccins et les infrastructures de santé publique ont mis en évidence les vulnérabilités et les points forts des systèmes nationaux, façonnant ainsi la perception du leadership et de la coopération au niveau mondial.

En outre, la pandémie a amplifié les tensions géopolitiques préexistantes et créé de nouvelles lignes de fracture dans les relations internationales. Les récits contradictoires concernant l'origine du virus, la transparence de l'information et la diplomatie du vaccin ont compliqué les relations diplomatiques, entraînant une concurrence stratégique accrue et une plus grande méfiance entre les nations. En outre, la pandémie de COVID-19 a mis en évidence l'importance de la collaboration scientifique et de l'innovation technologique pour faire face aux crises sanitaires mondiales. La mise au point et la distribution rapides de vaccins ont mis en évidence le rôle essentiel de la biotechnologie et de la recherche dans l'élaboration des relations internationales. Les efforts de collaboration entre les pays en matière de développement et de distribution de vaccins ont permis de contrer les effets néfastes du nationalisme vaccinal et de favoriser les cas de solidarité et de soutien mutuel.

En outre, la pandémie a suscité des discussions sur la refonte de la gouvernance et de la préparation en matière de santé mondiale. Les appels à la réforme des organisations internationales de santé, à l'amélioration des systèmes d'alerte précoce et au renforcement des chaînes d'approvisionnement ont pris de l'ampleur alors que les décideurs politiques cherchaient à atténuer les crises sanitaires futures et à renforcer la résilience mondiale. La pandémie de COVID-19 a mis en évidence les vulnérabilités du système international et a donné l'occasion de redéfinir la coopération mondiale et de repenser les liens entre la santé, la technologie et la diplomatie. À l'avenir, les enseignements tirés de cette crise sanitaire mondiale façonneront la trajectoire future des relations internationales et contribueront à l'évolution de la géopolitique de la santé.

Sécurité sanitaire et stratégies de défense nationale

L'intersection de la sécurité sanitaire et des stratégies de défense nationale est de plus en plus souvent au centre des préoccupations des décideurs politiques et des experts en relations internationales. Dans un monde interconnecté où les maladies ne connaissent pas de frontières, la capacité à répondre rapidement et efficacement aux urgences sanitaires fait partie intégrante de la sécurité nationale. Au-delà des préoccupations immédiates en matière de santé publique, les gouvernements doivent également tenir compte de l'impact potentiel des pandémies sur leurs capacités de défense et leur position géopolitique globale. La sécurité sanitaire englobe un large éventail de mesures, allant de la détection précoce et de l'endiguement des maladies infectieuses au développement de capacités de biodéfense.

Les stratégies de défense nationale se concentrent traditionnellement sur la préparation militaire et la protection contre les menaces conventionnelles. Cependant, le paradigme a changé avec la reconnaissance du fait que les menaces biologiques représentent un risque important pour les populations civiles et les forces militaires. C'est pourquoi les stratégies de défense modernes comprennent désormais des dispositions relatives à la biosécurité et à la gestion des crises liées à la santé. La pandémie de COVID-19 nous rappelle brutalement les vulnérabilités inhérentes aux systèmes de santé mondiaux et la nécessité urgente de mettre en place des mécanismes de défense nationaux solides.

L'intégration de la sécurité sanitaire dans les stratégies de défense nationale nécessite une coopération entre les agences gouvernementales et les parties prenantes internationales. Cette approche interdisciplinaire reconnaît que les ramifications d'une crise sanitaire de grande ampleur vont bien au-delà des considérations médicales ; elles ont de profondes répercussions sur la stabilité économique, la cohésion sociale et même la sécurité nationale. Une coordination efficace entre les autorités de santé publique, les établissements de défense et les agences de renseignement est essentielle pour atténuer les risques posés par les menaces biologiques.

En outre, l'allocation de ressources pour renforcer les infrastructures de soins de santé et les capacités de recherche est essentielle pour garantir une préparation proactive aux futures urgences sanitaires. Au-delà du domaine traditionnel des dépenses de défense, les investissements dans le développement de vaccins, d'outils de diagnostic et de technologies de surveillance deviennent des éléments indispensables des budgets de défense nationale. En mettant l'accent sur le lien entre la sécurité sanitaire et la défense nationale, on améliore la résilience d'un pays et on renforce sa capacité à relever des défis géopolitiques complexes.

D'un point de vue géopolitique, le niveau de préparation et de réaction d'une nation aux crises sanitaires peut influencer de manière significative sa position mondiale et son pouvoir d'influence. Les pays qui font preuve d'une bonne gestion des urgences de santé publique sont salués par la communauté internationale et projettent un sentiment de fiabilité et de stabilité. À l'inverse, une mauvaise gestion des crises sanitaires peut entraîner une érosion de la confiance et de la crédibilité sur la scène internationale et avoir des répercussions sur les relations diplomatiques et les alliances stratégiques.

En résumé, l'intégration de la sécurité sanitaire dans les stratégies de défense nationale représente un changement de paradigme en géopolitique. Elle souligne la nécessité de ne pas considérer les crises sanitaires uniquement comme des problèmes humanitaires, mais comme des facteurs déterminants de la sécurité nationale et de l'influence mondiale. Les gouvernements doivent continuer à recalibrer leurs postures de défense pour relever les défis multiformes posés par les maladies infectieuses et les nouvelles menaces biologiques.

Impact économique des urgences sanitaires mondiales

Les urgences sanitaires mondiales, telles que les pandémies et les épidémies de grande ampleur, ont des répercussions économiques considérables qui vont bien au-delà du secteur des soins de santé. L'impact économique d'une crise sanitaire englobe plusieurs dimensions, affectant les industries, les entreprises, le commerce et la stabilité macroéconomique globale. Comme le monde l'a constaté lors de la pandémie de COVID-19, les retombées économiques d'une urgence sanitaire mondiale peuvent être profondes et durables.

L'une des conséquences économiques immédiates d'une crise sanitaire est la perturbation des chaînes d'approvisionnement et du commerce international. Les restrictions de circulation et les barrières commerciales peuvent entraîner des pénuries de biens essentiels, créant des déséquilibres sur le marché et des fluctuations de prix. Les industries qui dépendent des réseaux de production mondiaux peuvent être confrontées à des interruptions de fonctionnement, à une baisse de la productivité et à des pertes de revenus. En outre, les restrictions de voyage et les fermetures de frontières peuvent avoir de graves répercussions sur les secteurs du tourisme, de l'hôtellerie et des transports, entraînant des pertes d'emplois et une baisse de l'activité économique.

En plus de perturber le commerce et l'industrie, les urgences sanitaires mondiales entraînent souvent une augmentation des dépenses publiques pour les soins de santé et les mesures de santé publique. Cette augmentation des dépenses, combinée à la diminution des recettes fiscales due au ralentissement économique, peut grever les budgets nationaux et contribuer aux déficits budgétaires. Les gouvernements peuvent être amenés à réaffecter des fonds provenant d'autres secteurs pour répondre aux besoins urgents en matière de soins de santé, ce qui peut avoir un impact sur les projets d'infrastructure, l'éducation et les programmes de protection sociale.

En outre, le sentiment général des consommateurs et leur comportement changent considérablement pendant une crise sanitaire. Les inquiétudes accrues concernant la sécurité personnelle et la santé incitent les individus à modifier leurs habitudes de consommation, ce qui entraîne des changements dans la dynamique de la consommation et de l'investissement. La confiance des consommateurs peut s'effondrer, ce qui a un impact sur les ventes au détail, les marchés financiers et les investissements des entreprises. L'incertitude quant à l'avenir et la possibilité d'une instabilité économique prolongée peuvent encore réduire la confiance des investisseurs et entraîner une fuite des capitaux des marchés émergents.

L'impact économique d'une urgence sanitaire mondiale se fait également sentir au niveau international, où les économies interconnectées subissent des effets d'entraînement. La baisse de la demande d'exportations, les perturbations des marchés financiers mondiaux et les fluctuations monétaires ajoutent à la complexité des défis économiques auxquels sont confrontées les nations du monde entier. En outre, les pays en développement dont l'infrastructure sanitaire est limitée et la résistance économique plus faible sont particulièrement vulnérables aux conséquences économiques négatives des crises sanitaires.

Dans l'ensemble, les ramifications économiques des urgences sanitaires mondiales soulignent les liens complexes entre la santé publique et l'économie mondiale. Les décideurs politiques, les institutions multilatérales et les entreprises doivent reconnaître les ondes de choc économiques potentielles déclenchées par les crises sanitaires et s'y préparer. Pour faire face à l'impact économique, il faut des stratégies globales visant à atténuer les perturbations de la chaîne d'approvisionnement, à soutenir les industries touchées, à maintenir la stabilité fiscale et à favoriser la coopération internationale pour naviguer dans les complexités d'un paysage économique d'après-crise.

Biotechnologie, recherche et coopération internationale

L'intersection de la biotechnologie, de la recherche et de la coopération internationale joue un rôle essentiel dans la résolution des crises sanitaires mondiales et de leurs répercussions géopolitiques. Avec ses progrès et ses innovations rapides, la biotechnologie est devenue un outil indispensable pour lutter contre les maladies infectieuses, mettre au point des vaccins et améliorer les traitements médicaux. La collaboration internationale dans le domaine de la recherche biotechnologique favorise le progrès scientifique et encourage les liens diplomatiques et la compréhension mutuelle entre les nations. En partageant leurs connaissances, leur expertise et leurs ressources, les pays peuvent collectivement relever des défis sanitaires qui dépassent les frontières, renforçant ainsi la solidarité et la résilience mondiales.

La recherche dans le domaine de la biotechnologie contribue à élucider les mécanismes de transmission des agents pathogènes, la progression de la maladie et les réponses immunitaires de l'hôte. Les scientifiques et les chercheurs du monde entier collaborent pour étudier les séquences génomiques des agents pathogènes, identifier les facteurs de virulence et mettre au point des outils de diagnostic permettant de détecter rapidement les épidémies. En outre, la recherche biotechnologique contribue à la découverte et au développement de nouvelles interventions thérapeutiques et de vaccins, offrant ainsi un espoir face aux menaces sanitaires émergentes. Les efforts de collaboration des réseaux de recherche internationaux ont permis des percées dans la compréhension des agents infectieux, facilitant le développement rapide de contre-mesures et de stratégies d'atténuation.

La coopération internationale en matière de biotechnologie englobe la recherche scientifique et s'étend à l'harmonisation des réglementations, au transfert de technologies et au renforcement des capacités. Grâce à des initiatives conjointes, les pays peuvent harmoniser leurs cadres réglementaires afin d'accélérer l'approbation et la diffusion de produits médicaux vitaux en cas d'urgence sanitaire. En outre, les programmes de transfert de technologie permettent la distribution équitable d'outils biotechnologiques avancés, donnant aux nations les moyens d'améliorer leurs capacités en matière de soins de santé et de répondre efficacement aux crises de santé publique.

En outre, la promotion de partenariats internationaux dans le domaine de la biotechnologie stimule la croissance économique et favorise le développement durable. Les efforts de recherche en collaboration attirent les investissements, stimulent l'innovation et forment une main-d'œuvre qualifiée, contribuant ainsi au progrès technologique et à la compétitivité sur le marché mondial. Le partage des ressources et de l'expertise renforce les infrastructures biotechnologiques nationales, dotant les pays des moyens nécessaires pour relever les défis sanitaires actuels et futurs.

En résumé, la synergie de la biotechnologie, de la recherche et de la coopération internationale est un élément clé de la gestion des crises sanitaires et de la dynamique géopolitique. En tirant parti du pouvoir de la science et de la collaboration, les nations peuvent renforcer leur défense contre les maladies infectieuses, cultiver la diplomatie scientifique et construire une communauté mondiale plus résiliente et plus interconnectée.

Instabilité politique et défis en matière de gouvernance

L'instabilité politique et les problèmes de gouvernance sont des conséquences inhérentes aux crises sanitaires, qui amplifient souvent la complexité des relations internationales. Le maintien de la stabilité politique devient une tâche complexe lorsque les pays sont confrontés à l'impact multiforme des pandémies et autres urgences sanitaires. Les perturbations sociétales et économiques provoquées par ces crises peuvent mettre à rude épreuve les structures de gouvernance et conduire à des dissensions internes, ce qui constitue un obstacle majeur à une réponse unifiée. L'inadéquation des infrastructures de soins de santé et l'inefficacité de l'allocation des ressources peuvent exacerber les disparités sociales et favoriser l'agitation et le mécontentement politique.

En outre, la gestion des urgences en matière de santé publique exige une gouvernance rapide et décisive. Les dirigeants doivent trouver un équilibre délicat entre l'application des mesures nécessaires à l'endiguement et le respect des libertés individuelles. Une mauvaise gestion ou une dérive autoritaire peut déclencher des troubles civils et éroder la confiance du public dans le gouvernement, ce qui a un impact considérable sur la dynamique politique intérieure. Dans certains cas, les gouvernements sont critiqués pour la désinformation, les dissimulations ou les réponses tardives, ce qui peut déstabiliser davantage leur autorité nationale et internationale.

Au niveau international, les crises sanitaires mettent souvent à l'épreuve les capacités de collaboration des institutions de gouvernance mondiale. Des approches contradictoires de la gestion des crises et de la distribution des ressources peuvent peser sur les relations diplomatiques et entraîner des tensions géopolitiques. La répartition des fournitures médicales, des vaccins et des ressources d'aide peut devenir litigieuse, en particulier lorsque les rivalités géopolitiques se mêlent à la diplomatie de la santé. En outre, l'impact inégal des crises sanitaires sur les différentes régions peut mettre en évidence des disparités dans la dynamique du pouvoir mondial, ce qui peut entraîner une modification des alliances et de la coopération internationale.

Ce croisement de l'instabilité politique et des crises sanitaires soulève également des questions sur la résistance et l'adaptabilité des structures de gouvernance existantes. Elle suscite des discussions sur la nécessité de mettre en place des politiques de santé publique globales, des cadres d'intervention en cas d'urgence et des mécanismes de collaboration transfrontalière. Ces défis soulignent l'importance de intégrer des considérations sanitaires dans la planification stratégique de la gouvernance aux niveaux national et international, en mettant l'accent sur l'interdépendance de la sécurité sanitaire et de la stabilité géopolitique.

En conclusion, l'interaction complexe entre l'instabilité politique et les problèmes de gouvernance lors des crises sanitaires met en évidence la relation complexe entre la santé publique et les relations internationales. Pour relever ces défis, il faut une gouvernance proactive et adaptative, une communication transparente et une coopération multilatérale solide. En reconnaissant les répercussions géopolitiques de l'instabilité politique dans le contexte des urgences sanitaires, les décideurs politiques peuvent s'efforcer de mettre en place des cadres de gouvernance plus résistants et durables qui atténuent les effets déstabilisants des futures crises sanitaires.

Diplomatie de la santé et réponses de l'aide internationale

La diplomatie sanitaire et l'aide internationale sont essentielles pour gérer les crises sanitaires mondiales et leurs répercussions géopolitiques. La nature interconnectée du monde d'aujourd'hui exige des efforts de collaboration et des partenariats stratégiques pour faire face aux urgences de santé publique de manière efficace. Les pays s'appuient sur la diplomatie sanitaire pour nouer des alliances, encourager la bonne volonté et promouvoir leurs intérêts nationaux par le biais d'initiatives dans le domaine de la santé. Elle sert d'outil pour projeter une puissance douce et améliorer la réputation internationale. L'aide internationale apportée lors des crises sanitaires est essentielle pour fournir une assistance rapide aux régions touchées et pour démontrer la solidarité avec la communauté mondiale. Ces efforts reflètent les préoccupations humanitaires et contribuent à façonner la dynamique géopolitique. Les pays qui offrent de l'aide renforcent leur position sur la scène internationale, tandis que les bénéficiaires peuvent devenir plus réceptifs à de futures ouvertures diplomatiques.

En outre, les réponses de l'aide internationale peuvent influencer la formation d'alliances ou de coalitions pour relever les défis sanitaires, ce qui a un impact sur les alignements géopolitiques. L'allocation des ressources, de l'expertise et du soutien médical devient essentielle pour déterminer l'étendue de la coopération et de la coordination internationales pendant les crises sanitaires. Au-delà des secours immédiats, une diplomatie de la santé réussie implique l'établissement de partenariats à long terme et d'initiatives de renforcement des capacités. En soutenant le développement d'infrastructures de soins de santé et en renforçant les systèmes de santé publique dans les pays vulnérables, les nations peuvent renforcer leurs liens diplomatiques et contribuer à la stabilité dans les régions sujettes aux crises sanitaires. En outre, les réponses de l'aide internationale permettent l'échange de connaissances, de meilleures pratiques et de progrès scientifiques, favorisant un environnement de collaboration pour faire face aux menaces sanitaires actuelles et futures. Une diplomatie sanitaire efficace et des réponses d'aide internationale se recoupent également avec des considérations économiques et commerciales. Les pays donateurs peuvent chercher à faciliter l'accès aux marchés ou aux ressources naturelles, en alignant leur aide sur des intérêts géopolitiques plus larges.

À l'inverse, les bénéficiaires peuvent tirer parti des engagements en matière d'aide pour négocier des conditions commerciales favorables ou des opportunités d'investissement. Cette imbrication des agendas sanitaires et économiques souligne l'interaction complexe entre la santé publique, la diplomatie et la dynamique du pouvoir mondial. Alors que les pays naviguent entre les implications géopolitiques des crises sanitaires, le maintien de la transparence, de la coopération et de l'adhésion aux principes éthiques devient impératif pour favoriser la confiance et la crédibilité au sein de la communauté internationale. La diplomatie sanitaire et l'aide internationale façonnent en fin de compte le paysage géopolitique en influençant les alliances, la projection de la puissance douce et les relations internationales. L'utilisation efficace de ces outils peut renforcer la position géopolitique d'un pays, faire progresser les intérêts mutuels et contribuer à la sécurité sanitaire mondiale.

Préparation à l'avenir : Leçons et stratégies

Alors que le monde est aux prises avec les conséquences de la pandémie de COVID-19, les dirigeants mondiaux et les décideurs politiques doivent réfléchir aux leçons tirées et élaborer des stratégies pour les crises sanitaires à venir. L'un des enseignements cruciaux tirés de cette expérience est la nécessité de renforcer les systèmes de surveillance et d'alerte précoce. Les pays devraient investir dans des infrastructures de surveillance des maladies et des mécanismes d'échange d'informations robustes afin de détecter rapidement les épidémies potentielles et d'y répondre. En outre, la collaboration et la coordination entre les nations sont primordiales pour faire face aux menaces sanitaires transfrontalières. L'établissement de cadres pour des mécanismes de réponse conjoints et le partage de données peut améliorer de manière significative la préparation au niveau mondial.
Il est essentiel d'investir dans la recherche et le développement de contre-mesures médicales, telles que les vaccins et les médicaments antiviraux. Les gouvernements et les organisations internationales doivent allouer des ressources et rationaliser les processus réglementaires afin d'accélérer le développement et le déploiement des interventions médicales dans les situations d'urgence. Le renforcement des systèmes de soins de santé et des capacités de santé publique est crucial pour la préparation future. Cela implique d'investir dans les infrastructures de santé, de former les professionnels de santé et de garantir l'accès aux fournitures médicales essentielles. En outre, en donnant la priorité à l'engagement communautaire et à la communication sur les risques, on peut améliorer la sensibilisation du public et le respect des règles pendant les crises sanitaires. Il est également impératif de s'attaquer aux disparités socio-économiques qui exacerbent la vulnérabilité aux urgences sanitaires. La mise en place de filets de sécurité sociale et la promotion d'un accès équitable aux services

de santé sont essentielles pour atténuer l'impact des crises futures sur les populations marginalisées. La préparation à l'avenir nécessite également une réévaluation de l'aide internationale et des cadres de coopération. Il est nécessaire de réformer les structures existantes de gouvernance mondiale de la santé afin de garantir une distribution équitable des ressources et de soutenir les pays en développement dans le renforcement de leurs capacités en matière de soins de santé. Parallèlement, l'intégration de considérations sanitaires dans les programmes de politique étrangère et de sécurité peut atténuer les répercussions géopolitiques des pandémies et favoriser une plus grande coopération internationale. En fin de compte, la préparation à l'avenir nécessite une approche à multiples facettes englobant l'innovation scientifique, la réforme de la gouvernance et la collaboration internationale. En intégrant ces enseignements et ces stratégies dans les politiques de santé mondiale, le monde peut mettre en place un cadre plus résilient et plus réactif pour faire face aux futures crises sanitaires.

Résumé et conclusions : Cartographier l'avenir de la géopolitique de la santé

Alors que nous réfléchissons à l'intersection des crises sanitaires et de la géopolitique, il est évident que le paysage mondial est en train de subir une transformation significative. L'émergence de nouvelles maladies infectieuses et la réémergence d'anciennes maladies constituent une menace importante pour les relations internationales et la stabilité des États-nations. La pandémie de COVID-19 a démontré les profondes répercussions géopolitiques d'une crise sanitaire, en mettant en lumière les vulnérabilités des systèmes de gouvernance mondiale et en révélant l'interconnexion de la sécurité sanitaire et de la sécurité nationale. En dessinant l'avenir de la géopolitique de la santé, plusieurs considérations essentielles viennent à l'esprit. Tout d'abord, il est urgent de renforcer la coopération et la coordination mondiales dans la lutte contre les crises sanitaires. Cela implique de renforcer les cadres internationaux existants, tels que l'Organisation mondiale de la santé (OMS), et de consolider les mécanismes de partage de l'information, de mobilisation des ressources et d'efforts de réponse conjoints.

Il est primordial d'intégrer les questions de santé dans les programmes de politique étrangère et de sécurité nationale. Une attention accrue à la diplomatie sanitaire, l'inclusion de la sécurité sanitaire dans les stratégies de défense et l'alignement des politiques économiques sur les impératifs de santé publique sont des étapes essentielles pour atténuer les retombées géopolitiques des futures crises sanitaires. En outre, l'investissement dans la recherche et le développement de vaccins, de thérapies et d'outils de diagnostic est essentiel pour améliorer la préparation et la capacité de réaction au niveau mondial. Cela nécessite une collaboration entre les gouvernements, les entités du secteur privé et les universités afin d'accélérer l'innovation et de garantir un accès équitable aux interventions médicales vitales. En outre, il est impératif de s'attaquer aux dimensions sociopolitiques des crises sanitaires. L'instabilité politique et les problèmes de gouvernance exacerbent souvent l'impact des pandémies et autres urgences sanitaires, ce qui nécessite une approche globale intégrant la santé publique, le bien-être social et les réformes de gouvernance.

En outre, il est indispensable de reconnaître les ramifications économiques des crises sanitaires. L'interaction entre les pandémies, les perturbations commerciales, les vulnérabilités de la chaîne d'approvisionnement et la récession économique souligne la nécessité d'une planification d'urgence solide et de modèles économiques diversifiés capables de résister aux chocs extérieurs. Pour l'avenir, la géopolitique de la santé exige des investissements proactifs dans des mesures de prévention sanitaire, des systèmes d'alerte précoce et des cadres politiques adaptatifs qui tiennent compte de la nature évolutive des maladies infectieuses et de l'interconnectivité mondiale. En favorisant une compréhension commune des conséquences géopolitiques des crises sanitaires et en adoptant une action collective, les nations peuvent renforcer leur résilience et naviguer dans les complexités d'un monde en évolution rapide. En résumé, la convergence de la santé et de la géopolitique représente un formidable défi et une occasion de transformer la coopération et l'engagement au niveau mondial. En faisant preuve de prévoyance stratégique, d'agilité diplomatique et de solutions innovantes, la communauté internationale peut ouvrir la voie à un avenir où la sécurité sanitaire sera considérée comme la pierre angulaire de la stabilité et de la prospérité mondiales.

… 14 …

L'initiative "la Ceinture et la Route"

L'AMBITIEUX PLAN MONDIAL DE LA CHINE

Aperçu de l'initiative "la Ceinture et la Route

L'initiative "la Ceinture et la Route" (ICR), proposée par la Chine, représente l'un des projets d'infrastructure et de développement économique les plus ambitieux et les plus vastes de l'histoire moderne, visant à faire revivre d'anciennes routes commerciales, à relier diverses régions et à favoriser la collaboration à l'échelle mondiale. L'initiative s'étend sur plus de 70 pays d'Asie, d'Afrique et d'Europe, englobant environ 65 % de la population mondiale et près d'un tiers du PIB mondial. Avec une telle ampleur, la BRI cherche à promouvoir la connectivité en créant des réseaux d'infrastructures, notamment des routes, des chemins de fer, des ports et des installations énergétiques, facilitant ainsi la circulation des marchandises, des capitaux et des connaissances. La Chine envisage l'initiative comme un moyen de renforcer le développement régional et de stimuler la croissance économique, ainsi que comme une plateforme stratégique pour accroître son influence internationale et contribuer à façonner le nouvel ordre mondial. La BRI représente une approche holistique visant à favoriser l'interdépendance économique et l'importance géopolitique, reflétant l'aspiration de la Chine à jouer un rôle de premier plan dans les affaires mondiales. En investissant dans le développement des infrastructures et en forgeant des partenariats avec les nations participantes, la Chine vise à établir un réseau interconnecté qui s'aligne sur sa vision à long terme de la prospérité mutuelle et de la coexistence pacifique. Cet effort multiforme est sous-tendu par le concept de "coopération gagnant-gagnant", qui met l'accent sur les avantages réciproques pour toutes les parties prenantes. Par conséquent, la BRI incarne les grandes ambitions de la Chine de rajeunir les routes commerciales historiques, de renforcer les liens diplomatiques et d'étendre sa sphère d'influence grâce à des projets de collaboration, redéfinissant ainsi la dynamique des relations internationales et le paysage économique mondial.

Genèse historique et contexte géopolitique

La genèse historique de l'initiative "la Ceinture et la Route" (ICR) remonte aux anciennes routes commerciales qui reliaient l'Orient et l'Occident. La vision de la Chine, qui consiste à faire revivre ces corridors commerciaux historiques, témoigne d'une profonde compréhension des implications géopolitiques découlant de son contexte historique. De l'ancienne route de la soie aux routes maritimes du XIVe siècle, la BRI s'inspire d'un héritage d'interconnexion et de commerce qui, à l'adresse , a transcendé les frontières et les empires. Le contexte géopolitique de la BRI découle d'un paysage mondial en évolution rapide. Au cours des dernières décennies, la dynamique du pouvoir dans les relations internationales s'est modifiée, créant une situation critique pour que la Chine puisse affirmer son influence sur la scène mondiale. Alors que la Chine embrasse son statut de puissance économique mondiale, la BRI représente une manœuvre stratégique pour étendre sa sphère d'influence, accéder à de nouveaux marchés et s'assurer des ressources vitales. En outre, l'initiative vise à promouvoir la stabilité régionale et à renforcer le "soft power" de la Chine grâce à l'interdépendance économique avec les pays partenaires. Il est essentiel de comprendre les racines historiques et le contexte géopolitique de la BRI pour saisir les motivations et les aspirations sous-jacentes qui sous-tendent cet ambitieux plan mondial.

Objectifs stratégiques du plan global de la Chine

L'initiative chinoise "la Ceinture et la Route" (BRI) englobe des objectifs stratégiques ambitieux visant à remodeler la dynamique économique et géopolitique mondiale. Au cœur de ce plan mondial se trouve l'objectif d'améliorer la connectivité régionale et de favoriser une coopération économique plus étroite entre les pays participants. En intégrant diverses régions par le biais du développement des infrastructures, du commerce et des investissements, la Chine cherche à étendre son influence et à consolider sa position en tant qu'acteur clé dans les affaires internationales. L'un des principaux objectifs stratégiques de la BRI est de faciliter les flux commerciaux et d'investissement entre la Chine et les pays situés le long des itinéraires proposés, ouvrant ainsi de nouveaux marchés et diversifiant les liens économiques de la Chine. Cela répond à l'objectif plus large de la Chine de réduire sa dépendance à l'égard d'un marché unique et d'atténuer les risques potentiels associés à une dépendance excessive à l'égard de partenaires commerciaux spécifiques.

En outre, la BRI encourage les échanges culturels et la connectivité entre les peuples, ce qui favorise la compréhension mutuelle et la bonne volonté entre les nations participantes. En s'appuyant sur des initiatives de soft power telles que les échanges éducatifs, le tourisme et les programmes culturels, la Chine cherche à renforcer les liens diplomatiques et à établir des relations à long terme dans des sociétés diverses. En outre, la BRI s'inscrit stratégiquement dans la vision chinoise d'une plus grande sécurité énergétique et d'un meilleur accès aux ressources. La Chine vise à sécuriser les voies d'approvisionnement vitales pour les ressources essentielles au maintien de sa croissance économique en développant des corridors énergétiques et des projets d'infrastructure. Il s'agit notamment d'initiatives liées aux oléoducs et gazoducs et de projets d'énergie renouvelable qui contribuent aux efforts de diversification énergétique de la Chine. Sur le plan géopolitique, la BRI sert d'outil pour étendre la sphère d'influence de la Chine et consolider les partenariats stratégiques, en particulier dans les régions où la Chine cherche à contrebalancer l'influence d'autres puissances mondiales. En investissant dans des infrastructures essentielles et dans le développement économique, la Chine vise à renforcer son influence politique et à cultiver des alliances qui soutiennent ses objectifs plus larges en matière de politique étrangère. En résumé, les objectifs stratégiques de l'initiative chinoise "la Ceinture et la Route" vont au-delà des simples intérêts économiques et englobent des aspirations à multiples facettes qui reflètent l'ambition de la Chine d'exercer une plus grande influence sur la scène mondiale tout en promouvant l'interconnexion et les avantages mutuels entre les nations participantes.

Grands projets et corridors économiques

L'initiative "la Ceinture et la Route" (ICR), telle que proposée par la Chine, englobe un vaste réseau d'infrastructures et de projets de développement visant à relier l'Asie à l'Europe, à l'Afrique et au-delà. Cette section se penche sur les subtilités des principaux projets et corridors économiques qui constituent l'épine dorsale de cette ambitieuse initiative mondiale.

L'un des projets phares de la BRI est le corridor économique Chine-Pakistan (CPEC), une entreprise de plusieurs milliards de dollars qui comprend des autoroutes, des chemins de fer et le développement d'infrastructures énergétiques. Il vise à améliorer la connectivité entre la région occidentale de la Chine et le port en eau profonde de Gwadar au Pakistan, ouvrant ainsi de nouvelles routes commerciales et de nouvelles opportunités économiques pour les deux pays. Le CPEC illustre l'ampleur et l'importance stratégique de l'accent mis par la BRI sur la promotion de la connectivité et du développement régionaux.

La construction du réseau ferroviaire transeurasien, qui vise à relier la Chine à l'Europe occidentale par le biais d'un corridor de transport transparent et efficace, est un autre projet clé de l'initiative de coopération pour le développement. Ce réseau ferroviaire transcontinental renforce les liens commerciaux et favorise les échanges culturels et la connectivité entre les peuples dans diverses régions. Grâce à ces grands projets, l'initiative de coopération régionale vise à créer un réseau de corridors économiques susceptibles de catalyser la croissance et la coopération entre les pays participants.

Outre les projets d'infrastructure, la BRI comprend également le développement de corridors économiques tels que le corridor économique Bangladesh-Chine-Inde-Myanmar (BCIM-EC) et le corridor économique Chine-Mongolie-Russie (CMREC). Ces corridors visent à faciliter le commerce, l'investissement et l'intégration économique, stimulant ainsi le développement et la prospérité de la région.

En outre, l'initiative de la route de la soie maritime se concentre sur l'amélioration de la connectivité maritime et l'établissement de nouvelles routes commerciales grâce au développement de ports stratégiques et d'infrastructures maritimes ( ). Ces efforts visent à renforcer le commerce maritime et la connectivité, à encourager la coopération économique et à garantir la sécurité énergétique en créant des voies maritimes sûres.

Ces grands projets et corridors économiques jouent un rôle crucial dans le façonnement du paysage du commerce mondial, de l'investissement et de la coopération régionale. Ils représentent la manifestation tangible de la vision de la Chine en matière de connectivité élargie, de développement des infrastructures et de collaboration économique à travers les continents, soulignant l'impact profond de l'initiative "la Ceinture et la Route" sur la dynamique évolutive des relations internationales.

Structures financières et mécanismes de financement

Le financement de l'initiative "la Ceinture et la Route" (ICR) est un aspect essentiel qui sous-tend la mise en œuvre de l'ambitieux plan mondial. À la base, la BRI s'appuie sur diverses structures financières et mécanismes de financement pour soutenir le développement de projets d'infrastructure et de connectivité dans les régions participantes. La Chine a adopté une approche à multiples facettes pour obtenir les fonds nécessaires à l'initiative, en s'appuyant sur des sources de capitaux nationales et internationales.

L'un des principaux mécanismes financiers utilisés par la Chine pour la BRI est la création d'institutions financières multilatérales telles que la Banque asiatique d'investissement dans les infrastructures (AIIB) et la Nouvelle banque de développement (NDB), anciennement connue sous le nom de Banque de développement des BRICS. Ces institutions servent de véhicules pour l'octroi de prêts concessionnels, de subventions et d'autres formes d'assistance financière pour soutenir les projets de l'IRB. L'AIIB, en particulier, a connu une participation importante de la part de divers pays, contribuant ainsi aux ressources financières disponibles pour les initiatives de l'IRB.

Outre les institutions multilatérales, la Chine a également facilité la création de fonds bilatéraux d'investissement et de coopération avec les pays partenaires pour financer des projets spécifiques de la BRI. Ces fonds impliquent souvent des partenariats public-privé conçus pour attirer les investissements du secteur privé parallèlement aux financements garantis par le gouvernement. En outre, la Chine a activement encouragé le financement de projets et les obligations d'infrastructure pour financer les projets de l'IAB, en faisant appel aux marchés de capitaux mondiaux pour lever des fonds substantiels pour des projets d'infrastructure à grande échelle.

En outre, la BRI a été témoin de l'utilisation de financements libellés en renminbi, tirant parti de l'internationalisation de la monnaie chinoise. Cette stratégie réduit les risques de change et favorise l'adoption plus large du renminbi comme monnaie internationale de commerce et d'investissement, conformément aux objectifs économiques à long terme de la Chine.

Il est important de noter que les mécanismes de financement utilisés dans le cadre de la BRI ont attiré l'attention et suscité des débats en raison des préoccupations relatives à la viabilité de la dette, à la transparence et aux normes de gouvernance. Les critiques ont soulevé des questions concernant les pièges potentiels de la dette associés aux prêts à l'infrastructure à grande échelle, appelant à un examen plus approfondi et à une évaluation des risques dans les accords de financement de projets. Ces discussions ont suscité des efforts pour renforcer la transparence et la responsabilité dans l'allocation des fonds, encourageant des pratiques de prêt plus responsables dans le cadre de la BRI.

Alors que la BRI continue d'évoluer, la dynamique de ses structures financières et de ses mécanismes de financement restera sans aucun doute au cœur de son succès. Il sera essentiel de naviguer dans les méandres de la finance internationale, de la gestion de la dette et de l'investissement durable pour façonner l'impact durable de la BRI sur la connectivité et le développement économique à l'échelle mondiale.

Impact sur le commerce mondial et les schémas d'investissement

Depuis son lancement, l'initiative "la Ceinture et la Route" (BRI) a eu un impact profond sur le commerce mondial et les schémas d'investissement. L'initiative a facilité une plus grande connectivité entre les régions en finançant et en construisant des projets d'infrastructure à travers l'Asie, l'Afrique et l'Europe, ouvrant ainsi de nouvelles routes commerciales et de nouveaux corridors économiques. Les flux de marchandises, de services et de capitaux ont ainsi augmenté, offrant aux pays concernés de nombreuses possibilités d'étendre leurs relations commerciales et de diversifier leurs marchés.

L'un des principaux résultats de la BRI est le développement de réseaux de transport modernes, notamment de routes, de chemins de fer, de ports et d'aéroports. Ces investissements dans les infrastructures ont amélioré l'efficacité du commerce transfrontalier et renforcé les capacités logistiques globales des pays participants. En conséquence, les entreprises peuvent désormais transporter leurs produits plus facilement et à moindre coût, ce qui stimule le commerce international et favorise la croissance économique.

En outre, la BRI a favorisé d'importants investissements directs étrangers (IDE) dans les régions où les projets sont mis en œuvre. Les entreprises chinoises et celles des autres pays participants ont investi dans divers secteurs, tels que l'énergie, les télécommunications et l'industrie manufacturière, stimulant ainsi les économies locales et créant des opportunités d'emploi. L'afflux de capitaux et d'expertise a contribué à la modernisation et à l'expansion des industries, ce qui a permis d'intégrer davantage ces économies dans le marché mondial.

Outre les infrastructures et les investissements, la BRI a également influencé les politiques et les accords commerciaux des pays participants. L'initiative a incité les gouvernements à réévaluer les relations commerciales et à s'adapter à la nouvelle dynamique du marché. En conséquence, nous avons assisté à l'émergence d'accords commerciaux bilatéraux et multilatéraux visant à faciliter les transactions transfrontalières et à réduire les barrières commerciales. Ces développements ont diversifié les options commerciales des pays impliqués dans l'initiative de BRI et renforcé leur pouvoir de négociation dans l'arène commerciale mondiale.

Il est important de noter que si la BRI a apporté de nombreux changements positifs dans le commerce mondial et les schémas d'investissement, elle a également suscité des débats et des préoccupations concernant la viabilité de la dette, la transparence et l'influence géopolitique. Certains critiques affirment que certains pays participants pourraient être confrontés à des charges financières en raison des emprunts importants contractés pour les projets de l'IRB, ce qui pourrait entraîner une dépendance à l'égard de la dette et une perte de souveraineté. En outre, des questions ont été soulevées quant aux motivations stratégiques qui sous-tendent l'initiative et à ses implications potentielles sur la dynamique des pouvoirs régionaux et mondiaux.

Alors que l'initiative continue d'évoluer, il est essentiel pour les décideurs politiques, les entreprises et les universitaires de suivre de près ses développements et d'évaluer son impact à long terme sur le commerce mondial et les schémas d'investissement. Si la BRI offre d'immenses possibilités d'intégration économique et de développement, elle pose également des défis importants qui doivent être relevés par une gouvernance transparente, un financement durable et une coopération mutuellement bénéfique.

Implications politiques pour les pays partenaires

L'initiative "la Ceinture et la Route" (BRI) lancée par la Chine a présenté des implications politiques significatives pour les pays partenaires impliqués. Alors que la Chine étend son influence par le biais du développement d'infrastructures, d'accords commerciaux et d'une assistance économique, les pays partenaires naviguent dans un réseau complexe de considérations géopolitiques. L'une des principales implications politiques est la modification de l'alignement et de la dépendance de ces nations. En s'engageant dans la BRI, les pays partenaires peuvent aligner leur politique étrangère plus étroitement sur la Chine, s'éloignant potentiellement des alliances traditionnelles ou des dépendances à l'égard d'autres puissances mondiales. Cette réorientation peut avoir des conséquences considérables sur les dynamiques géopolitiques existantes et entraîner des recalibrages dans les structures de pouvoir régionales.

En outre, les implications politiques s'étendent à la gouvernance locale et au tissu socio-économique des pays partenaires. Les investissements et les projets chinois dans le cadre de la BRI nécessitent souvent des collaborations avec les gouvernements locaux, ce qui permet à la Chine d'influencer les politiques nationales et les processus de prise de décision. Cette dynamique suscite des inquiétudes quant à la souveraineté, la transparence et la possibilité d'exercer une influence indue sur les affaires intérieures. En outre, l'afflux de capitaux et d'entreprises chinoises peut exacerber les tensions ou les luttes de pouvoir au sein des pays partenaires, entraînant des troubles politiques et des perturbations sociales.

En outre, les implications politiques de la BRI sont étroitement liées à des questions d'intérêts stratégiques et à des considérations de sécurité. À mesure que la Chine étend sa présence et ses infrastructures dans les pays partenaires, des questions se posent quant à l'impact sur les architectures de sécurité régionales et à la militarisation potentielle de sites clés. Le développement de ports, de réseaux ferroviaires et d'installations énergétiques dans le cadre de la BRI peut modifier le paysage stratégique et inciter les pays voisins et les puissances mondiales à réévaluer leurs positions en matière de sécurité et leurs stratégies d'engagement dans les régions concernées.

La BRI présente également des défis liés à la gouvernance, à l'État de droit et à la transparence dans les pays partenaires. Les projets et les investissements menés par la Chine ont suscité des inquiétudes quant aux normes environnementales, aux pratiques de travail et à la viabilité de la dette. L'absence de cadres réglementaires et de mécanismes de contrôle clairs dans certains pays partenaires a donné lieu à des débats sur la responsabilité des gouvernements hôtes et des entités chinoises impliquées dans les projets de la BRI. Ces implications liées à la gouvernance ont suscité des discussions sur la nécessité d'établir des partenariats équilibrés, équitables et durables qui préservent les intérêts à long terme des pays partenaires.

En résumé, les implications politiques de l'initiative "la Ceinture et la Route" pour les pays partenaires sont multiples et conséquentes. Elles englobent des réalignements dans les relations internationales, des dynamiques de gouvernance intérieure, des considérations de sécurité et des défis liés à la gestion et à la transparence. Alors que l'initiative "la Ceinture et la Route" continue de façonner la connectivité mondiale et l'interdépendance économique, il sera essentiel, tant pour les pays partenaires que pour la communauté internationale dans son ensemble, de comprendre et de traiter ces implications politiques.

Défis et controverses entourant l'initiative

L'initiative "la Ceinture et la Route" (BRI) est l'un des programmes mondiaux de développement et d'investissement les plus ambitieux et les plus ambitieux de l'histoire récente. Avec sa portée étendue et ses engagements financiers importants, l'initiative a suscité un mélange d'éloges, de scepticisme et d'inquiétude parmi les différentes parties prenantes et les observateurs internationaux. L'un des principaux défis associés à la BRI concerne la viabilité de la dette des pays participants. Si les projets d'infrastructure financés par la Chine dans le cadre de l'initiative promettent de stimuler la croissance économique et de moderniser les infrastructures, il existe un risque imminent de surendettement pour certaines des nations les moins robustes sur le plan économique. Cette situation a suscité des inquiétudes quant à une éventuelle "diplomatie du piège de la dette", dans laquelle les pays pourraient se retrouver redevables à la Chine en raison de dettes croissantes, ce qui compromettrait leur souveraineté.

En outre, le manque de transparence et de normes de gouvernance de certains projets de l'initiative de coopération pour le développement a suscité des inquiétudes quant à la corruption et à la mauvaise gestion, entraînant des risques sociaux et environnementaux. L'impact environnemental des développements d'infrastructures à grande échelle dans le cadre de la BRI a également fait l'objet d'un examen minutieux, avec des inquiétudes concernant la destruction d'habitats, la pollution et les déséquilibres écologiques. En outre, les rivalités géopolitiques ont compliqué l'accueil de la BRI, les puissances établies considérant l'initiative de la Chine comme un moyen d'étendre son influence et de tirer parti de ses avantages stratégiques. En conséquence, des tensions politiques et des dynamiques régionales sont apparues en réponse à ce qui est perçu comme un jeu de pouvoir, ajoutant une nouvelle couche de complexité à la mise en œuvre de l'initiative. La nature litigieuse de certains projets de la BRI dans des territoires contestés a donné lieu à des différends diplomatiques et juridiques, ce qui a encore accentué les controverses entourant l'initiative. Les allégations de pratiques d'exploitation de la main-d'œuvre et de perturbations sociales dans les pays d'accueil ont contribué aux critiques multiples auxquelles la BRI est confrontée. Pour surmonter ces difficultés, il faut promouvoir une plus grande transparence, favoriser des pratiques de prêt durables et garantir le respect de normes environnementales rigoureuses. Pour atténuer les controverses, il est essentiel de tenir compte des sensibilités géopolitiques et d'engager un dialogue constructif avec les parties concernées. Au fur et à mesure que la BRI évolue, la Chine et ses partenaires sont confrontés à un défi permanent : naviguer sur le terrain complexe des défis.

Analyse comparative : Des efforts historiques similaires

L'analyse comparative de l'initiative chinoise "la Ceinture et la Route" (BRI) avec des initiatives historiques fournit des indications précieuses sur les dimensions géopolitiques, économiques et sociales des projets internationaux à grande échelle. Le plan Marshall, mis en œuvre par les États-Unis au lendemain de la Seconde Guerre mondiale, est l'une de ces initiatives historiques de premier plan. Le plan Marshall visait à fournir une aide financière et des prêts pour le redressement d'après-guerre des pays d'Europe occidentale, en favorisant la stabilité économique et en facilitant les intérêts stratégiques. De la même manière, tant la BRI que le plan Marshall ont été motivés par des ambitions géopolitiques, cherchant à étendre leur influence et à créer des dépendances économiques. Toutefois, alors que le plan Marshall visait à aider au redressement des pays déchirés par la guerre, l'initiative de coopération régionale donne la priorité au développement des infrastructures et à la connectivité entre l'Asie, l'Afrique et l'Europe. Le projet de chemin de fer transsibérien, lancé par la Russie à la fin du XIXe siècle, est un autre projet historique important. Ce vaste réseau ferroviaire a contribué à l'intégration économique de la Sibérie au reste de la Russie et a facilité les échanges avec la Chine et d'autres pays asiatiques.

En revanche, la BRI a une portée beaucoup plus large, impliquant des projets d'infrastructure couvrant plusieurs continents et visant à remodeler les routes commerciales mondiales. En comparant ces projets historiques à l'initiative de Bruxelles, nous pouvons évaluer la nature évolutive de la coopération internationale, le rôle des initiatives menées par les États dans le façonnement de la dynamique régionale et les implications à long terme des mégaprojets d'infrastructure pour la géopolitique mondiale. En outre, une telle analyse comparative permet une compréhension nuancée des motivations économiques, des aspirations géopolitiques et des impacts socioculturels de ces entreprises ambitieuses. Grâce à un examen approfondi et à une évaluation critique des analogues historiques, les décideurs politiques, les universitaires et les parties prenantes peuvent tirer des enseignements précieux qui éclaireront leur approche de l'initiative de coopération régionale et d'autres initiatives similaires à venir.

Perspectives d'avenir et extensions possibles

Alors que l'initiative "la Ceinture et la Route" continue de remodeler les paysages économiques et géopolitiques mondiaux, il est essentiel d'examiner ses perspectives et ses extensions possibles. La nature multidimensionnelle de ce plan mondial ambitieux justifie une évaluation complète de la façon dont il pourrait évoluer dans les années à venir et des domaines potentiels d'expansion.

Un aspect essentiel à prendre en considération est la portée géographique de l'initiative. Alors que l'accent a été mis sur l'Asie, l'Afrique et l'Europe, il existe un intérêt croissant pour l'extension de l'initiative à d'autres régions, telles que l'Amérique latine et les Caraïbes. Les implications stratégiques d'une telle extension seraient considérables et pourraient modifier les sphères d'influence traditionnelles et la dynamique commerciale.

Une autre considération cruciale concerne les domaines qui vont au-delà de l'infrastructure et du commerce. L'initiative "la Ceinture et la Route" pourrait intégrer de plus en plus la connectivité numérique, l'innovation technologique et les objectifs de développement durable dans son cadre. Cette évolution vers une intégration plus large et plus holistique s'aligne sur les tendances et les demandes mondiales, positionnant l'initiative comme un catalyseur pour un développement et une coopération globaux.

Outre l'expansion géographique et des domaines, les perspectives de l'initiative "la Ceinture et la Route" dépendent également de sa capacité à s'adapter à l'évolution des normes internationales. Alors que le paysage géopolitique mondial connaît des changements et des réalignements, la capacité de l'initiative à naviguer dans ces changements tout en maintenant des partenariats constructifs fera partie intégrante de sa durabilité et de son succès.

L'expansion potentielle de l'initiative soulève également des questions sur le rôle de la coopération et de la gouvernance multilatérales. On peut s'attendre à une collaboration accrue avec les organisations et les cadres internationaux existants, ce qui favorisera une plus grande cohérence et une plus grande inclusivité dans la mise en œuvre de projets économiques et d'infrastructures à grande échelle.

En outre, la convergence de l'initiative "la Ceinture et la Route" avec des questions émergentes telles que le changement climatique, la sécurité sanitaire et la gouvernance numérique offre une possibilité d'expansion adaptative. En intégrant ces préoccupations mondiales urgentes dans son programme, l'initiative peut être une force proactive pour relever les défis contemporains tout en favorisant le développement durable.

Dans l'ensemble, les perspectives et les extensions possibles de l'initiative "la Ceinture et la Route" se caractérisent à la fois par des opportunités et des défis. La prévoyance stratégique et la diplomatie nuancée seront essentielles pour naviguer dans les complexités de l'expansion tout en respectant les principes fondamentaux de l'initiative, à savoir l'avantage mutuel et le développement inclusif.

15

Face à l'émergence de nouveaux défis

L'ADAPTATION DE L'OTAN À LA GÉOPOLITIQUE DU XXIE SIÈCLE

L' *évolution de l'OTAN dans un monde en mutation*

L'OTAN, l'Organisation du traité de l'Atlantique Nord, a subi d'importantes transformations depuis sa création en 1949. Initialement créée pour servir d'alliance de défense collective dans le contexte de la guerre froide, les objectifs fondamentaux de l'OTAN étaient centrés sur le maintien de la sécurité et de la stabilité de ses États membres face à l'agression soviétique. L'organisation était principalement conçue pour dissuader et, si nécessaire, combattre les menaces militaires extérieures contre l'intégrité territoriale de ses membres. Cependant, l'effondrement de l'Union soviétique et les changements géopolitiques qui ont suivi dans le paysage international ont conduit à une réévaluation du rôle et de l'objectif de l'OTAN. Face à l'émergence de nouveaux défis mondiaux, du terrorisme à la cyberguerre en passant par l'instabilité régionale et les menaces hybrides, l'OTAN a élargi son champ d'action au-delà de la défense militaire traditionnelle. Des adaptations stratégiques ont été apportées pour faire face à ces menaces en évolution, reflétant l'engagement de l'organisation à maintenir la sécurité dans un monde de plus en plus complexe et interconnecté. Cette section examine comment l'évolution de l'OTAN a conduit à des réformes structurelles et à des adaptations stratégiques, remodelant l'organisation pour qu'elle réponde efficacement aux réalités géopolitiques contemporaines. En examinant le contexte historique et les catalyseurs du changement, nous pouvons obtenir des informations précieuses sur la métamorphose en cours de l'OTAN et sur sa pertinence durable dans l'environnement mondial dynamique et incertain d'aujourd'hui.

Réformes structurelles et adaptations stratégiques

En réponse à l'évolution du paysage géopolitique du XXIe siècle, l'OTAN a entrepris d'importantes réformes structurelles et adaptations stratégiques afin d'améliorer sa pertinence et son efficacité face aux défis de sécurité modernes. Ces réformes englobent un large éventail d'ajustements organisationnels, opérationnels et doctrinaux visant à garantir l'agilité et la résilience de l'OTAN face à des menaces diverses et complexes. Au cœur de ces réformes se trouve le concept de défense collective, qui implique l'engagement collectif de tous les États membres à se défendre mutuellement en cas d'attaque, comme le prévoit l'article 5 du traité de l'Atlantique Nord. Ce principe est la pierre angulaire de la posture stratégique de l'OTAN et informe ses efforts d'adaptation. L'un des aspects essentiels de la réforme structurelle consiste à renforcer la structure de commandement de l'OTAN afin de faciliter une prise de décision et une coordination rapides, compte tenu de la nécessité de réagir rapidement à l'évolution de la dynamique de sécurité.

En outre, l'Alliance a investi dans le renforcement de l'interopérabilité entre les forces de ses membres et dans le développement de capacités conjointes afin de garantir une coopération sans faille pendant les opérations. Adoptant une approche globale, l'OTAN a également élargi son champ d'action au-delà des domaines militaires traditionnels pour faire face aux nouveaux défis sécuritaires tels que les cybermenaces, la guerre hybride et les campagnes de désinformation. La nature adaptative de ces réformes stratégiques souligne l'engagement de l'OTAN à rester à l'avant-garde de la gouvernance de la sécurité mondiale tout en luttant efficacement contre les menaces nouvelles et en évolution. En outre, pour tenir compte de l'interdépendance des défis sécuritaires, l'OTAN a intensifié ses partenariats avec des pays non membres et des organisations internationales, favorisant ainsi la mise en place de cadres de coopération pour répondre aux préoccupations sécuritaires communes. Grâce à ces réformes structurelles et à ces adaptations stratégiques, l'OTAN cherche à renforcer son rôle en tant qu'alliance proactive et résiliente, capable de préserver la sécurité collective de ses membres et de contribuer à la stabilité et à la paix dans le monde.

La cyberdéfense et la montée des menaces numériques

Dans le monde interconnecté d'aujourd'hui, la sécurité s'est étendue au cyberespace, présentant de nouvelles opportunités et des défis sans précédent. Les cybermenaces sont passées de simples nuisances à des outils sophistiqués d'espionnage, de sabotage et de guerre. Les capacités des acteurs malveillants opérant dans le domaine numérique évoluent rapidement en même temps que la technologie. Pour l'OTAN, il est essentiel de comprendre et de relever ces défis pour garantir la sécurité de ses États membres et l'intégrité de ses opérations. L'Alliance a reconnu qu'il était urgent de renforcer ses capacités de cyberdéfense pour faire face à l'évolution des menaces numériques. Il s'agit de renforcer ses réseaux et ses infrastructures et de collaborer étroitement avec les États membres pour renforcer la résilience collective face aux cyberattaques.

En outre, l'OTAN doit surveiller les adversaires potentiels qui cherchent à exploiter les vulnérabilités du cyberespace pour en tirer un avantage stratégique. Dans le cadre de son approche proactive, l'OTAN a investi dans des stratégies de cyberdéfense, notamment en développant des technologies de pointe et en créant des unités spécialisées dans la cybersécurité. Ces efforts visent à améliorer la rapidité de la détection, de la réaction et de l'atténuation des menaces, ainsi qu'à favoriser le partage d'informations et la collaboration entre les États membres. Toutefois, la montée des menaces numériques transcende les frontières traditionnelles , ce qui rend la coopération et la coordination internationales essentielles pour lutter efficacement contre les cybermenaces. Dans ce contexte, l'OTAN s'est engagée avec des partenaires, des experts du secteur et d'autres organisations internationales à promouvoir un front uni contre l'agression numérique.

En outre, l'alliance est déterminée à promouvoir un comportement responsable dans le cyberespace et à faire respecter le droit international et les normes régissant la conduite des États dans le domaine numérique. L'élément central de cette approche est la reconnaissance de l'interconnexion entre la cybersécurité, la défense nationale et la stabilité géopolitique au sens large. Alors que l'innovation technologique s'accélère, l'OTAN est confrontée à la tâche permanente de garder une longueur d'avance sur les cybermenaces émergentes, ce qui nécessite une adaptation, des investissements et une coopération continus. En accordant la priorité à la cyberdéfense et en reconnaissant l'importance des menaces numériques dans la géopolitique contemporaine, l'OTAN réaffirme sa volonté de préserver la sécurité et l'intégrité de ses États membres dans un monde de plus en plus complexe et interconnecté.

Expansion vers l'Est et relations avec la Russie

L'expansion de l'OTAN vers l'Est est un sujet d'intérêt géopolitique important, en particulier dans le contexte des relations avec la Russie.

L'élargissement de l'Alliance vers l'Est, en incorporant les pays de l'ancien bloc soviétique, a suscité des inquiétudes profondes et des tensions régionales. La Russie perçoit l'évolution de l'OTAN vers l'Est comme un empiétement sur sa sphère d'influence traditionnelle, d'où une méfiance accrue et un sentiment d'encerclement. Cet équilibre délicat a alimenté des dynamiques complexes et soulevé des questions cruciales sur la sécurité, la dissuasion et la coopération. Le dialogue en cours entre l'OTAN et la Russie a joué un rôle essentiel dans la gestion de ces défis, les deux parties cherchant à trouver une voie qui concilie les intérêts de sécurité et la stabilité régionale. Cette relation complexe a également connu des tensions accrues, notamment lors d'événements tels que l'annexion de la Crimée et le conflit en Ukraine, ce qui a encore compliqué le paysage stratégique global. L'évaluation des implications de l'expansion orientale de l'OTAN sur l'architecture de sécurité de l'Europe et la compréhension de la réponse de la Russie à ces changements nécessitent un examen nuancé des facteurs historiques, culturels et géopolitiques. La diversité des perspectives et des intérêts en jeu souligne la nécessité d'efforts diplomatiques soutenus et d'une approche multilatérale pour favoriser les mesures de confiance et les stratégies de désescalade. Compte tenu de leur impact profond sur la sécurité euro-atlantique, la gestion des complexités de l'expansion à l'Est et des relations avec la Russie reste une priorité urgente pour l'OTAN. À ce titre, une communication solide ( ), un dialogue transparent et un engagement en faveur de la compréhension mutuelle sont impératifs pour aborder les complexités de cette question aux multiples facettes. Pour l'avenir, le défi consiste à forger un cadre constructif qui préserve la sécurité tout en encourageant les initiatives de coopération qui peuvent contribuer à atténuer les tensions de longue date et à construire un paysage sécuritaire plus résilient dans toute la région.

L'engagement de l'OTAN dans les points chauds de la planète

Alors que l'OTAN navigue dans les complexités de la géopolitique du XXIe siècle, son rôle dans les points chauds de la planète est devenu de plus en plus crucial. L'Alliance a été appelée à relever une myriade de défis dans diverses régions du monde. De l'Afrique du Nord au Moyen-Orient, de l'Asie-Pacifique à l'Europe de l'Est, l'engagement de l'OTAN dans ces zones instables souligne sa volonté de maintenir la paix et la sécurité internationales. Cet engagement se traduit par des opérations militaires, des efforts diplomatiques, des programmes de renforcement des capacités et des initiatives d'aide humanitaire. En Afrique du Nord et au Moyen-Orient, l'OTAN participe à la lutte contre le terrorisme, à la formation des forces de sécurité locales et à l'apport d'un soutien stratégique pour stabiliser les États fragiles. Le partenariat de l'Alliance avec les acteurs régionaux et les organisations internationales a permis de faire face à des menaces complexes pour la sécurité et de favoriser la stabilité. Dans la région Asie-Pacifique, l'engagement de l'OTAN s'étend au-delà des frontières euro-atlantiques traditionnelles. Alors que la région connaît des changements géopolitiques et des différends maritimes, l'OTAN joue un rôle essentiel dans la promotion du dialogue, de la coopération et des mesures de confiance. Sa présence prévient les conflits potentiels et aide les partenaires régionaux à répondre aux préoccupations communes en matière de sécurité. En ce qui concerne l'Europe de l'Est, l'implication de l'OTAN dans les zones sensibles telles que les États baltes et la région de la mer Noire est fondamentale pour dissuader les agressions et renforcer les capacités de défense des pays alliés. L'alliance envoie un message clair de solidarité et de volonté de répondre à toute menace émergente par le biais d'une présence avancée, d'exercices conjoints et du développement d'infrastructures. Les multiples facettes de l'engagement de l'OTAN dans les points chauds de la planète soulignent l'adaptabilité et la pertinence de l'organisation face à l'évolution des défis sécuritaires. En outre, il met en évidence l'engagement collectif des États membres à respecter les principes du traité de l'Atlantique Nord et à contribuer à un monde plus sûr et plus stable.

Partenariats au-delà de l'Atlantique : Un nouveau cadre

Dans le paysage géopolitique du XXIe siècle, l'OTAN a remodelé ses partenariats au-delà du cadre transatlantique traditionnel, reconnaissant la nature évolutive des défis sécuritaires mondiaux. L'Alliance recherche activement de nouvelles collaborations avec des partenaires stratégiques en dehors de la région euro-atlantique pour faire face aux nouvelles menaces et contribuer à la stabilité mondiale. Cette évolution reflète la volonté de l'OTAN de favoriser une approche plus interconnectée et plus coopérative pour faire face à des questions de sécurité complexes. L'un des aspects essentiels de ce nouveau cadre est l'approfondissement de l'engagement avec les pays d'Asie, du Moyen-Orient et d'Afrique. En renforçant ses liens avec ces régions, l'OTAN entend améliorer sa compréhension des diverses dynamiques de sécurité et élaborer des stratégies efficaces de défense collective et de résolution des conflits.

En outre, la collaboration de l'OTAN avec des organisations et des coalitions régionales a pris de l'importance dans ce nouveau cadre. Reconnaissant les rôles complémentaires des diverses structures de sécurité régionales, l'OTAN s'efforce de forger des partenariats plus solides avec des organisations telles que l'Union africaine, l'ANASE et le Conseil de coopération du Golfe. Ces efforts visent à tirer parti du partage des compétences, des ressources et des capacités pour faire face aux défis sécuritaires communs et promouvoir la stabilité régionale. En outre, l'ouverture mondiale de l'OTAN aux entités non gouvernementales et aux organisations de la société civile a joué un rôle essentiel dans la promotion de ce nouveau cadre de partenariat. Soulignant l'importance des efforts de sécurité inclusifs, l'alliance a cherché à s'engager avec des agences humanitaires, des institutions de recherche et des groupes de défense afin d'exploiter leurs idées et leur expertise en matière de prévention des conflits, de consolidation de la paix et d'aide humanitaire. Grâce à cette collaboration, l'OTAN vise à intégrer des perspectives diverses et des approches novatrices dans ses initiatives de sécurité et à promouvoir les principes de la sécurité humaine.

En outre, l'alliance a poursuivi le renforcement de la coopération entre militaires avec les pays partenaires, en facilitant les exercices d'entraînement conjoints, le partage d'informations et les initiatives d'interopérabilité. En renforçant ces partenariats militaires, l'OTAN cherche à consolider la confiance mutuelle et l'efficacité opérationnelle, ce qui permet de réagir rapidement et de gérer les crises sur divers théâtres d'opérations. Dans l'ensemble, le nouveau cadre de partenariat souligne l'engagement de l'OTAN à s'adapter aux multiples facettes des défis sécuritaires contemporains et à amplifier son impact grâce à des relations de collaboration inclusives au-delà de la région de l'Atlantique.

Progrès technologiques et capacités de guerre

À mesure que le paysage géopolitique évolue, les progrès technologiques jouent un rôle de plus en plus crucial dans la définition des capacités et des stratégies des alliances militaires telles que l'OTAN. Le champ de bataille moderne est désormais étroitement lié aux technologies de pointe, qu'il s'agisse de munitions guidées avec précision ou de véhicules aériens sans pilote. Dans ce contexte, les États membres de l'OTAN investissent dans la recherche et le développement pour renforcer leurs capacités de guerre. Le cyberespace est devenu un nouveau domaine de conflit, ce qui a conduit l'OTAN à renforcer ses capacités de cyberdéfense et à élaborer des cadres solides pour faire face aux menaces numériques. L'alliance explore également le potentiel de l'intelligence artificielle et de l'apprentissage automatique pour optimiser les opérations militaires, les processus décisionnels et la planification stratégique.

Par ailleurs, l'intégration de systèmes avancés de surveillance et de reconnaissance accroît la capacité de l'OTAN à recueillir des renseignements, à surveiller les adversaires et à préserver ses intérêts sur divers théâtres d'opérations. En outre, les moyens spatiaux sont de plus en plus intégrés dans les capacités de guerre, ce qui accroît l'importance des communications par satellite, de la télédétection et des technologies de navigation, qui permettent aux forces de l'OTAN d'être précises et d'avoir une portée mondiale. Alors que la technologie progresse rapidement, l'OTAN reste vigilante et adapte ses doctrines, ses structures organisationnelles et ses concepts opérationnels afin de tirer parti de l'ensemble des avancées technologiques, tout en veillant au respect de l'éthique et de la législation. La convergence des technologies émergentes et de la guerre traditionnelle nécessite une approche globale du développement, de l'acquisition et du déploiement des capacités de pointe, tout en tenant compte des implications éthiques, juridiques et sécuritaires qui en découlent. Cet équilibre complexe entre l'innovation technologique et l'utilisation responsable souligne l'engagement de l'OTAN à maintenir une posture de dissuasion crédible et à faire respecter les normes internationales dans la recherche de la sécurité et de la stabilité mondiales.

Les défis au sein de l'OTAN : Contributions des membres et cohésion

Pierre angulaire de la sécurité transatlantique, l'OTAN est confrontée à de nombreux défis pour assurer l'unité des contributions et la cohésion de ses États membres. L'efficacité de l'alliance est profondément liée aux efforts et aux engagements collectifs de ses membres, ce qui fait des disparités en matière de dépenses et de capacités de défense entre les pays membres une préoccupation majeure. Au cœur de ce défi se trouve la question persistante du partage du fardeau, où certains pays assument un nombre disproportionné de responsabilités militaires et financières. En revanche, d'autres n'atteignent pas les objectifs fixés par l'alliance. Ce déséquilibre sape non seulement la solidarité et la crédibilité de l'alliance, mais affaiblit également sa capacité de dissuasion.

En outre, les divergences entre les capacités militaires et les objectifs stratégiques des pays membres posent des défis importants à l'aptitude de l'OTAN à formuler et à mettre en œuvre une stratégie de défense cohérente et efficace. Ces différences peuvent entraver les capacités de réaction rapide et empêcher l'alliance de faire face à l'évolution des menaces pour la sécurité. En outre, les divergences politiques et diplomatiques au sein des membres de l'OTAN sur des questions essentielles telles que l'approche à l'égard des puissances mondiales émergentes, les conflits régionaux ou les priorités en matière de défense peuvent entraîner des discordes internes et des dissonances stratégiques, qui risquent de compromettre l'unité et la cohérence de l'alliance. En outre, la complexité croissante de la guerre hybride et des menaces sécuritaires non conventionnelles a encore aggravé les défis auxquels l'OTAN est confrontée. La nature asymétrique de la guerre hybride brouille les frontières traditionnelles entre les domaines militaires et non militaires, mettant à l'épreuve l'état de préparation et l'adaptabilité de l'alliance. Parvenir à un consensus sur la réponse à apporter à ces menaces ambiguës et multiformes est une tâche formidable qui exige une coordination et une coopération solides entre les États membres. L'OTAN doit s'attaquer de front à ces défis en favorisant une transparence, une communication et une confiance accrues entre les pays membres et en concevant des mécanismes qui encouragent un partage équitable des charges et une convergence stratégique. En outre, la promotion d'une culture de la collaboration et de l'inclusion, où les différents points de vue et intérêts sont respectés et intégrés dans les processus de prise de décision collective, sera cruciale pour renforcer la cohésion et la résilience de l'alliance dans un paysage sécuritaire de plus en plus complexe.

Évaluation de la réponse de l'OTAN à la guerre hybride

La guerre hybride représente un défi complexe et évolutif pour la sécurité internationale. Elle combine des moyens conventionnels, irréguliers et asymétriques, brouillant la frontière entre la guerre et la paix et tirant parti de diverses tactiques pour atteindre des objectifs stratégiques. Pour l'OTAN, comprendre et contrer efficacement les menaces hybrides est devenu une priorité essentielle à une époque marquée par des avancées technologiques et des changements géopolitiques rapides.

Au fond, la guerre hybride englobe divers outils et techniques, notamment les cyber-attaques, les campagnes de désinformation, la coercition économique, la guerre par procuration et les opérations militaires non conventionnelles. Ces tactiques exploitent les vulnérabilités des sociétés et des institutions démocratiques, créant de l'instabilité, sapant la confiance et semant la discorde entre les pays membres. L'aptitude de l'OTAN à faire face à ces défis multiformes dépend de sa capacité à s'adapter et à innover en réponse aux menaces émergentes.

L'approche adoptée par l'OTAN pour faire face à la guerre hybride implique une stratégie à multiples facettes qui renforce la résilience, améliore la connaissance de la situation, consolide les capacités de renseignement et favorise des processus décisionnels rapides. Ce cadre global tient compte de la nature interdépendante des menaces modernes pour la sécurité et souligne l'importance de la collaboration, de la coordination et du partage des meilleures pratiques entre les États membres.

L'un des aspects essentiels de la réponse de l'OTAN est l'intégration de mesures de cyberdéfense dans ses accords de sécurité collective. Consciente de l'importance croissante du cyberespace en tant que domaine de conflit potentiel, l'OTAN s'est efforcée de renforcer son dispositif de défense en développant la résilience cybernétique, en améliorant les capacités de réponse aux incidents et en renforçant les mécanismes de partage de l'information. En outre, l'Alliance a mené des exercices cybernétiques conjoints et mis en place des équipes spécialisées dans la lutte contre les cybermenaces, dans le but d'atténuer les risques et de mettre en place une infrastructure de cyberdéfense solide.

Outre la résilience cybernétique, l'OTAN met l'accent sur la lutte contre la désinformation et la propagande, qui sont devenues des outils puissants dans les campagnes de guerre hybride. En s'engageant activement dans des efforts de communication stratégique, en encourageant la maîtrise des médias et en cultivant un discours cohérent fondé sur des informations factuelles, l'OTAN s'efforce d'atténuer l'impact des faux discours et de la manipulation. En outre, l'Alliance collabore avec les organisations partenaires et les gouvernements pour recenser et dénoncer les campagnes de désinformation, renforçant ainsi l'intégrité des canaux d'information et du discours public.

Il est essentiel que l'OTAN continue d'adapter ses capacités militaires traditionnelles pour faire face efficacement aux menaces hybrides. Cette adaptation implique l'intégration des communications stratégiques, des opérations psychologiques et de la planification fondée sur le renseignement dans les stratégies militaires, ce qui permet d'apporter une réponse proactive et souple à la nature changeante de la guerre. En outre, l'Alliance donne la priorité à l'interopérabilité et aux exercices d'entraînement conjoints afin d'améliorer l'état de préparation et de garantir une approche opérationnelle cohérente face aux adversaires hybrides.

Alors que l'OTAN évalue en permanence sa réponse à la guerre hybride, il est essentiel de souligner la nécessité de conserver un état d'esprit tourné vers l'avenir. L'anticipation des développements futurs et des scénarios hybrides potentiels exige une approche dynamique et proactive, qui s'appuie sur les données du renseignement, la planification fondée sur des scénarios et les avancées technologiques pour anticiper et contrer efficacement les menaces émergentes. En outre, la mise en place d'un solide réseau de partenariats avec des organisations, des experts en technologie et des universitaires partageant les mêmes idées peut déboucher sur des solutions innovantes et fournir des informations précieuses sur l'évolution des tactiques hybrides.

En conclusion, la réponse de l'OTAN à la guerre hybride incarne une approche holistique et adaptative qui reconnaît la nature multiforme des défis sécuritaires contemporains. En renforçant les cyberdéfenses, en luttant contre la désinformation et en améliorant les capacités militaires, l'Alliance cherche à faire face efficacement au paysage dynamique des menaces hybrides tout en restant préparée aux complexités géopolitiques futures.

Perspectives d'avenir : Positionner l'OTAN dans le paysage géopolitique de demain

Alors que le paysage géopolitique continue d'évoluer à un rythme rapide, l'OTAN doit se positionner de manière proactive face aux défis de l'avenir. L'alliance est confrontée à de nombreuses menaces et opportunités complexes au XXIe siècle, ce qui nécessite une prévoyance stratégique et une capacité d'adaptation. L'un des aspects essentiels que l'OTAN doit prendre en compte dans son positionnement futur est la nature de plus en plus diversifiée des menaces pour la sécurité. Des cyberattaques aux campagnes de désinformation en passant par le terrorisme et les tactiques de guerre hybride, le spectre des défis auxquels l'OTAN est confrontée est vaste et multiforme. Pour faire face efficacement à ces menaces, l'OTAN devrait continuer à renforcer ses capacités dans le domaine numérique, notamment en matière de cyberdéfense et de collecte de renseignements, tout en tirant parti des avancées technologiques telles que l'intelligence artificielle et l'apprentissage automatique pour une surveillance et une réponse proactives aux menaces.

En outre, l'alliance doit mettre l'accent sur le renforcement des partenariats avec les États non membres et les organisations internationales, en reconnaissant l'interdépendance de la sécurité mondiale. L'engagement avec des partenaires régionaux dans des zones critiques telles que le Moyen-Orient et la région Asie-Pacifique peut renforcer l'influence de l'OTAN et sa capacité à faire face aux menaces émergentes. En outre, à mesure que le centre de gravité géopolitique mondial se déplace, le positionnement futur de l'OTAN devrait tenir compte des réalignements de puissance potentiels et des dynamiques régionales. Cela peut impliquer de réévaluer la portée géographique des activités et des partenariats de l'OTAN et de recalibrer l'état de préparation militaire et les stratégies de déploiement pour faire face aux nouvelles zones d'instabilité ou de conflit. En outre, l'alliance devrait donner la priorité à l'interopérabilité et aux opérations conjointes entre les États membres, afin de favoriser une réponse homogène et coordonnée à l'évolution des défis sécuritaires. Le positionnement de l'OTAN pour l'avenir implique également une évaluation complète de l'allocation des ressources et des dépenses de défense. À mesure que les complexités géopolitiques s'intensifient, une répartition raisonnable des ressources sera cruciale pour maintenir la capacité de l'OTAN à projeter sa puissance et à dissuader efficacement les agressions. Garantir un partage équitable des charges entre les pays membres et optimiser les investissements de défense en fonction des menaces émergentes sont des considérations essentielles pour que l'alliance conserve sa pertinence et son efficacité. Enfin, le positionnement futur de l'OTAN doit également inclure un engagement inébranlable en faveur des valeurs démocratiques, des droits de l'homme et des normes internationales. Dans un paysage géopolitique complexe, le respect des principes de la gouvernance démocratique, de l'État de droit et de la conduite éthique reste intrinsèque à la légitimité et à l'autorité morale de l'OTAN. En démontrant constamment son adhésion aux valeurs démocratiques, l'OTAN peut renforcer sa position et sa crédibilité au niveau mondial, en soulignant l'importance durable de l'alliance dans la promotion d'un ordre international stable et fondé sur des règles. Alors que l'OTAN navigue sur le futur terrain géopolitique, l'adaptation proactive, la prévoyance stratégique et le leadership fondé sur des principes seront essentiels pour positionner l'alliance en tant que sauvegarde inébranlable de la sécurité et de la stabilité internationales.

16

La politique étrangère des États-Unis

SOUS DIFFÉRENTES ADMINISTRATIONS

Continuité et changement dans la politique étrangère des États-Unis

L'examen de la politique étrangère des États-Unis révèle une interaction complexe entre la continuité et le changement à travers les différentes administrations présidentielles. L'objectif principal de la politique étrangère américaine est de sauvegarder les intérêts nationaux, de promouvoir la sécurité et de faire progresser la démocratie et les droits de l'homme sur la scène internationale. Tout au long de l'histoire, cet objectif est resté un pilier constant guidant la diplomatie américaine. Toutefois, les méthodes, les stratégies et les priorités pour atteindre ces objectifs ont évolué de manière significative au fur et à mesure que le paysage géopolitique se modifiait. La guerre froide est une période charnière qui a jeté les bases de la politique étrangère moderne des États-Unis. La lutte bipolaire avec l'Union soviétique a façonné le rôle de l'Amérique en tant que superpuissance mondiale et a ouvert la voie à la poursuite de l'endiguement, de la dissuasion et des alliances en tant que principes centraux de l'approche de la politique étrangère. Ce chapitre se penchera sur les héritages durables de la guerre froide et examinera la manière dont ils continuent d'influencer les décisions et les actions contemporaines en matière de politique étrangère. Il mettra également en lumière l'évolution de ces héritages sous les administrations successives, illustrant le mélange nuancé de continuité et de changement qui caractérise la politique étrangère des États-Unis. En explorant les continuités, telles que l'engagement à défendre les valeurs démocratiques, à maintenir l'ordre international et à assurer la sécurité nationale dans le contexte d'une dynamique mondiale changeante, cette section vise à fournir une compréhension globale de la nature multiforme de la politique étrangère des États-Unis. Grâce à une analyse approfondie des événements historiques clés, des doctrines stratégiques et des initiatives diplomatiques décisives, les lecteurs pourront se faire une idée des principes durables qui perdurent à travers les différentes administrations, tout en discernant les adaptations et les déviations qui sont apparues en réponse à l'évolution des défis et des opportunités géopolitiques. En parcourant la tapisserie complexe de la politique étrangère américaine, il devient évident que si les objectifs fondamentaux perdurent, les moyens de les atteindre et les priorités accordées aux différentes régions et questions ont évolué en réponse aux changements de la dynamique mondiale. En fin de compte, cette réflexion sur la continuité et le changement ouvre la voie à une exploration plus approfondie de la manière dont la politique étrangère américaine s'est adaptée aux complexités du monde contemporain ( ), ouvrant la voie à des aperçus critiques sur la trajectoire actuelle et future de la diplomatie américaine.

L'héritage de la guerre froide : Les fondements de la politique moderne

L'héritage historique de la guerre froide continue de jeter une ombre significative sur la politique étrangère moderne des États-Unis. Issue de la lutte géopolitique entre les États-Unis et l'Union soviétique, l'ère de la guerre froide a été définie par une compétition idéologique, une stratégie militaire et des conflits par procuration dans le monde entier. L'impact durable de cette période a profondément façonné les fondements de la politique étrangère américaine contemporaine, influençant les priorités stratégiques, la dynamique des alliances et la perception du leadership américain sur la scène mondiale.

La doctrine de l'endiguement, formulée par le diplomate George F. Kennan à la fin des années 1940, a marqué un tournant dans la stratégie de la guerre froide et a laissé une empreinte indélébile sur la politique étrangère des États-Unis. Cette approche visait à contrecarrer l'expansion de l'influence soviétique par une combinaison de préparation militaire, d'aide économique et d'alliances politiques. La stratégie d'endiguement a dicté les réponses des États-Unis aux menaces extérieures et a sous-tendu la formulation d'objectifs mondiaux à long terme qui persistent dans les cadres actuels de la politique étrangère.

En outre, l'émergence de la dissuasion nucléaire en tant qu'élément central de la géopolitique de la guerre froide continue de se répercuter dans le paysage sécuritaire actuel. Le spectre de la destruction mutuelle assurée a contribué à façonner le calcul de l'engagement des superpuissances et a engendré une militarisation mondiale prudente mais persistante. Cet héritage durable a contribué à l'évolution des accords de contrôle des armements, des protocoles de gestion des crises et de la gestion des défis liés à la prolifération nucléaire, qui demeurent des préoccupations pertinentes pour les responsables de la politique étrangère des États-Unis.

L'effondrement de l'Union soviétique en 1991 a ouvert une nouvelle ère, mais ses conséquences ont continué à influencer la trajectoire de la politique étrangère des États-Unis. En tant qu'unique superpuissance restante, les États-Unis ont navigué dans un ordre mondial unipolaire, ce qui les a incités à réévaluer leur position stratégique et leurs engagements internationaux. La fin de la guerre froide a également catalysé une vague de réalignements géopolitiques, des régions auparavant marginalisées cherchant à affirmer leur influence au sein d'un paradigme mondial en pleine mutation.

En conclusion, l'héritage de la guerre froide est indéniablement imbriqué dans le tissu de la politique étrangère américaine moderne. Son impact durable souligne la nécessité pour les décideurs politiques de naviguer sur le site dans l'interaction complexe des héritages historiques, des défis mondiaux contemporains et des paysages stratégiques en évolution. En comprenant les principes fondamentaux hérités de cette période charnière, les responsables politiques américains sont mieux placés pour élaborer des stratégies nuancées et adaptables qui répondent aux exigences multiformes d'une arène internationale en constante évolution.

Administration Clinton : Expansion des accords commerciaux mondiaux

Sous l'administration Clinton, les États-Unis ont considérablement élargi leurs accords commerciaux mondiaux, marquant ainsi une ère charnière dans les relations économiques internationales. Avec la fin de la guerre froide, l'administration a cherché à tirer parti des possibilités offertes par la nouvelle intégration de l'économie mondiale. Adoptant une approche proactive, le président Clinton et son équipe ont poursuivi un programme ambitieux visant à favoriser la libéralisation des échanges et à renforcer la coopération économique avec les nations du monde entier.

L'un des principaux piliers de la politique commerciale de l'administration Clinton a été la négociation et la mise en œuvre réussies de l'accord de libre-échange nord-américain (ALENA) entre les États-Unis, le Canada et le Mexique. Cet accord historique, entré en vigueur en 1994, visait à créer un bloc commercial trilatéral qui éliminerait les droits de douane et faciliterait la circulation des biens et des services entre les pays membres. L'accord a également facilité les investissements transfrontaliers, renforçant ainsi l'intégration économique tout en promouvant la stabilité régionale.

Outre l'ALENA, l'administration a activement soutenu la création de l'Organisation mondiale du commerce (OMC) en 1995, en remplacement de l'Accord général sur les tarifs douaniers et le commerce (GATT). L'OMC a fourni une plate-forme pour les négociations sur la libéralisation du commerce et les mécanismes de règlement des différends, étayant ainsi le système commercial international fondé sur des règles. Les États-Unis ont usé de leur influence pour faire avancer les initiatives visant à réduire les obstacles au commerce et à uniformiser les règles du jeu au niveau mondial, en promouvant les principes d'un commerce libre et équitable.

En outre, l'administration Clinton a donné la priorité à l'engagement avec les économies asiatiques en plein essor, reconnaissant l'importance économique croissante de la région. Des efforts tels que le forum de coopération économique Asie-Pacifique (APEC) et des initiatives visant à développer les relations commerciales avec des pays comme la Chine et le Vietnam ont souligné l'engagement de l'administration à élargir les liens économiques au-delà des partenaires traditionnels.

Dans le cadre de ces efforts, l'administration a dû faire face à diverses complexités et préoccupations nationales liées au commerce international, notamment les débats sur les normes de travail et les normes environnementales ( ), ainsi que les craintes concernant les déplacements d'emplois potentiels. En défendant des initiatives visant à résoudre les problèmes liés au travail et à l'environnement par le biais d'accords parallèles et d'une assistance technique, l'administration s'est efforcée de concilier la recherche de gains économiques avec des considérations relatives au bien-être social et à la durabilité de l'environnement.

L'importance primordiale accordée par l'administration Clinton à l'expansion des accords commerciaux mondiaux a jeté des bases cruciales pour l'évolution des relations économiques internationales contemporaines. En s'engageant de manière proactive avec diverses régions et en étant le fer de lance de pactes commerciaux historiques, l'administration a influencé de manière significative la trajectoire du commerce mondial, préparant le terrain pour les développements ultérieurs de la politique commerciale et de la diplomatie économique.

Administration Bush : La "guerre contre le terrorisme" et son impact mondial

L'administration Bush, qui s'est étendue de 2001 à 2009, a été marquée par un changement important de la politique étrangère des États-Unis à la suite des événements tragiques du 11 septembre 2001. Les attaques terroristes dévastatrices contre le World Trade Center et le Pentagone ont propulsé les États-Unis dans une guerre mondiale contre le terrorisme qui a eu des répercussions considérables sur les relations internationales. Le président George W. Bush a adopté une approche proactive pour lutter contre le terrorisme, ce qui a conduit à des interventions militaires de grande envergure en Afghanistan et en Irak. Ces actions ont non seulement remodelé le paysage géopolitique du Moyen-Orient, mais ont également déclenché des débats sur les dimensions éthiques et stratégiques de la politique étrangère américaine. Le déploiement de troupes et de ressources dans ces régions a souligné l'engagement de l'administration à éradiquer les réseaux terroristes et à favoriser la gouvernance démocratique. Si la poursuite d'objectifs aussi nobles a recueilli un large soutien, l'exécution de ces campagnes militaires a fait l'objet d'un examen minutieux en raison de leur impact à long terme et de leurs conséquences imprévues. Sur le plan intérieur, l'administration Bush a cherché à renforcer la sécurité nationale en promulguant des lois telles que la USA PATRIOT

Act, qui visait à améliorer les capacités de surveillance et de collecte de renseignements afin de prévenir de futures attaques.

En outre, l'administration a exposé sa doctrine d'action militaire préventive, affirmant le droit d'intervenir unilatéralement pour faire face aux menaces perçues pour la sécurité nationale. Cette position a suscité diverses réactions de la part de la communauté internationale, certains alliés exprimant leur solidarité tandis que d'autres s'inquiétaient d'un éventuel abus de pouvoir et de l'érosion de la diplomatie multilatérale. La campagne de lutte contre le terrorisme menée par la coalition dirigée par les États-Unis a également influencé les alliances et les partenariats mondiaux, les puissances traditionnelles et émergentes ayant adapté leurs politiques étrangères en réponse à ce changement de paradigme. En outre, la poursuite des efforts de lutte contre le terrorisme a suscité des discussions sur l'équilibre entre les libertés civiles et les mesures de sécurité, amplifiant les débats sur les droits de l'homme et l'État de droit.

Les conséquences de ces initiatives se sont répercutées dans différentes sphères, notamment dans les dimensions économiques, humanitaires et diplomatiques des affaires internationales. La mobilisation de ressources pour des opérations militaires à l'étranger a nécessité des allocations budgétaires substantielles, affectant les priorités nationales et les politiques fiscales. Des préoccupations humanitaires sont apparues dans les zones de conflit, soulevant des questions sur les pertes civiles et l'étendue des dommages collatéraux dans les régions déchirées par la guerre. Sur le plan diplomatique, la guerre contre le terrorisme a mis en évidence les intersections complexes entre les stratégies de puissance dure et de puissance douce, nécessitant des cadres complexes pour l'engagement avec divers acteurs sur la scène mondiale.

À la fin du mandat de l'administration Bush, les réflexions sur les ramifications de ses décisions de politique étrangère se sont étendues au-delà de son mandat immédiat, façonnant les approches des administrations suivantes en matière de lutte contre le terrorisme, de stratégie géopolitique et de coopération internationale. L'héritage durable de la guerre contre le terrorisme continue d'alimenter le discours contemporain sur la sécurité, l'extrémisme et les considérations éthiques liées à la lutte contre les menaces asymétriques dans un monde en évolution rapide.

L'ère Obama : Diplomatie et engagement multilatéral

Sous l'administration Obama, les États-Unis ont opéré un changement significatif dans leur approche de la politique étrangère, marquée par un engagement multilatéral et la diplomatie en tant qu'outils clés des relations internationales. Le président Barack Obama a cherché à réparer les alliances mises à mal par les actions unilatérales de l'administration précédente et à restaurer la position mondiale des États-Unis par des efforts de coopération avec les alliés traditionnels et les puissances émergentes. Au cœur de cette approche, la conviction que les défis mondiaux complexes tels que le changement climatique, la prolifération nucléaire et l'instabilité économique ne peuvent être relevés efficacement que par le biais d'une action collective.

L'un des moments marquants de l'ère Obama a été la négociation et la signature de l'accord sur le nucléaire iranien, officiellement connu sous le nom de Plan global d'action conjoint (JCPOA), en partenariat avec le P5+1 et l'Union européenne. Cet accord historique visait à freiner le programme nucléaire iranien en échange d'un allègement des sanctions, incarnant la volonté de l'administration de s'engager dans le dialogue et le compromis pour atteindre des objectifs de prolifération autres que . Le succès diplomatique du JCPOA a démontré le potentiel des approches multilatérales dans la gestion des menaces à la sécurité régionale.

En outre, l'administration Obama a donné la priorité au réengagement auprès d'organisations internationales telles que les Nations unies et a réaffirmé son engagement en faveur des traités et accords existants. Des initiatives telles que l'Accord de Paris sur le changement climatique ont mis en évidence la volonté de collaborer à la résolution des problèmes environnementaux urgents à l'échelle mondiale. En démontrant une volonté renouvelée de participer aux forums multilatéraux, les États-Unis ont donné l'exemple d'une citoyenneté mondiale responsable et ont souligné l'importance des responsabilités partagées pour relever les défis transnationaux.

En outre, la stratégie du pivot vers l'Asie reflétait la reconnaissance par l'administration de l'influence croissante de la région Asie-Pacifique et la nécessité de relations diplomatiques constructives avec des acteurs clés tels que la Chine et l'Inde. Ce recalibrage géopolitique souligne la reconnaissance par l'administration Obama de l'évolution de la dynamique du pouvoir et de l'importance d'un engagement constructif pour façonner l'avenir des relations internationales.

Dans l'ensemble, l'accent mis par l'ère Obama sur la diplomatie et l'engagement multilatéral diffère des approches unilatérales, signalant un engagement en faveur de la résolution collaborative des problèmes et de la formation de coalitions. Bien qu'elle ait été critiquée par certains pour son hésitation à affirmer sa domination, l'orientation stratégique de l'administration vers l'engagement avec la communauté internationale a jeté les bases de partenariats durables. Elle a renforcé l'idée qu'une politique étrangère efficace repose sur la construction de ponts plutôt que de murs.

Présidence Trump : L'Amérique d'abord et la réévaluation des relations

Au cours de la présidence Trump, les États-Unis ont connu un changement important dans leur approche de la politique étrangère, résumée par le mantra "America First" (l'Amérique d'abord). Ce changement a marqué un éloignement de l'engagement multilatéral traditionnel et de la coopération internationale, en mettant l'accent sur une approche plus unilatérale et transactionnelle de la diplomatie et des affaires mondiales.

L'une des principales caractéristiques de la politique étrangère de l'administration Trump a été la réévaluation des alliances et des partenariats internationaux de longue date. Le président Trump a exprimé son scepticisme quant à la valeur de certaines alliances, soulevant des questions quant à leur rentabilité et à la mesure dans laquelle elles servent les intérêts américains. Cette position a provoqué des tensions avec certains alliés traditionnels et suscité des inquiétudes quant à l'érosion potentielle de la stabilité et de la sécurité mondiales.

En outre, l'administration Trump a cherché à rééquilibrer les relations économiques par le biais de politiques commerciales visant à corriger les déséquilibres perçus et à protéger les industries américaines. Elle a notamment renégocié des accords commerciaux clés tels que l'Accord de libre-échange nord-américain (ALENA) et engagé des différends commerciaux avec des partenaires majeurs comme la Chine, l'Europe et le Canada.

Outre la réévaluation des alliances et des relations commerciales, la présidence Trump a introduit une approche plus agressive des défis mondiaux, notamment des questions liées à l'immigration, au changement climatique et à la prolifération nucléaire. La décision de l'administration de se retirer d'accords internationaux tels que l'Accord de Paris sur le climat et l'Accord sur le nucléaire iranien a souligné une divergence par rapport aux efforts multilatéraux établis pour faire face aux problèmes mondiaux urgents.

La doctrine de "l'Amérique d'abord" s'est également manifestée dans le domaine de la sécurité nationale et de la défense, en mettant l'accent sur la priorité à donner aux intérêts nationaux et sur la réduction de l'implication dans les conflits à l'étranger. L'administration a cherché à rééquilibrer les engagements et les dépenses militaires tout en prônant le partage du fardeau entre les alliés et les partenaires.

Si l'approche "America First" a trouvé un écho auprès de segments de la population américaine préoccupés par les effets de la mondialisation et des imbroglios internationaux, elle a également soulevé des débats sur les risques potentiels d'un désengagement de la communauté internationale et sur les implications pour la gouvernance et la stabilité mondiales.

Dans l'ensemble, le paradigme "America First" de la présidence Trump a annoncé une période de profonde introspection et de repositionnement de la politique étrangère américaine, ouvrant la voie à des discussions continues sur l'évolution du rôle des États-Unis dans le paysage complexe des relations internationales.

Administration Biden : Alliances renouvelées et priorité au climat

L'administration Biden a marqué un tournant important dans la politique étrangère des États-Unis, en particulier dans son approche des alliances internationales et de l'action climatique. Suivant la doctrine "America First" de l'administration précédente, le président Joe Biden a souligné l'importance de revigorer et de renforcer les alliances avec les partenaires traditionnels d'Europe et d'Asie. Ce regain d'intérêt pour les alliances vise à relever collectivement les défis mondiaux et à restaurer le rôle de chef de file des États-Unis au sein de la communauté internationale.

L'une des principales priorités de l'administration Biden était de s'attaquer au problème urgent du changement climatique. L'administration a réintégré l'Accord de Paris, signalant un engagement à réduire les émissions de gaz à effet de serre et à collaborer avec d'autres nations pour atténuer l'impact du changement climatique. En outre, des initiatives telles que le Sommet des dirigeants sur le climat ont démontré la détermination de l'administration à s'engager avec les dirigeants mondiaux pour faire avancer l'action climatique et promouvoir la durabilité.

En termes de diplomatie, l'administration Biden a cherché à rétablir la confiance et la coopération avec les alliés tout en s'engageant avec les concurrents et les adversaires sur des intérêts communs. Grâce à une série de sommets de haut niveau et d'engagements diplomatiques, l'administration s'est efforcée de favoriser le consensus sur des questions essentielles telles que la sécurité, le commerce et les droits de l'homme. Cette approche inclusive a permis de renforcer la position des États-Unis en tant que partenaire fiable et influent sur la scène internationale.

En outre, l'administration s'est engagée à défendre les valeurs démocratiques et les droits de l'homme dans le monde entier. En exprimant son soutien aux mouvements démocratiques et en défendant les droits de l'homme, l'administration Biden a souligné l'importance de promouvoir les libertés et les principes universels. Cette position a défini la politique étrangère de l'administration et a servi de point de ralliement aux nations partageant les mêmes idées pour relever ensemble les défis communs.

L'approche de l'administration Biden en matière de politique étrangère, caractérisée par le multilatéralisme et le leadership progressif, a suscité l'attention au niveau national et international. Elle a représenté une étape cruciale dans l'orientation de la diplomatie américaine vers plus de collaboration et d'anticipation, en mettant l'accent sur l'établissement de partenariats solides et en s'attaquant aux problèmes mondiaux urgents. Alors que le paysage géopolitique continue d'évoluer, l'impact des politiques de l'administration Biden sur les relations internationales et l'agenda du développement durable reste un sujet d'analyse et de débat.

Analyse comparative des changements de politique d'une administration à l'autre

La nature dynamique de la politique étrangère des États-Unis à travers les différentes administrations présidentielles reflète l'évolution des priorités et des défis sur la scène mondiale. Une analyse comparative de ces changements de politique fournit des informations précieuses sur les processus de prise de décision stratégique et sur le paysage géopolitique au sens large. L'administration Clinton, par exemple, a mis l'accent sur l'expansion des accords commerciaux mondiaux afin de promouvoir l'interdépendance économique et la stabilité. Cette approche visait à intégrer les États-Unis dans l'économie mondiale tout en favorisant les liens diplomatiques avec les marchés émergents.

En revanche, la réponse de l'administration Bush aux attentats du 11 septembre a entraîné un changement de paradigme dans la politique étrangère des États-Unis, caractérisé par la priorité accordée à la sécurité nationale et à la promotion de la démocratie par le biais d'interventions militaires en Afghanistan et en Irak. Cette approche unilatérale s'est écartée de l'engagement multilatéral et a profondément affecté la dynamique de la sécurité mondiale.

Sous l'ère Obama, la diplomatie et l'engagement multilatéral sont devenus des principes fondamentaux de la politique étrangère des États-Unis. Mettant l'accent sur la collaboration avec les partenaires internationaux, l'administration a cherché à relever les défis mondiaux tels que le changement climatique, la prolifération nucléaire et les conflits régionaux par le biais d'efforts diplomatiques concertés et d'initiatives de coopération.

La présidence Trump qui a suivi a introduit une doctrine distinctive "l'Amérique d'abord", redéfinissant l'approche des relations internationales de la nation. Mettant l'accent sur les négociations commerciales bilatérales et une politique étrangère plus transactionnelle, l'administration a poursuivi un réalignement des alliances et remis en question l'efficacité des organisations internationales, signalant une rupture avec les normes établies de la politique étrangère américaine.

S'appuyant sur cette analyse, l'administration Biden a signalé un retour à des alliances renouvelées et une attention accrue au changement climatique en tant que piliers centraux de son programme de politique étrangère. L'administration vise à rétablir le leadership des États-Unis dans les affaires mondiales en renouant avec les alliés traditionnels et en mettant l'accent sur l'action collective pour relever les défis liés au climat.

Cette analyse comparative révèle la diversité des approches et des priorités des administrations américaines successives, en soulignant l'interaction entre les considérations nationales, la dynamique géopolitique et les événements mondiaux dans l'élaboration de la politique étrangère. En examinant les tendances générales et les différences entre ces approches, les décideurs politiques et les analystes peuvent acquérir une compréhension globale de l'évolution du rôle des États-Unis dans les affaires mondiales et anticiper les développements futurs potentiels.

Défis et opportunités actuels de la politique étrangère des États-Unis

Alors que les États-Unis naviguent dans le paysage complexe des affaires mondiales, ils sont confrontés à de nombreux défis et opportunités dans l'élaboration de leur politique étrangère. L'un des principaux défis consiste à rééquilibrer les relations avec les alliés traditionnels et les partenaires stratégiques, en particulier à la suite des changements de priorités et de rhétorique sous les administrations précédentes. La nécessité de rétablir la confiance et de renforcer les liens diplomatiques ( ) constitue un défi majeur qui exige un engagement prudent et nuancé.

En outre, l'émergence de nouveaux points chauds géopolitiques et la résurgence d'anciennes tensions constituent des tests importants pour la politique étrangère des États-Unis. De l'escalade de la rivalité entre les grandes puissances aux conflits régionaux et aux acteurs non étatiques, la sécurité et la stabilité des différentes régions restent des préoccupations majeures pour les décideurs américains. Trouver un équilibre entre l'impératif de répondre à ces défis et la nécessité d'éviter de s'enliser dans des conflits prolongés est une tâche délicate qui exige un sens politique aigu et une prévoyance stratégique.

En outre, le commerce mondial et l'interdépendance économique continuent de présenter des défis et des opportunités pour la politique étrangère américaine. Face à l'essor des marchés émergents et à l'évolution de la nature du commerce international, les États-Unis doivent adapter leur diplomatie économique afin de conclure des accords commerciaux favorables tout en abordant des questions telles que les droits de propriété intellectuelle, l'accès équitable au marché et les normes de travail. Cela nécessite une approche proactive pour exploiter les avantages de la mondialisation tout en sauvegardant les intérêts des industries et des travailleurs américains.

Parallèlement, les questions interdépendantes de la sécurité énergétique et de la durabilité environnementale ont pris une importance croissante dans l'élaboration de la politique étrangère des États-Unis. Les impératifs de transition vers des sources d'énergie renouvelables, d'atténuation des effets du changement climatique et de garantie de l'accès aux ressources vitales sont devenus des considérations centrales dans l'élaboration d'un programme de politique étrangère complet et tourné vers l'avenir.

Face à ces défis, les États-Unis se trouvent également à un tournant décisif qui offre de nombreuses possibilités de tirer parti de leur influence mondiale en faveur de la paix, de la prospérité et de la coopération. Le potentiel de percées diplomatiques, de solutions innovantes à des crises complexes et de partenariats stratégiques offre des possibilités de promouvoir les intérêts des États-Unis tout en contribuant à la stabilité et au développement du monde. En tirant parti de leur arsenal diversifié de puissance douce, de levier économique et de prouesses technologiques, les États-Unis peuvent catalyser des initiatives de collaboration qui abordent des questions transnationales et façonnent des trajectoires positives pour la communauté internationale.

En fin de compte, le paysage actuel des défis et des opportunités de la politique étrangère américaine nécessite une approche judicieuse qui équilibre l'affirmation de soi et la diplomatie, le pragmatisme et les idéaux, et les intérêts nationaux et les responsabilités mondiales. En reconnaissant l'interaction complexe des facteurs nationaux et internationaux et en adoptant un état d'esprit tourné vers l'avenir, les États-Unis peuvent orienter leur politique étrangère vers une voie qui non seulement protège leurs propres intérêts, mais favorise également un monde plus sûr, plus prospère et plus interconnecté.

Conclusion : Implications pour les stratégies géopolitiques futures

La nature dynamique de la politique étrangère des États-Unis, influencée par l'évolution de la dynamique mondiale et les changements politiques internes, a des implications significatives pour les stratégies géopolitiques futures. Alors que les États-Unis naviguent dans un réseau complexe d'alliances, de menaces et d'opportunités, ils continueront à jouer un rôle central dans le façonnement de l'ordre international. Les défis et les opportunités actuels de la politique étrangère américaine constituent un cadre permettant de comprendre l'orientation des futures stratégies géopolitiques.

L'une des principales implications pour les futures stratégies géopolitiques est l'accent mis sur l'engagement diplomatique et la coopération multilatérale. L'engagement renouvelé de l'administration Biden en faveur des alliances internationales et de la diplomatie signale une évolution potentielle vers des approches collaboratives pour relever les défis mondiaux. Les États-Unis ont ainsi l'occasion de tirer parti de leur influence diplomatique pour élaborer des réponses collectives à des questions telles que le changement climatique, les menaces pour la sécurité et la stabilité économique.

En outre, l'évolution du paysage de la technologie et de la cybersécurité pose des questions cruciales pour les stratégies géopolitiques futures. Alors que l'intelligence artificielle, la confidentialité des données et la guerre numérique redéfinissent la nature des conflits, les États-Unis doivent concevoir des cadres politiques solides pour relever ces nouveaux défis. L'intégration de la technologie dans les stratégies géopolitiques nécessitera une réévaluation complète des priorités en matière de sécurité nationale et des mesures proactives pour se prémunir contre les cybermenaces.

Une autre implication importante concerne le rôle de l'interdépendance économique et des relations commerciales dans l'élaboration des stratégies géopolitiques. Avec l'influence croissante des marchés émergents et l'évolution de la dynamique commerciale, les États-Unis devront recalibrer leurs politiques économiques afin d'exploiter leurs avantages stratégiques tout en atténuant leurs vulnérabilités potentielles. En s'engageant dans des accords commerciaux stratégiques et en promouvant un développement économique durable, les États-Unis peuvent renforcer leur position en tant qu'acteur clé de l'économie mondiale et influencer les résultats géopolitiques.

En outre, comme la dynamique mondiale continue d'être façonnée par des problèmes de sécurité non traditionnels tels que les crises sanitaires, les migrations et la dégradation de l'environnement, les futures stratégies géopolitiques doivent s'adapter pour traiter ces questions à multiples facettes. L'intégration d'éléments de sécurité humaine, de développement durable et de gouvernance mondiale dans les cadres de politique étrangère favorisera la stabilité et la résilience du système international.

En conclusion, les implications des stratégies géopolitiques futures émanant du paysage actuel de la politique étrangère américaine soulignent l'impératif d'approches adaptatives et multidimensionnelles qui tiennent compte de l'évolution des réalités mondiales. Les États-Unis peuvent façonner de manière proactive un paysage international plus sûr, plus prospère et plus coopératif en tirant parti de l'engagement diplomatique, en adoptant les avancées technologiques, en naviguant dans les complexités économiques et en accordant la priorité aux préoccupations non traditionnelles en matière de sécurité.

17

La Russie en Europe

L'INFLUENCE DE LA RUSSIE EN EUROPE DE L'EST ET EN ASIE CENTRALE

Les intérêts géostratégiques de la Russie

Tout au long de l'histoire, la Russie a maintenu un engagement profond dans le paysage géopolitique de l'Europe de l'Est et de l'Asie centrale. La région revêt une importance considérable pour la Russie en raison de ses liens historiques et de ses intérêts stratégiques. Pour comprendre les intérêts géostratégiques de la Russie dans cette région, il faut explorer ses objectifs géopolitiques et l'héritage durable de l'ère soviétique. La Russie cherche à maintenir son influence et son contrôle sur les territoires environnants afin de préserver sa sécurité, de consolider son pouvoir et d'étendre sa sphère d'influence. Sur le plan géopolitique, la Russie vise à façonner la dynamique régionale, à favoriser les alliances bilatérales et à contrebalancer l'influence d'autres puissances mondiales. Sur le plan stratégique, le pays aspire à affirmer sa domination politique, économique et militaire. Cette quête de suprématie est profondément ancrée dans des considérations historiques et territoriales et dans la protection d'intérêts nationaux vitaux. Le réseau complexe des intérêts géostratégiques de la Russie englobe divers aspects tels que la sécurité énergétique, la présence militaire, l'influence diplomatique et les liens culturels. Comprendre la complexité de ces intérêts permet d'obtenir des informations précieuses sur les ambitions et les actions de la Russie en Europe de l'Est et en Asie centrale. Elle met également en lumière les relations multiformes et les dynamiques de pouvoir qui définissent le paysage géopolitique de la région. Les tendances contemporaines ne sont pas seulement à l'origine de l'engagement de la Russie dans cette région, mais sont profondément liées à l'héritage de l'Union soviétique. Le contexte historique et l'héritage soviétique ont laissé une marque indélébile sur les perspectives stratégiques de la Russie, façonnant ses objectifs à long terme et son approche de l'Europe de l'Est et de l'Asie centrale. En se plongeant dans ces fondements historiques, on peut discerner la continuité et l'évolution des intérêts géostratégiques de la Russie, ce qui fournit un contexte essentiel à l'analyse de ses politiques actuelles et de ses ambitions futures.

Contexte historique et héritage soviétique

Le contexte historique de l'influence de la Russie en Europe de l'Est et en Asie centrale est profondément lié à l'héritage de l'Union soviétique. Il est essentiel de comprendre cette histoire pour saisir les complexités de la géopolitique contemporaine dans la région. L'éclatement de l'Union soviétique en 1991 a entraîné d'importants réalignements géopolitiques, dont les répercussions sont encore palpables aujourd'hui.

L'influence soviétique s'est étendue sur un vaste territoire, laissant une empreinte profonde sur les paysages politiques, sociaux, économiques et culturels de la région. Elle a établi un réseau d'États satellites et incorporé divers groupes ethniques sous une autorité centralisée. L'héritage de cette domination continue de façonner les dynamiques de pouvoir et les relations interétatiques contemporaines.

L'époque de la guerre froide a été caractérisée par des confrontations idéologiques, des montées en puissance militaires et des conflits par procuration, l'Europe de l'Est et l'Asie centrale étant les théâtres critiques de la rivalité entre les superpuissances. L'effondrement de l'Union soviétique a conduit à l'émergence de nouveaux États indépendants, chacun étant confronté aux défis de la construction de l'État, de la transition démocratique et de la restructuration économique. Ces processus de transformation ont laissé des traces durables dans les systèmes de gouvernance, les dynamiques sociopolitiques et les conflits territoriaux de la région.

En outre, la désintégration de l'Union soviétique a donné lieu à une reconfiguration des identités et à la résurgence de récits nationaux historiques. Les tensions ethniques, les mouvements séparatistes et les différends frontaliers ont encore compliqué le paysage post-soviétique, contribuant à la persistance de lignes de fracture géopolitiques.

L'héritage de l'industrialisation soviétique, du développement des infrastructures et de l'exploitation des ressources a également façonné le tissu économique contemporain de ces pays. Les oléoducs, les routes commerciales et les dépendances économiques reflètent les liens durables avec la Russie. En outre, l'impact de l'éducation, des politiques linguistiques et des échanges culturels de l'ère soviétique souligne l'importance de l'héritage historique dans l'influence des normes et des valeurs sociétales.

En résumé, le contexte historique et l'héritage soviétique ont jeté une longue ombre sur la géopolitique de l'Europe de l'Est et de l'Asie centrale. Il est impératif de reconnaître cette tapisserie complexe de forces historiques pour comprendre les trajectoires politiques contemporaines, les alliances régionales et les défis persistants.

Influence politique et modèles de gouvernance

Les liens historiques de la Russie avec l'Europe de l'Est et l'Asie centrale ont façonné le paysage politique et influencé les modèles de gouvernance dans la région. Grâce à son héritage historique et à ses manœuvres stratégiques, la Russie exerce une influence politique significative dans les anciennes républiques soviétiques et les pays voisins. Le réseau complexe de relations établi durant l'ère soviétique ( ) continue d'avoir un impact sur les structures de gouvernance et la dynamique politique de ces nations. Dans de nombreux cas, les dirigeants politiques de la région ont des liens étroits avec la Russie, ce qui influence leurs décisions de politique étrangère et leurs stratégies de gouvernance intérieure. Cette influence se manifeste dans l'alignement des politiques, les alliances internationales et l'orientation générale de la prise de décision gouvernementale.

En outre, le soutien ou l'opposition de la Russie à des partis ou mouvements politiques spécifiques au sein de ces nations a un impact significatif sur le paysage politique. Il en résulte un jeu complexe de dynamiques de pouvoir, où les objectifs géopolitiques de la Russie s'entrecroisent avec les politiques internes des pays concernés. Les modèles de gouvernance dans la région reflètent souvent un mélange de principes démocratiques et de contrôle centralisé, certains pays présentant des caractéristiques qui s'alignent étroitement sur le modèle de gouvernance russe. Les liens étroits entre ces pays et la Russie ont conduit à des approches communes sur des questions telles que la liberté des médias, l'État de droit et la protection de la dissidence politique. En outre, la présence de l'influence culturelle et linguistique russe dans la région a facilité l'alignement sur les normes politiques et les modèles de gouvernance russes. Il est essentiel de comprendre les nuances de ces relations et d'analyser les modèles de gouvernance qui en résultent pour appréhender la dynamique géopolitique plus large de l'Europe de l'Est et de l'Asie centrale. En outre, cela permet de comprendre comment la Russie tire parti de son influence politique pour façonner les politiques régionales et préserver ses intérêts stratégiques. L'examen des modèles de gouvernance en relation avec l'influence de la Russie constitue un pilier central dans la compréhension du paysage géopolitique plus large dans cette partie cruciale du monde.

Liens économiques et politique énergétique

Les liens économiques et la politique énergétique de la Russie en Europe de l'Est et en Asie centrale ont contribué à façonner le paysage géopolitique de la région. En tant que principal fournisseur d'énergie, la Russie a tiré parti de ses vastes réserves de pétrole et de gaz naturel pour exercer une influence et établir des partenariats stratégiques avec les pays voisins. Le secteur de l'énergie est au cœur de la politique étrangère de la Russie, car il permet à Moscou d'exercer une influence économique et géopolitique considérable. Par l'intermédiaire de géants de l'énergie appartenant à l'État, tels que Gazprom et Rosneft, la Russie a utilisé efficacement les ressources énergétiques pour faire avancer ses objectifs politiques et consolider sa sphère d'influence. Cette dynamique a de profondes répercussions sur la sécurité énergétique des États d'Europe de l'Est et d'Asie centrale, influençant leur développement économique et leurs relations diplomatiques.

En outre, les liens économiques et les politiques énergétiques ont créé des dépendances complexes entre la Russie et ses pays voisins, façonnant ainsi la dynamique régionale et les luttes de pouvoir. L'un des principaux aspects des liens économiques de la Russie est le rôle des projets d'infrastructure énergétique, notamment les pipelines et les réseaux de transport. Ces projets facilitent l'exportation des ressources énergétiques russes et servent de mécanismes pour étendre l'influence et le contrôle de la Russie sur les voies d'approvisionnement en énergie dans la région. La construction et l'exploitation de ces infrastructures ont des répercussions considérables sur la sécurité énergétique et les stratégies de diversification des pays d'Europe de l'Est et d'Asie centrale, ainsi que sur leur alignement géopolitique. En outre, la coopération économique et les relations commerciales entre la Russie et la région ont contribué à l'imbrication de leurs économies, la Russie jouant souvent le rôle de partenaire commercial dominant et de source d'investissement. Cette situation a engendré des opportunités et des vulnérabilités pour les pays bénéficiaires, qui doivent gérer leur intégration économique avec la Russie tout en cherchant à maintenir des liens économiques diversifiés avec d'autres acteurs mondiaux. En outre, l'intersection des intérêts économiques et de la politique énergétique a souvent donné lieu à des négociations complexes et à des manœuvres diplomatiques, les pays cherchant à équilibrer leur dépendance économique vis-à-vis de la Russie avec des considérations géopolitiques plus larges et des intérêts nationaux. La nature multiforme de ces interactions souligne l'importance des liens économiques et de la politique énergétique dans la détermination des alignements géopolitiques et de la dynamique du pouvoir en Europe de l'Est et en Asie centrale.

Présence militaire et accords de sécurité

La présence militaire de la Russie en Europe de l'Est et en Asie centrale a des implications géopolitiques significatives et a été au centre des discussions régionales et internationales. Le positionnement stratégique des forces militaires russes dans ces régions reflète des considérations historiques, politiques et sécuritaires complexes. En Europe de l'Est, les activités militaires de la Russie ont suscité des inquiétudes parmi les pays voisins et soulevé des questions sur la nature de ses intentions. L'engagement militaire de la Russie en Asie centrale est fortement influencé par ses relations avec les anciennes républiques soviétiques et par ses efforts pour maintenir son influence régionale. Les accords de sécurité, tels que les accords de défense bilatéraux et la participation à des exercices militaires conjoints, jouent un rôle crucial dans la projection de la puissance et de l'influence de la Russie. La Russie a continué à investir dans la modernisation de ses capacités militaires, notamment en déployant des systèmes d'armes avancés et en développant des infrastructures militaires. Cette évolution a suscité des craintes quant aux répercussions potentielles sur la stabilité régionale et l'environnement de sécurité au sens large ( ).

En outre, l'implication de la Russie dans des zones de conflit, telles que l'Ukraine et la Géorgie, a déclenché des débats sur la préservation de l'intégrité territoriale et les principes du droit international. Les réponses de l'OTAN aux activités militaires russes, y compris les mesures de dissuasion renforcées et la présence accrue dans les États baltes et en Europe de l'Est, ont exacerbé les tensions et posé des défis à la stabilité régionale. La dynamique de la présence militaire et des accords de sécurité en Europe de l'Est et en Asie centrale est également liée à l'architecture de sécurité mondiale au sens large et à la nature évolutive de la guerre moderne. Il est donc essentiel d'analyser les multiples facettes du dispositif militaire russe et ses implications pour la sécurité régionale et internationale. L'évaluation des motivations stratégiques et des capacités opérationnelles des forces armées russes est indispensable pour comprendre la dynamique complexe de la présence militaire et des accords de sécurité dans cette sphère géopolitique critique.

Initiatives culturelles et de soft power

L'influence de la Russie en Europe de l'Est et en Asie centrale s'étend au-delà des domaines géopolitique et militaire ; elle englobe également des initiatives culturelles et de soft power qui visent à façonner les perceptions, à construire des alliances et à promouvoir les intérêts russes. L'une des principales manifestations de cette influence est constituée par les programmes d'échanges culturels, l'enseignement des langues et la promotion des arts, de la littérature et des traditions russes. Ces initiatives sont conçues pour cultiver un sentiment d'affinité et de familiarité avec la Russie parmi les populations d'Europe de l'Est et d'Asie centrale, favorisant ainsi un sentiment positif à l'égard de l'influence et des politiques russes. En outre, la Russie met l'accent sur ses liens historiques avec ces régions, en soulignant le patrimoine culturel commun et les récits historiques pour renforcer son attrait en matière de puissance douce. Les médias russes, notamment les chaînes de télévision, les journaux et les plateformes en ligne, jouent un rôle essentiel dans la diffusion d'un discours pro-russe et dans la formation de l'opinion publique en Europe de l'Est et en Asie centrale. Par le biais de messages ciblés et de contenus adaptés, la Russie cherche à se positionner comme un allié culturel et idéologique, influençant les attitudes et les perspectives sociétales dans ces régions.

En outre, la Russie tire parti de ses échanges universitaires et éducatifs pour créer des réseaux d'influence et cultiver de futurs dirigeants favorables à son programme. La Russie entretient des liens avec les universités, les groupes de réflexion et les communautés intellectuelles en offrant des bourses, des possibilités de recherche et des partenariats éducatifs, renforçant ainsi sa puissance douce. Au-delà du rayonnement culturel, la Russie déploie des outils diplomatiques et humanitaires de soft power, tels que la fourniture d'aide, de secours en cas de catastrophe et d'assistance au développement aux pays d'Europe de l'Est et d'Asie centrale. Ces efforts démontrent la bienveillance et la solidarité de la Russie et servent de mécanismes pour établir des relations et renforcer les liens diplomatiques. En outre, la Russie promeut activement ses valeurs traditionnelles, ses idéologies politiques et ses normes sociales comme une alternative aux paradigmes occidentaux, se présentant comme un défenseur des principes conservateurs et de l'authenticité culturelle. La Russie cherche à contrer l'influence culturelle occidentale en défendant ces récits tout en affirmant son identité et ses idéaux distincts. Il est essentiel de reconnaître l'interaction complexe entre ces initiatives culturelles et de soft power et la stratégie géopolitique plus large de la Russie en Europe de l'Est et en Asie centrale. Bien qu'apparemment inoffensifs, ces efforts font partie intégrante du remodelage de la dynamique régionale, de la promotion de la loyauté et de la consolidation de l'influence de la Russie face à des acteurs extérieurs concurrents. Il est donc essentiel de comprendre les multiples facettes de l'approche de la Russie pour saisir la profondeur et la complexité de sa présence dans ces régions cruciales.

Les défis de l'Union européenne et de l'OTAN

L'influence de l'Union européenne (UE) et de l'Organisation du traité de l'Atlantique Nord (OTAN) en Europe de l'Est et en Asie centrale pose des défis importants aux aspirations géopolitiques de la Russie. En tant que bloc économique et politique, l'UE a étendu son influence dans la région par le biais d'accords d'élargissement et de partenariat. La Russie a considéré que cette extension de l'influence de l'UE exacerbait les tensions au sein de sa sphère traditionnelle. Le désir de plusieurs pays d'Europe de l'Est d'adhérer à l'UE n'a pas seulement entraîné des réformes économiques et politiques, mais a également suscité des inquiétudes à Moscou quant à l'empiètement sur ses intérêts stratégiques. Parallèlement à l'expansion de l'UE, l'OTAN a suivi une voie similaire, cherchant à intégrer les pays de l'ancien bloc soviétique dans son parapluie de sécurité. L'expansion vers l'Est de l'UE et de l'OTAN a été perçue par la Russie comme un défi direct à sa sphère d'influence historique et a conduit à des relations tendues avec ces organisations. Les déploiements militaires et les exercices conjoints menés par l'OTAN dans la région ont suscité une forte opposition de la part de Moscou, ce qui a encore compliqué la dynamique de la sécurité régionale.

En outre, les discussions sur l'adhésion potentielle à l'OTAN de pays tels que l'Ukraine et la Géorgie ont intensifié les frictions diplomatiques entre la Russie et l'Alliance. En conséquence, la présence et l'influence de l'UE et de l'OTAN en Europe de l'Est et en Asie centrale ( ) constituent des défis complexes pour la Russie, influençant ses décisions de politique étrangère et favorisant un environnement de concurrence géopolitique. L'évolution de ces relations restera un aspect crucial du paysage géopolitique plus large de la région, avec des implications pour la stabilité régionale, la coopération en matière de sécurité et les relations internationales.

Réponses aux politiques russes dans la région

En réponse aux politiques de la Russie en Europe de l'Est et en Asie centrale, les pays voisins et les entités internationales ont mis en œuvre diverses stratégies pour contrebalancer l'impact de l'influence russe et y remédier. Ces dernières années, l'Union européenne et l'OTAN ont intensifié leur soutien aux pays de la région pour qu'ils diversifient leurs ressources énergétiques et réduisent leur dépendance à l'égard des approvisionnements énergétiques russes. Cela inclut le développement d'infrastructures énergétiques alternatives et la promotion de partenariats avec des alliés régionaux afin de renforcer leur résistance face à une éventuelle coercition économique et politique de la part de la Russie. Parallèlement, ces organisations ont également renforcé leur présence militaire dans la région, en organisant des exercices militaires conjoints et en fournissant une assistance en matière de défense pour renforcer les capacités de sécurité des pays limitrophes de la Russie. En outre, des efforts ont été déployés pour renforcer les liens diplomatiques entre les pays d'Europe de l'Est et d'Asie centrale et les puissances occidentales, en mettant l'accent sur la démocratisation, la bonne gouvernance et l'État de droit. De telles initiatives visent à promouvoir la stabilité et la réforme, en signalant une réfutation claire de l'ingérence russe et en promouvant les valeurs démocratiques dans la région. Dans le même temps, les pays de la région ont adopté des approches différentes pour gérer leurs relations avec la Russie. Certains ont cherché à équilibrer leurs liens avec la Russie et l'Occident en s'engageant dans un dialogue et une coopération avec les deux parties.

D'autres, en revanche, se sont activement alignés sur les puissances occidentales pour atténuer les risques de l'influence russe. Les relations bilatérales avec la Russie ont été caractérisées par une interaction complexe d'intérêts économiques, politiques et sécuritaires, incitant les gouvernements à s'engager dans une diplomatie nuancée et stratégique afin de sauvegarder leur souveraineté nationale et de poursuivre leurs agendas géopolitiques. Les manœuvres et les négociations stratégiques sont devenues des outils essentiels pour naviguer dans le réseau complexe des dynamiques géopolitiques. Alors que la Russie continue d'affirmer sa présence dans la région, les réponses des pays voisins et des acteurs internationaux joueront un rôle essentiel dans le façonnement de l'avenir de l'Europe de l'Est et de l'Asie centrale, influençant la stabilité et la sécurité régionales, ainsi que le paysage géopolitique mondial au sens large.

Analyse des principales relations bilatérales

Les principales relations bilatérales en Europe de l'Est et en Asie centrale façonnent le paysage géopolitique. Les liens historiques de la Russie avec les pays de la région ont évolué à travers des dynamiques politiques, économiques et sécuritaires complexes. L'analyse de ces relations fournit des informations précieuses sur l'influence, les défis et les opportunités pour la Russie et ses pays voisins. L'une des principales relations bilatérales est le lien entre la Russie et l'Ukraine, marqué par des complexités historiques et des tensions contemporaines. L'annexion de la Crimée et le conflit dans l'est de l'Ukraine ont considérablement tendu cette relation, ce qui a eu un impact sur la stabilité régionale et la diplomatie mondiale. Le partenariat stratégique entre la Russie et le Belarus, caractérisé par une forte coopération économique et une collaboration militaire, constitue un autre engagement essentiel. Les deux pays ont forgé un État de l'Union, qui lie encore davantage leur avenir. Les liens entre la Russie et le Kazakhstan sont tout aussi importants, principalement en raison des exportations d'énergie, de l'intégration économique et des intérêts de sécurité partagés au sein de l'Union économique eurasienne et de l'Organisation du traité de sécurité collective. En tant que membre de plusieurs initiatives menées par la Russie, le Kirghizstan entretient des relations étroites avec Moscou, en particulier dans les domaines de la sécurité et de l'économie. Le Tadjikistan, autre pays d'Asie centrale, se tourne de plus en plus vers la Russie pour obtenir un soutien économique et sécuritaire, compte tenu de sa situation stratégique et des défis liés au terrorisme et à l'extrémisme. Historiquement alignée sur la Russie, l'Arménie est un partenaire clé avec des liens culturels et de défense profonds, accentués par son adhésion à l'Union économique eurasienne. Tout en s'efforçant de s'intégrer plus étroitement aux structures européennes et euro-atlantiques, la Géorgie entretient des relations complexes avec la Russie en raison des conflits en Abkhazie et en Ossétie du Sud. Les efforts de la Moldavie pour trouver un équilibre entre ses aspirations européennes et les sentiments pro-russes en Transnistrie créent une dynamique délicate dans ses relations avec la Russie. L'analyse de ces relations bilatérales majeures améliore notre compréhension de la tapisserie géopolitique complexe de la région et offre un aperçu essentiel des manœuvres géostratégiques de la Russie et de ses voisins.

Perspectives d'avenir et stabilité régionale

Les perspectives d'avenir de l'Europe de l'Est et de l'Asie centrale sont profondément liées au réseau complexe de dynamiques géopolitiques qui définissent la région. En examinant les facteurs à multiples facettes qui façonnent la trajectoire de ces nations, il devient évident que la stabilité régionale dépend d'un équilibre délicat entre les considérations politiques, économiques et sécuritaires. Plusieurs thèmes clés apparaissent comme des déterminants essentiels de l'évolution future de la région.

L'un des aspects essentiels des perspectives réside dans les luttes de pouvoir et les alignements stratégiques en cours entre les puissances mondiales. La concurrence entre des acteurs majeurs tels que la Russie, l'Union européenne, la Chine et les États-Unis continuera d'exercer une influence significative sur le paysage géopolitique de l'Europe de l'Est et de l'Asie centrale. Il est impératif de suivre de près l'évolution de la dynamique de ces relations et leurs implications pour la stabilité régionale.

En outre, les interdépendances économiques et les politiques énergétiques sont appelées à jouer un rôle central dans la trajectoire future de la région. Avec des économies diverses, allant des nations riches en ressources aux marchés émergents, la tapisserie complexe des relations commerciales et des partenariats énergétiques aura un impact significatif sur la stabilité régionale. Les efforts visant à promouvoir la diversification économique, à renforcer les liens entre les infrastructures et à favoriser un développement inclusif renforceront la résistance aux pressions extérieures.

L'interaction des initiatives culturelles et de soft power mérite également d'être prise en compte pour envisager l'avenir de l'Europe de l'Est et de l'Asie centrale. Alors que les pays cherchent à affirmer leur identité nationale et à tirer parti de la diplomatie culturelle, il sera essentiel de comprendre les nuances des liens sociétaux et des récits historiques pour favoriser la compréhension mutuelle et la coopération. Cultiver les liens entre les peuples et favoriser les échanges éducatifs peuvent promouvoir la cohésion et la résilience régionales.

Il est essentiel d'évaluer l'impact des avancées technologiques et des transformations numériques lorsque l'on envisage les perspectives. L'adoption de technologies innovantes a le potentiel de remodeler les dynamiques de pouvoir traditionnelles et d'ouvrir de nouvelles voies de collaboration et de conflit. Les défis en matière de cybersécurité, les préoccupations relatives à la confidentialité des données et l'exploitation de l'intelligence artificielle façonneront sans aucun doute les contours de la stabilité régionale à l'avenir.

Au milieu de ces complexités, la recherche de la stabilité régionale dépend d'une diplomatie proactive, d'institutions solides et d'un engagement à promouvoir une gouvernance inclusive. La mise en place de cadres multilatéraux, la promotion du dialogue et l'adoption de mesures de confiance sont indispensables pour orienter la région vers une plus grande stabilité. L'acceptation de la diversité ( ), le respect de la souveraineté des nations et la prise en compte des griefs historiques font partie intégrante de la construction d'un chemin vers une paix et une prospérité durables.

Alors que nous nous tournons vers l'avenir, il est impératif d'adopter une approche prospective qui reconnaisse l'interconnexion des dynamiques régionales et les responsabilités partagées par les acteurs mondiaux. Le renforcement de la stabilité régionale exige un effort concerté pour remédier aux vulnérabilités, favoriser la résilience et adopter une vision de la collaboration qui transcende les rivalités géopolitiques. En traçant une voie guidée par un leadership moral et un engagement coopératif, l'Europe de l'Est et l'Asie centrale peuvent aspirer à un avenir caractérisé par une stabilité et un progrès durables.

18

Le commerce maritime

ROUTES COMMERCIALES ET SÉCURITÉ MARITIME

Le commerce maritime moderne

Les systèmes économiques mondiaux sont de plus en plus interconnectés et dépendent fortement du transport maritime pour acheminer les marchandises et les ressources dans le monde entier. L'intégration des économies par le biais du commerce a entraîné une dépendance accrue à l'égard de routes navales efficaces et sûres, qui servent de lignes de vie pour le commerce international. Le réseau commercial maritime moderne comprend un réseau complexe de routes qui relient les principaux centres économiques et facilitent l'échange de diverses marchandises, allant des matières premières aux produits finis. Le bon fonctionnement de ces routes commerciales maritimes est essentiel pour soutenir l'économie mondiale et répondre aux demandes des consommateurs du monde entier. À une époque caractérisée par la mondialisation et l'interdépendance, l'efficacité et la sécurité du commerce maritime ont pris une importance capitale dans le façonnement du paysage économique.

En outre, l'évolution des pratiques de transport maritime, les progrès technologiques en matière de logistique et l'expansion des infrastructures portuaires ont encore souligné le rôle central du commerce maritime dans la croissance économique et la prospérité. En outre, le secteur naval sert de canal critique pour les ressources énergétiques, les pétroliers et les transporteurs de gaz naturel jouant un rôle crucial dans la satisfaction des besoins énergétiques des nations. L'importance stratégique de ces routes commerciales dépasse les simples considérations commerciales et englobe des dimensions géopolitiques et de sécurité nationale. C'est pourquoi la protection et la réglementation du commerce maritime sont devenues des priorités essentielles pour les gouvernements et les organisations internationales qui cherchent à préserver la stabilité et la prospérité de leurs régions respectives. Pour bien comprendre le commerce maritime moderne, il faut explorer ses racines historiques, l'intersection des intérêts économiques et des impératifs de sécurité, ainsi que les implications multiples pour la gouvernance et la diplomatie mondiales. Cette section vise à approfondir la dynamique du commerce maritime contemporain, en mettant en lumière la tapisserie complexe des interactions qui sous-tendent le mouvement des marchandises à travers les océans du monde, offrant ainsi un aperçu convaincant des complexités et des défis associés à cette facette vitale du commerce international.

Aperçu historique des principales routes commerciales mondiales

Lorsque l'on se penche sur le contexte historique des routes commerciales mondiales, il devient évident que l'évolution du commerce maritime a considérablement façonné la civilisation humaine. Depuis l'ancienne route de la soie reliant la Chine à la Méditerranée jusqu'à l'ère de l'exploration qui a ouvert de nouvelles voies maritimes, les routes commerciales ont été les artères par lesquelles les marchandises, les cultures et les idées ont circulé. Les routes commerciales maritimes ont joué un rôle essentiel dans la prospérité et la puissance des civilisations tout au long de l'histoire. La route de la soie, par exemple, a facilité les échanges entre l'Orient et l'Occident, permettant la transmission de connaissances, de technologies et de marchandises sur de vastes distances. Au cours de l'ère de l'exploration, les puissances européennes ont cherché de nouvelles routes commerciales pour accéder aux richesses de l'Asie, ce qui a conduit à la découverte des Amériques et à l'établissement du commerce transatlantique. Plus récemment, le canal de Suez et le canal de Panama ont révolutionné le commerce mondial en offrant des raccourcis efficaces entre les principales routes maritimes. Ces routes commerciales historiques ont transformé les économies et façonné les alliances politiques, les échanges culturels et les progrès technologiques.

En outre, elles ont influencé la géopolitique des régions, car le contrôle des principales routes commerciales est devenu une source de pouvoir et de conflit entre les nations. Il est essentiel de comprendre le contexte historique de ces routes commerciales pour saisir leur importance actuelle et les problèmes de sécurité qui en découlent. En examinant la dynamique passée du commerce mondial, nous pouvons mieux comprendre les complexités et les interdépendances qui continuent à définir le commerce maritime international aujourd'hui.

Importance stratégique des points d'étranglement maritimes

Les points d'étranglement maritimes jouent un rôle crucial dans la dynamique du commerce et de la sécurité au niveau mondial. Ces passages étroits sont des points de transit vitaux pour le trafic naval, reliant d'importantes masses d'eau et permettant la circulation des marchandises, des ressources énergétiques et des ressources militaires d'une région à l'autre. L'importance stratégique des points d'étranglement maritimes réside dans leur capacité à contrôler ou à perturber les flux commerciaux internationaux, exerçant ainsi une influence significative sur les questions économiques et géopolitiques. L'un des points d'étranglement les plus connus est le détroit d'Ormuz, qui relie le golfe Persique au golfe d'Oman et constitue une voie essentielle pour le transport du pétrole et du gaz naturel. Toute perturbation de ce point d'étranglement pourrait avoir des répercussions considérables sur les marchés mondiaux de l'énergie et la stabilité géopolitique.

De même, le canal de Suez et le canal de Panama sont des points d'étranglement essentiels qui facilitent le transit des marchandises entre les océans Atlantique et Pacifique, réduisant considérablement les distances de transport et la consommation de carburant des navires. Ces points d'étranglement sont également exposés à des menaces pour la sécurité, notamment la piraterie, les activités terroristes et les tensions géopolitiques. L'importance stratégique de ces points névralgiques a conduit à mettre davantage l'accent sur les mesures de sécurité afin de protéger la navigation et d'assurer un commerce maritime ininterrompu. En outre, le contrôle ou l'influence des points d'étranglement maritimes peut être utilisé comme un outil d'influence géopolitique, comme le démontrent les luttes de pouvoir historiques et contemporaines dans les principaux points d'étranglement du monde entier. Reconnaissant la nature critique de ces passages, les nations et les organisations internationales ont cherché à développer des mécanismes de sécurité coopératifs pour relever les défis posés par les points d'étranglement maritimes. Les efforts de collaboration englobent des patrouilles navales conjointes, l'échange de renseignements et le renforcement des capacités afin d'améliorer la connaissance du domaine maritime et d'atténuer les risques pour la sécurité.

En outre, les cadres juridiques régissant le passage par ces points d'étranglement, notamment les droits de navigation et les accords internationaux, contribuent au maintien de la paix et de la stabilité dans ces couloirs maritimes vitaux. En approfondissant l'importance stratégique des points d'étranglement maritimes, il devient évident que la gouvernance et la sécurité de ces passages font partie intégrante du fonctionnement de l'économie mondiale et du maintien de l'ordre international. Les décideurs politiques, les acteurs du secteur naval et les agences de sécurité doivent impérativement comprendre les complexités et les vulnérabilités associées aux points d'étranglement maritimes pour formuler des stratégies efficaces visant à garantir la sécurité et la stabilité de ces artères critiques du commerce mondial.

Défis actuels en matière de sécurité dans les eaux internationales

Les défis actuels en matière de sécurité dans les eaux internationales constituent un paysage complexe et dynamique qui a une incidence sur le commerce mondial, la stabilité économique et les relations géopolitiques. Avec l'expansion du commerce maritime, les océans et les mers sont devenus des voies vitales pour le commerce international, transportant plus de 90 % du commerce mondial. Toutefois, ce réseau interconnecté est également confronté à une myriade de menaces qui compromettent la sécurité maritime à l'échelle mondiale. L'un des principaux défis est la prolifération d'acteurs non étatiques se livrant à des activités illicites telles que la contrebande, la traite des êtres humains et le trafic de stupéfiants, qui non seulement compromettent les opérations commerciales légales, mais font également peser de lourdes menaces sur la sécurité des marins et sur l'environnement. La montée en puissance des groupes criminels organisés transnationaux complique encore la dynamique de la sécurité dans les eaux internationales, ce qui nécessite des efforts coordonnés pour lutter efficacement contre ces activités illégales. Une autre préoccupation pressante est la menace persistante du terrorisme maritime, avec des groupes extrémistes qui ciblent les navires, les ports et les infrastructures navales pour répandre la peur et perturber la circulation des biens et des services. Ces actes de terrorisme ne perturbent pas seulement les chaînes d'approvisionnement mondiales, mais suscitent également des inquiétudes quant à la vulnérabilité des actifs maritimes essentiels, ce qui nécessite des mesures de sécurité rigoureuses et l'échange de renseignements entre les nations pour contrecarrer les attaques potentielles.

En outre, l'escalade des tensions géopolitiques entre les États a accru la militarisation et les différends territoriaux dans certaines régions maritimes, augmentant le risque de conflit et créant de l'incertitude pour la navigation commerciale. En outre, la prévalence des cybermenaces constitue un défi important pour la sécurité maritime, car les progrès technologiques ont rendu les navires et les installations portuaires vulnérables aux cyberattaques, ce qui souligne la nécessité de renforcer les mesures et les protocoles de cybersécurité. Les facteurs environnementaux, notamment les catastrophes naturelles et les changements climatiques, contribuent également à la complexité de la sécurité maritime, car ils peuvent perturber les voies de navigation, endommager les infrastructures et déclencher des crises humanitaires. Compte tenu de ces défis aux multiples facettes, il est impératif d'encourager les cadres de coopération, de renforcer les capacités d'application de la loi et de promouvoir le partage d'informations et la collecte de renseignements pour sauvegarder les eaux internationales et maintenir un commerce mondial ininterrompu. Pour relever ces défis en matière de sécurité, il faut adopter une approche globale et holistique impliquant une collaboration entre les gouvernements, les organisations régionales, les acteurs privés et les communautés maritimes internationales afin de garantir la sécurité et l'intégrité des océans et des mers du monde.

Piraterie et terrorisme : Menaces pour la sécurité maritime

La piraterie maritime et le terrorisme menacent la sécurité navale mondiale et ont un impact sur le commerce, la stabilité économique et la dynamique géopolitique globale. La piraterie, caractérisée par des actes criminels de vol, de détournement ou de violence en mer, est un problème persistant dans des régions maritimes clés telles que le golfe d'Aden, le détroit de Malacca et la corne de l'Afrique. Les motivations de la piraterie sont diverses, allant du gain économique à l'instabilité régionale et aux conflits politiques. Ces activités illégales mettent en danger la vie des marins et perturbent les routes maritimes vitales, ce qui entraîne une augmentation des coûts d'assurance et des retards potentiels dans la livraison des marchandises. En outre, la montée du terrorisme a ajouté une nouvelle couche de complexité à la sécurité maritime. Les organisations terroristes transnationales ont exploité l'ouverture des eaux internationales pour mener des activités illicites, notamment la contrebande d'armes, de drogues et même le trafic d'êtres humains, faisant peser de graves menaces sur la sécurité des navires commerciaux et des navires de croisière. L'utilisation de petites embarcations agiles pour la piraterie et le terrorisme pose d'immenses défis aux forces de l'ordre et aux forces navales, car ces menaces opèrent souvent dans des zones maritimes vastes et éloignées, ce qui rend difficile la prévision et l'interception de leurs activités. La coopération internationale et les initiatives conjointes en matière de sécurité maritime sont devenues essentielles pour lutter contre ces menaces.

En outre, des technologies avancées de surveillance maritime, telles que les systèmes de surveillance par satellite et les véhicules aériens sans pilote, sont déployées pour améliorer la connaissance du domaine maritime et la détection précoce des activités suspectes. Le renforcement des cadres juridiques aux niveaux national et international est essentiel pour lutter contre la piraterie et les activités terroristes en mer. La Convention des Nations unies sur le droit de la mer (UNCLOS) et d'autres instruments juridiques internationaux fournissent un cadre pour poursuivre et sanctionner les auteurs de crimes maritimes.

En outre, la création de tribunaux maritimes spéciaux et l'application de sanctions juridiques appropriées sont essentielles pour décourager les actes de piraterie et de terrorisme à l'avenir. Les efforts de collaboration entre les marines, les garde-côtes de différentes nations et les entreprises privées de sécurité maritime sont essentiels pour protéger les routes commerciales et garantir un passage sûr aux navires. Le renforcement des capacités et la formation des autorités navales locales dans les régions vulnérables jouent également un rôle crucial dans l'atténuation des risques de piraterie et de terrorisme. Alors que l'interaction entre la sécurité, le commerce et la géopolitique continue d'évoluer dans le domaine maritime, la lutte contre les menaces persistantes que représentent la piraterie et le terrorisme reste une priorité pour la communauté internationale.

Cadres juridiques et droit maritime international

La protection et la réglementation des eaux internationales font depuis longtemps l'objet de cadres juridiques étendus et de traités visant à maintenir l'ordre et la sécurité dans le commerce maritime. La Convention des Nations unies sur le droit de la mer (CNUDM), adoptée en 1982, est la pierre angulaire du droit maritime moderne. La CNUDM définit les droits et les responsabilités des nations dans leur utilisation des océans du monde, y compris les lignes directrices relatives aux eaux territoriales, aux zones économiques exclusives et à la création de détroits internationaux. Elle fournit également un cadre pour la résolution des conflits liés aux frontières maritimes et à l'exploitation des ressources, contribuant ainsi à la stabilité et à la coopération mondiales. En outre, de nombreux accords régionaux, tels que la politique commune de la pêche de l'Union européenne et l'accord de l'ANASE sur la pollution transfrontalière par les nuages ( ), répondent à des préoccupations maritimes spécifiques et renforcent la coopération juridique entre États voisins. Ces instruments juridiques à multiples facettes visent à assurer une gestion durable des ressources marines, à surveiller l'impact sur l'environnement et à prévenir les conflits dans les espaces aquatiques partagés grâce à une gouvernance collective et à des mécanismes réglementaires.

En outre, l'Organisation maritime internationale (OMI) joue un rôle essentiel dans l'établissement de normes internationales en matière de sécurité des navires, de navigation et de prévention de la pollution. Ses conventions et règlements, qui couvrent des domaines tels que la conception, la construction, l'équipement et les pratiques opérationnelles des navires, sont largement reconnus et respectés par les

États membres, ce qui favorise une culture de la conformité et de la responsabilité dans l'ensemble du secteur mondial du transport maritime. En outre, le cadre juridique aborde les questions de responsabilité et d'indemnisation en cas de déversements d'hydrocarbures, de collisions et d'autres accidents en mer, sauvegardant ainsi les droits des parties concernées et atténuant les dommages causés à l'environnement. Alors que les progrès technologiques et l'évolution des modèles commerciaux façonnent continuellement les activités maritimes, les cadres juridiques doivent s'adapter à des complexités telles que les menaces de cybersécurité, la piraterie numérique et la réglementation des navires autonomes sans pilote. Par conséquent, les discussions en cours et les modifications potentielles des lois maritimes existantes s'efforcent de relever ces nouveaux défis tout en respectant les principes fondamentaux de la sécurité maritime, de la sûreté et de la durabilité.

Rôle de la puissance navale dans le renforcement de la sécurité maritime

La puissance navale est essentielle pour assurer la sécurité maritime et faire respecter le droit international en haute mer. La vaste étendue des eaux internationales servant de routes commerciales essentielles au commerce mondial, il est impératif de protéger ces zones pour garantir la circulation ininterrompue des biens et des ressources. Les marines du monde entier sont chargées de maintenir une présence visible et d'exécuter des opérations stratégiques pour décourager la piraterie, la contrebande et d'autres activités illicites qui menacent la sécurité maritime.

Les ressources navales stratégiquement positionnées permettent de surveiller et de répondre à toute menace potentielle pour la sécurité le long des voies de navigation vitales. Grâce aux efforts de collaboration et aux exercices conjoints, les marines de différents pays améliorent leur interopérabilité et leur capacité à mener des opérations coordonnées, amplifiant ainsi l'efficacité globale des initiatives de sécurité maritime. Grâce à des technologies de surveillance avancées, les forces navales peuvent détecter et suivre les activités suspectes tout en empêchant l'accès non autorisé aux zones maritimes sensibles.

En outre, la capacité des flottes navales à répondre rapidement aux appels de détresse et aux situations d'urgence en mer souligne le rôle multiforme qu'elles jouent pour assurer la sécurité des marins et du commerce maritime. Ce mécanisme de réaction rapide contribue de manière significative à la sécurité et à la stabilité globales des régions océaniques en dissuadant tout acte d'agression ou d'ingérence illégale.

Outre ces mesures de sécurité proactives, les moyens navals contribuent également aux efforts internationaux de lutte contre les crimes transnationaux tels que le trafic de stupéfiants, la pêche illégale et le trafic d'êtres humains. Leur rayon d'action et leur mobilité leur permettent d'effectuer des patrouilles sur de vastes étendues océaniques et de mettre un terme aux activités criminelles qui compromettent la sécurité et l'intégrité des réseaux commerciaux maritimes mondiaux.

En outre, la présence de forces navales compétentes et bien équipées a un effet dissuasif sur les menaces potentielles émanant d'États et sur les empiètements territoriaux dans les eaux contestées. Cette posture défensive renforce la résilience des architectures de sécurité maritime et l'engagement collectif à défendre les principes de liberté de navigation et d'accès sans entrave aux eaux internationales.

En conclusion, le rôle de la puissance navale dans l'application de la sécurité maritime est essentiel pour préserver la stabilité économique mondiale et protéger le commerce maritime. Les efforts de collaboration des forces navales, étayés par des capacités avancées et une coordination sans faille, constituent le fondement d'un cadre de sécurité pratique qui protège les routes commerciales vitales et garantit la libre circulation des marchandises dans les eaux internationales.

Progrès technologiques dans le domaine du transport maritime et de la surveillance

Dans le domaine de la sécurité maritime, les progrès technologiques sont essentiels pour améliorer l'efficacité des opérations de transport maritime et des mesures de surveillance. L'évolution de la technologie a révolutionné tous les aspects de l'industrie maritime, de la navigation et de la communication à la sécurité et à la surveillance. L'une des avancées technologiques les plus significatives dans le domaine du transport maritime est la mise en œuvre de systèmes avancés de suivi des navires, qui utilisent la technologie des satellites et le système d'identification automatique (AIS) pour surveiller et suivre les mouvements des navires en temps réel. Ces systèmes ne renforcent pas seulement la sécurité de la navigation maritime, mais contribuent également à la sécurité générale des routes commerciales en fournissant des données précieuses pour la connaissance du domaine maritime. En outre, l'intégration de véhicules aériens sans pilote (UAV) et de navires de surface autonomes (ASV) a permis de déployer des capacités de surveillance avancées pour contrôler les activités maritimes et identifier les menaces potentielles pour la sécurité. Ces technologies améliorent la capacité de surveillance et de réaction proactive sur le site , renforçant ainsi la sécurité des routes commerciales vitales. Outre la surveillance, les progrès en matière de cybersécurité sont devenus de plus en plus cruciaux pour sécuriser les communications maritimes et l'échange de données. La mise en œuvre de protocoles de cryptage robustes et de mécanismes de cyberdéfense contribue à protéger les infrastructures maritimes critiques et les systèmes d'information contre les cybermenaces en constante évolution.

En outre, l'utilisation de l'intelligence artificielle (IA) et des algorithmes d'apprentissage automatique a permis aux acteurs maritimes d'analyser de grandes quantités de données pour la détection précoce des menaces et l'évaluation des risques, renforçant ainsi la résilience des routes commerciales face aux défis en matière de sécurité. En outre, le développement de technologies de détection, telles que les sonars et les radars, a considérablement amélioré la capacité à détecter et à suivre les menaces sous-marines, y compris les sous-marins et les activités maritimes clandestines. Ces technologies de détection contribuent à la connaissance globale du domaine maritime et permettent de réagir efficacement à d'éventuels incidents de sécurité. Enfin, les progrès des technologies de sécurité portuaire, notamment les systèmes de scannage des conteneurs et les outils d'identification biométrique, ont amélioré la capacité à empêcher le trafic illicite et l'accès non autorisé aux installations maritimes. Ces technologies renforcent le cadre général de sécurité des routes commerciales et favorisent une manutention efficace des marchandises tout en atténuant les risques de sécurité. En conclusion, les avancées technologiques dans le domaine de la navigation et de la surveillance ont transformé le paysage de la sécurité maritime, offrant des solutions innovantes pour faire face à l'évolution des menaces et des vulnérabilités. La technologie continuant à se développer, il sera primordial pour les acteurs du secteur naval de se tenir au courant des évolutions de pointe et d'intégrer des solutions avancées dans leurs stratégies de sécurité afin de garantir le maintien de la sûreté et de la sécurité des itinéraires commerciaux mondiaux.

Études de cas : Stratégies réussies pour sécuriser les routes commerciales

Dans le domaine de la sécurité maritime, plusieurs études de cas constituent des modèles de stratégies réussies pour sécuriser les routes commerciales. L'une d'entre elles concerne le détroit de Malacca, une voie navigable vitale qui relie les océans Indien et Pacifique. La lutte contre les menaces de piraterie dans cette région a nécessité un effort concerté de la part de la Malaisie, de l'Indonésie et de Singapour. Ces efforts ont abouti à la mise en place de patrouilles conjointes et de mécanismes de partage d'informations, ce qui a permis de réduire considérablement le nombre d'incidents de piraterie. Cette approche collaborative témoigne de l'efficacité de la coopération régionale dans la protection des routes commerciales essentielles.

Une autre étude de cas convaincante est celle du canal de Suez, une artère cruciale pour le commerce mondial. L'investissement proactif de l'Égypte dans des technologies de surveillance de pointe et le déploiement de forces de sécurité spécialisées sur le site ont joué un rôle essentiel pour garantir le flux ininterrompu du trafic maritime à travers ce passage vital. L'Égypte a efficacement atténué les menaces potentielles en tirant parti des avancées technologiques, en maintenant des protocoles de sécurité solides et en préservant l'importance stratégique du canal dans la facilitation du commerce international.

En outre, le détroit d'Ormuz constitue une étude de cas complexe en raison de sa sensibilité géopolitique et de l'intersection de divers intérêts nationaux. Les efforts coordonnés des coalitions navales internationales, y compris la Combined Task Force 152, ont permis de dissuader les menaces maritimes et de préserver la liberté de navigation dans ce point névralgique. Ces initiatives soulignent l'importance de la coordination multilatérale et de l'engagement diplomatique pour préserver les routes commerciales dans un contexte géopolitique complexe.

En ce qui concerne la mer de Chine méridionale, les différends territoriaux et l'escalade des tensions ont posé d'importants défis à la sécurité maritime. Toutefois, les efforts de collaboration dans le cadre du Code for Unplanned Encounters at Sea (CUES) et la mise en œuvre de mesures de confiance ont contribué à désamorcer les conflits potentiels et à promouvoir la stabilité dans ce domaine maritime contesté. Cette étude de cas souligne le rôle central du dialogue et de l'adhésion aux normes internationales dans l'atténuation des risques de sécurité le long des routes commerciales vitales.

Les stratégies fructueuses employées dans ces études de cas mettent en évidence les diverses approches et les cadres de collaboration qui sont décisifs pour la sécurisation des routes commerciales. En examinant ces précédents, les décideurs politiques et les parties prenantes peuvent glaner des informations précieuses sur les pratiques efficaces en matière de sécurité maritime, contribuant ainsi à préserver la stabilité et l'accessibilité des réseaux commerciaux mondiaux.

Perspectives d'avenir en matière de sécurité maritime

L'avenir de la sécurité maritime est sur le point de connaître des avancées et des défis significatifs alors que le commerce mondial continue de se développer et d'évoluer. Les innovations technologiques émergentes, les changements géopolitiques, les préoccupations environnementales et l'évolution des menaces pour la sécurité façonneront les stratégies et les approches visant à protéger les routes commerciales essentielles et à garantir la sécurité maritime. L'un des principaux domaines d'intérêt pour l'avenir est l'intégration de technologies de surveillance avancées et l'analyse de données en temps réel afin d'améliorer la connaissance de la situation et les capacités de réaction. Les véhicules aériens sans pilote (UAV) et les navires maritimes autonomes devraient jouer un rôle essentiel dans la surveillance des vastes espaces maritimes, la collecte de renseignements ( ) et la réaction rapide aux incidents de sécurité. En outre, les systèmes de surveillance par satellite et les développements en matière d'analyse prédictive permettront une évaluation proactive des risques et des mesures d'atténuation dans les principaux points d'étranglement maritimes et les zones de transit.

La coopération internationale et les initiatives multilatérales constituent un autre aspect crucial de la sécurité maritime future. Les efforts de collaboration des nations, des blocs régionaux et des organisations mondiales seront essentiels pour formuler des cadres unifiés pour la sécurité navale, le partage d'informations et les mécanismes de réponse coordonnés. À mesure que les routes commerciales se diversifient et que de nouveaux couloirs de transit prennent de l'importance, il sera de plus en plus nécessaire d'établir des protocoles et des accords normalisés qui favorisent la transparence, l'assistance mutuelle et l'action collective contre les menaces maritimes communes. En outre, le rôle des forces opérationnelles navales, des gardecôtes et des organismes chargés de l'application de la loi évoluera pour s'adapter aux défis dynamiques en matière de sécurité, en mettant l'accent sur l'interopérabilité et les opérations conjointes à l'échelle mondiale.

En matière de cybersécurité, la numérisation croissante des opérations et de la logistique maritimes introduit une nouvelle dimension dans les considérations de sécurité futures. Il sera impératif de protéger les infrastructures vitales, les réseaux de communication et les actifs numériques contre les cybermenaces et les attaques pour garantir la résilience des systèmes de commerce et de transit maritimes. Il est donc nécessaire d'élaborer des cadres de cybersécurité solides, des protocoles de réponse aux incidents et des initiatives de renforcement des capacités afin de consolider la position de cyberdéfense des acteurs navals et des installations portuaires.

En outre, l'impact du changement climatique et des facteurs environnementaux sur la sécurité maritime ne peut être négligé dans le paysage futur. L'élévation du niveau des mers, les phénomènes météorologiques extrêmes et les changements écologiques posent des défis directs aux infrastructures maritimes et à la sécurité de la navigation. Pour répondre à ces préoccupations, il faut mettre en place des stratégies proactives d'atténuation des risques, développer des infrastructures durables et intégrer la résilience environnementale dans la planification et les opérations de sécurité maritime.

En conclusion, l'avenir de la sécurité maritime exige une adaptation proactive aux avancées technologiques, une coopération internationale renforcée, une préparation à la cybersécurité et une résilience durable face aux perturbations environnementales. En misant sur l'innovation et la collaboration, la communauté mondiale peut faire face aux complexités de la sécurité maritime et préserver la stabilité et l'intégrité des routes commerciales vitales pour la prospérité des nations et l'interconnexion de l'économie mondiale.

19

Gouvernance mondiale

L'ONU ET LES AUTRES ORGANISATIONS INTERNATIONALES

Gouvernance mondiale

La gouvernance mondiale est le fondement de la promotion de la coopération internationale et de la résolution des problèmes mondiaux complexes. L'évolution des cadres de gouvernance mondiale a été façonnée par la nécessité d'une action collective pour gérer des questions qui dépassent les frontières nationales. Cette section se penchera sur l'évolution historique et l'importance contemporaine de la gouvernance mondiale, en mettant l'accent sur l'interaction complexe des acteurs étatiques et non étatiques dans l'élaboration de l'ordre mondial.

Le concept de gouvernance mondiale a évolué au fil du temps, reflétant les changements intervenus dans le système international et l'émergence de nouvelles menaces mondiales. De la Société des Nations à la création des Nations unies et d'autres agences spécialisées, l'architecture de la gouvernance mondiale s'est adaptée pour répondre à l'évolution des exigences d'un monde en mutation rapide. Aujourd'hui, l'importance de la gouvernance mondiale est soulignée par la nature interconnectée des défis mondiaux, notamment le changement climatique, les pandémies, le terrorisme et l'instabilité économique.

La gouvernance mondiale constitue une plateforme permettant aux nations de collaborer à des objectifs communs et de favoriser des relations pacifiques. Elle englobe des organisations intergouvernementales telles que les Nations unies, des réseaux de défense transnationaux, des organisations non gouvernementales et des entreprises multinationales. Ces diverses parties prenantes élaborent des politiques, des normes et des règles qui influencent le comportement et la prise de décision à l'échelle mondiale. L'importance de la gouvernance mondiale réside dans sa capacité à promouvoir le multilatéralisme, à défendre les droits de l'homme et à faciliter les initiatives de développement au-delà des frontières.

En outre, les cadres de gouvernance mondiale permettent de résoudre les différends, d'atténuer les conflits et de promouvoir la sécurité internationale. Les progrès des technologies de communication et de transport ont intensifié l'interdépendance entre les nations, nécessitant des mécanismes solides de sécurité collective et de diplomatie. L'étude de la gouvernance mondiale est essentielle pour comprendre les complexités des relations internationales et la dynamique de la distribution du pouvoir dans le monde moderne.

En conclusion, l'introduction à la gouvernance mondiale jette les bases permettant de comprendre les subtilités de la gestion des défis mondiaux par le biais d'une action concertée. Reconnaître l'évolution historique et la pertinence contemporaine de la gouvernance mondiale est essentiel pour naviguer dans les complexités d'un monde globalisé.

Les Nations Unies : Rôles et responsabilités

L'Organisation des Nations unies (ONU) est l'un des principaux piliers de la gouvernance mondiale. Elle a pour mission de maintenir la paix et la sécurité internationales, de promouvoir le développement durable et d'encourager la coopération entre les nations. Fondée en 1945 au lendemain de la Seconde Guerre mondiale, l'ONU compte 193 États membres, chacun d'entre eux s'engageant à respecter les principes inscrits dans sa charte. L'organisation sert de forum pour aborder des questions qui transcendent les frontières nationales, de la résolution des conflits et des droits de l'homme à l'aide humanitaire et à la gestion de l'environnement.

Au cœur des responsabilités de l'ONU se trouve son engagement à prévenir les conflits et à faciliter les résolutions pacifiques lorsque des différends surgissent entre les nations ou en leur sein. Par l'intermédiaire de son Conseil de sécurité, l'ONU joue un rôle essentiel en autorisant des missions de maintien de la paix et en imposant des sanctions pour dissuader les agressions. En outre, l'Assemblée générale réunit des représentants de tous les États membres pour délibérer sur les défis mondiaux, en veillant à ce que les diverses perspectives soient prises en compte dans l'élaboration des réponses collectives.

Au-delà de ses mandats en matière de paix et de sécurité, l'ONU joue un rôle social et économique important. Des agences comme l'UNICEF et l'UNESCO travaillent sans relâche pour protéger les droits des enfants et préserver le patrimoine culturel, tandis que l'Organisation internationale du travail établit des normes pour des pratiques de travail équitables dans le monde entier. En outre, le soutien de l'ONU au développement durable s'incarne dans les Objectifs de développement durable (ODD), un cadre visant à éradiquer la pauvreté, à faire progresser l'égalité des sexes et à promouvoir la durabilité environnementale d'ici 2030.

En temps de crise, les Nations unies fournissent une aide humanitaire cruciale et des efforts de secours, menant des réponses coordonnées aux catastrophes naturelles, à la famine et aux urgences en matière de santé publique. Ses agences, comme le Programme alimentaire mondial et le Haut-Commissariat des Nations unies pour les réfugiés, sont en première ligne, apportant de l'aide à ceux qui en ont besoin et défendant les intérêts des plus vulnérables.

Les Nations unies défendent également les droits de l'homme par l'intermédiaire de mécanismes tels que le Conseil des droits de l'homme et le Haut-Commissariat aux droits de l'homme. Ces entités défendent les libertés fondamentales et demandent des comptes à ceux qui les violent, en faisant la lumière sur les abus et en s'efforçant de garantir la justice pour tous les individus, indépendamment de leur nationalité ou de leurs antécédents.

Alors que le monde continue d'évoluer et d'être confronté à de nouveaux défis, les Nations unies restent inébranlables dans leur adaptation aux questions et menaces émergentes. Sa résilience et son engagement en faveur du multilatéralisme la rendent indispensable dans un monde de plus en plus interconnecté et interdépendant.

Vue d'ensemble des structures de l'ONU et de ses agences

L'Organisation des Nations unies (ONU) est une organisation complexe et à multiples facettes, composée de plusieurs entités et organes aux rôles et fonctions distincts. L'ONU se compose de six organes principaux, chacun servant des objectifs uniques dans la poursuite de la coopération internationale et de la paix. L'Assemblée générale, souvent décrite comme le parlement de l'ONU, sert de forum aux 193 États membres pour se réunir, délibérer et prendre des décisions sur des questions mondiales importantes. Le Conseil de sécurité, composé de 15 États membres, est responsable du maintien de la paix et de la sécurité internationales. Il a le pouvoir d'appliquer des sanctions, de mandater des opérations de maintien de la paix et d'autoriser des actions militaires. Le Conseil économique et social s'occupe des problèmes économiques, sociaux et environnementaux, encourageant la coopération internationale et le développement durable. La Cour internationale de justice règle les différends juridiques entre les États et donne des avis consultatifs sur les questions juridiques soumises par les organes et les institutions spécialisées de l'ONU. Le Secrétariat, dirigé par le Secrétaire général, assure le travail quotidien de l'organisation, y compris les tâches administratives, programmatiques et de représentation. Enfin, le Conseil de tutelle a été créé pour superviser l'administration des territoires sous tutelle et assurer leur transition vers l'autonomie ou l'indépendance.

En outre, l'ONU comprend de nombreuses agences, fonds et programmes spécialisés, tels que l'UNICEF, l'UNESCO, l'OMS et le PNUD, chacun se concentrant sur des domaines spécifiques tels que le bien-être des enfants, l'éducation, les soins de santé et le développement humain. Cette structure complexe permet à l'ONU de s'engager dans des activités diverses, allant de l'aide humanitaire et de la consolidation de la paix à la conservation de l'environnement et à la promotion des droits de l'homme. Toutefois, cette architecture complexe présente également des défis, notamment des inefficacités bureaucratiques, des mandats qui se chevauchent et des difficultés de coordination entre les différentes entités. Il est essentiel de comprendre le cadre organisationnel de l'ONU et de ses agences pour appréhender son impact mondial et son efficacité à relever les défis contemporains.

Études de cas : Interventions de l'ONU dans les crises mondiales

Les Nations unies ont été à l'avant-garde des efforts visant à atténuer les souffrances humanitaires, à promouvoir la paix et la sécurité et à faciliter la reconstruction après les conflits dans de nombreuses régions du monde. L'intervention des Nations unies à la suite du génocide rwandais en 1994 constitue une étude de cas remarquable. Malgré les critiques internationales pour ne pas avoir empêché le génocide, les Nations unies ont ensuite engagé des ressources considérables pour aider à stabiliser la région, soutenir le retour des réfugiés et contribuer à la mise en place d'un gouvernement de transition. Cet exemple illustre les défis et les complexités inhérents aux interventions post-conflit. L'implication des Nations unies dans les efforts de maintien de la paix et d'édification de la nation dans les Balkans au cours des années 1990, en particulier en Bosnie-et-Herzégovine, est un autre exemple marquant. La mission de l'ONU a cherché à rétablir la stabilité, à protéger les civils et à superviser la mise en œuvre des accords de paix. Cependant, la mission a rencontré des difficultés de coordination avec les factions locales et a été confrontée à des problèmes de comportement au sein des forces de maintien de la paix. Ces défis soulignent la nature complexe des interventions de l'ONU dans des contextes géopolitiques complexes.

En outre, la présence continue de l'ONU en Haïti, au Sud-Soudan et en République démocratique du Congo démontre l'engagement soutenu de l'organisation à résoudre les crises prolongées et à favoriser le développement durable. L'approche multiforme de l'ONU englobe les opérations de maintien de la paix, l'aide humanitaire, la défense des droits de l'homme et les initiatives de renforcement des capacités, reflétant ainsi sa stratégie globale de gestion des crises complexes. Grâce à ces études de cas, nous obtenons des informations précieuses sur les points forts et les limites des interventions de l'ONU, en soulignant l'impératif d'une adaptation et d'une amélioration continues. En approfondissant ces cas, nous reconnaissons le rôle indispensable de l'ONU dans la gestion des crises mondiales et la collaboration internationale concertée nécessaire pour relever les défis multiformes posés par les conflits contemporains et les urgences humanitaires.

L'Organisation mondiale du commerce et le commerce mondial

L'Organisation mondiale du commerce (OMC) est l'un des principaux piliers de la gouvernance commerciale mondiale. Elle favorise un environnement propice aux échanges économiques transfrontaliers grâce au maintien d'un système fondé sur des règles. Créée en 1995, l'OMC est une plate-forme de négociation d'accords commerciaux, de règlement des différends commerciaux et de surveillance des politiques commerciales nationales. Comptant parmi ses membres la plupart des nations commerçantes du monde, l'organisation joue un rôle essentiel dans le façonnement du paysage du commerce international.

L'objectif premier de l'OMC est de promouvoir un commerce libre et équitable entre les nations en éradiquant les barrières discriminatoires et en facilitant la circulation des biens et des services à travers les frontières. Grâce à ses mécanismes réguliers de surveillance du commerce et d'examen par les pairs, l'OMC veille à ce que les pays membres respectent les règles commerciales convenues, offrant ainsi des conditions de concurrence équitables à tous les participants. En outre, l'OMC supervise les réductions tarifaires, les subventions et les négociations sur l'accès au marché, en s'efforçant d'établir des conditions commerciales équitables qui profitent à tous les membres.

Outre la négociation d'accords commerciaux, l'OMC constitue un forum pour le traitement des différends commerciaux entre les États membres. Le système de règlement des différends de l'organisation offre un mécanisme structuré pour résoudre les conflits résultant de violations présumées des règles commerciales. Ce processus favorise la transparence et la prévisibilité des relations commerciales internationales, encourageant la confiance mutuelle et l'adhésion aux normes commerciales établies.

Le rôle de l'OMC dans le commerce mondial va au-delà des questions commerciales classiques. Elle s'engage activement dans des discussions concernant les droits de propriété intellectuelle, les mesures d'investissement et les aspects des politiques environnementales et sociales liés au commerce. L'organisation cherche à harmoniser les diverses réglementations et normes nationales en abordant ces questions complexes dans un cadre multilatéral, réduisant ainsi les obstacles au commerce découlant de cadres juridiques et administratifs divergents.

En outre, l'OMC joue un rôle essentiel en aidant les pays en développement à s'intégrer dans le système commercial mondial. Par le biais de diverses initiatives de renforcement des capacités et de programmes d'assistance technique, l'organisation s'efforce d'accroître la participation des économies en développement au commerce international, leur permettant ainsi de récolter les fruits de la mondialisation et de l'intégration économique.

Dans l'ensemble, l'Organisation mondiale du commerce joue un rôle fondamental dans la mise en place d'un système commercial mondial fondé sur des règles, transparent et ouvert à tous. Les efforts qu'elle déploie pour promouvoir un commerce libre et équitable, régler les différends commerciaux et offrir un soutien aux pays en développement soulignent l'importance de son rôle dans la dynamique du commerce international contemporain.

Le Fonds monétaire international et la Banque mondiale : Outils économiques

Le Fonds monétaire international (FMI) et la Banque mondiale sont deux des institutions financières mondiales les plus influentes, jouant un rôle clé dans le façonnement du paysage économique du monde moderne. Le FMI a été créé en 1944 pour promouvoir la coopération monétaire internationale et la stabilité des changes et faciliter une croissance équilibrée du commerce mondial. Il fournit aux pays membres une assistance financière pour réduire les problèmes de balance des paiements et soutenir les réformes politiques visant à rétablir la stabilité macroéconomique. En outre, le FMI offre des conseils en matière de politique, effectue des recherches sur les questions économiques mondiales et fournit une assistance technique et une formation pour aider les pays membres à renforcer leurs capacités en vue d'une prise de décision efficace.

D'autre part, la Banque mondiale se concentre sur la réduction de la pauvreté en accordant des prêts et des subventions pour des projets de développement dans les pays à revenu intermédiaire et les pays à faible revenu solvables. Elle comprend deux institutions : la Banque internationale pour la reconstruction et le développement (BIRD), qui dessert les pays à revenu intermédiaire et les pays à faible revenu solvables, et l'Association internationale de développement (IDA), qui soutient les pays les plus pauvres. La Banque mondiale vise à promouvoir le développement durable et à relever les défis mondiaux tels que le changement climatique, l'inégalité entre les sexes et les lacunes en matière d'infrastructures.

Ces deux institutions jouent un rôle essentiel dans la promotion de la stabilité économique et du développement dans le monde entier. Elles travaillent en étroite collaboration avec les pays membres pour concevoir et mettre en œuvre des politiques qui favorisent une croissance économique durable, réduisent la pauvreté et améliorent le niveau de vie. Le FMI et la Banque mondiale collaborent également à diverses initiatives visant à renforcer la stabilité financière, à soutenir les réformes structurelles et à relever les défis mondiaux.

Malgré leurs contributions significatives, le FMI et la Banque mondiale ont fait l'objet de critiques et de remises en question. Certains affirment que leurs politiques de prêts conditionnels pourraient porter atteinte à la souveraineté nationale et entraîner des perturbations sociales. D'autres s'interrogent sur l'efficacité de leurs programmes à obtenir des résultats significatifs et durables, notamment en ce qui concerne la résolution de problèmes systémiques tels que l'inégalité des revenus et la corruption institutionnelle.

Pour l'avenir, le FMI et la Banque mondiale s'adaptent continuellement pour répondre aux besoins changeants de l'économie mondiale. L'adoption d'approches novatrices, le renforcement des structures de gouvernance et l'amélioration de la transparence sont des étapes essentielles pour que ces institutions puissent remplir efficacement leur mandat. Alors que la communauté internationale est confrontée à des défis et à des transitions économiques complexes, le rôle du FMI et de la Banque mondiale reste essentiel pour façonner un avenir plus prospère et plus équitable pour toutes les nations.

Organisation mondiale de la santé : S'attaquer aux problèmes de santé mondiaux

L'Organisation mondiale de la santé (OMS) est un pilier essentiel de la gouvernance mondiale, qui se consacre à la résolution et à l'atténuation de divers problèmes de santé affectant les populations du monde entier. En favorisant les collaborations et les partenariats avec les gouvernements, les organisations non gouvernementales et d'autres organismes internationaux, l'OMS travaille sans relâche pour établir et mettre en œuvre des stratégies de lutte contre les maladies, de promotion de la santé et d'intervention en cas d'urgence à l'échelle mondiale. Grâce à son vaste réseau d'experts et de travailleurs de terrain, l'OMS apporte un soutien et des conseils essentiels lors de crises sanitaires, de pandémies, de catastrophes naturelles et d'urgences humanitaires. L'une des principales fonctions de l'OMS est de coordonner les efforts internationaux visant à la surveillance des maladies, à la détection précoce et à l'endiguement rapide, minimisant ainsi la propagation transnationale des maladies infectieuses telles qu'Ebola, Zika et COVID-19. En outre, l'organisation mène des initiatives cruciales pour lutter contre les maladies non transmissibles, promouvoir la santé mentale et améliorer les infrastructures de soins de santé dans les régions à ressources limitées. L'engagement sans faille de l'OMS en faveur de la couverture sanitaire universelle, de l'accès équitable aux médicaments essentiels et de la réduction des taux de mortalité maternelle et infantile a façonné les programmes et les politiques de santé au niveau mondial.

En outre, l'OMS sert de plateforme centrale pour faciliter la recherche, le partage des connaissances et le renforcement des capacités dans les différents systèmes de santé, jouant ainsi un rôle crucial dans la promotion de l'innovation et des meilleures pratiques. Malgré ses contributions indispensables, l'OMS est également confrontée à des défis et à des critiques, notamment en ce qui concerne la transparence de la gouvernance, la viabilité financière et la gestion des complexités politiques. En outre, l'organisation se heurte à des obstacles lorsqu'il s'agit de faire face efficacement aux nouvelles menaces sanitaires, d'assurer la priorité de la santé dans les politiques nationales et de maintenir un équilibre délicat entre la défense des intérêts de la santé publique et le respect de la souveraineté nationale. Le monde évoluant sans cesse, l'OMS doit adapter et renforcer ses mécanismes pour répondre à l'évolution des défis sanitaires et des besoins sociétaux, tout en s'engageant activement dans des dialogues multiformes avec les États membres, la société civile et le secteur privé afin de favoriser des solutions durables. En fin de compte, les efforts inlassables de l'OMS restent essentiels pour préserver la sécurité sanitaire mondiale, faire progresser l'équité en matière de santé et promouvoir le bien-être de tous les individus, soulignant ainsi le rôle vital des organisations internationales dans la résolution des problèmes de santé contemporains.

Évaluer l'efficacité : Réalisations et critiques

L'évaluation de l'efficacité des organisations internationales est une entreprise à multiples facettes qui nécessite une compréhension approfondie de leurs mandats, de leurs capacités opérationnelles et de l'environnement mondial dynamique dans lequel elles opèrent. Lors de l'évaluation des réalisations et des critiques de ces entités, il est essentiel de prendre en compte une série de facteurs qui englobent leur impact, leur efficacité, leur responsabilité et leur adaptabilité.

L'une des mesures fondamentales de l'efficacité est la réalisation des objectifs de l'organisation. Par exemple, l'Organisation mondiale de la santé (OMS) a joué un rôle essentiel dans la résolution des problèmes de santé mondiaux, notamment en éradiquant la variole, en endiguant des maladies comme Ebola et Zika et en faisant progresser les politiques de santé dans le monde entier. Ces réalisations démontrent l'impact tangible des organisations internationales sur la protection de la santé publique à l'échelle mondiale.

Toutefois, les réalisations ne sont pas exemptes de critiques. Certaines parties prenantes affirment que les organisations internationales sont souvent confrontées à des obstacles bureaucratiques et à l'inertie institutionnelle, ce qui limite leur capacité à répondre efficacement aux crises émergentes. En outre, certains s'inquiètent des insuffisances de financement et de la mauvaise gestion des ressources, qui peuvent entraver la capacité de ces organisations à remplir leur mandat de manière optimale.

En outre, l'efficacité peut être évaluée sous l'angle de l'inclusivité et de la représentation. Les critiques soutiennent que certaines organisations internationales peuvent refléter de manière disproportionnée les intérêts des États membres puissants, marginalisant potentiellement les voix et les besoins des nations plus petites ou en développement. Il est essentiel de remédier à cette disparité pour garantir une gouvernance mondiale équitable et favoriser une collaboration qui serve réellement le bien-être collectif de populations diverses.

Un autre aspect essentiel de l'évaluation de l'efficacité concerne la transparence, la responsabilité et la capacité d'auto-évaluation et d'amélioration. Les organisations internationales doivent disposer de solides mécanismes de contrôle et d'évaluation pour préserver leur crédibilité et la confiance du public. Il est impératif de s'engager dans des processus d'auto-évaluation rigoureux et de tenir compte des commentaires constructifs pour améliorer les performances et la pertinence de l'organisation.

En outre, dans un monde de plus en plus interconnecté, la capacité d'adaptation des organisations internationales est primordiale. Elles doivent faire preuve de résilience pour répondre à l'évolution des paysages géopolitiques, socio-économiques et technologiques. La capacité à anticiper les nouveaux défis et à recalibrer les stratégies de manière proactive est essentielle pour maintenir l'efficacité de l'organisation dans un contexte mondial en évolution rapide.

En conclusion, l'évaluation de l'efficacité des organisations internationales implique de mettre en balance leurs réalisations et les critiques valables, tout en tenant compte de leur impact, de leur adaptabilité, de leur représentation inclusive et de leur transparence. Il s'agit d'un processus continu qui exige de la vigilance, de l'introspection et un engagement en faveur d'une amélioration constante. En fin de compte, la recherche de l'efficacité souligne l'impératif pour ces organisations de relever collectivement et de manière responsable des défis mondiaux complexes.

Les défis auxquels sont confrontées les organisations internationales au XXIe siècle

Le 21e siècle a apporté une myriade de défis complexes aux organisations internationales, mettant à l'épreuve leur capacité à s'adapter et à rester pertinentes face aux rapides changements mondiaux. L'un des principaux défis auxquels ces organisations sont confrontées est l'évolution du paysage géopolitique, caractérisée par la montée en puissance des acteurs non étatiques et l'influence croissante des puissances émergentes. En raison de cette dynamique évolutive, il est devenu difficile pour les institutions internationales traditionnelles de traiter efficacement des questions telles que la sécurité, les droits de l'homme et la coopération économique. En outre, la prolifération des menaces asymétriques, notamment le terrorisme, la cyberguerre et la criminalité transnationale, a exercé une pression considérable sur les organisations internationales pour qu'elles élaborent des réponses cohérentes et unifiées. En outre, le scepticisme croissant à l'égard du multilatéralisme et la montée du populisme dans diverses parties du monde ont constitué des obstacles importants aux efforts de collaboration des organisations internationales. L'érosion de la confiance dans les structures de gouvernance mondiale menace de saper la légitimité et l'autorité de ces institutions, ce qui rend de plus en plus difficile l'obtention d'un soutien en faveur d'une action collective sur des questions cruciales. La dégradation de l'environnement et le changement climatique sont des défis urgents qui nécessitent une coopération et une coordination internationales concertées. L'incapacité à faire face à ces crises environnementales mondiales pourrait avoir des conséquences humanitaires et sécuritaires considérables, ce qui souligne le besoin urgent d'une collaboration internationale efficace.

En outre, les disparités économiques, les conflits commerciaux et l'instabilité financière continuent de mettre à l'épreuve la capacité des organisations internationales à promouvoir un développement inclusif et durable. La pandémie de COVID-19 a encore mis en lumière la nécessité cruciale d'une réponse mondiale coordonnée aux crises sanitaires, révélant les faiblesses des organisations sanitaires internationales en matière de préparation et de réaction. L'un des principaux défis pour les organisations internationales est de garantir un accès équitable aux ressources sanitaires et de renforcer les systèmes de santé mondiaux pour qu'ils puissent résister aux futures pandémies. Alors que la technologie évolue à un rythme sans précédent, les organisations internationales doivent faire face aux dimensions éthiques et réglementaires de l'intelligence artificielle, de la confidentialité des données et de la cybersécurité, tout en exploitant les avantages potentiels des avancées technologiques pour le progrès mondial. En outre, l'essor des campagnes de désinformation et de la propagande numérique menace l'intégrité des processus démocratiques et la cohésion sociétale, ce qui exige des efforts concertés de la part des organisations internationales pour préserver l'intégrité de l'information et lutter contre la désinformation. En conclusion, le 21e siècle présente des défis complexes et interconnectés pour les organisations internationales, nécessitant une adaptation stratégique, de l'innovation et un leadership proactif pour naviguer vers un ordre mondial plus sûr, plus équitable et plus durable.

Orientations futures de la gouvernance mondiale

La dynamique de la gouvernance mondiale évolue constamment en réponse aux défis complexes du 21e siècle. Alors que nous nous tournons vers l'avenir, il est impératif d'examiner les orientations et les stratégies possibles pour améliorer l'efficacité et la pertinence des organisations internationales. La réforme des institutions existantes pour mieux refléter le paysage géopolitique contemporain est un aspect essentiel qui mérite notre attention. Cela peut impliquer de revoir les structures, les processus de prise de décision et la représentation au sein d'organisations telles que les Nations unies, l'Organisation mondiale du commerce, le Fonds monétaire international et d'autres, afin de s'assurer qu'elles sont équipées pour faire face aux problèmes mondiaux actuels et futurs.

En outre, la question de la gouvernance mondiale nécessite une approche plus inclusive qui tienne compte des perspectives et des besoins de divers groupes, y compris les pays en développement, les communautés marginalisées et les acteurs non étatiques. Des efforts de collaboration devraient être déployés pour combler les écarts de représentation et permettre aux voix sous-représentées de participer à l'élaboration des politiques et des cadres mondiaux. En outre, il sera essentiel dans les années à venir d'exploiter le potentiel des technologies émergentes pour améliorer la gouvernance et la transparence. L'exploitation des innovations en matière d'analyse des données, d'intelligence artificielle et de communication numérique peut renforcer l'efficacité et l'impact des organisations internationales dans la résolution des problèmes mondiaux.

En ce qui concerne la durabilité environnementale et le changement climatique, la gouvernance mondiale doit s'orienter vers une plus grande coopération et coordination entre les nations afin d'atteindre des objectifs collectifs. Cela implique de faire progresser les accords multilatéraux et d'établir des mesures exécutoires pour atténuer la dégradation de l'environnement et promouvoir le développement durable. En outre, le renforcement du rôle des organisations internationales dans l'atténuation des crises sanitaires mondiales, la garantie d'un accès équitable aux soins de santé et la lutte contre les pandémies seront essentiels pour façonner l'avenir de la gouvernance mondiale.

Un autre aspect essentiel de l'avenir de la gouvernance mondiale est l'alignement sur les objectifs de développement durable (ODD) définis par les Nations unies. Les organisations internationales devraient donner la priorité à ces objectifs et aligner leurs programmes sur eux afin de faciliter les efforts concertés visant à réaliser des progrès mesurables sur des questions essentielles telles que la réduction de la pauvreté, l'égalité des sexes, l'éducation et la croissance économique. Pour obtenir des résultats efficaces et durables, il sera essentiel d'adopter une approche holistique et intégrée de la gouvernance mondiale qui s'attaque aux problèmes interdépendants.

Alors que le monde devient de plus en plus interconnecté, l'intégration stratégique des dimensions économiques, politiques et technologiques dans les cadres de gouvernance mondiale sera vitale pour anticiper et répondre aux tendances et perturbations mondiales émergentes. La mise en œuvre de mécanismes visant à prévenir et à gérer les conflits, à promouvoir les droits de l'homme et à faire respecter le droit international nécessitera une collaboration et un engagement accrus de la part des États membres et des organisations internationales. En fin de compte, l'avenir de la gouvernance mondiale dépend de l'adaptabilité, de l'inclusivité, de l'innovation et de l'engagement proactif face aux défis multiformes de notre monde en évolution rapide.

20

Les manifestations de l'influence populaire

L'OPINION PUBLIQUE ET SON IMPACT SUR LA POLITIQUE ÉTRANGÈRE

Opinion publique et politique étrangère

L'opinion publique joue un rôle crucial dans l'élaboration de la politique étrangère des nations, en servant de baromètre des sentiments et des valeurs de la société. L'interaction entre l'opinion publique et les décisions de politique étrangère a des implications significatives pour les engagements stratégiques d'un pays sur la scène mondiale. La compréhension et l'analyse de l'opinion publique sont essentielles pour les décideurs politiques, car elles permettent de connaître les attentes, les préoccupations et les priorités des citoyens en matière d'affaires internationales. Cette section vise à approfondir la relation complexe entre l'opinion publique et la politique étrangère, en mettant en lumière son impact considérable et en explorant de manière approfondie sa dynamique sous-jacente. Cette exploration repose sur la reconnaissance du lien intrinsèque entre la volonté du peuple et la formulation, l'exécution et l'évaluation de la politique étrangère d'une nation. En examinant les fondements historiques et les manifestations contemporaines de l'influence de l'opinion publique sur la politique étrangère, nous pouvons comprendre comment les attitudes et les perceptions nationales peuvent influencer les stratégies diplomatiques, les alliances internationales et les réponses aux défis géopolitiques. Dans ce contexte, nous nous lançons dans un voyage perspicace pour découvrir les complexités et les nuances de l'opinion publique dans la prise de décision diplomatique, en attirant l'attention sur son rôle à la fois de catalyseur et de contrainte dans la poursuite des intérêts nationaux à l'échelle mondiale.

Cadres théoriques : Comprendre l'opinion publique

Comprendre l'opinion publique dans le contexte de la politique étrangère nécessite une exploration complète des cadres théoriques qui sous-tendent la dynamique du sentiment public et ses implications. L'un des principaux cadres théoriques est le concept de l'opinion publique en tant que reflet des valeurs, des croyances et des attitudes de la société à l'égard des affaires internationales. Cette perspective postule que l'opinion publique est façonnée par des facteurs historiques, culturels et socio-économiques, influençant les perceptions des autres nations et de leurs politiques. De même, le rôle des élites dans la formation de l'opinion publique ne peut être négligé. Les élites, y compris les décideurs politiques, les leaders d'opinion et les figures médiatiques, jouent un rôle crucial dans l'élaboration et la diffusion d'informations susceptibles d'influencer de manière significative les opinions du public sur les questions de politique étrangère . Un autre aspect important est le cadre cognitif, qui étudie les processus psychologiques sous-jacents à la formation de l'opinion publique. Ce cadre examine la manière dont les individus traitent et interprètent les informations, les récits culturels et les représentations symboliques liés à la politique étrangère, ce qui conduit à la construction d'attitudes et d'opinions. La théorie de l'identité sociale permet également de comprendre comment les affiliations à un groupe et les identités collectives influencent les attitudes du public à l'égard des décisions de politique étrangère. En examinant ces perspectives théoriques, les décideurs politiques peuvent mieux comprendre la nature multiforme de l'opinion publique et discerner ses ramifications potentielles pour la politique étrangère.

En outre, il est essentiel de reconnaître les limites et les critiques de ces cadres, car ils mettent en évidence la nature complexe et dynamique de l'opinion publique. Bien que ces théories fournissent des outils d'analyse précieux, la diversité et la fluidité inhérentes à l'opinion publique sont source de complexité et remettent en question l'application directe des concepts théoriques aux processus d'élaboration des politiques dans le monde réel. En outre, l'avènement des plateformes médiatiques numériques et la prolifération des sources d'information ont introduit de nouvelles dimensions dans la formation et l'expression de l'opinion publique. L'interconnexion des réseaux de communication mondiaux a facilité la diffusion rapide de perspectives et de récits divers, ce qui présente à la fois des opportunités et des défis pour les décideurs politiques lorsqu'il s'agit d'interpréter le sentiment du public et d'y répondre. Dans ce contexte, il est essentiel de comprendre l'interaction entre les cadres théoriques traditionnels et le paysage évolutif de la communication numérique pour comprendre la dynamique de l'opinion publique contemporaine et son impact sur la politique étrangère.

Aperçu historique de l'influence du public sur les décisions politiques

Tout au long de l'histoire, l'opinion publique a joué un rôle important dans l'élaboration des décisions de politique étrangère des nations. Des civilisations anciennes aux démocraties modernes, l'influence de l'opinion publique sur l'élaboration des politiques s'est manifestée sous diverses formes. Dans l'Athènes antique, les assemblées et les débats publics influençaient l'approche de la cité-État en matière de relations extérieures et de guerres. De même, à l'époque médiévale, les monarques tenaient compte des perceptions et des attitudes de leurs sujets lorsqu'ils prenaient des décisions concernant les alliances, le commerce et les campagnes militaires. Dans l'histoire plus récente, l'avènement des médias de masse et la montée en puissance de la gouvernance démocratique ont encore amplifié l'impact de l'opinion publique sur la politique étrangère. Au XXe siècle, des événements tels que la guerre du Viêt Nam et le mouvement des droits civiques aux États-Unis ont montré comment les sentiments du public pouvaient influencer les actions des gouvernements sur la scène internationale. Le pouvoir des citoyens de se mobiliser et d'exprimer leurs opinions par le biais de manifestations, de l'activisme et de l'engagement des médias est devenu de plus en plus influent sur l'élaboration des stratégies diplomatiques et des engagements internationaux. Au fil du temps, les progrès technologiques et la prolifération des plateformes de médias sociaux ont donné au public davantage de moyens d'exprimer ses opinions et de demander des comptes aux décideurs politiques. Cela a conduit à un paysage mondial plus transparent et interconnecté où le sentiment public peut rapidement influencer la direction des affaires étrangères. Lorsque nous examinons l'historique de l'influence du public sur les décisions politiques, il apparaît clairement que la relation entre l'opinion publique et la politique étrangère est dynamique et en constante évolution. Il est essentiel de comprendre le contexte historique de cette relation pour saisir les complexités de la prise de décision diplomatique contemporaine et anticiper les changements futurs dans la gouvernance mondiale et les relations internationales.

Méthodes d'évaluation de l'opinion publique

Il est essentiel d'évaluer l'opinion publique pour comprendre les dynamiques qui façonnent les décisions de politique étrangère. Les méthodes de mesure de l'opinion publique ont considérablement évolué, reflétant les progrès technologiques, les sciences sociales et l'analyse des données. Les sondages d'opinion, qui utilisent des techniques d'échantillonnage aléatoire pour mesurer les attitudes et les préférences au sein d'une population donnée, constituent une approche traditionnelle de l'évaluation de l'opinion publique. Ces sondages couvrent souvent un large éventail de sujets liés aux affaires étrangères, notamment les conflits internationaux, les relations diplomatiques et les questions économiques mondiales. Une autre méthodologie courante consiste à analyser le contenu des médias et des plateformes de médias sociaux afin d'identifier les sentiments et les points de vue dominants au sein du public. Cette approche s'appuie sur le traitement du langage naturel et l'analyse des sentiments pour discerner les attitudes du public à l'égard de questions spécifiques de politique étrangère.

En outre, les groupes de discussion et les entretiens approfondis offrent un aperçu qualitatif des nuances de l'opinion publique, ce qui permet de mieux comprendre les préoccupations et les valeurs sous-jacentes qui influencent les perceptions en matière de politique étrangère. La recherche ethnographique, qui implique des études de terrain immersives au sein des communautés, contribue également à découvrir les attitudes publiques culturellement ancrées à l'égard des affaires étrangères. L'utilisation du big data et de l'analyse prédictive a encore révolutionné les méthodes d'évaluation de l'opinion publique sur la politique étrangère. Les analystes peuvent obtenir des informations complètes sur les perceptions et les préoccupations du public en exploitant de grandes quantités d'informations numériques, y compris le comportement en ligne, les modèles de recherche et les habitudes de consommation sur le site .

En outre, les méthodes de recherche expérimentale, telles que les essais de contrôle randomisés, permettent aux chercheurs d'évaluer l'impact de différents récits politiques ou messages diplomatiques sur l'opinion publique. Ces dernières années, les progrès de l'apprentissage automatique et du traitement du langage naturel ont facilité l'analyse automatisée de données textuelles à grande échelle provenant de diverses sources, permettant une compréhension plus complète et plus nuancée de l'opinion publique. En outre, les enquêtes transnationales et les études comparatives offrent des perspectives précieuses en examinant les variations de l'opinion publique dans différents contextes culturels, socio-économiques et politiques. Ces méthodologies contribuent à la compréhension de l'état actuel du sentiment public et facilitent l'identification des tendances évolutives et des questions émergentes susceptibles de façonner les décisions futures en matière de politique étrangère.

Études de cas : L'opinion publique façonne les grandes politiques

L'opinion publique joue un rôle important dans l'élaboration des grandes politiques, en particulier dans le domaine des affaires étrangères. Les études de cas fournissent des indications précieuses sur la manière dont les sentiments du public ont influencé et même déterminé la ligne de conduite des gouvernements. L'une de ces études de cas remarquables est la guerre du Viêt Nam, où l'évolution de l'opinion publique a entraîné un changement de politique colossal. Au départ, l'opinion publique américaine soutenait largement l'engagement de son pays dans le conflit. Cependant, à mesure que la guerre s'éternisait et que le nombre de victimes augmentait, l'opinion publique s'est progressivement retournée contre elle. Des manifestations massives ont éclaté dans tout le pays, reflétant le sentiment croissant d'opposition à la guerre. Cette désapprobation générale a finalement incité le gouvernement américain à reconsidérer son approche et à se retirer du conflit, soulignant ainsi l'impact considérable de l'opinion publique. La révolution iranienne et la crise des otages qui s'en est suivie constituent une autre étude de cas convaincante. La montée de l'anti-américanisme au sein de l'opinion publique iranienne à la suite de la révolution a conduit à la captivité prolongée de cinquante-deux diplomates et citoyens américains pendant 444 jours.

Cet événement a considérablement tendu les relations entre les deux nations, démontrant comment le sentiment public peut influencer les tensions diplomatiques et les décisions politiques. Le Printemps arabe constitue une étude de cas contemporaine du rôle de l'opinion publique dans l'élaboration de la politique étrangère. Les manifestations de masse et les soulèvements qui ont eu lieu au Moyen-Orient et en Afrique du Nord en 2010-2011 ont abouti à l'éviction de régimes autoritaires en place depuis longtemps dans plusieurs pays. Le sentiment de l'opinion publique mondiale a fortement influencé la réponse de la communauté internationale à ces événements, entraînant divers changements de politique dans le soutien ou la condamnation des mouvements. Ces études de cas soulignent l'interaction dynamique entre l'opinion publique et la politique étrangère, en mettant l'accent sur les implications considérables du sentiment sociétal sur la prise de décision au niveau international.

Le rôle des médias dans la formation et le reflet du sentiment public

Dans le domaine des relations internationales, les médias jouent un rôle essentiel en façonnant le sentiment du public et en reflétant les attitudes de la société à l'égard de la politique étrangère. Les médias, qui englobent les organes traditionnels tels que les journaux, la télévision, la radio, les plateformes numériques modernes et les médias sociaux, sont le canal par lequel les informations, les récits et les points de vue sont diffusés aux masses. L'influence des médias sur l'opinion publique ne peut être surestimée, car ils peuvent encadrer les discussions, mettre en lumière des questions spécifiques et même fixer l'ordre du jour des débats nationaux et mondiaux.

L'un des moyens fondamentaux par lesquels les médias façonnent le sentiment du public est la définition de l'ordre du jour. En choisissant de manière sélective les sujets à couvrir et la manière de les présenter, la presse peut privilégier certains thèmes par rapport à d'autres, influençant ainsi ce que le public considère comme important. Ce processus ne reflète pas seulement les préoccupations de la société, il a aussi le pouvoir de construire la perception des événements et des acteurs internationaux. En outre, le langage et le cadrage des informations peuvent susciter des réactions émotionnelles et influencer les opinions publiques sur les questions de politique étrangère.

En outre, les médias constituent une plateforme essentielle pour la diplomatie publique et la projection de la puissance douce par les gouvernements et les acteurs non étatiques. Les pays cherchent à améliorer leur réputation et leur influence à l'étranger par le biais d'une communication et d'une narration stratégiques. La couverture médiatique des événements internationaux, des échanges culturels et des efforts humanitaires peut façonner la façon dont les nations sont perçues dans le monde et influencer le soutien du public aux initiatives diplomatiques et aux programmes d'aide à l'étranger.

En outre, la nature interactive des médias modernes permet un retour d'information en temps réel et l'engagement du public sur les questions de politique étrangère. Les plateformes de médias sociaux, en particulier, ont démocratisé le processus de partage d'opinions, permettant aux citoyens d'exprimer directement leurs points de vue et de s'engager dans des débats sur les affaires internationales. Cette interaction directe entre le public et les médias favorise un échange d'informations et de points de vue dans les deux sens, amplifiant l'impact des sentiments du public sur les processus d'élaboration des politiques et de prise de décision diplomatique.

Notamment, la relation entre les médias et la politique étrangère est intrinsèquement complexe, impliquant l'éthique journalistique, la propriété des médias et les préjugés éditoriaux. L'influence de puissants intérêts, tant nationaux qu'internationaux, peut également façonner le paysage de l'information et influencer la représentation des événements mondiaux. Par conséquent, les décideurs politiques et les dirigeants doivent naviguer dans la dynamique complexe entre l'influence des médias, le sentiment du public et la formulation des politiques étrangères, en veillant à ce que les décisions s'alignent sur les intérêts nationaux et les attentes du public.

Il est essentiel de comprendre l'interaction entre les médias, l'opinion publique et les relations internationales pour élaborer des stratégies de politique étrangère efficaces. Alors que de nouvelles formes de médias continuent d'émerger et d'évoluer, le rôle de la communication dans la formation des attitudes du public à l'égard des affaires mondiales restera un aspect essentiel du paysage géopolitique.

Leadership politique et réactivité à l'opinion publique

Dans une société démocratique, le leadership politique est profondément lié à la dynamique de l'opinion publique et à la réactivité des décideurs politiques aux sentiments de leurs électeurs. La relation entre les dirigeants politiques et l'opinion publique a fait l'objet d'analyses et de débats approfondis dans le domaine des relations internationales et des sciences politiques. Une gouvernance efficace exige souvent que les décideurs politiques s'intéressent à l'opinion publique, en particulier en matière de politique étrangère, où les décisions peuvent avoir des implications considérables pour les intérêts nationaux et les relations mondiales.

Les dirigeants politiques sont chargés de représenter les intérêts de leur nation à l'échelle mondiale et d'évaluer et de comprendre le sentiment dominant de l'opinion publique. Les dirigeants qui réussissent se montrent conscients des préoccupations, des craintes et des aspirations de leurs concitoyens et cherchent à aligner les décisions de politique étrangère sur la volonté collective de la population. Cet alignement est essentiel pour maintenir la confiance et la légitimité dans le paysage politique national.

En outre, la réactivité des dirigeants politiques à l'opinion publique peut influer sur le cours des affaires internationales. Lorsque l'opinion publique s'unit autour de certaines questions ou de certains événements, elle exerce une pression importante sur les dirigeants pour qu'ils réagissent d'une manière qui reflète les valeurs et les attentes des citoyens. Cette pression publique peut influencer la priorité accordée aux initiatives diplomatiques, aux accords commerciaux, aux politiques de sécurité et aux interventions humanitaires.

Cependant, la relation entre les dirigeants politiques et l'opinion publique est complexe et difficile. Les dirigeants doivent trouver un juste équilibre entre la réponse aux sentiments immédiats de l'opinion publique et la prise de décisions fondées sur les intérêts nationaux et les objectifs stratégiques à long terme. Trouver un équilibre entre l'immédiateté de l'opinion publique et les exigences de la géopolitique est une tâche délicate qui exige un leadership astucieux et une communication efficace.

Il existe de nombreux cas où les dirigeants politiques ont été confrontés à des dilemmes entre l'adhésion à l'opinion publique et la poursuite de politiques jugées nécessaires à la stabilité et à la sécurité à long terme de la nation. De tels scénarios mettent en lumière l'interaction nuancée entre l'opinion publique et l'exercice du leadership en matière de politique étrangère.

En outre, l'avènement des médias numériques et la diffusion rapide de l'information ont intensifié la surveillance et la responsabilité des dirigeants politiques à l'égard de l'opinion publique. Les plateformes de médias sociaux, en particulier, ont amplifié la voix du public et créé de nouvelles voies de dialogue et de discours. En conséquence, les dirigeants sont soumis à une pression accrue pour s'engager et répondre aux diverses opinions et perspectives qui imprègnent le domaine public.

En conclusion, l'interaction entre le leadership politique et l'opinion publique dans l'élaboration de la politique étrangère est un processus multiforme et évolutif. Un leadership efficace implique une compréhension aiguë du sentiment public, la capacité de concilier les préoccupations immédiates du public avec les intérêts nationaux à long terme, et l'aptitude à communiquer et à s'engager efficacement avec les diverses voix de la société.

L'opinion publique dans les crises internationales

Lors des crises internationales, l'opinion publique joue un rôle essentiel dans la réaction des dirigeants politiques et des gouvernements. Les sentiments et les perceptions du public à l'égard de la crise peuvent influencer de manière significative les décisions de politique étrangère et l'approche du gouvernement dans la gestion de la crise. L'opinion publique peut influencer les décideurs politiques vers des actions ou des stratégies particulières, reflétant les désirs et les préoccupations de la population. L'impact de l'opinion publique pendant les crises internationales dépasse les affaires intérieures et peut avoir des conséquences considérables sur les relations diplomatiques, la coopération internationale et la perception globale. Il est essentiel de comprendre le sentiment de l'opinion publique à ces moments critiques pour analyser l'efficacité potentielle des réponses de la politique étrangère et s'assurer que les actions du gouvernement sont conformes aux attentes du public.

En outre, dans les sociétés démocratiques, les dirigeants sont souvent contraints de tenir compte de l'opinion publique lorsqu'ils formulent leurs réponses aux crises internationales. On ne saurait trop insister sur le rôle des médias dans la formation de l'opinion publique lors des crises internationales. La couverture médiatique ne se contente pas d'informer le public sur la crise en cours, elle a aussi le pouvoir d'influencer les opinions et les perceptions par le biais du cadrage des événements et des questions. Elle peut alimenter la demande du public pour des actions ou des interventions spécifiques, influencer le soutien du public aux décisions du gouvernement et même façonner l'attitude du public à l'égard des pays impliqués dans la crise. Les dirigeants politiques doivent faire face à la complexité de l'opinion publique lors des crises internationales tout en tenant compte des ramifications géopolitiques plus larges. Les dirigeants doivent trouver le juste milieu entre les préoccupations de l'opinion publique et le maintien de la stabilité stratégique, en particulier lorsqu'ils sont confrontés à des situations délicates et instables. Une population bien informée et engagée peut demander à son gouvernement de rendre compte de ses actions et de ses décisions lors de crises internationales. Si l'opinion publique peut faire pression sur les dirigeants pour qu'ils agissent de manière décisive, elle peut aussi servir de garde-fou contre des actions hâtives ou irréfléchies susceptibles d'exacerber les tensions ou d'aggraver la crise. L'impact de l'opinion publique sur la politique étrangère lors des crises internationales souligne la nécessité d'une communication ouverte et transparente entre les gouvernements et leurs citoyens. Une gestion efficace des crises exige des dirigeants qu'ils communiquent avec le public, qu'ils fournissent des informations précises et opportunes et qu'ils expliquent les raisons de leurs décisions politiques. Les gouvernements perçus comme étant à l'écoute des préoccupations du public et transparents dans leurs processus de prise de décision peuvent potentiellement gagner la confiance et le soutien du public, renforçant ainsi leur légitimité aux yeux de leurs citoyens et de la communauté internationale. En conclusion, l'opinion publique pendant les crises internationales exerce une influence considérable sur les décisions de politique étrangère, façonnant les réponses des gouvernements, influençant les relations diplomatiques et ayant un impact sur les perceptions mondiales. Il est essentiel de comprendre la dynamique de l'opinion publique et son interaction avec les médias, le leadership politique et la gestion des crises pour formuler des stratégies de politique étrangère efficaces et responsables dans un monde de plus en plus interconnecté.

Implications pour l'élaboration des politiques futures

L'opinion publique joue un rôle crucial dans l'orientation et les décisions de politique étrangère, en particulier dans les sociétés démocratiques où les gouvernements sont responsables en dernier ressort de la volonté du peuple. Il est essentiel pour les décideurs et les analystes de comprendre les implications de l'opinion publique sur l'élaboration des politiques futures, alors qu'ils naviguent sur le terrain complexe des relations internationales. Cette section explore les multiples facettes de l'impact de l'opinion publique sur l'élaboration des futures politiques étrangères, tant au niveau national qu'international. Tout d'abord, il est évident que l'opinion publique peut exercer une pression significative sur les décideurs, en influençant la hiérarchisation de certaines questions mondiales et en orientant l'allocation des ressources vers des objectifs spécifiques de politique étrangère. Ainsi, la capacité des dirigeants à comprendre le sentiment du public et à y répondre détermine souvent la trajectoire globale des relations étrangères d'un pays.

En outre, l'opinion publique est un baromètre des valeurs et des attentes de la société, reflétant l'évolution des perspectives en matière de sécurité nationale, d'intervention humanitaire, d'accords commerciaux et de coopération mondiale. L'alignement des politiques étrangères sur les attitudes publiques dominantes est essentiel pour garantir la légitimité et la responsabilité de la gouvernance et maintenir la confiance du public dans le processus de prise de décision. En outre, l'opinion publique peut avoir un impact potentiel sur les négociations diplomatiques et les engagements internationaux. Les décideurs politiques doivent évaluer et anticiper la manière dont le sentiment du public peut affecter leur pouvoir de négociation et leur crédibilité sur la scène internationale. En outre, l'avènement des médias numériques a accéléré la diffusion de l'opinion publique, amplifiant son influence sur la politique étrangère. Les plateformes de médias sociaux et les canaux de communication numérique ont permis aux citoyens de s'exprimer et de se mobiliser sur des questions de politique étrangère, ce qui nécessite une sensibilisation accrue des décideurs politiques au sentiment public. À l'ère de la connectivité et du partage d'informations accrus, l'intégration de l'opinion publique dans la prise de décision en matière de politique étrangère est devenue de plus en plus complexe, mais indispensable.

En outre, l'endurance de l'opinion publique en tant que force puissante de la politique étrangère souligne la nécessité de stratégies nuancées pour engager et communiquer avec divers publics nationaux et mondiaux de manière efficace. L'élaboration de récits convaincants et l'exploitation du soutien de l'opinion publique font partie intégrante de l'avancement des programmes de politique étrangère. Toutefois, cette relation dynamique entre l'opinion publique et l'élaboration des politiques présente des défis et des contraintes potentielles. En particulier, l'opinion publique peut parfois être volatile, sujette à la désinformation ou fortement influencée par des réactions émotionnelles. Les décideurs politiques doivent donc discerner avec soin les sentiments authentiques et les intérêts à long terme du public dans le bruit du discours public. Par essence, comprendre les implications de l'opinion publique sur l'élaboration future des politiques implique une appréciation globale de ses forces, de ses limites et de ses principes directeurs. En considérant l'opinion publique comme un élément décisif dans la formulation et la mise en œuvre de la politique étrangère, les gouvernements et les acteurs internationaux peuvent cultiver des politiques qui trouvent un écho auprès de leurs électeurs tout en tenant compte de la complexité de la dynamique mondiale.

Résumé et principales conclusions

En résumé, l'intersection de l'opinion publique et de la politique étrangère est un domaine complexe et dynamique qui exige un examen attentif de la part des décideurs politiques et des analystes. Il ressort clairement de notre exploration de ce sujet que l'opinion publique joue un rôle crucial dans l'orientation des décisions de politique étrangère au niveau national et international. Les implications pour l'élaboration des politiques futures sont multiples et soulignent la nécessité d'une compréhension nuancée de la dynamique de l'opinion publique.

Notre examen de l'impact de l'opinion publique sur la politique étrangère a notamment permis de reconnaître que le sentiment public n'est pas monolithique et qu'il peut être influencé par divers facteurs tels que le cadrage médiatique, l'identité nationale et la mémoire collective. En outre, l'aperçu historique a révélé que l'opinion publique a eu des effets démontrables sur des changements politiques majeurs et des engagements internationaux, soulignant son importance dans le paysage géopolitique plus large. Il est essentiel de reconnaître la nature de plus en plus interconnectée de la communication mondiale et de la diffusion de l'information, ce qui nécessite de réévaluer les méthodes traditionnelles d'évaluation de l'opinion publique.

En outre, notre analyse a mis en lumière le rôle essentiel du leadership politique pour naviguer dans les complexités de l'opinion publique et répondre stratégiquement aux préoccupations de la société tout en équilibrant les intérêts nationaux à long terme. L'influence de l'opinion publique pendant les crises internationales est apparue comme un thème central, soulignant la nécessité d'élaborer des politiques agiles et réactives lorsque l'opinion publique est plus attentive et plus préoccupée. Cela souligne l'impératif pour les décideurs politiques d'évaluer soigneusement et de tirer parti de l'opinion publique pour communiquer et justifier efficacement les décisions de politique étrangère.

Notre examen a mis en évidence les risques et les opportunités potentiels liés à l'impact de l'opinion publique sur la politique étrangère, renforçant ainsi la nécessité d'une planification stratégique globale et d'un engagement auprès du public. Enfin, les cadres théoriques présentés constituent des outils précieux pour comprendre les subtilités de la dynamique de l'opinion publique et jettent les bases d'une recherche et d'une analyse plus approfondies dans ce domaine d'étude essentiel. En conclusion, la relation entre l'opinion publique et la politique étrangère est une considération essentielle pour tout acteur impliqué dans l'arène mondiale, et une compréhension approfondie de cette interaction dynamique est indispensable pour une prise de décision éclairée.

21

Investir dans la défense

DÉPENSES MILITAIRES ET CROISSANCE ÉCONOMIQUE

Aperçu des dépenses militaires mondiales

Alors que nous nous penchons sur les subtilités des dépenses militaires mondiales, il est impératif d'analyser en profondeur les données fournies par des sources réputées telles que l'Institut international de recherche sur la paix de Stockholm (SIPRI) et d'autres institutions renommées spécialisées dans l'économie de la défense. Au cours des dernières décennies, les tendances en matière de dépenses militaires dans le monde ont évolué de manière perceptible. Cette période a été marquée par des fluctuations des budgets de défense, influencées par les changements géopolitiques, les performances économiques et les avancées technologiques. L'examen des données des rapports annuels du SIPRI et de diverses publications gouvernementales permet de se faire une idée précise des flux et reflux des dépenses militaires dans les différentes régions et nations. Il est essentiel de reconnaître la corrélation entre les événements mondiaux, les facteurs économiques et les dépenses de défense. L'analyse révèle des augmentations notables des budgets militaires pendant les périodes de tensions ou de conflits internationaux, les pays cherchant à renforcer leur sécurité nationale et leurs capacités de défense. Par la suite, les périodes de stabilité relative peuvent donner lieu à des ajustements et à des réductions des allocations de défense, les pays réévaluant leurs priorités stratégiques.

En outre, les progrès de la technologie militaire et l'évolution de la guerre ont également joué un rôle essentiel dans l'évolution des dépenses militaires mondiales. L'émergence de technologies perturbatrices, telles que les capacités de cyberguerre, les systèmes autonomes et les véhicules aériens sans pilote, a entraîné des investissements importants dans la recherche, le développement et le déploiement de systèmes de défense avancés. Ces développements technologiques ont eu un impact sur le montant des dépenses militaires et ont fondamentalement modifié la composition et l'allocation des budgets de défense. De même, l'après-guerre froide et la transition ultérieure vers un monde multipolaire ont entraîné des changements dans les schémas de dépenses militaires au niveau mondial, avec des paysages économiques divers qui influencent les décisions des nations en matière de budget de défense. Les analyses des budgets de défense et de leur relation avec les indicateurs économiques nationaux fournissent des indications précieuses sur les stratégies globales des pays en matière de défense, de croissance économique et d'influence mondiale.

Budgets de défense et paysages économiques nationaux

Alors que les pays consacrent une part importante de leur budget aux dépenses de défense, il devient impératif de comprendre la relation complexe entre les budgets de défense et les paysages économiques nationaux. Le budget de la défense d'un pays reflète ses priorités stratégiques, les menaces qu'il perçoit et le développement de ses capacités militaires. Il s'agit d'une composante importante des dépenses gouvernementales, souvent en concurrence avec d'autres priorités fiscales telles que les soins de santé, l'éducation et les infrastructures. Pour évaluer l'impact des budgets de défense sur les paysages économiques nationaux, il est essentiel de prendre en compte les implications macroéconomiques. Les dépenses de défense peuvent stimuler l'activité économique par le biais de contrats publics, d'investissements dans la recherche et le développement et d'opportunités d'emploi dans l'industrie de la défense. Toutefois, des dépenses militaires excessives ou mal réparties peuvent peser sur les ressources d'un pays, en détournant des fonds destinés à des besoins civils essentiels et en contribuant potentiellement à des déséquilibres budgétaires. Comprendre le coût d'opportunité des dépenses de défense par rapport à d'autres secteurs de l'économie est vital pour les décideurs politiques.

En outre, les budgets de défense jouent un rôle essentiel dans la définition des capacités industrielles et technologiques d'un pays. Les investissements dans la défense sont souvent à l'origine de progrès dans les domaines de l'aérospatiale, de l'ingénierie et des technologies de l'information, qui peuvent avoir des retombées sur les industries civiles, favorisant ainsi l'innovation et le leadership technologique. Le secteur de la défense influence également le commerce international et les chaînes d'approvisionnement mondiales, les entreprises de défense et les fabricants d'équipements constituant des maillons essentiels de l'économie mondiale.

En outre, les budgets de la défense sont étroitement liés aux facteurs géopolitiques, car ils témoignent de l'engagement d'un pays en faveur de la sécurité et influencent ses relations avec ses alliés et ses adversaires. Sur le plan politique, les dépenses de défense peuvent être une question controversée, les débats se concentrant sur les impératifs de sécurité nationale, la prudence financière et les considérations éthiques. Trouver un équilibre entre le maintien d'une défense nationale solide et la promotion d'un développement économique durable est un défi complexe pour les gouvernements du monde entier. Alors que nous naviguons entre les différentes approches des budgets de défense et leur impact sur les paysages économiques nationaux, il est crucial d'évaluer leurs implications à long terme pour la prospérité, la stabilité et la compétitivité mondiale.

Corrélation entre les dépenses militaires et la croissance économique

La corrélation entre les dépenses militaires et la croissance économique a fait l'objet de nombreux débats parmi les universitaires, les décideurs politiques et les économistes. Les partisans affirment que l'investissement dans la défense peut stimuler la croissance économique par le biais de divers canaux, tels que l'innovation technologique, la création d'emplois et le développement des infrastructures. Cependant, les critiques soulèvent des inquiétudes quant au coût d'opportunité de l'allocation des ressources au secteur de la défense plutôt qu'à d'autres secteurs productifs de l'économie. Pour comprendre la relation complexe entre les dépenses militaires et la croissance économique, il faut procéder à une analyse multidimensionnelle tenant compte des impacts à court et à long terme. L'un des aspects à prendre en compte est l'impulsion immédiate que les investissements dans la défense donnent aux industries nationales, qu'il s'agisse de l'aérospatiale, de la technologie, de la construction ou de la logistique. Ces secteurs connaissent souvent une augmentation de la demande et de la productivité, ce qui entraîne la création d'emplois et une hausse subséquente des dépenses de consommation.

En outre, les activités de R&D militaires catalysent fréquemment des avancées technologiques qui ont des implications profondes au-delà du secteur de la défense. Les retombées de ces innovations peuvent alimenter l'expansion économique dans les industries civiles, renforçant ainsi la compétitivité et la productivité nationales. En outre, il est essentiel d'examiner l'impact des dépenses de défense sur le commerce international et la dynamique géopolitique. Certains affirment qu'une armée forte peut renforcer l'influence et la sécurité d'un pays dans le monde, ce qui accroît la confiance des investisseurs étrangers et des partenaires commerciaux. Cela peut, à son tour, favoriser les investissements transfrontaliers, la libéralisation des échanges et la coopération économique, autant d'éléments qui peuvent contribuer à une croissance économique soutenue.

D'un autre côté, les sceptiques soulignent les conséquences négatives potentielles de dépenses militaires excessives, en particulier l'effet d'éviction sur les investissements publics dans l'éducation, les soins de santé et les infrastructures. En outre, le maintien d'un budget de défense surdimensionné peut entraîner des déséquilibres budgétaires, réduire la confiance des consommateurs et détourner les ressources des programmes de protection sociale essentiels. Historiquement, les pays dont les dépenses de défense sont disproportionnées ont été confrontés à des difficultés pour parvenir à un développement économique durable et à une répartition équitable des ressources. Pour comprendre pleinement la corrélation entre les dépenses militaires et la croissance économique, il est essentiel de mener des études empiriques rigoureuses et des analyses comparatives entre les nations ayant des budgets de défense disparates. En examinant les expériences de différents pays, on peut obtenir des informations précieuses sur l'équilibre optimal entre l'investissement dans la défense et les priorités économiques plus larges. En outre, l'évaluation de l'efficacité des dépenses de défense pour relever les défis mondiaux contemporains , tels que les cybermenaces, le terrorisme et l'instabilité géopolitique, est essentielle pour élaborer des politiques éclairées qui favorisent la résilience économique et la sécurité nationale. Pour parvenir à un équilibre harmonieux entre les dépenses de défense et la croissance économique, il faut une compréhension nuancée de l'interaction complexe entre les facteurs nationaux et internationaux, qui englobe à la fois les répercussions tangibles et intangibles.

Études de cas : Modèles réussis d'investissements dans le domaine de la défense

En ce qui concerne les investissements dans la défense, l'examen d'études de cas réussies peut fournir des indications précieuses sur la relation complexe entre les dépenses militaires et la croissance économique. Un cas exemplaire est celui des États-Unis, où l'investissement soutenu dans la technologie et l'infrastructure de défense a renforcé la sécurité nationale et propulsé l'innovation technologique et le développement économique. L'Agence pour les projets de recherche avancée en matière de défense (DARPA) en témoigne, car elle a favorisé des percées dans des domaines tels que l'intelligence artificielle, la cybersécurité et l'armement de pointe, qui ont ensuite trouvé des applications au-delà du secteur de la défense, contribuant à l'expansion économique et à la création d'emplois. De même, l'industrie de la défense israélienne a été un moteur important de l'économie du pays, qui est devenu une plaque tournante pour les technologies militaires de pointe et les solutions de défense stratégiques. La synergie délibérée entre les besoins en matière de défense et l'innovation technologique a permis de créer un écosystème dynamique de startups et d'institutions de recherche, soulignant le rôle intégral des investissements de défense dans la stimulation du dynamisme économique.

En outre, l'approche stratégique de la Corée du Sud en matière d'investissements de défense a permis de préserver la sécurité nationale dans une région instable et de développer une base industrielle de défense solide, en créant des emplois de haute technologie et en augmentant les recettes d'exportation. L'intégration de la technologie de défense dans les industries civiles a entraîné des retombées dans divers secteurs, soulignant l'interaction étroite entre les investissements de défense et le progrès économique au sens large. L'examen de ces études de cas montre comment des investissements de défense responsables et stratégiques peuvent catalyser la croissance économique, l'innovation et la résilience face à l'évolution des défis sécuritaires. Ces exemples soulignent également l'importance de tirer parti des capacités de défense pour stimuler la recherche et le développement, favoriser les partenariats public-privé et cultiver une main-d'œuvre qualifiée, contribuant ainsi à la prospérité économique globale des nations.

Les progrès technologiques dans le domaine de la défense et leur impact économique

Les avancées technologiques ont toujours été au premier plan des stratégies de défense, révolutionnant la guerre et les capacités militaires. L'évolution des technologies de défense, de l'armement sophistiqué aux systèmes avancés de surveillance et de cyberdéfense, joue un rôle central dans le façonnement des paysages de la sécurité nationale. À une époque marquée par une innovation technologique rapide, l'impact économique de ces avancées est profondément significatif, avec des implications qui vont bien au-delà du seul secteur de la défense. Le développement et le déploiement de technologies de défense de pointe sont connus pour stimuler l'innovation et la croissance économique, voire pour remodeler des industries entières. L'un des principaux effets économiques des avancées technologiques dans le domaine de la défense est la stimulation des activités de recherche et de développement (R&D). Lorsque les gouvernements investissent dans les technologies de défense de la prochaine génération, les sommes importantes allouées à la R&D favorisent non seulement les percées scientifiques et techniques, mais peuvent également avoir des retombées civiles, favorisant ainsi un progrès technologique plus large et contribuant à la prospérité économique. En outre, l'intégration de technologies de défense avancées crée souvent une demande de compétences et d'expertise spécialisées, ce qui permet de cultiver un capital humain de grande valeur. Cela augmente la productivité de la main-d'œuvre et alimente la création d'emplois, en particulier dans des domaines tels que l'ingénierie, l'informatique et la cybersécurité. En outre, les avantages économiques s'étendent à la base industrielle de la défense, car l'augmentation des investissements dans la technologie se traduit par une amélioration des capacités de fabrication, la modernisation de la chaîne d'approvisionnement et les retombées des contrats de défense. Une augmentation des dépenses en technologie de défense peut renforcer la capacité industrielle nationale, soutenir les petites et moyennes entreprises et encourager la collaboration entre les secteurs public et privé, autant d'éléments qui contribuent à la résilience et à la compétitivité de l'économie. Néanmoins, les impacts économiques des avancées technologiques dans le domaine de la défense soulèvent également des inquiétudes et des considérations. Pour assurer un développement national holistique, l'allocation de ressources substantielles à la R&D et à l'approvisionnement en matière de défense doit être mise en balance avec d'autres priorités d'investissement, telles que l'éducation, les soins de santé et les infrastructures. En outre, il est impératif de maintenir un équilibre délicat entre la promotion de l'innovation et la protection de l'utilisation éthique de la technologie, car les développements dans des domaines tels que les armes autonomes et la cyberguerre nécessitent des cadres éthiques et réglementaires minutieux. Il est essentiel pour les décideurs politiques, les dirigeants de l'industrie ( ) et les citoyens de comprendre les impacts économiques à multiples facettes des avancées technologiques en matière de défense, car cela permet de prendre des décisions éclairées sur l'allocation des ressources, le développement de la main-d'œuvre et la compétitivité internationale. Reconnaître l'interaction entre l'innovation en matière de défense et la dynamique économique permet aux nations d'exploiter pleinement le potentiel du progrès technologique tout en atténuant les inconvénients potentiels, ce qui contribue en fin de compte à une croissance économique et à une sécurité durables.

Chaînes d'approvisionnement de l'industrie de la défense et création d'emplois

L'industrie de la défense est une pierre angulaire de la sécurité nationale, car elle fournit des équipements, des technologies et des services essentiels à la sauvegarde des intérêts d'une nation. Les chaînes d'approvisionnement, qui englobent un vaste réseau de fournisseurs, de fabricants et de prestataires de services, font partie intégrante du fonctionnement du secteur de la défense. Le réseau complexe d'entités interconnectées au sein de ces chaînes d'approvisionnement soutient la production et la maintenance du matériel et des logiciels militaires. Il joue un rôle important dans la création d'emplois et contribue à la croissance économique. Les chaînes d'approvisionnement de l'industrie de la défense se caractérisent par leur complexité, leur résilience et des mesures strictes de contrôle de la qualité. Les fournisseurs, qu'il s'agisse de petites entreprises spécialisées ou de grands fabricants, forment l'épine dorsale de ces chaînes, fournissant les composants critiques, l'électronique, les matières premières et les services de soutien nécessaires à la production de systèmes de défense avancés. Leur respect de normes rigoureuses et de délais de livraison garantit le fonctionnement continu et la disponibilité des capacités militaires.

En outre, la portée des chaînes d'approvisionnement de la défense s'étend au-delà des frontières d'un pays, s'engageant souvent dans le commerce et la coopération internationaux, favorisant ainsi l'interdépendance économique mondiale. La demande du secteur de la défense en composants de haute technologie et en innovations de pointe stimule les investissements dans la recherche et le développement, entraînant des avancées technologiques qui trouvent ensuite des applications dans les domaines militaire et civil. Par conséquent, cette convergence entre les besoins de la défense et l'écosystème technologique au sens large insuffle du dynamisme dans l'aérospatiale, l'ingénierie, les technologies de l'information et la fabrication de pointe, entraînant des retombées en termes de diversification économique et d'ingéniosité. La création d'emplois est un autre aspect essentiel influencé par les chaînes d'approvisionnement de l'industrie de la défense. Ces réseaux mobilisent un large éventail de compétences et d'expertise, ce qui ouvre des perspectives d'emploi dans le secteur de la défense et dans des domaines connexes, notamment la logistique, l'ingénierie, la gestion de projet et l'assurance qualité.

En outre, l'ampleur et la complexité des projets d'acquisition de matériel de défense nécessitent une collaboration avec un large éventail de sous-traitants et de prestataires de services, ce qui a pour effet d'amplifier l'impact de l'emploi sur le site . Les chaînes d'approvisionnement de défense robustes servent souvent de catalyseurs au développement économique régional, en particulier dans les régions qui accueillent des bases industrielles de défense et des centres de recherche et de développement associés. Les communautés locales bénéficient d'opportunités d'emplois directs, de retombées commerciales indirectes et d'investissements accrus dans les infrastructures, créant ainsi un environnement propice à une vitalité économique durable. Alors que les nations s'efforcent de renforcer leurs capacités de défense, la construction et le maintien des chaînes d'approvisionnement jouent un rôle essentiel dans l'alignement des impératifs stratégiques sur la prospérité économique.

Transparence, responsabilité et contrôle économique des dépenses de défense

La transparence, la responsabilité et le contrôle économique sont essentiels pour garantir que les dépenses de défense servent l'objectif visé sans compromettre la stabilité économique nationale. Compte tenu des investissements substantiels alloués aux budgets de défense dans le monde, il est impératif de mettre en place des mécanismes de transparence et de responsabilité afin de limiter les risques d'utilisation abusive des fonds publics et de promouvoir une allocation efficace des ressources. La transparence des dépenses de défense implique de fournir des informations détaillées sur les allocations budgétaires, les processus d'acquisition et les dépenses au public et aux entités de contrôle concernées. Cette transparence favorise la confiance du public, permet un débat éclairé sur les politiques de défense et facilite le contrôle externe des dépenses de défense. En outre, des rapports transparents renforcent la crédibilité des dépenses de défense au niveau national et international, renforçant ainsi l'engagement d'une nation en faveur d'une gestion fiscale responsable. Les mécanismes de responsabilisation garantissent que les fonds de défense sont utilisés efficacement et qu'ils respectent les normes juridiques et éthiques. Il s'agit notamment d'instituer des organes de contrôle, tels que des commissions parlementaires ou des agences d'audit indépendantes, afin de surveiller les dépenses de défense, d'évaluer les performances et de tenir les décideurs responsables de leur gestion financière. En encourageant la responsabilité, les gouvernements peuvent démontrer leur engagement à protéger l'argent des contribuables tout en maintenant l'intégrité des programmes de défense. Le contrôle économique des dépenses de défense comprend l'évaluation de l'impact des investissements militaires sur l'économie au sens large. Il s'agit d'évaluer les coûts d'opportunité des dépenses de défense, d'analyser leurs implications pour l'allocation des ressources et de mesurer leurs effets sur les indicateurs économiques clés, tels que l'emploi, la productivité et l'innovation.

En outre, le contrôle économique permet d'identifier les inefficacités potentielles ou les externalités négatives découlant de dépenses de défense excessives, ce qui permet aux décideurs politiques d'ajuster l'allocation des ressources sur le site en fonction des priorités économiques nationales. Des mécanismes de contrôle efficaces réduisent également le risque de corruption, de fraude et de gaspillage dans les processus de passation de marchés et de contrats de défense. La mise en œuvre de mécanismes de contrôle solides nécessite une collaboration entre les institutions gouvernementales, les organismes de réglementation et les organisations de la société civile afin de mettre en place des contrôles complets et des normes de reporting. En outre, l'exploitation des technologies numériques et de l'analyse des données peut améliorer la transparence et l'efficacité du contrôle des dépenses de défense, en offrant une vision en temps réel de l'exécution du budget et en facilitant une gestion proactive des risques. En outre, la coopération internationale dans la promotion de la transparence et de la responsabilité dans les dépenses de défense peut conduire à un partage des meilleures pratiques, à des cadres de reporting standardisés et à une confiance mutuelle entre les nations. En fin de compte, des dépenses de défense transparentes, responsables et économiquement prudentes soutiennent la sécurité nationale et renforcent la croissance économique durable et la responsabilité fiscale.

Défis et critiques des dépenses de défense élevées

L'allocation de ressources substantielles aux dépenses de défense est sujette à controverse et à critique. L'une des principales préoccupations concerne le coût d'opportunité potentiel de l'affectation d'une part importante du budget d'un pays à la défense. Les critiques affirment que de telles allocations peuvent limiter les ressources disponibles pour les services sociaux essentiels et le développement des infrastructures, ce qui a un impact sur le bien-être général de la société. En outre, des dépenses de défense excessives peuvent conduire à des déséquilibres économiques, perpétuant un cycle de budgets militaires gonflés aux dépens d'autres secteurs cruciaux. En outre, la perspective de courses aux armements et de tensions mondiales accrues résultant d'investissements exorbitants dans la défense constitue un défi permanent. La crainte d'une escalade et d'une érosion des liens diplomatiques due à l'intensification de la militarisation sont des préoccupations valables des détracteurs des dépenses élevées en matière de défense.

En outre, la nature évolutive de la guerre moderne a suscité des discussions sur l'efficacité et l'efficience des stratégies traditionnelles de dépenses de défense. Alors que la technologie continue de remodeler le champ de bataille, le débat s'intensifie sur la pertinence des budgets de défense massifs pour faire face aux menaces non conventionnelles telles que la cyberguerre et les conflits asymétriques. Les critiques affirment également que des dépenses de défense incontrôlées peuvent entraîner des risques moraux, en favorisant une culture du militarisme et en s'appuyant sur des solutions militaires pour relever des défis géopolitiques complexes. Selon eux, une telle approche pourrait entraver les efforts diplomatiques nuancés et les mécanismes non militaires de résolution des conflits. Outre ces critiques conceptuelles, les opposants à des dépenses de défense élevées soulèvent des questions pratiques de responsabilité fiscale et de viabilité à long terme. Le poids de l'escalade de la dette nationale et la pression exercée sur les finances publiques par des budgets de défense hypertrophiés sont des arguments de poids contre des dépenses militaires débridées. En outre, les préoccupations concernant l'influence substantielle du complexe militaro-industriel sur l'élaboration des politiques et le potentiel de gaspillage et d'inefficacité des systèmes d'acquisition de matériel de défense viennent s'ajouter à la palette des défis et des critiques qui entourent les dépenses élevées en matière de défense. Il est donc impératif de bien comprendre les multiples objections à l'explosion des budgets de défense afin de favoriser des débats politiques éclairés et de tracer la voie vers des stratégies de sécurité nationale optimisées.

Le rôle du secteur privé dans la défense nationale

L'implication du secteur privé dans la défense nationale est un aspect essentiel de la géopolitique moderne. Avec les progrès de la technologie et l'évolution des menaces qui pèsent sur la sécurité mondiale, les gouvernements se tournent de plus en plus vers des entités privées pour renforcer leurs capacités de défense. La collaboration entre les secteurs public et privé a créé une relation synergique qui améliore la position de défense d'une nation et stimule la croissance économique et l'innovation.

L'une des principales contributions du secteur privé à la défense nationale est sa capacité d'innovation technologique. Les entreprises privées sont souvent à l'origine du développement de technologies militaires de pointe, allant de l'armement avancé aux systèmes de cyberdéfense. Cette expertise complète les efforts de recherche et de développement du gouvernement, garantissant que les capacités de défense restent à la pointe de l'innovation. Par conséquent, l'intégration des innovations du secteur privé dans les stratégies de défense nationale permet aux nations de conserver un avantage concurrentiel dans un paysage géopolitique en évolution rapide.

En outre, le secteur privé joue un rôle essentiel dans la production et l'entretien du matériel et des infrastructures militaires. Les entrepreneurs et les fabricants du secteur de la défense jouent un rôle essentiel dans la fourniture d'équipements et de plates-formes de pointe aux forces armées, améliorant ainsi leur état de préparation opérationnelle. En outre, ces partenariats contribuent à la création d'emplois et à la stimulation de l'économie, en favorisant la croissance d'industries clés tout en répondant aux exigences de la sécurité nationale.

Ces dernières années, la cybersécurité est devenue une préoccupation majeure pour les gouvernements du monde entier. Les entreprises privées de cybersécurité sont des partenaires essentiels pour renforcer les défenses nationales contre les menaces numériques et les cyberattaques. Leur expertise dans le développement de réseaux sécurisés et de protocoles de cryptage robustes renforce la résilience d'une nation face à d'éventuelles cyberincursions, protégeant ainsi les infrastructures critiques et les informations sensibles.

Au-delà de la technologie et de l'infrastructure, le secteur privé fournit un soutien vital en matière de logistique, de gestion de la chaîne d'approvisionnement et de services spécialisés pour les opérations de défense. Qu'il s'agisse de fournisseurs de services de transport et de logistique, de sociétés d'ingénierie ou de consultants stratégiques, les entreprises privées offrent des capacités diverses qui sont indispensables au renforcement de l'appareil de défense d'une nation.

Cependant, le partenariat entre le secteur privé et la défense nationale n'est pas sans poser de problèmes. L'équilibre entre les intérêts commerciaux et les impératifs de sécurité nationale nécessite une navigation prudente, et les questions liées à la transparence, à la responsabilité et aux considérations éthiques doivent être rigoureusement abordées. En outre, le potentiel de conflits d'intérêts et le risque d'une dépendance excessive à l'égard des entités privées nécessitent des cadres réglementaires solides pour garantir l'intégrité et l'efficacité de l'engagement du secteur privé dans la défense.

La dynamique de la participation du secteur privé à la défense nationale est appelée à continuer d'évoluer. À mesure que les bouleversements technologiques remodèlent la nature de la guerre et des menaces pour la sécurité, le rôle du secteur privé s'étendra et se diversifiera, offrant de nouvelles possibilités et présentant de nouvelles complexités. En conséquence, les gouvernements doivent adapter de manière proactive les politiques et les collaborations afin d'exploiter tout le potentiel de l'expertise du secteur privé tout en maintenant l'objectif primordial de sauvegarde des intérêts et de la sécurité nationale.

Perspectives d'avenir : Adaptation des stratégies de défense aux politiques économiques

L'évolution du paysage sécuritaire mondial a nécessité une réévaluation proactive des stratégies de défense dans le contexte des politiques économiques. Dans une perspective d'avenir, il devient impératif pour les nations d'aligner leurs investissements en matière de défense sur des objectifs économiques plus larges. Cela implique un changement fondamental : il ne s'agit plus de considérer les dépenses de défense comme une simple nécessité budgétaire, mais de les intégrer comme un outil stratégique pour stimuler la croissance et le développement économiques. L'une des principales considérations pour l'avenir est de combiner l'innovation et la technologie dans les stratégies de défense. Les technologies émergentes telles que l'intelligence artificielle, les capacités de cyberguerre et les systèmes sans pilote redéfinissent la nature des conflits et les besoins en matière de défense. En conséquence, les efforts de modernisation de la défense devront se concentrer sur l'exploitation de ces avancées pour renforcer la sécurité nationale et stimuler l'innovation technologique et la compétitivité économique. En outre, l'interconnexion croissante des économies mondiales exige une approche plus collaborative des politiques économiques et de défense. Les pays doivent explorer les possibilités de partenariats internationaux et d'entreprises communes dans le domaine de la production et de l'acquisition de matériel de défense, afin de créer des synergies bénéfiques pour la sécurité et les intérêts économiques.

En outre, la nécessité d'assurer la durabilité et l'efficacité des investissements dans le domaine de la défense est de plus en plus reconnue. Les perspectives d'avenir impliquent de donner la priorité aux investissements qui non seulement renforcent les capacités militaires, mais contribuent également à la croissance industrielle nationale, à la création d'emplois et au transfert de connaissances. Pour ce faire, il faut réévaluer les processus d'acquisition, encourager la recherche et le développement et favoriser une base industrielle de défense solide. Pour adapter efficacement les stratégies de défense aux politiques économiques, les gouvernements doivent également tenir compte de l'impact potentiel des dépenses de défense sur d'autres domaines de dépenses publiques, en particulier la protection sociale et le développement des infrastructures. Trouver un équilibre entre les priorités de défense et les besoins socio-économiques sera essentiel pour façonner des économies nationales résilientes et durables. Enfin, l'avenir des stratégies de défense dans les politiques économiques mettra l'accent sur la transparence, la responsabilité et les mécanismes de gouvernance. La mise en place de cadres clairs pour le contrôle et l'évaluation des investissements de défense inspirera confiance aux contribuables, aux investisseurs et aux partenaires internationaux. Cette transparence facilitera l'allocation efficace des ressources et atténuera les risques de corruption et de mauvaise gestion. Les perspectives d'avenir soulignent le lien indissociable entre la défense et la prospérité économique, ce qui exige une approche holistique et prospective pour élaborer des politiques qui préservent la sécurité nationale tout en favorisant une croissance économique durable.

22

Diplomatie culturelle et soft power

LA NATURE MULTIFONCTIONNELLE DE LA DIPLOMATIE CULTURELLE

Diplomatie culturelle

La diplomatie culturelle joue un rôle essentiel dans l'élaboration et la promotion des relations internationales. Elle vise à accroître la puissance douce d'une nation en tirant parti de ses atouts culturels. Elle s'est imposée dans le paysage mondial contemporain, les États cherchant à employer des stratégies non coercitives pour influencer les perceptions et les attitudes des étrangers. La diplomatie culturelle stimule la compréhension mutuelle, cultive la confiance et renforce les relations de coopération entre les nations en exploitant des éléments tels que l'art, la langue, l'éducation, les médias et le patrimoine. En outre, elle sert de canal au dialogue interculturel, facilitant l'échange d'idées, de valeurs et de traditions, contribuant ainsi à l'enrichissement et à la diversité de la communauté mondiale. La nature multifonctionnelle de la diplomatie culturelle transcende les simples activités promotionnelles et englobe des objectifs plus larges tels que la promotion de la paix, l'atténuation des conflits et la résolution des problèmes mondiaux communs. L'adoption de la diplomatie culturelle en tant qu'outil stratégique reflète la reconnaissance de l'immense impact de la culture sur la formation des perceptions et l'influence du discours international. Il est donc vital pour les États-nations et les acteurs non étatiques de naviguer habilement dans les complexités de la diplomatie culturelle, en reconnaissant son potentiel à transcender les barrières linguistiques, géographiques et politiques en forgeant des liens durables avec des sociétés diverses. Au fil de cette section, nous analyserons la manière dont les nations mettent stratégiquement en œuvre la diplomatie culturelle pour projeter leurs valeurs, leurs idéaux et leurs récits sur la scène mondiale, se forgeant ainsi une présence distinctive dans les affaires internationales.

Définir le soft power dans le contexte moderne

Le soft power, concept introduit par Joseph Nye, désigne la capacité d'une nation à influencer les autres par l'attraction et la persuasion plutôt que par la coercition ou le paiement. Dans le contexte moderne, la dynamique du soft power a considérablement évolué, sous l'effet de la mondialisation, des avancées technologiques et de notre monde interconnecté. Il est essentiel pour les décideurs politiques, les diplomates et les universitaires de comprendre les nuances de la puissance douce dans les relations internationales contemporaines.

Dans le monde interconnecté d'aujourd'hui, la portée de la puissance douce s'étend au-delà des formes traditionnelles de diplomatie et d'art de gouverner. Il englobe divers éléments : la culture, les valeurs, la politique étrangère, l'éducation, les médias et les arts. La capacité d'un pays à cultiver une image positive à l'échelle mondiale, à résonner avec des valeurs partagées et à tirer parti de son attractivité pour atteindre des objectifs stratégiques est au cœur de la puissance douce au XXIe siècle.

Un aspect essentiel de la définition du soft power dans le monde moderne est la reconnaissance du rôle de la technologie et de la communication numérique. Les plateformes de médias sociaux, le contenu numérique et les échanges culturels en ligne ont élargi la manière dont les nations peuvent projeter leur influence en matière de soft power. En outre, la démocratisation de l'information a permis aux individus et aux acteurs non étatiques de contribuer aux capacités de leur pays en matière de puissance douce, ajoutant ainsi des couches de complexité à la compréhension traditionnelle de la puissance douce.

L'interconnexion des économies mondiales a également remodelé la dynamique du soft power. La puissance économique, l'innovation et l'esprit d'entreprise font désormais partie intégrante de l'arsenal de soft power d'une nation. Une économie florissante renforce le soft power d'un pays et sert de plateforme pour projeter son influence et façonner les perceptions sur la scène mondiale.

En outre, la nature évolutive des alliances et des partenariats dans le système international moderne a redéfini les contours de la puissance douce. Les initiatives de collaboration, les entreprises communes et les échanges culturels entre les nations jouent un rôle essentiel dans le façonnement du paysage de la puissance douce. L'alignement stratégique avec des pays partageant les mêmes idées peut amplifier le soft power collectif des États participants, créant un effet multiplicateur qui s'étend au-delà des frontières nationales.

Alors que nous naviguons dans les complexités du paysage géopolitique du 21e siècle, il devient de plus en plus évident que l'influence exercée par les canaux de la puissance douce n'est pas statique. L'adaptabilité, la réactivité et l'évaluation continue sont essentielles pour exploiter efficacement la puissance douce. Cette nature dynamique souligne la nécessité pour les décideurs politiques et les praticiens de rester à l'écoute des dimensions en constante évolution de la puissance douce dans le contexte moderne.

Jalons historiques de la diplomatie culturelle

La diplomatie culturelle a un riche passé historique et de nombreuses étapes ont marqué son évolution en tant qu'outil puissant des relations internationales. Les premières formes d'échanges culturels et de collaborations artistiques remontant aux civilisations anciennes ont jeté les bases d'une compréhension et d'une influence transfrontalières. La route de la soie, par exemple, , a facilité le commerce et l'échange d'idées, de croyances et d'expressions artistiques entre diverses cultures, soulignant ainsi les premières racines de la diplomatie culturelle.

Dans l'histoire plus récente, l'après-Seconde Guerre mondiale a marqué un tournant important pour la diplomatie culturelle. La création d'institutions telles que le British Council, le Goethe-Institut et l'Alliance française, visant à promouvoir l'apprentissage des langues et la compréhension culturelle, a ouvert la voie à des efforts structurés dans ce domaine. En outre, la guerre froide a renforcé l'importance de la culture en tant que moyen de concurrence idéologique et de compréhension mutuelle, ce qui a conduit à des initiatives telles que les célèbres programmes d'échanges culturels de l'Agence d'information des États-Unis (United States Information Agency).

Le XXe siècle a également vu l'émergence d'icônes et de mouvements culturels en tant qu'ambassadeurs mondiaux de la puissance douce. De l'influence littéraire de la Beat Generation au phénomène du rock 'n' roll, les tendances culturelles ont commencé à transcender les frontières nationales et à façonner la perception de nations entières.

Outils et techniques d'influence culturelle

L'influence culturelle est un outil puissant dans les relations internationales, offrant aux nations un moyen de façonner les perceptions, d'établir des relations et de projeter une puissance douce. L'un des outils fondamentaux de l'influence culturelle consiste à promouvoir la langue et les arts d'un pays. La langue est un vecteur de communication et de compréhension, qui permet aux nations d'établir des liens plus profonds avec le public mondial. De même, la promotion des expressions artistiques telles que la littérature, la musique, le cinéma et les arts visuels peut favoriser l'appréciation et le dialogue interculturels. En outre, les échanges éducatifs sont essentiels pour façonner les perspectives et former les futurs dirigeants. Les nations peuvent inspirer des impressions favorables et forger des liens durables en facilitant les échanges d'étudiants, les bourses d'études et les collaborations universitaires. Les événements culturels et les festivals sont également de puissants instruments d'influence, car ils permettent aux pays de présenter leurs traditions, leurs coutumes et leurs innovations à un public international. Ces événements célèbrent la diversité et offrent des possibilités d'interactions interpersonnelles, favorisant la compréhension mutuelle et la bonne volonté. Une autre technique clé consiste à tirer parti des plateformes numériques et des médias sociaux pour diffuser des récits culturels et engager des audiences mondiales. Grâce à la création de contenu ciblé, à la narration et aux campagnes en ligne, les nations peuvent amplifier leur message culturel et atteindre des populations diverses. Les projets de collaboration dans les domaines de la science, de la technologie et de l'innovation peuvent également contribuer à l'influence culturelle d'une nation. En s'associant à des initiatives de recherche, de développement et de partage des connaissances ( ), les pays peuvent démontrer leur contribution au progrès et à la coopération à l'échelle mondiale.

En outre, l'implantation stratégique de centres culturels, de bibliothèques et de musées à l'étranger constitue une manifestation physique de l'engagement d'une nation en faveur des échanges et du dialogue culturels. Ces institutions deviennent des centres d'engagement culturel, de discours intellectuel et de diffusion des connaissances au-delà des frontières. Enfin, la diplomatie publique, qui englobe les activités de sensibilisation, les programmes d'échange et les engagements médiatiques, fait partie intégrante de la projection de l'influence culturelle d'une nation. Les initiatives de diplomatie publique facilitent l'interaction directe avec les publics étrangers, en favorisant des perceptions positives et en établissant des relations durables. Dans l'ensemble, les outils et les techniques d'influence culturelle sont divers, dynamiques et interconnectés, et constituent les composantes essentielles des stratégies de puissance douce dans l'arène mondiale contemporaine.

Études de cas : Utilisation efficace de la diplomatie culturelle

Tout au long de l'histoire, de nombreux pays ont utilisé efficacement la diplomatie culturelle pour atteindre leurs objectifs de politique étrangère et renforcer leur influence mondiale. Le déploiement stratégique de biens culturels, tels que l'art, la littérature, la musique et le cinéma, s'est avéré être un outil puissant pour favoriser des relations internationales positives et façonner les perceptions de l'identité d'une nation. Dans cette section, nous examinerons plusieurs études de cas convaincantes qui illustrent la mise en œuvre réussie de la diplomatie culturelle.

Une étude de cas notable est la campagne "Soft Power Superpower" lancée par le British Council, qui promeut les opportunités culturelles et éducatives du Royaume-Uni dans le monde entier. En mettant en avant la créativité, l'innovation et les valeurs britanniques, la campagne visait à renforcer le "soft power" du pays et à établir des liens durables avec des individus et des institutions du monde entier. Grâce à des initiatives telles que le programme Shakespeare Lives et la campagne GREAT Britain, le British Council a mis à profit ses atouts culturels pour favoriser la compréhension mutuelle et la collaboration, contribuant ainsi à l'image positive du Royaume-Uni sur la scène internationale.

Le phénomène culturel sud-coréen, souvent appelé "vague coréenne" ou "Hallyu", est un autre exemple probant de diplomatie culturelle efficace. Stimulée par la popularité mondiale de la musique pop coréenne (K-pop), des feuilletons télévisés et des films, la Corée du Sud a stratégiquement exploité ses exportations culturelles pour cultiver une fascination généralisée pour la culture coréenne. Ce rayonnement culturel a élargi l'influence internationale de la Corée du Sud et a stimulé le tourisme, le commerce et l'investissement dans divers secteurs, renforçant ainsi les liens économiques et diplomatiques du pays dans le monde entier.

En outre, le succès du Brésil dans la promotion de sa diversité culturelle par le biais d'initiatives telles que le festival "Brasil Junino" et le programme "Cinema do Brasil" constitue une étude de cas pertinente de l'exploitation de la diplomatie culturelle à des fins socio-politiques et économiques. En partageant ses traditions vivantes, ses expressions artistiques et ses réalisations cinématographiques, le Brésil a enrichi les échanges culturels mondiaux tout en construisant des ponts avec diverses nations et communautés, amplifiant ainsi sa voix dans les affaires internationales.

Ces études de cas soulignent l'impact profond de la diplomatie culturelle sur la formation des perceptions, l'instauration de la confiance et la création de liens significatifs entre les nations. Elles illustrent la capacité des atouts culturels à transcender les frontières, à communiquer des valeurs partagées et à contribuer à l'arsenal de la puissance douce d'une nation, pour finalement influencer le discours mondial et entretenir des relations durables.

Les médias et la culture en tant qu'instruments de la puissance douce

Dans le réseau complexe des relations internationales d'aujourd'hui, les médias et la culture sont devenus des outils puissants pour projeter une puissance douce. Les médias, qui englobent diverses formes de communication telles que la télévision, le cinéma, la musique, la littérature et les plateformes numériques, jouent un rôle essentiel dans la formation des perceptions, l'influence des attitudes et la diffusion des valeurs au-delà des frontières. Lorsqu'ils sont exploités efficacement, les médias peuvent constituer un instrument de poids pour renforcer l'influence culturelle et le pouvoir d'influence d'un pays sur la scène internationale.

Les produits culturels, qu'il s'agisse d'art, de littérature, de mode ou de cuisine, sont des expressions tangibles de l'identité et du patrimoine d'une nation. Grâce à une promotion et une diffusion stratégiques, ces exportations culturelles peuvent susciter des sentiments positifs à l'égard d'un pays, en encourageant la bonne volonté et l'admiration parmi les publics internationaux. En tirant parti des icônes de la culture populaire, des œuvres littéraires et des réalisations artistiques, les nations peuvent cultiver une aura d'attractivité qui trouve un écho auprès des populations du monde entier.

L'industrie du divertissement, en particulier, a le potentiel d'exercer une profonde influence sur le soft power. Les films hollywoodiens, la musique pop sud-coréenne (K-pop) et les films nigérians de Nollywood sont des exemples de phénomènes culturels qui ont captivé le public mondial, façonnant indirectement les opinions et les perceptions à l'égard de leur pays d'origine. De même, les plateformes de médias numériques et les réseaux sociaux sont devenus des canaux de diffusion des idéaux d'une nation, de ses traditions ( ) et de son mode de vie contemporain, transcendant les frontières géographiques et atteignant des populations diverses.

En outre, les organes d'information parrainés par l'État et les réseaux de radiodiffusion internationaux servent à diffuser des récits et des points de vue conformes aux objectifs de la politique étrangère d'un pays. Grâce à un contenu et à des messages soigneusement sélectionnés, les gouvernements peuvent utiliser ces plateformes pour promouvoir leurs programmes, présenter leurs réalisations nationales et façonner l'opinion publique au-delà de leurs frontières. Cette amplification des voix et la prolifération des canaux numériques permettent aux pays de s'engager dans des conversations mondiales et de contribuer au discours qui façonne les relations internationales.

Toutefois, il est essentiel de reconnaître que le déploiement des médias et des biens culturels en tant qu'outils de soft power n'est pas dénué de défis et de considérations éthiques. Les préoccupations relatives à l'impérialisme culturel, aux stéréotypes et à la désinformation soulignent la nécessité d'un engagement responsable et sensible à la culture. En outre, le paysage mondialisé présente un environnement concurrentiel où divers récits culturels se disputent l'attention et la résonance. Comprendre les préférences du public, embrasser la diversité et favoriser le dialogue interculturel sont des éléments fondamentaux d'une diplomatie culturelle efficace et de l'exercice d'une puissance douce par le biais des médias et de la culture.

Évaluer l'impact des programmes culturels

Les programmes culturels sont essentiels à l'arsenal de la puissance douce d'une nation, car ils exercent une influence par la diffusion de produits culturels et d'expressions artistiques. L'évaluation de leur impact est une tâche à multiples facettes qui nécessite une compréhension globale de leur portée, de leur résonance et de leurs effets à long terme. L'évaluation des programmes culturels implique une analyse approfondie de leur capacité à façonner les perceptions, à établir des relations et à favoriser la compréhension mutuelle.

Un aspect essentiel de l'évaluation de l'impact des programmes culturels est la mesure de l'engagement et de la réception du public. Il s'agit d'analyser l'intérêt, la participation et le niveau d'interaction générés par les initiatives culturelles au sein des groupes démographiques cibles. Des mesures telles que la fréquentation des événements, les chiffres d'audience/lecture, les interactions avec les médias sociaux et le retour d'information des participants fournissent des indications précieuses sur la portée et l'efficacité du programme.

En outre, pour évaluer l'influence des programmes culturels, il faut examiner leur contribution au dialogue et aux échanges interculturels. Cela implique d'évaluer le rôle du programme dans la facilitation de la communication interculturelle, la promotion de la diversité et le comblement des fossés culturels. L'impact sur l'amélioration de la sensibilisation culturelle, de l'empathie et de l'appréciation des différentes perspectives au sein du public est un indicateur essentiel de réussite.

Outre les réactions immédiates du public, l'évaluation de l'impact à long terme est essentielle pour déterminer les effets durables des programmes culturels. Le suivi de l'évolution des perceptions, des attitudes et des relations au fil du temps permet une compréhension nuancée de l'influence durable du programme. Les études longitudinales, les entretiens qualitatifs et les enquêtes visant à saisir les changements d'attitude et de comportement offrent des données précieuses pour évaluer l'impact durable de la diplomatie culturelle.

En outre, l'évaluation des programmes culturels s'étend à l'analyse de leur rôle dans le renforcement de la réputation nationale et de la projection de l'image. L'évaluation de la manière dont ces initiatives façonnent l'image internationale, la réputation et la position d'un pays dans l'arène mondiale fournit un aperçu inestimable de leur importance diplomatique au sens large. La compréhension de la corrélation entre les résultats des programmes culturels et les perceptions de la nation qui les parraine amplifie les implications stratégiques de la diplomatie culturelle.

En conclusion, l'évaluation de l'impact des programmes culturels exige une approche holistique qui prenne en compte les données quantitatives, les perspectives qualitatives et les tendances à long terme. Il est essentiel d'utiliser diverses méthodologies, notamment des enquêtes, des analyses statistiques, des études de cas et des témoignages, afin d'évaluer de manière exhaustive leurs implications profondes sur les relations internationales, les liens entre les peuples et la dynamique de la puissance douce.

La diplomatie culturelle dans la résolution des conflits

La diplomatie culturelle est un outil puissant et souvent sous-utilisé dans le domaine de la résolution des conflits. En s'appuyant sur les échanges culturels, le patrimoine commun et les arts, les nations peuvent combler des fossés profonds et favoriser la compréhension, la confiance et le respect mutuels. Dans la résolution des conflits, la diplomatie culturelle est essentielle pour humaniser "l'autre", briser les stéréotypes et promouvoir l'empathie. Cela facilite un dialogue constructif et ouvre la voie à des négociations pacifiques. Lorsque les efforts diplomatiques traditionnels échouent, la diplomatie culturelle a le potentiel de combler les lacunes et de jeter des ponts là où les stratégies politiques échouent. Elle permet aux parties en conflit de nouer des liens plus profonds, en transcendant les agendas politiques et en reconnaissant l'humanité commune qui les unit.

En outre, les initiatives culturelles peuvent constituer un terrain neutre où les parties en conflit peuvent s'engager, en offrant une plateforme où les différences peuvent être explorées et appréciées dans un cadre non conflictuel. Les projets de collaboration dans les domaines des arts, de la littérature, de la musique et de l'éducation peuvent créer un terrain d'entente et jeter les bases d'une paix durable. Les stratégies de diplomatie culturelle peuvent également contribuer aux efforts de réconciliation et de reconstruction après un conflit. En préservant le patrimoine culturel, en promouvant la diversité culturelle et en encourageant le dialogue interculturel, les nations peuvent guérir des blessures du conflit et reconstruire un sentiment d'identité et de communauté. En outre, la diplomatie culturelle encourage l'inclusion des voix marginalisées, garantissant que tous les segments de la société ont un intérêt dans le processus de consolidation de la paix. Cependant, l'application de la diplomatie culturelle à la résolution des conflits n'est pas sans poser de problèmes. Elle exige une compréhension nuancée des dynamiques historiques, sociales et culturelles complexes et une gestion prudente des questions sensibles.

En outre, les initiatives culturelles doivent être mises en œuvre avec des intentions sincères, en évitant les gestes superficiels ou symboliques qui risquent d'aggraver les tensions. En outre, la diplomatie culturelle dans la résolution des conflits nécessite un engagement soutenu et à long terme pour avoir un impact significatif. Malgré ces défis, les bénéfices potentiels de l'utilisation de la diplomatie culturelle dans la résolution des conflits sont considérables. C'est une lueur d'espoir pour transformer des animosités profondément enracinées en opportunités de paix, de coopération et de prospérité mutuelle.

Défis et critiques de la diplomatie culturelle

Malgré son potentiel d'impact positif, la diplomatie culturelle est confrontée à de nombreux défis et critiques qui méritent d'être examinés attentivement. L'un des principaux défis réside dans la diversité et la complexité des cultures à travers le monde. Ce qui peut être perçu comme sensible à la culture ou ayant un impact dans une société peut être mal interprété ou inefficace dans une autre. Naviguer dans ce réseau complexe de nuances culturelles exige un haut degré d'intelligence culturelle, une recherche méticuleuse et une compréhension des coutumes locales. En outre, le risque d'appropriation culturelle ou de représentation erronée constitue un défi important pour la réussite des initiatives de diplomatie culturelle. Si elles ne sont pas abordées avec sensibilité et respect, les tentatives d'engagement culturel peuvent se retourner contre elles et exacerber les tensions ou les conflits existants. Un autre défi de taille est le scepticisme persistant à l'égard des stratégies de soft power, y compris la diplomatie culturelle, en particulier de la part des critiques qui la considèrent comme une forme voilée d'impérialisme culturel ou de propagande. Ces détracteurs affirment que la promotion de la culture et des valeurs d'un pays à l'étranger peut être perçue comme une tentative subtile d'exercer une influence ou d'affirmer une domination, ce qui nuit à un véritable échange d'idées et à une compréhension mutuelle.

En outre, les ressources et les financements limités restreignent souvent la portée et l'étendue des efforts de diplomatie culturelle. Les agences gouvernementales et les institutions culturelles peuvent avoir du mal à allouer un soutien financier suffisant à des programmes d'échanges culturels solides, ce qui les empêche d'avoir un impact substantiel à l'échelle mondiale. En outre, l'instabilité politique et les tensions diplomatiques entre les pays peuvent nuire à l'efficacité de la diplomatie culturelle, en entravant la libre circulation des échanges culturels et de la collaboration. Dans certains cas, les rivalités et les différends géopolitiques peuvent entraîner le rejet pur et simple ou la censure d'initiatives culturelles étrangères, étouffant ainsi les possibilités de dialogue et de coopération interculturels. Il est essentiel de reconnaître ces défis et ces critiques comme des complexités inhérentes qui exigent une approche nuancée de la diplomatie culturelle. En affrontant ces obstacles de front et en répondant de manière proactive aux préoccupations, les praticiens de la diplomatie culturelle peuvent s'efforcer de cultiver des liens significatifs et authentiques tout en atténuant les risques d'interprétation erronée et de scepticisme.

La trajectoire future de la diplomatie culturelle

Alors que nous nous tournons vers l'avenir, il devient de plus en plus évident que la diplomatie culturelle continuera à jouer un rôle central dans l'élaboration des relations internationales. Les progrès rapides de la technologie et de la mondialisation ont rapproché les sociétés, créant des opportunités d'échanges culturels diversifiés. Dans les années à venir, la trajectoire de la diplomatie culturelle est appelée à évoluer de plusieurs façons.

Tout d'abord, les plateformes numériques et les outils de communication virtuelle devraient révolutionner la diplomatie culturelle. Avec la prolifération des médias sociaux, de la diffusion en ligne et de la réalité virtuelle, ces moyens offrent des possibilités sans précédent d'engager des audiences mondiales et de favoriser la compréhension interculturelle. À mesure que les nations exploiteront le potentiel de la communication numérique, la diplomatie culturelle transcendera les frontières géographiques et atteindra de nouveaux groupes démographiques.

En outre, l'intersection de la culture et de la durabilité est également appelée à définir l'avenir de la diplomatie culturelle. Alors que le monde est confronté à des défis environnementaux, la promotion de pratiques durables et d'initiatives respectueuses de l'environnement par le biais de programmes d'échanges culturels et de collaborations artistiques peut créer un sentiment partagé de responsabilité et de solidarité à l'échelle mondiale. L'intégration de thèmes environnementaux dans la diplomatie culturelle permettra de sensibiliser le public et de contribuer à l'action collective sur des questions urgentes telles que le changement climatique et la conservation de la biodiversité.

En outre, la trajectoire future de la diplomatie culturelle mettra l'accent sur une représentation inclusive et diversifiée. Les efforts diplomatiques donneront la priorité à l'inclusivité et à l'équité, en reconnaissant l'importance des voix sous-représentées et des communautés marginalisées dans les récits culturels. En amplifiant les histoires et les traditions de diverses ethnies, sexes et cultures, la diplomatie culturelle peut favoriser une société mondiale plus équitable et harmonieuse, en transcendant les barrières et en encourageant le respect mutuel.

En outre, les partenariats entre les secteurs public et privé devraient façonner l'avenir de la diplomatie culturelle. Les collaborations entre les gouvernements, les institutions culturelles, les entreprises et les organisations non gouvernementales amplifieront l'impact des initiatives d'échanges culturels, ce qui conduira à des approches innovantes et durables pour tirer parti de la puissance douce. Ces synergies peuvent renforcer l'efficacité de la diplomatie culturelle en mobilisant les ressources et l'expertise de différents secteurs.

Enfin, la trajectoire future de la diplomatie culturelle nécessitera une capacité d'adaptation en réponse aux changements géopolitiques et aux défis émergents. À mesure que le paysage géopolitique se transforme, la diplomatie culturelle doit réagir de manière dynamique, en abordant les questions contemporaines et les dynamiques de pouvoir en évolution, tout en maintenant ses principes fondamentaux de compréhension mutuelle et de coopération.

En conclusion, la trajectoire future de la diplomatie culturelle est extrêmement prometteuse et promet de favoriser l'harmonie et la coopération à l'échelle mondiale. En adoptant l'innovation numérique, la durabilité, l'inclusivité, les partenariats de collaboration et l'adaptabilité, la diplomatie culturelle est prête à naviguer dans les complexités de notre monde en constante évolution, en servant de pont qui relie les diverses sociétés et cultive une appréciation partagée de la riche tapisserie de cultures de l'humanité.

23

Politique énergétique

PÉTROLE, GAZ ET ALTERNATIVES DURABLES

Politique énergétique

Les ressources énergétiques ont toujours joué un rôle central dans l'élaboration de la politique mondiale et des relations internationales. La quête de l'accès et du contrôle de ces ressources a été le moteur des stratégies géopolitiques des nations, entraînant des interactions complexes et des dynamiques de pouvoir sur la scène mondiale. Historiquement, la domination du pétrole et du gaz en tant que sources d'énergie primaires a façonné les alliances politiques, les conflits et les structures économiques, soulignant ainsi l'importance cruciale de la politique énergétique. Alors que le monde moderne est aux prises avec les préoccupations environnementales et le changement climatique, l'importance des ressources énergétiques dans les relations internationales n'a fait que s'intensifier. La concurrence pour le contrôle des réserves de pétrole et de gaz a été mêlée à des considérations de sécurité nationale, de développement économique et d'influence régionale, soulignant l'interaction complexe entre l'énergie et la géopolitique.

En outre, la demande croissante d'énergie, en particulier dans les économies émergentes, a encore accru l'importance stratégique des ressources énergétiques, favorisant à la fois la coopération et la concurrence entre les nations. Cette interconnexion entre l'énergie et la politique mondiale souligne la nécessité d'une compréhension globale de la politique énergétique. Dans ce paysage dynamique, la recherche d'alternatives durables et de sources d'énergie renouvelables occupe le devant de la scène, offrant des solutions potentielles pour relever les défis environnementaux et géopolitiques. Alors que le monde cherche à s'orienter vers des sources d'énergie plus propres et plus durables, les implications géopolitiques de ce changement sont profondes, remodelant les structures de pouvoir traditionnelles et redéfinissant la dynamique des relations internationales. Une exploration approfondie de la politique énergétique est donc essentielle pour comprendre les complexités et les subtilités de la géopolitique mondiale, et fournit des informations précieuses sur la nature évolutive des relations internationales.

Aperçu historique de la domination du pétrole et du gaz

La domination historique du pétrole et du gaz sur la politique et l'économie mondiales remonte au XIXe siècle. La découverte et la commercialisation du pétrole en Pennsylvanie ( ) par Edwin Drake en 1859 ont déclenché une révolution qui allait transformer le paysage énergétique mondial. L'industrialisation et l'expansion des réseaux de transport qui ont suivi ont entraîné une demande sans précédent de ressources en hydrocarbures, ce qui a conduit à l'émergence de puissantes sociétés énergétiques et de nations riches en pétrole.

Tout au long du XXe siècle, le contrôle stratégique des réserves de pétrole et de gaz est devenu un élément central des manœuvres géopolitiques, les grandes puissances se disputant l'accès à ces précieuses ressources. Les deux guerres mondiales ont mis en évidence l'importance cruciale d'un accès sûr aux approvisionnements en pétrole et en gaz, poussant les nations à mener des politiques étrangères agressives pour sauvegarder leurs intérêts énergétiques. Cette époque a jeté les bases de l'imbrication de la sécurité énergétique et de la sécurité nationale, comme en témoigne le développement d'alliances et de conflits centrés sur les régions riches en pétrole.

La formation de l'OPEP (Organisation des pays exportateurs de pétrole) en 1960 a marqué un tournant dans la politique énergétique, les pays producteurs de pétrole cherchant à affirmer leur influence collective sur le marché mondial de l'énergie. Les crises pétrolières des années 1970 ont encore démontré l'immense influence exercée par les États exportateurs de pétrole, entraînant de profondes perturbations dans l'économie mondiale et la reconnaissance généralisée de la vulnérabilité associée à la dépendance à l'égard de ressources limitées en combustibles fossiles.

La fin du XXe siècle a été marquée par une évolution vers la diversification et la mondialisation de l'industrie de l'énergie, le gaz naturel étant devenu un élément essentiel du bouquet énergétique. Les progrès technologiques ont permis l'extraction et le transport du gaz naturel à une échelle sans précédent, remodelant la dynamique du commerce mondial de l'énergie et les voies d'approvisionnement. Simultanément, les préoccupations environnementales et la nécessité de disposer de sources d'énergie durables ont pris de l'importance, suscitant des discussions sur les implications à long terme d'une dépendance continue à l'égard des combustibles fossiles.

Lorsque l'on se penche sur l'historique de la domination du pétrole et du gaz, il devient évident que les récits entremêlés de l'énergie, de la géopolitique et du pouvoir économique ont façonné le monde moderne de manière significative. Il est essentiel de comprendre l'évolution de cette relation complexe pour appréhender les défis et les opportunités actuels de la politique énergétique mondiale.

Acteurs clés du marché mondial de l'énergie

Le marché mondial de l'énergie se caractérise par un réseau complexe de producteurs, de consommateurs et d'intermédiaires, chacun exerçant une influence et façonnant la dynamique de l'industrie. Les principaux pays producteurs de pétrole et de gaz, tels que l'Arabie saoudite, la Russie, les États-Unis et la Chine, sont à la pointe de ce marché. Ces nations exercent un pouvoir important en raison de leurs grandes réserves et de leurs capacités de production. Leurs décisions et leurs politiques peuvent avoir des effets considérables sur les prix mondiaux de l'énergie, l'approvisionnement et les relations géopolitiques. Les sociétés pétrolières et gazières jouent un rôle central sur le marché, avec des entreprises comme ExxonMobil, Shell, BP et Gazprom parmi les principaux acteurs. Ces géants multinationaux sont profondément ancrés dans la prospection, l'extraction, le raffinage et la distribution de combustibles fossiles, et opèrent souvent sur plusieurs continents. Leurs stratégies commerciales, leurs investissements et leurs innovations technologiques ont un impact considérable sur le paysage énergétique mondial.

En outre, les organisations et alliances intergouvernementales exercent une influence considérable sur le marché de l'énergie. L'OPEP, l'Organisation des pays exportateurs de pétrole, est une entité puissante qui coordonne la production de pétrole et les politiques de fixation des prix entre ses États membres, ce qui influe sur la stabilité du marché pétrolier. L'Agence internationale de l'énergie (AIE) joue le rôle de centre de connaissances et de conseiller politique, en fournissant des informations et des recommandations sur la sécurité énergétique, la croissance économique et la durabilité environnementale au niveau international. En outre, le rôle des gouvernements nationaux ne peut être surestimé. Les politiques énergétiques, les réglementations et les subventions mises en place par les gouvernements peuvent influencer l'orientation des marchés de l'énergie et avoir un impact sur le commerce national et international de l'énergie. Certains pays, comme la Norvège et le Canada, ont créé des fonds souverains issus des recettes pétrolières, ce qui leur confère une influence considérable sur les marchés financiers mondiaux. Enfin, les entreprises et les technologies émergentes dans le domaine des énergies renouvelables deviennent de plus en plus des acteurs influents sur le marché mondial de l'énergie. Les entreprises spécialisées dans l'énergie solaire, éolienne, hydroélectrique et d'autres sources d'énergie durable bouleversent les paradigmes énergétiques traditionnels et contribuent à la diversification du bouquet énergétique mondial. Ce paysage en évolution présente une interaction dynamique entre les acteurs de l'énergie conventionnelle et ceux de l'énergie alternative, favorisant un environnement concurrentiel avec des implications profondes pour la géopolitique, l'économie et la durabilité environnementale.

Implications politiques de la dépendance à l'égard du pétrole et du gaz

Les implications politiques de la dépendance à l'égard du pétrole et du gaz sont vastes et multiformes, influençant les relations internationales, la sécurité nationale, les politiques économiques et la durabilité environnementale. En tant que principaux moteurs de la consommation mondiale d'énergie, le pétrole et le gaz ont toujours été au cœur des conflits et des alliances géopolitiques. La dépendance à l'égard de ces ressources limitées a façonné les politiques étrangères des nations et alimenté la coopération et la concurrence entre les États. En outre, la concentration des réserves de pétrole et de gaz dans des régions spécifiques a entraîné des déséquilibres de pouvoir et des manœuvres stratégiques, les pays cherchant à sécuriser leur accès à ces matières premières précieuses. Cette situation a souvent entraîné des tensions politiques, voire des conflits armés, dans diverses régions du monde.

En outre, l'interdépendance créée par le commerce mondial du pétrole et du gaz a également favorisé des relations diplomatiques et des alliances complexes, les nations productrices et consommatrices s'engageant dans des négociations et des accords qui ont un impact sur la politique internationale. Le contrôle et la distribution des ressources pétrolières et gazières ont été étroitement liés à la souveraineté nationale et à l'exercice d'une influence sur la scène mondiale. En outre, l'importance économique des marchés du pétrole et du gaz ne peut être sous-estimée, car ils sont le moteur d'industries entières et façonnent les politiques fiscales. Les revenus générés par les exportations de pétrole et de gaz peuvent renforcer la puissance économique d'un pays ou conduire à une dépendance excessive et à la vulnérabilité. Cet aspect financier a des répercussions sur la gouvernance nationale, la protection sociale et les programmes d'aide internationale. Le lien entre la dépendance à l'égard du pétrole et du gaz et les préoccupations environnementales est de plus en plus présent dans le discours politique. Alors que les effets du changement climatique se font de plus en plus sentir, les conséquences écologiques d'une dépendance continue à l'égard des combustibles fossiles ont suscité des débats et des changements de politique au niveau mondial. Cela a conduit à des efforts pour diversifier les sources d'énergie et donner la priorité à des alternatives durables, ce qui a donné lieu à un nouveau discours politique et à une nouvelle dimension de prise de décision. Pour faire face aux implications politiques de la dépendance à l'égard du pétrole et du gaz, les décideurs doivent tenir compte de l'interaction complexe entre la sécurité énergétique, les intérêts nationaux et la coopération internationale. L'équilibre entre les impératifs à court terme de l'approvisionnement en énergie et les objectifs à long terme de durabilité et de stabilité exige une diplomatie astucieuse et une vision stratégique. Au fur et à mesure que le paysage géopolitique évolue, les dirigeants et les décideurs politiques du monde entier devront continuer à relever le défi de la complexité de la dépendance à l'égard du pétrole et du gaz.

L'essor des sources d'énergie renouvelables

Alors que le monde est aux prises avec les conséquences de la dépendance au pétrole et au gaz, l'émergence et la prolifération des sources d'énergie renouvelables ont déclenché un changement de paradigme dans la politique énergétique mondiale. Les énergies renouvelables, notamment l'énergie solaire, l'énergie éolienne, l'énergie hydroélectrique et la biomasse, se sont imposées comme une alternative viable aux combustibles fossiles traditionnels. Cette transition est alimentée par une sensibilisation croissante à l'environnement, les progrès technologiques et les incitations politiques à lutter contre le changement climatique.

L'un des moteurs de l'essor des sources d'énergie renouvelables est leur durabilité intrinsèque. Contrairement aux réserves limitées de combustibles fossiles, les énergies renouvelables proviennent de processus naturels inépuisables, ce qui en fait une solution attrayante à long terme pour répondre aux besoins énergétiques de la planète. En outre, le caractère de plus en plus abordable des technologies renouvelables a élargi leur attrait, ce qui a entraîné des investissements et un déploiement sans précédent dans le monde entier.

La diversification des sources d'énergie grâce aux énergies renouvelables offre non seulement des avantages environnementaux, mais aussi des avantages stratégiques. Les pays qui investissent dans les énergies renouvelables réduisent leur dépendance à l'égard des marchés mondiaux volatils du pétrole et du gaz, ce qui renforce la sécurité énergétique et favorise une plus grande indépendance. En outre, le développement des infrastructures d'énergie renouvelable stimule la création d'emplois, la croissance économique et l'innovation technologique, positionnant les pays à l'avant-garde de la révolution de l'énergie verte.

Outre ces avantages tangibles, l'essor des sources d'énergie renouvelables a des implications géopolitiques significatives. À mesure que la dynamique du pouvoir énergétique traditionnel se modifie, les pays recalibrent leurs politiques étrangères pour refléter un programme d'énergie durable, ce qui modifie les alliances mondiales et les relations commerciales. Cette réorientation des intérêts géopolitiques peut déboucher sur de nouveaux mécanismes de coopération et des partenariats régionaux axés sur la production et la distribution d'énergies renouvelables.

Toutefois, des difficultés persistent pour intégrer pleinement les sources renouvelables dans le paysage énergétique mondial. L'intermittence et la variabilité de la production d'énergie renouvelable nécessitent des progrès dans le stockage de l'énergie et les systèmes de gestion des réseaux afin de garantir une alimentation électrique fiable. En outre, la transition de l'infrastructure énergétique conventionnelle vers les réseaux d'énergie renouvelable pose des obstacles financiers et infrastructurels qui nécessitent une navigation prudente et une planification stratégique.

Malgré ces défis, l'essor des sources d'énergie renouvelables annonce une ère de transformation de la politique énergétique mondiale, ouvrant la voie à un écosystème énergétique plus durable, plus résilient et plus inclusif. Au fur et à mesure de la transition vers un avenir énergétique plus vert, les facteurs technologiques, économiques et géopolitiques continueront à façonner les relations internationales et à redéfinir le paysage énergétique mondial.

Avancées technologiques dans le domaine de l'énergie durable

Les progrès des technologies énergétiques durables ont considérablement transformé le paysage énergétique mondial, offrant des solutions prometteuses pour atténuer l'impact environnemental et réduire la dépendance à l'égard des combustibles fossiles traditionnels. Au cours des dernières décennies, des progrès considérables ont été réalisés dans le développement de sources d'énergie renouvelables telles que l'énergie solaire, éolienne, hydroélectrique et géothermique. Ces progrès ont permis de diversifier le bouquet énergétique et d'améliorer l'efficacité énergétique et l'accessibilité financière, modifiant ainsi la dynamique de la politique énergétique mondiale. L'une des principales avancées technologiques dans le domaine de l'énergie durable est la mise au point de panneaux solaires plus efficaces et plus rentables. Les innovations dans le domaine de la technologie photovoltaïque ont permis d'augmenter les taux de conversion de l'énergie solaire et de réduire les coûts de fabrication, rendant l'énergie solaire plus compétitive sur le marché de l'énergie.

En outre, l'intégration de solutions de stockage de l'énergie, telles que les batteries avancées et les systèmes de stockage à l'échelle du réseau, a permis de résoudre le problème de l'intermittence associé aux sources d'énergie renouvelables, en renforçant leur fiabilité et en permettant une adoption plus large. Un autre progrès technologique notable est la maturation de la technologie des turbines éoliennes. Grâce à des innovations dans la conception et l'ingénierie des turbines, les parcs éoliens ont désormais des facteurs de capacité plus élevés et peuvent exploiter l'énergie éolienne dans un plus large éventail de conditions environnementales.

En outre, le déploiement de réseaux intelligents et de systèmes numériques de gestion de l'énergie a révolutionné la manière dont l'énergie est distribuée, contrôlée et optimisée. Ces technologies sophistiquées permettent de répondre à la demande en temps réel, d'assurer une maintenance prédictive et d'utiliser efficacement les ressources énergétiques décentralisées, contribuant ainsi à une infrastructure énergétique plus résiliente et décentralisée. En outre, les progrès réalisés dans les techniques de production de bioénergie et de biogaz ont ouvert de nouvelles voies pour l'utilisation des déchets organiques et des sous-produits agricoles afin de produire une énergie propre et renouvelable. L'émergence de technologies innovantes en matière de biocarburants peut potentiellement réduire les émissions de carbone provenant des transports et de l'industrie, offrant ainsi une alternative plus écologique aux combustibles fossiles conventionnels. Ces avancées technologiques dans le domaine de l'énergie durable favorisent la transition vers un écosystème énergétique plus durable et plus résistant au changement climatique. Toutefois, malgré ces progrès remarquables, il est essentiel de poursuivre les efforts de recherche et de développement pour surmonter les obstacles techniques et économiques existants, maximiser l'évolutivité des technologies des énergies renouvelables et assurer leur intégration harmonieuse dans les systèmes énergétiques existants.

Études de cas : Transition des politiques énergétiques nationales

Alors que les pays du monde entier sont confrontés à l'impératif de transition vers des sources d'énergie durables, l'examen d'études de cas de politiques énergétiques nationales en transition devient crucial pour comprendre les complexités et les défis liés à ce changement de paradigme. Cette section se penche sur les multiples facettes de ces transitions en analysant des cas spécifiques où les nations ont cherché à réorienter leurs politiques énergétiques. Elle vise à élucider les différentes approches, stratégies et résultats associés à ces efforts. Une étude de cas notable est celle de l'Allemagne, qui s'est lancée dans une ambitieuse transformation énergétique connue sous le nom d'Energiewende. Cette initiative a consisté à abandonner le nucléaire et les combustibles fossiles au profit des sources d'énergie renouvelables, afin de réduire les émissions de gaz à effet de serre et de renforcer la sécurité énergétique. L'expérience de l'Allemagne est une source précieuse d'informations sur les instruments politiques, les implications économiques et l'impact sociétal d'une transition énergétique aussi importante. Une autre étude de cas convaincante est la poursuite réussie de l'indépendance énergétique par le Danemark grâce à des investissements agressifs dans l'énergie éolienne. En examinant l'exemple danois, nous pouvons tirer des enseignements précieux sur l'intégration des énergies renouvelables dans le réseau national, ainsi que sur le rôle de la volonté politique et du soutien du public dans la conduite d'initiatives en matière d'énergie durable.

En outre, le cas de la Chine présente une perspective intrigante, étant donné son émergence en tant que leader mondial dans le déploiement des énergies renouvelables. Grâce à des investissements massifs dans l'énergie solaire, éolienne et hydroélectrique, la Chine a réalisé des progrès considérables dans la transition de son paysage énergétique, tout en s'attaquant à la pollution de l'air et en encourageant l'innovation technologique. Ces études de cas soulignent la diversité des défis et des opportunités qui se présentent dans la poursuite de la transition des politiques énergétiques nationales. En évaluant de manière critique les expériences des différents pays, les décideurs politiques, les acteurs de l'industrie et les chercheurs peuvent acquérir des connaissances inestimables sur les stratégies efficaces, les pièges potentiels et l'impact global du remodelage des systèmes énergétiques. En fin de compte, cet examen des études de cas souligne l'impératif d'approches proactives et holistiques pour naviguer dans les complexités des transitions des politiques énergétiques dans un monde de plus en plus interconnecté.

Impact économique de l'évolution des ressources énergétiques

Alors que les nations s'orientent vers des sources d'énergie durables et renouvelables, l'impact économique de ces changements ne peut être sous-estimé. La dépendance traditionnelle à l'égard du pétrole et du gaz a considérablement influencé les économies mondiales, façonnant les relations commerciales, les schémas d'investissement et même les alliances géopolitiques. Le passage à des alternatives durables telles que l'énergie solaire, l'énergie éolienne et l'énergie hydroélectrique entraîne une vague de changements économiques qui méritent un examen approfondi. Tout d'abord, le paysage de l'investissement se transforme, avec l'apparition d'opportunités pour les startups innovantes et les entreprises établies. Cette transition offre des perspectives lucratives aux acteurs financiers, favorisant une nouvelle ère de financement vert et de modèles d'entreprise durables.

De plus, la demande de main-d'œuvre qualifiée dans le secteur des énergies renouvelables augmente, créant des opportunités d'emploi et stimulant les économies locales. Les pays qui investissent stratégiquement dans le développement de leurs capacités en matière d'énergies renouvelables tirent parti de la croissance économique et de l'augmentation du nombre d'emplois. À l'inverse, la diminution de la dépendance aux combustibles fossiles a des répercussions sur les secteurs fortement tributaires de l'industrie pétrolière et gazière, ce qui nécessite un repositionnement prudent afin d'atténuer les effets négatifs potentiels. L'industrie des transports, par exemple, est confrontée à des défis importants alors que le passage aux véhicules électriques et aux modes de transport durables s'accélère. En outre, l'influence des politiques énergétiques sur la coopération et la concurrence économiques ne peut être négligée. Les nations historiques exportatrices d'énergie réajustent leurs stratégies économiques et cherchent à se diversifier en prévision de l'évolution de la dynamique énergétique. Simultanément, les pays importateurs d'énergie s'efforcent de parvenir à l'indépendance et à la sécurité énergétiques afin de protéger leur économie des perturbations extérieures. Les accords commerciaux et les partenariats économiques sont renégociés en fonction de l'évolution du paysage énergétique, ce qui contribue à façonner l'ordre économique.

En outre, l'intégration des énergies renouvelables présente des avantages en termes de rentabilité, et la durabilité à long terme stimule la croissance économique. Les progrès des technologies de stockage de l'énergie et de la gestion des réseaux améliorent la stabilité et l'efficacité des systèmes électriques, contribuant ainsi à l'amélioration de la productivité économique et à l'optimisation des ressources. À mesure que l'économie mondiale s'adapte à ces changements énergétiques transformateurs, il devient évident que l'impact économique est de grande portée, influençant divers secteurs, les modèles de commerce international et la prospérité générale des nations.

Tensions géopolitiques et sécurité énergétique

Alors que le paysage énergétique mondial est en pleine mutation, les tensions géopolitiques et la sécurité énergétique sont devenues des préoccupations majeures pour les nations du monde entier. L'interaction complexe entre les ressources énergétiques, la dynamique du

pouvoir politique et la sécurité nationale a le potentiel de façonner les relations internationales et d'engendrer des conflits ou de la coopération entre les États. Les tensions géopolitiques résultent de la concurrence pour l'accès à de précieuses réserves d'énergie, le contrôle des voies de transport vitales et l'influence sur les économies dépendantes de l'énergie. Ces tensions peuvent dégénérer en conflits et en guerres par procuration, menaçant la stabilité régionale et la sécurité mondiale. D'autre part, la sécurité énergétique consiste à garantir un approvisionnement fiable et abordable en ressources énergétiques tout en minimisant la vulnérabilité aux perturbations extérieures. Les pays cherchent à diversifier leurs sources d'énergie, à augmenter leur production nationale et à constituer des stocks stratégiques afin d'atténuer les risques liés à l'instabilité géopolitique et aux interruptions d'approvisionnement. L'imbrication des intérêts économiques, des préoccupations environnementales et des avancées technologiques complique encore la géopolitique de l'énergie. Les principaux pays producteurs d'énergie exercent une influence considérable sur les marchés mondiaux de l'énergie et exercent une influence géopolitique, utilisant souvent l'énergie à des fins de diplomatie coercitive et de manœuvres géopolitiques. Les pays importateurs d'énergie doivent naviguer dans des paysages géopolitiques complexes pour assurer leurs besoins énergétiques, forger des partenariats stratégiques et protéger les infrastructures critiques contre les menaces potentielles. Le passage à des alternatives durables et à des sources d'énergie renouvelables introduit également de nouvelles dimensions à la sécurité énergétique, aux alignements géopolitiques et à la coopération internationale. L'abandon des combustibles fossiles traditionnels au profit de solutions énergétiques plus propres et plus durables offre des possibilités de collaboration et de concurrence, redéfinissant le paysage géopolitique et remodelant la dynamique du pouvoir mondial.
En outre, l'importance croissante accordée à la durabilité environnementale et à l'atténuation du changement climatique ajoute une nouvelle couche au discours géopolitique sur la sécurité énergétique, influençant les décisions politiques et les engagements diplomatiques.

Une gestion efficace de ces tensions géopolitiques et de ces défis en matière de sécurité énergétique nécessite des stratégies globales intégrant des considérations géopolitiques, économiques et environnementales. Les approches collaboratives, les dialogues multilatéraux et les mécanismes transparents d'allocation et de distribution des ressources sont essentiels pour favoriser la stabilité et réduire les risques de conflit dans le domaine de l'énergie. La compréhension du réseau complexe de la géopolitique et de la sécurité énergétique est cruciale pour les décideurs politiques, les acteurs de l'industrie et les universitaires qui naviguent sur le terrain changeant de la politique énergétique mondiale au 21e siècle.

Tendances futures de la politique énergétique mondiale

Alors que le monde est aux prises avec les complexités de la sécurité énergétique et de la gestion durable des ressources, il est impératif d'analyser les tendances futures qui façonnent la politique énergétique mondiale. La transition vers les sources d'énergie renouvelables, les avancées technologiques, les réalignements géopolitiques et les préoccupations environnementales sont autant de facteurs clés qui influenceront la politique énergétique au cours des prochaines décennies.

L'une des tendances les plus marquantes de la politique énergétique mondiale est la poursuite de la transition vers les sources d'énergie renouvelables. Alors que les nations s'efforcent de réduire leur empreinte carbone et d'atténuer les effets du changement climatique, l'accent est mis de plus en plus sur l'exploitation de l'énergie solaire, éolienne, hydroélectrique et d'autres formes d'énergie propre. Cette transition remodèlera le paysage énergétique et aura de profondes implications géopolitiques, modifiant potentiellement les dynamiques de pouvoir et les dépendances traditionnelles.

En outre, les avancées technologiques dans le domaine du stockage et de la distribution de l'énergie joueront un rôle essentiel dans la redéfinition du marché mondial de l'énergie. Les innovations dans la technologie des batteries, les réseaux intelligents et les systèmes à haut rendement énergétique sont sur le point de révolutionner la manière dont l'énergie est produite, stockée et transmise. Ces développements favoriseront probablement une plus grande indépendance énergétique des nations et une infrastructure énergétique plus décentralisée et plus résiliente.

Les tensions géopolitiques liées aux ressources énergétiques devraient s'intensifier, d'autant plus que les acteurs non traditionnels de l'énergie gagnent en importance sur la scène mondiale. La concurrence pour l'accès aux minéraux essentiels aux technologies des énergies renouvelables, tels que le lithium et le cobalt, pourrait susciter de nouvelles rivalités géopolitiques et alliances stratégiques. La recherche de la sécurité énergétique dans un contexte d'évolution de la dynamique géopolitique pourrait également déboucher sur des collaborations et des conflits inédits, façonnant le paysage géopolitique de manière imprévue.

Une autre tendance importante à noter est la fusion de l'énergie et des technologies numériques, qui a donné naissance au concept d'"énergie intelligente" et d'écosystèmes énergétiques connectés. L'intégration de l'intelligence artificielle, de l'IdO (Internet des objets) et de l'analyse des big data dans les systèmes énergétiques peut optimiser l'utilisation de l'énergie, renforcer la résilience du réseau et faciliter les mécanismes dynamiques de réponse à la demande. Ces transformations numériques redéfiniront la géopolitique de l'énergie en brouillant les frontières entre les producteurs et les consommateurs d'énergie traditionnels.

En conclusion, l'avenir de la politique énergétique mondiale se trouve à un carrefour critique, marqué par un changement sismique vers des alternatives durables, des percées technologiques perturbatrices et des enchevêtrements géopolitiques complexes. Il sera essentiel pour les décideurs politiques, les chefs d'entreprise et les acteurs mondiaux qui cherchent à résoudre les interactions complexes entre l'énergie, la politique et l'environnement, de comprendre ces tendances à multiples facettes et de s'y retrouver.

24

La manipulation et le contrôle

LA PROTECTION DES DONNÉES ET LA GUERRE MONDIALE DE L'INFORMATION

Protection des données et sécurité de l'information

Dans le monde interconnecté d'aujourd'hui, la protection des informations sensibles est une préoccupation essentielle pour les individus, les organisations et les gouvernements. La numérisation rapide des données dans les différentes facettes de la vie a renforcé l'importance du respect de la confidentialité des données et de la sécurité de l'information. Ces considérations fondamentales sont au cœur de la garantie de l'intégrité, de la confidentialité et de l'accessibilité des actifs numériques. En explorant les principes fondamentaux de la confidentialité des données, nous pénétrons dans un domaine qui détermine la fiabilité et la résilience des systèmes d'information modernes. Ce chapitre vise à élucider le paysage multiforme de la confidentialité des données et son rôle essentiel dans la protection des informations à l'ère numérique. À mesure que la technologie progresse et s'infiltre dans diverses sphères, il devient indispensable de comprendre l'importance du maintien de la confidentialité des données. Sans un cadre solide pour la sécurité de l'information, la vulnérabilité aux violations, aux cyber-attaques et aux accès non autorisés s'accroît, ce qui pose des risques substantiels pour la vie privée, la propriété intellectuelle et la sécurité nationale. Il est donc nécessaire de bien comprendre les subtilités de la confidentialité des données et les méthodes impératives pour la renforcer. Grâce à une exploration approfondie, ce chapitre offre un point de vue holistique sur la centralité de la confidentialité des données et de la sécurité de l'information dans la société contemporaine. En examinant les précédents historiques et les manifestations modernes, les lecteurs pourront se faire une idée de l'évolution des préoccupations en matière de confidentialité des données et de l'évolution des stratégies visant à atténuer les risques potentiels. Des méthodes de cryptage aux protocoles réglementaires, l'éventail des mesures visant à renforcer la confidentialité des données exige un examen rigoureux et un perfectionnement continu. En fin de compte, en embrassant les complexités de la confidentialité des données, les individus et les entités peuvent parcourir le paysage numérique avec la certitude que leurs informations sont à l'abri des compromis et de l'exploitation.

Aperçu historique de la guerre de l'information

La guerre de l'information a une histoire longue et complexe qui remonte aux civilisations anciennes. La manipulation et le contrôle de l'information ont été utilisés comme outils de pouvoir et d'influence à travers les âges. Dans l'Antiquité, la désinformation stratégique était employée dans la guerre pour tromper les ennemis et obtenir des avantages tactiques. L'utilisation de messages codés et de méthodes de communication secrètes fait partie intégrante des opérations militaires depuis des siècles.

L'ère moderne de la guerre de l'information remonte au développement des télécommunications et des médias de masse. Avec l'avènement de la radio, de la télévision et, plus tard, de l'internet, la diffusion de l'information s'est généralisée et est devenue instantanée. Les gouvernements et les organisations ont alors pris conscience du potentiel de l'information pour façonner l'opinion publique, semer la discorde et influencer les résultats géopolitiques.

Pendant la guerre froide, les superpuissances ont régulièrement eu recours à des campagnes de propagande et de désinformation pour influencer les sentiments du monde entier et saper les idéologies rivales. La diffusion d'informations fausses ou trompeuses par divers canaux est devenue une stratégie clé dans la bataille idéologique entre le bloc occidental dirigé par les États-Unis et le bloc oriental dirigé par l'Union soviétique.

La révolution numérique de la fin du XXe siècle a encore transformé le paysage de la guerre de l'information. Les cyberattaques, l'espionnage et le sabotage sont devenus des outils puissants dans l'arsenal des États-nations et des acteurs non étatiques. Des piratages à grande échelle ciblant les agences gouvernementales et les infrastructures critiques à la diffusion de fausses nouvelles et à la manipulation des médias sociaux, les tactiques de guerre de l'information ont évolué pour exploiter les vulnérabilités du monde interconnecté.

Ces dernières années, l'essor du piratage informatique parrainé par des États et des opérations d'influence en ligne a placé la guerre de l'information au premier plan des préoccupations en matière de sécurité mondiale. L'attribution des cyber-attaques et la difficulté d'établir les responsabilités dans le domaine virtuel sont devenues des questions cruciales pour la diplomatie et la défense internationales. En outre, l'interconnexion de l'écosystème mondial de l'information a brouillé les frontières entre la guerre traditionnelle et la cyberguerre, ce qui pose de nouveaux défis en matière de dissuasion et de stratégies de réponse.

Lorsque nous nous penchons sur l'évolution historique de la guerre de l'information, il devient évident que la manipulation de l'information a toujours été liée à la recherche du pouvoir et de l'influence. Il est essentiel de comprendre les précédents et les modèles de la guerre de l'information pour relever les défis contemporains posés par la guerre mondiale de l'information.

Le cadre juridique : Lois et règlements internationaux

Dans le paysage complexe de la guerre mondiale de l'information, le cadre juridique joue un rôle essentiel dans l'élaboration des règles et réglementations régissant la confidentialité et la sécurité des données. Au niveau international, de nombreuses lois et de nombreux accords ont été établis pour répondre aux préoccupations croissantes concernant la protection des informations sensibles et la prévention des cybermenaces ( ). L'un des documents fondamentaux à cet égard est la Convention sur la cybercriminalité du Conseil de l'Europe, également connue sous le nom de Convention de Budapest. Adopté en 2001, ce traité définit des mesures de lutte contre la cybercriminalité et facilite la coopération internationale en matière d'infractions liées aux systèmes informatiques et aux données. En outre, le Règlement général sur la protection des données (RGPD) de l'Union européenne est un cadre juridique complet qui régit le traitement et la circulation des données à caractère personnel au sein de l'UE et de l'Espace économique européen. Sa portée extraterritoriale en fait un élément clé pour les organisations du monde entier qui traitent les données des citoyens de l'UE. Au-delà de l'UE, d'autres pays et régions ont mis en place une législation visant à protéger la confidentialité des données et à réglementer le domaine numérique. Par exemple, les États-Unis disposent de lois telles que la Health Insurance Portability and Accountability Act (HIPAA) et la California Consumer Privacy Act (CCPA) qui traitent d'aspects spécifiques de la protection des données. En Asie, des pays comme le Japon et la Corée du Sud disposent de leurs propres lois sur la confidentialité des données pour garantir la sécurité des informations personnelles. Le consentement, la transparence, la limitation des finalités et la responsabilité sont au cœur du cadre juridique, qui constitue le fondement d'un traitement éthique des données.

En outre, les accords et conventions internationaux, tels que le cadre de protection de la vie privée de la Coopération économique Asie-Pacifique (APEC), visent à harmoniser les flux de données transfrontaliers tout en respectant les normes de protection de la vie privée et de sécurité. Ces instruments juridiques créent une approche unifiée de la protection des données et de l'atténuation des risques associés à la guerre mondiale de l'information. Toutefois, des difficultés persistent dans l'application de ces lois en raison de la nature transfrontalière du cyberespace et des différents degrés de conformité entre les nations. À mesure que la technologie évolue, le cadre juridique doit s'adapter pour faire face aux nouvelles menaces et garantir l'harmonisation des pratiques de protection des données à travers les frontières. Renforcer la coopération internationale et faciliter le partage d'informations sont des éléments cruciaux pour naviguer sur le terrain complexe de la guerre mondiale de l'information. L'élaboration continue de lois et de réglementations internationales jouera un rôle essentiel dans la définition de l'avenir de la protection de la vie privée et de la sécurité des données, contribuant en fin de compte à rendre le réseau mondial d'information plus résistant et plus sûr.

Stratégies nationales pour la protection des données

À l'ère moderne, avec la numérisation croissante de l'information et de la communication, les nations sont confrontées à des défis sans précédent en matière de protection des données de leurs citoyens. Par conséquent, la formulation et la mise en œuvre de stratégies nationales solides pour la protection des données sont devenues impératives ( ). La stratégie nationale de protection des données englobe un large éventail d'initiatives, de politiques et de réglementations visant à protéger les informations sensibles contre l'accès, l'utilisation et la divulgation non autorisés. Ces stratégies sont conçues pour répondre non seulement aux préoccupations des individus en matière de protection de la vie privée, mais aussi aux implications économiques et de sécurité nationale plus larges associées aux violations de données et aux cybermenaces.

L'un des aspects fondamentaux des stratégies nationales de protection des données est la mise en place de cadres juridiques complets qui définissent les droits et les responsabilités des individus, des organisations et des entités gouvernementales en matière de protection de la vie privée et de la sécurité des données. Il s'agit notamment de promulguer des lois qui régissent la collecte, le stockage, le traitement et le partage des données personnelles et sensibles, et d'instituer des sanctions en cas de non-respect de ces lois et d'accès non autorisé. En outre, les stratégies nationales efficaces impliquent souvent une collaboration entre les agences gouvernementales, les organismes de réglementation et les acteurs de l'industrie afin de garantir que ces cadres juridiques sont appliqués de manière cohérente et mis à jour pour faire face aux menaces émergentes et aux avancées technologiques.

En outre, les stratégies nationales de protection des données donnent la priorité aux investissements dans les infrastructures, les technologies et les capacités de cybersécurité. Il s'agit d'allouer des ressources pour améliorer la résilience des infrastructures numériques critiques, renforcer les mécanismes de réponse aux incidents et promouvoir la sensibilisation et l'éducation à la cybersécurité au sein de la population. En outre, des mesures proactives telles que la réalisation d'audits de sécurité réguliers, la mise en œuvre de normes de cryptage et la promotion de partenariats public-privé jouent un rôle crucial dans le renforcement de la défense d'un pays contre les cybermenaces et les atteintes à la protection des données.

Au-delà des dimensions législatives et technologiques, les stratégies nationales efficaces de protection des données mettent également l'accent sur la collaboration et la coopération internationales. Étant donné que le cyberespace ne connaît pas de frontières, les pays doivent s'engager dans des efforts diplomatiques pour établir des normes harmonisées, des mécanismes de partage de l'information et des accords d'assistance mutuelle afin de lutter contre la cybercriminalité transnationale et de protéger les écosystèmes numériques mondiaux. Cela implique une participation active aux forums internationaux, la négociation d'accords bilatéraux ou multilatéraux sur la cybersécurité et l'alignement des politiques nationales sur les meilleures pratiques et normes reconnues au niveau international.

En outre, les stratégies nationales de protection des données nécessitent une adaptation et une évolution permanentes en réponse à la nature dynamique des cybermenaces et des développements technologiques. Les gouvernements doivent rester souples pour faire face aux nouveaux risques et vulnérabilités, exploiter les renseignements sur les menaces et encourager l'innovation dans la recherche sur la cybersécurité et le développement du site . En favorisant une culture de la résilience et de la préparation, les nations peuvent atténuer les conséquences négatives des violations de données et de la guerre de l'information, contribuant ainsi à la stabilité et à la sécurité du paysage mondial de l'information.

En conclusion, la formulation et l'exécution de stratégies nationales globales pour la protection des données sont essentielles pour relever les défis à multiples facettes posés par l'évolution de l'environnement numérique. En donnant la priorité aux cadres juridiques, aux investissements dans la cybersécurité, à la collaboration internationale et aux approches adaptatives, les nations peuvent protéger de manière proactive les données de leurs citoyens, préserver la compétitivité économique et défendre l'intégrité des institutions démocratiques face aux cybermenaces persistantes. À mesure que la technologie progresse et pénètre tous les aspects de la société, des mesures robustes de protection des données sont indispensables pour garantir un avenir numérique sûr et fondé sur la confiance.

Implications économiques des violations de données

Les violations de données peuvent avoir des conséquences économiques profondes qui vont au-delà des coûts immédiats de remédiation et de récupération. Lorsque des informations sensibles ou exclusives sont compromises, les entreprises peuvent être confrontées à des pertes financières importantes, à une atteinte à leur réputation et à des responsabilités juridiques. Les coûts directs d'une violation de données comprennent souvent l'enquête sur l'incident, la notification des parties affectées, la fourniture de services de surveillance du crédit et la mise en œuvre de mesures de sécurité renforcées. En outre, les organisations peuvent souffrir d'une perte de confiance et de loyauté de la part de leurs clients, ce qui réduit leurs revenus et leurs parts de marché. En outre, les violations de données peuvent entraîner le vol de la propriété intellectuelle, ce qui compromet l'avantage concurrentiel et les capacités d'innovation d'une entreprise et a un impact sur ses perspectives économiques à long terme. À la suite d'une violation, les entreprises peuvent encourir des amendes réglementaires, des litiges et des frais de mise en conformité, ce qui pèse encore davantage sur leurs ressources financières. L'économie dans son ensemble peut également être touchée, car les cyberincidents peuvent perturber les chaînes d'approvisionnement, les marchés financiers et les infrastructures essentielles, provoquant des effets d'entraînement dans de nombreux secteurs. Les petites et moyennes entreprises sont particulièrement vulnérables, car elles peuvent manquer de ressources pour se remettre de pertes financières substantielles et de perturbations opérationnelles. L'impact cumulatif des violations de données sur l'économie mondiale est énorme, avec des estimations de milliers de milliards de dollars de dommages économiques par an. Alors que les organisations s'efforcent de naviguer dans un environnement commercial de plus en plus axé sur les données, la prise en compte des implications financières des violations de données est primordiale pour la sauvegarde des entreprises individuelles et pour la stabilité et la résilience du paysage économique dans son ensemble.

Avancées technologiques et vulnérabilités

Les progrès technologiques rapides ont révolutionné la manière dont nous collectons, stockons et transmettons les données. Si ces avancées ont apporté une commodité et une efficacité sans précédent à notre monde interconnecté, elles ont également introduit de nouvelles vulnérabilités que les acteurs malveillants peuvent exploiter. La prolifération des appareils de l'Internet des objets (IoT), de l'informatique en nuage et de l'analyse des big data a considérablement élargi la surface d'attaque des cybermenaces. Alors que les organisations et les individus adoptent ces innovations technologiques, il devient impératif de comprendre et de traiter leurs vulnérabilités inhérentes.

L'un des principaux défis réside dans la nature complexe des infrastructures informatiques modernes, qui se caractérisent par des systèmes interconnectés et divers points d'extrémité. Cette complexité crée des opportunités pour les cybercriminels d'exploiter les vulnérabilités au sein du système. En outre, l'utilisation croissante de l'intelligence artificielle (IA) et de l'apprentissage automatique (ML) dans la cybersécurité présente une épée à double tranchant. Si ces technologies peuvent potentiellement améliorer la détection et la réponse aux menaces, elles introduisent également le risque d'attaques adverses et de manipulation des algorithmes d'IA. Il est essentiel de comprendre ces risques pour développer des défenses robustes contre les menaces émergentes.

En outre, l'adoption rapide des technologies mobiles et à distance à l'ère de la transformation numérique a brouillé les frontières traditionnelles de la sécurité des réseaux. Les environnements de travail à distance, les réseaux privés virtuels (VPN) et les services basés sur le cloud font désormais partie intégrante des activités des entreprises modernes. Cependant, ces points d'accès à distance introduisent de nouveaux vecteurs d'exploitation, ce qui oblige les organisations à mettre en place des contrôles d'accès et des mécanismes de chiffrement rigoureux pour protéger les données sensibles.

En outre, l'interconnexion des chaînes d'approvisionnement mondiales et la dépendance à l'égard de fournisseurs tiers posent des problèmes importants pour garantir la sécurité des données dans les écosystèmes. Les attaques contre la chaîne d'approvisionnement sont devenues une cyber-exploitation sophistiquée, où les adversaires ciblent les fournisseurs pour compromettre l'ensemble de la chaîne d'approvisionnement. Les organisations doivent donner la priorité à la diligence raisonnable dans la sélection de leurs partenaires et fournisseurs, tout en mettant en œuvre des mesures pour atténuer les risques liés à la chaîne d'approvisionnement.

Parmi les technologies émergentes, l'informatique quantique présente des promesses et des dangers en matière de cybersécurité. Si l'informatique quantique a le potentiel de révolutionner les techniques de chiffrement et de cryptographie, elle constitue également une menace fondamentale pour les normes actuelles de chiffrement . La cryptographie résistante aux quanta et les stratégies préventives sont essentielles pour se préparer à l'ère quantique imminente de l'informatique.

Alors que nous naviguons dans un paysage technologique en constante évolution, nous devons reconnaître l'interaction complexe entre l'innovation et la vulnérabilité. Il est indispensable d'adopter une approche proactive de la cybersécurité, comprenant une surveillance continue, une veille sur les menaces et des protocoles robustes de réponse aux incidents, afin d'atténuer les risques multiformes liés aux avancées technologiques. Les organisations et les individus peuvent renforcer leurs défenses face aux défis dynamiques de la cybernétique en encourageant une culture de la cyber-résilience et en se tenant au courant des menaces émergentes.

Études de cas : Principales violations de données au niveau mondial

Dans le monde numérique interconnecté d'aujourd'hui, les violations de données sont devenues une préoccupation majeure pour les organisations et les individus. Les répercussions de ces violations peuvent être catastrophiques, entraînant des pertes financières, une atteinte à la réputation et la compromission d'informations sensibles. Pour bien comprendre l'impact des violations de données, il est essentiel d'examiner des études de cas critiques qui ont laissé une empreinte durable dans le paysage mondial. L'une de ces études de cas tristement célèbres est la violation de données d'Equifax en 2017, où des pirates ont exploité une vulnérabilité dans le site web de l'entreprise, exposant les données de plus de 143 millions de consommateurs. Cette violation a entraîné d'importantes pertes financières pour Equifax, érodé la confiance des consommateurs et souligné le besoin urgent de mesures de cybersécurité robustes. Un autre cas notable est celui de la violation de données de Yahoo en 2013-2014, où des cybercriminels ont accédé à environ 3 milliards de comptes d'utilisateurs, ce qui en fait l'une des violations les plus importantes de l'histoire. Les retombées de cette violation, notamment les ramifications juridiques et l'érosion de la valeur marchande de Yahoo, ont mis en évidence les graves conséquences d'une absence de protection adéquate des données des utilisateurs.

En outre, le scandale Cambridge Analytica en 2018 a mis en lumière le réseau complexe de la confidentialité et de la manipulation des données, révélant comment les informations personnelles peuvent être exploitées à des fins politiques sans le consentement des individus. Cette affaire a illustré les implications éthiques de l'utilisation des données et a soulevé des questions sur la surveillance réglementaire et la responsabilité. Ces études de cas rappellent brutalement les effets considérables des violations de données et soulignent la nécessité de prendre des mesures proactives en matière de cybersécurité. Les organisations doivent adopter une approche multicouche de la sécurité, comprenant le cryptage, la gestion des identités et des accès, des audits de sécurité réguliers et la formation des employés à l'identification des menaces potentielles et à la manière d'y répondre. Les enseignements tirés de ces grandes violations de données mondiales ( ) devraient inspirer les politiques et les pratiques visant à renforcer les cyberdéfenses et à protéger les informations sensibles dans un environnement numérique de plus en plus vulnérable.

Mesures de cybersécurité : Meilleures pratiques et innovations

Les organisations et les particuliers doivent continuellement s'adapter aux dernières mesures et innovations en matière de cybersécurité afin de protéger leurs informations sensibles dans le paysage en constante évolution des cybermenaces. La mise en œuvre des meilleures pratiques en matière de cybersécurité est essentielle pour atténuer les risques posés par les cyberattaques sophistiquées et garantir la résilience face aux violations potentielles. Pour ce faire, il est impératif d'adopter une approche à plusieurs niveaux englobant des solutions technologiques, des politiques solides et une surveillance proactive. L'une des meilleures pratiques fondamentales consiste à adopter des méthodes d'authentification forte, telles que l'authentification multifactorielle (AMF) et l'identification biométrique, afin de renforcer le contrôle d'accès et de décourager les entrées non autorisées dans les systèmes ou les réseaux. En outre, il est essentiel que les employés suivent régulièrement des formations de sensibilisation à la sécurité afin de favoriser une culture de la vigilance et de donner aux individus les moyens d'identifier et de signaler les incidents de sécurité potentiels. Les protocoles de cryptage sont essentiels pour protéger les données en transit et au repos. La mise en œuvre d'un chiffrement de bout en bout et l'utilisation d'algorithmes de chiffrement tels que l'Advanced Encryption Standard (AES) renforcent la confidentialité et l'intégrité des informations sensibles.

En outre, les organisations devraient adhérer aux normes et réglementations du secteur, telles que le règlement général sur la protection des données (RGPD) et la loi sur la portabilité et la responsabilité en matière d'assurance maladie (HIPAA), afin de garantir la conformité avec les lois sur la confidentialité des données et de protéger les droits des personnes. Les innovations en matière de cybersécurité continuent de révolutionner la défense contre les menaces en constante évolution. Les technologies d'intelligence artificielle et d'apprentissage automatique sont de plus en plus utilisées pour détecter les anomalies et les modèles qui signifient des violations potentielles de la sécurité, ce qui permet une atténuation proactive des menaces. En outre, l'émergence d'une architecture de confiance zéro est en train de remodeler les paradigmes de sécurité traditionnels en adoptant une approche "ne jamais faire confiance, toujours vérifier", minimisant ainsi l'impact des violations potentielles. L'intégration des systèmes de gestion des informations et des événements de sécurité (SIEM) consolide les données de journaux et d'événements provenant de sources disparates afin de fournir une visibilité complète sur les activités du réseau, ce qui permet de détecter les menaces et d'y répondre en temps utile. Alors que la guerre mondiale de l'information s'intensifie, les initiatives de collaboration et le partage d'informations entre les organisations et les entités gouvernementales sont impératifs pour renforcer les cyberdéfenses et garder une longueur d'avance sur les adversaires sophistiqués. La convergence de ces meilleures pratiques et de ces technologies innovantes permettra à de renforcer la résilience de notre infrastructure numérique et d'atténuer les dangers posés par les cybermenaces.

Défis futurs en matière de protection de la confidentialité des données

L'avenir de la protection de la confidentialité des données présente un éventail de défis complexes qui nécessitent des stratégies proactives et adaptables. À mesure que la technologie progresse rapidement, le paysage des menaces potentielles pour la confidentialité des données évolue constamment. L'un des principaux défis réside dans l'interconnexion croissante des appareils et des systèmes à mesure que l'internet des objets (IdO) se répand dans les foyers, les entreprises et les infrastructures publiques. Cette connectivité ouvre de nouvelles vulnérabilités aux cyberattaques et à l'accès non autorisé aux données sensibles, ce qui nécessite des mesures robustes pour sécuriser les appareils et les réseaux de l'IdO. En outre, l'utilisation florissante de l'intelligence artificielle et de l'apprentissage automatique introduit le potentiel de cybermenaces sophistiquées, car les attaquants tirent parti de ces technologies pour développer des attaques plus furtives et plus ciblées. Il sera essentiel de comprendre et d'atténuer les risques associés aux cybermenaces induites par l'IA pour préserver la confidentialité des données.

En outre, l'émergence de l'informatique quantique pose un défi de taille aux méthodes de cryptage traditionnelles, rendant potentiellement obsolètes les mécanismes actuels de protection des données. Au fur et à mesure que les capacités de l'informatique quantique progressent, les organisations et les institutions doivent développer des protocoles de chiffrement résistants à l'informatique quantique pour contrecarrer les futures atteintes à la sécurité. Un autre aspect essentiel du futur paysage de la protection des données concerne la nature mondiale des flux et du stockage des données. L'informatique dématérialisée et les transferts de données transfrontaliers devenant de plus en plus courants, des défis réglementaires se posent pour assurer l'application cohérente des lois sur la protection des données dans les différentes juridictions. L'harmonisation des réglementations internationales tout en respectant les différences culturelles et juridiques sera essentielle pour maintenir l'intégrité des normes de confidentialité des données à l'échelle mondiale.

En outre, les considérations éthiques entourant la confidentialité des données sont appelées à devenir plus importantes. Des questions telles que le consentement individuel, la propriété des données et l'utilisation responsable des données exigeront une attention accrue à mesure que les méthodes de collecte et d'analyse des données progresseront. Trouver un équilibre entre l'innovation et la protection des consommateurs tout en respectant les principes éthiques constituera un défi délicat pour les décideurs politiques et les acteurs de l'industrie. Enfin, la prolifération des données biométriques et des informations génétiques soulève des questions particulières en matière de protection de la vie privée, qui nécessitent un examen attentif et une gestion responsable. À mesure que les méthodes d'authentification biométrique et les tests génétiques se généralisent, la nécessité d'adopter des réglementations strictes pour protéger ces données hautement personnelles et sensibles se fait de plus en plus pressante. Pour relever ces défis, il faudra une approche collaborative et interdisciplinaire impliquant les gouvernements, les entreprises technologiques, les experts en cybersécurité, les professionnels du droit et les défenseurs de l'éthique. En reconnaissant ces défis futurs et en y répondant de manière proactive, la communauté mondiale peut s'efforcer d'établir un environnement solide et sûr pour la confidentialité des données dans un monde de plus en plus interconnecté.

Conclusion : Vers un réseau mondial d'information sécurisé

La protection de la confidentialité des données et l'établissement d'un réseau d'information mondial sécurisé sont essentiels à l'ère moderne. La technologie progressant à un rythme sans précédent, les risques et les défis liés à la sécurité de l'information sont devenus plus complexes et plus variés. Pour protéger les informations sensibles et garantir la stabilité du réseau mondial d'information, des efforts internationaux concertés doivent être entrepris. L'interconnexion croissante de notre monde, facilitée par les technologies numériques, exige une approche coordonnée pour faire face aux vulnérabilités et aux menaces potentielles pour la confidentialité des données et la cybersécurité. En conclusion de cette discussion, les nations, les organisations et les individus doivent donner la priorité à l'élaboration et à la mise en œuvre de mesures solides visant à protéger le réseau mondial d'information contre les activités malveillantes. Les initiatives de collaboration entre les gouvernements, les entités du secteur privé et la société civile sont essentielles pour établir des cadres complets de protection des données et de sécurité de l'information.

En outre, il est indispensable de promouvoir une culture de la sensibilisation et de la responsabilité en matière de confidentialité des données pour atténuer les risques posés par les cybermenaces et la guerre de l'information. Un réseau d'information mondial sécurisé ne peut être mis en place qu'au moyen de solutions technologiques robustes, de mécanismes réglementaires efficaces et d'une collaboration transfrontalière proactive. Les parties prenantes doivent reconnaître l'urgence de cette entreprise et s'engager à respecter les principes de confidentialité des données et de cybersécurité. En alignant les stratégies nationales sur les normes et les meilleures pratiques internationales, il devient possible de créer un réseau d'information mondial cohérent et résistant. En outre, la recherche, l'innovation et l'investissement continus dans les technologies de pointe en matière de cybersécurité permettront de s'adapter à l'évolution des menaces et de garantir l'intégrité à long terme de l'écosystème mondial de l'information. En substance, la recherche d'un réseau d'information mondial sécurisé représente un élément fondamental de la géopolitique du 21e siècle, servant de pierre angulaire à la confiance, à la coopération et au développement durable à l'échelle mondiale ( ). Alors que nous naviguons dans les complexités d'un monde de plus en plus numérique, l'engagement à sécuriser notre infrastructure d'information doit rester inébranlable, et c'est par une détermination collective et une action concertée que nous pourrons réellement réaliser la vision d'un réseau d'information mondial sécurisé, interconnecté et prospère.

25

L'ère de l'IA

L'INTELLIGENCE ARTIFICIELLE ET L'AVENIR DES CONFLITS

Le rôle de l'IA dans la guerre moderne

L'utilisation de l'intelligence artificielle (IA) dans les guerres modernes a révolutionné la nature des opérations militaires, marquant une transition significative des systèmes manuels traditionnels vers des technologies avancées pilotées par l'IA. Cette évolution a des répercussions considérables sur les scénarios de conflit dans le paysage mondial contemporain. Historiquement, les applications militaires de l'IA ont été motivées par l'impératif d'améliorer les processus de prise de décision, d'optimiser l'utilisation des ressources et d'acquérir un avantage concurrentiel sur le champ de bataille. L'évolution de l'IA dans la guerre remonte au développement de véhicules autonomes sans pilote et de systèmes de surveillance intelligents, qui ont transformé la reconnaissance, la surveillance et la collecte de renseignements. En outre, l'IA a joué un rôle essentiel dans le développement de l'analyse prédictive, permettant aux stratèges militaires d'analyser de grandes quantités de données et d'anticiper les menaces potentielles avec plus de précision et de rapidité. Au fur et à mesure que l'IA progresse, son influence est de plus en plus évidente dans les armes guidées avec précision, les mécanismes de cyberdéfense et le soutien logistique. L'intégration de l'IA dans la guerre moderne a élargi le champ des capacités militaires, offrant de nouvelles opportunités et soulevant des considérations éthiques et stratégiques complexes. L'adoption généralisée de systèmes pilotés par l'IA a remodelé la dynamique des conflits, en mettant l'accent sur l'agilité, l'adaptabilité et la précision dans l'exécution des opérations militaires. Cela a entraîné un changement de paradigme dans la manière dont les forces armées abordent la planification tactique, la gestion des risques et les stratégies de réponse.

En outre, l'utilisation de l'IA dans les guerres modernes a suscité des discussions sur les implications potentielles pour les populations civiles, les lois internationales régissant les conflits armés et les principes fondamentaux de l'éthique de la guerre. Alors que les nations continuent d'investir dans les technologies de l'IA à des fins de défense, le paysage de la sécurité mondiale évolue continuellement, exigeant des évaluations complètes des implications et des risques associés aux applications militaires basées sur l'IA. À la lumière de ces développements, il est essentiel d'examiner de manière critique le rôle multiforme de l'IA dans la guerre moderne et son impact global sur l'avenir des conflits et de la sécurité internationale.

Aperçu historique du développement de l'IA et de ses applications militaires

Depuis que l'intelligence artificielle (IA) est apparue comme un concept, ses applications potentielles dans le domaine militaire ont fait l'objet d'une exploration et d'un débat approfondis. Le développement historique de l'IA et son intégration dans les systèmes militaires ont été marqués par des étapes clés qui ont profondément façonné le paysage de la guerre moderne. Il est essentiel de comprendre l'évolution de l'IA dans le contexte des applications militaires, car elle offre des indications précieuses sur les dimensions stratégiques, éthiques et opérationnelles de l'utilisation des technologies autonomes dans les conflits armés.

Les origines de l'IA remontent au milieu du XXe siècle, avec les travaux fondamentaux de pionniers tels qu'Alan Turing, John McCarthy et Marvin Minsky, entre autres. Les premières recherches se sont concentrées sur le développement de systèmes informatiques capables d'effectuer des tâches qui nécessitaient généralement l'intelligence humaine, notamment la résolution de problèmes, le raisonnement logique et la reconnaissance de formes. Au fur et à mesure que les capacités de calcul se sont développées, l'IA a pu révolutionner divers domaines, notamment la technologie et la stratégie militaires.

L'intégration de l'IA dans les applications militaires a pris une ampleur considérable au cours de la seconde moitié du XXe siècle. Dans le domaine de la guerre, l'IA a d'abord été utilisée pour l'analyse des données, la reconnaissance et les systèmes d'alerte précoce. La capacité des systèmes d'IA à traiter de grands volumes d'informations et à identifier des modèles s'est avérée inestimable pour améliorer la connaissance de la situation et les processus de prise de décision sur le champ de bataille. En outre, les progrès réalisés dans le domaine des véhicules aériens sans pilote (UAV), communément appelés drones, ont démontré l'impact transformateur de l'IA sur la surveillance, le ciblage et les opérations tactiques.

Au fur et à mesure que les capacités de l'IA évoluaient, les organisations militaires du monde entier ont commencé à investir dans la recherche et le développement afin d'exploiter son potentiel pour les systèmes d'armes autonomes. Cela a conduit à l'émergence de plateformes dotées de fonctions d'IA, allant des véhicules terrestres sans pilote aux outils sophistiqués de cyberguerre. Le recours croissant à l'IA dans les contextes militaires a suscité des réflexions sur les implications éthiques et juridiques du déploiement de technologies autonomes dans des scénarios de combat, soulevant des questions pressantes sur la responsabilité, la proportionnalité et le respect du droit international humanitaire.

La trajectoire historique du développement de l'IA et de son intégration dans les applications militaires souligne l'interaction complexe entre l'innovation technologique, les impératifs stratégiques et les considérations éthiques. En examinant les étapes et les défis rencontrés par dans ce récit, nous pouvons comprendre l'état actuel et les perspectives d'avenir de l'IA dans l'élaboration de la dynamique des conflits modernes.

Situation actuelle : Les systèmes d'armes autonomes dans le monde

Le paysage actuel des systèmes d'armes autonomes se caractérise par des avancées rapides en matière d'intelligence artificielle (IA) et par l'intégration de plateformes sans pilote dans les opérations militaires. Partout dans le monde, les nations investissent massivement dans le développement et le déploiement de systèmes autonomes susceptibles de transformer radicalement la nature de la guerre. Ces systèmes englobent un large éventail de capacités, notamment des véhicules aériens sans pilote (UAV), des véhicules terrestres sans pilote (UGV) et des navires de guerre autonomes, chacun étant conçu pour exécuter des missions spécifiques avec des degrés d'autonomie variables. La prolifération de ces systèmes soulève des dilemmes éthiques, juridiques et sécuritaires complexes qui exigent un examen approfondi. Si les armes autonomes promettent une précision accrue, une réduction de l'exposition humaine et une plus grande efficacité opérationnelle, les inquiétudes concernant leur potentiel de ciblage aveugle et de responsabilisation en cas de dysfonctionnement ou d'utilisation abusive sont grandes.

En outre, l'absence de normes et de réglementations internationales claires régissant le développement et l'utilisation des armes autonomes a suscité des débats sur la nécessité de mettre en place des traités ou d'autres mécanismes pour garantir un déploiement responsable et minimiser le risque de conséquences involontaires. Alors que les nations continuent de rechercher la supériorité technologique dans le domaine militaire, la communauté mondiale est confrontée à la tâche urgente d'engager un dialogue significatif pour relever les défis posés par les systèmes d'armes autonomes. En outre, l'interconnexion croissante des capacités cybernétiques et basées sur l'IA augmente les enjeux, car les vulnérabilités de ces systèmes pourraient avoir des effets en cascade sur la stabilité et la sécurité mondiales. Il est essentiel de comprendre l'état actuel des systèmes d'armes autonomes dans le monde pour élaborer des politiques qui établissent un équilibre délicat entre l'exploitation des avantages potentiels de l'IA dans la guerre et l'atténuation de ses risques inhérents. Il est essentiel que les décideurs politiques, les experts en matière de défense et les parties prenantes internationales collaborent pour résoudre les problèmes complexes liés aux implications éthiques, juridiques et stratégiques des armes autonomes, en veillant à ce que les progrès technologiques servent à promouvoir la paix et la sécurité plutôt qu'à déstabiliser l'ordre mondial.

Considérations éthiques et normes internationales

Alors que l'utilisation de l'intelligence artificielle (IA) dans les applications militaires se développe, il est impératif de réfléchir aux implications éthiques et d'adhérer aux normes internationales régissant les conflits armés. Le développement et le déploiement de systèmes d'armes autonomes soulèvent de profondes questions morales et juridiques qui méritent un examen approfondi. Les préoccupations éthiques liées à l'utilisation de l'IA dans la guerre englobent diverses questions, notamment la responsabilité, la dignité humaine, la proportionnalité et les conséquences involontaires potentielles. S'appuyant sur des cadres juridiques établis tels que les conventions de Genève et les principes de la théorie de la guerre juste, les décideurs politiques et les chefs militaires sont aux prises avec les dilemmes éthiques posés par les armes dotées de l'IA. En outre, les Nations unies ont été à l'avant-garde des discussions, plaidant pour un contrôle humain significatif sur l'utilisation de la force létale dans les conflits armés. Les normes internationales jouent un rôle crucial dans la définition des limites éthiques de l'IA dans la guerre, en s'efforçant de faire respecter les principes fondamentaux d'humanité, de distinction et de proportionnalité. Les nations doivent s'engager dans un dialogue et une coopération transparents afin d'établir des règles et des lignes directrices claires régissant le développement et l'utilisation des technologies de l'IA dans des contextes militaires. La participation d'éthiciens, d'experts juridiques et de représentants de divers milieux culturels et philosophiques peut enrichir ces délibérations, en favorisant une compréhension nuancée des dimensions éthiques inhérentes à la guerre assistée par l'IA. En naviguant sur ce terrain complexe, les décideurs politiques et les commandants militaires doivent trouver un équilibre entre l'exploitation des avancées technologiques et le respect des normes éthiques. Il est encourageant de constater que des initiatives visant à promouvoir des pratiques responsables en matière d'IA ont vu le jour, soulignant l'importance d'intégrer des considérations éthiques tout au long du cycle de vie des systèmes militaires dotés d'IA, depuis la conception et les essais jusqu'au déploiement et à l'évaluation post-conflit. Cette approche proactive souligne l'engagement à sauvegarder les droits de l'homme et à minimiser le risque de dommages liés à l'IA. En fin de compte, l'adoption d'un cadre éthique solide et le respect des normes internationales sont indispensables pour guider l'utilisation responsable et éthique de l'IA dans le futur paysage des conflits.

L'IA dans la cybersécurité : Capacités défensives et offensives

Alors que les progrès technologiques continuent de remodeler le paysage de la sécurité mondiale, l'intégration de l'intelligence artificielle (IA) dans la cybersécurité est apparue comme un développement essentiel , avec des ramifications pour les capacités tant défensives qu'offensives. Dans le domaine de la cybersécurité, l'IA joue un rôle à multiples facettes, offrant des solutions innovantes pour contrer l'évolution des cybermenaces tout en présentant de nouveaux défis en matière de défense et d'exploitation des cyberopérations offensives. De la détection proactive des menaces à la réponse automatisée aux incidents, l'IA renforce les capacités des professionnels de la cybersécurité et amplifie l'efficacité des mesures défensives. En utilisant des algorithmes d'apprentissage automatique, les systèmes de cybersécurité pilotés par l'IA peuvent analyser de vastes volumes de données en temps réel, identifier les anomalies ou les brèches potentielles, et exécuter de manière autonome des actions préventives pour atténuer les risques. En outre, l'IA renforce la nature adaptative des cadres de cybersécurité, en tirant continuellement des enseignements des nouveaux schémas d'attaque et des vulnérabilités pour renforcer les défenses. Cependant, la mise en œuvre de l'IA dans la cybersécurité pose également des dilemmes éthiques et opérationnels complexes. L'utilisation de capacités cybernétiques offensives alimentées par l'IA soulève des inquiétudes quant au potentiel de prise de décision autonome dans le lancement de cyberattaques et à l'attribution de la responsabilité en cas de conséquences involontaires. Avec l'évolution des algorithmes d'IA, il est de plus en plus nécessaire de mettre en place une gouvernance rigoureuse pour empêcher la militarisation de l'IA dans le cyberespace et faire respecter les normes et réglementations internationales relatives à l'usage de la force dans le domaine cybernétique. Dans ce contexte, les implications stratégiques de l'IA dans la cybersécurité représentent un changement de paradigme dans la guerre moderne et la dynamique géopolitique. Les États-nations et les acteurs non étatiques recherchent activement des technologies d'IA pour obtenir des avantages asymétriques dans les postures défensives et comme outils pour mener des cyber-opérations offensives. Cette évolution vers des capacités cybernétiques basées sur l'IA souligne la nécessité pour les décideurs politiques et les chefs militaires de naviguer avec prévoyance et prudence sur le terrain complexe des cyberconflits. En outre, l'intégration de l'IA dans la cybersécurité nécessite un dialogue permanent et une collaboration transfrontalière afin d'établir un consensus sur les lignes directrices et les normes éthiques qui régissent le déploiement responsable de l'IA dans le cyberespace. En fin de compte, la convergence de l'IA et de la cybersécurité précipite une réévaluation fondamentale des stratégies de défense traditionnelles et nécessite une approche holistique pour faire face à l'évolution du paysage des menaces dans le domaine numérique.

L'influence de l'IA sur la stratégie et les processus décisionnels

Alors que l'intelligence artificielle (IA) continue d'imprégner diverses facettes de la société, son impact sur la stratégie et les processus de prise de décision dans les conflits est profond et multiforme. L'intégration des technologies de l'IA a révolutionné les paradigmes traditionnels de la guerre, permettant aux stratèges et décideurs militaires ( ) d'exploiter des algorithmes avancés pour l'analyse prédictive, le déploiement tactique et la planification opérationnelle. Les analyses de données pilotées par l'IA fournissent des évaluations complètes des scénarios potentiels et anticipent les actions de l'adversaire, améliorant ainsi la prévoyance stratégique et les mesures préemptives. En outre, l'IA améliore les processus décisionnels en traitant rapidement de grandes quantités d'informations, ce qui permet aux commandants de faire des choix éclairés en temps réel. Cette capacité de transformation optimise l'allocation des ressources et facilite les réponses agiles aux conditions dynamiques du champ de bataille. Outre la guerre conventionnelle, l'influence de l'IA s'étend à des domaines non cinétiques tels que les opérations psychologiques et la guerre de l'information. En exploitant l'analyse des sentiments et le suivi des médias sociaux alimentés par l'IA, les entités militaires peuvent évaluer les perceptions du public, identifier les vulnérabilités et façonner des récits afin d'atteindre des objectifs stratégiques.

En outre, les systèmes autonomes dotés d'IA ont le potentiel d'exécuter des frappes de précision et des manœuvres défensives avec une rapidité et une précision inégalées, redéfinissant ainsi la dynamique des combats modernes. Cependant, l'adoption de l'IA dans la prise de décision stratégique soulève des considérations éthiques et juridiques concernant la surveillance humaine, la responsabilité et les conséquences involontaires potentielles. En outre, la recherche concurrentielle de capacités d'IA parmi les nations introduit des complexités dans le contrôle des armes et la dynamique d'escalade, nécessitant une coopération internationale et des cadres réglementaires pour atténuer les risques et empêcher une prolifération incontrôlée. Par conséquent, l'interaction entre l'IA et la prise de décision stratégique constitue un tournant dans l'évolution des conflits, justifiant un examen minutieux de ses implications sur la sécurité mondiale, la stabilité géopolitique et la conduite éthique de la guerre.

Implications géopolitiques de la prolifération de l'IA

L'intégration stratégique des technologies d'intelligence artificielle (IA) dans les contextes militaires et géopolitiques a suscité d'importantes préoccupations et implications pour la sécurité mondiale et la dynamique du pouvoir. Alors que les capacités de l'IA continuent d'évoluer, le paysage géopolitique est remodelé par la prolifération et le déploiement de systèmes alimentés par l'IA dans divers domaines. L'impact de l'IA sur les structures de pouvoir asymétriques traditionnelles peut perturber des normes géopolitiques établies de longue date et reconfigurer l'équilibre des pouvoirs entre les États-nations. Ce chapitre examine les implications géopolitiques multiples de la prolifération de l'IA et ses ramifications pour les relations internationales. L'une des principales conséquences de la prolifération de l'IA est la possibilité d'un changement dans l'équation mondiale du pouvoir. Les pays dotés de capacités d'IA avancées pourraient acquérir un avantage stratégique dans les opérations militaires offensives et défensives, ce qui modifierait le calcul traditionnel de la répartition du pouvoir. Cela pourrait conduire à une reconfiguration des alliances et des partenariats, les États cherchant à s'aligner sur les puissances de l'IA ou à former des coalitions pour contrebalancer cette domination. En outre, la diffusion de l'IA au-delà des frontières remet en question la gouvernance et les normes internationales. L'absence de réglementation universelle régissant le développement et l'utilisation de l'IA dans la guerre suscite des inquiétudes quant au risque d'escalade incontrôlée et de conséquences involontaires dans les conflits.

En outre, l'intersection de l'IA et de la cybersécurité introduit de nouvelles dimensions dans la compétition géopolitique. À mesure que les capacités cybernétiques pilotées par l'IA se perfectionnent, les États sont confrontés à des vulnérabilités et à des menaces accrues dans le domaine virtuel, ce qui nécessite de réévaluer les protocoles de cybersécurité et les stratégies de dissuasion existantes. En outre, la prolifération de l'IA met en évidence des considérations éthiques et morales dans la guerre et la diplomatie. Le développement d'armes autonomes dotées d'IA soulève des questions cruciales sur la responsabilité, le contrôle humain et le respect du droit humanitaire international, ce qui nécessite un dialogue sur l'utilisation et la réglementation éthiques de l'IA dans les scénarios de conflit. Il pose également des défis en matière de contrôle des armements et de non-prolifération à une époque caractérisée par des avancées technologiques rapides. Ces profondes implications géopolitiques de la prolifération de l'IA soulignent l'impératif d'approches informées et collaboratives pour aborder la dynamique évolutive de la guerre et des relations internationales à l'ère de l'IA.

Études de cas : Les innovations en matière d'IA et leur impact sur les conflits récents

L'intégration de l'intelligence artificielle (IA) dans la guerre moderne a transformé le paysage des opérations militaires, ouvrant une nouvelle ère de progrès technologiques et de complexité stratégique. Alors que les nations continuent d'investir dans les technologies de défense basées sur l'IA, les implications de ces innovations deviennent de plus en plus évidentes grâce à leur impact sur les conflits récents. Dans cette section, nous nous penchons sur plusieurs études de cas convaincantes mettant en lumière le déploiement et l'utilisation des technologies d'IA dans des scénarios réels. Grâce à une analyse complète de ces études de cas, nous souhaitons élucider le rôle multiforme de l'IA dans l'élaboration de la dynamique des guerres contemporaines.

Une étude de cas notable concerne l'utilisation de véhicules aériens sans pilote (UAV) alimentés par l'IA dans une zone de conflit marquée par la guerre asymétrique. Le déploiement de drones autonomes équipés d'algorithmes d'IA avancés a permis une reconnaissance et une surveillance rapides et précises, ainsi que des frappes aériennes ciblées, perturbant efficacement les opérations des adversaires tout en minimisant les dommages collatéraux ( ). Cette étude de cas met en évidence les avantages opérationnels des drones dotés d'IA, soulignant ainsi le potentiel de transformation de ces technologies dans les contextes de guerre asymétrique.

En outre, l'examen de l'impact de l'IA sur la guerre électronique offre des perspectives essentielles quant à son rôle dans l'atténuation des cybermenaces adverses et le renforcement des capacités défensives. Lors d'un conflit régional caractérisé par des cyberattaques visant des infrastructures critiques et des réseaux de communication, les outils de cybersécurité pilotés par l'IA ont permis de déjouer efficacement des incursions sophistiquées, de renforcer la résilience des systèmes de défense nationale et d'assurer une continuité opérationnelle ininterrompue. Cette étude de cas souligne le rôle indispensable de l'IA dans le renforcement de la résilience cybernétique et la protection contre les menaces numériques en constante évolution, renforçant ainsi l'impératif d'intégrer l'IA dans les opérations cybernétiques défensives.

En outre, l'utilisation de l'IA pour l'intelligence prédictive et l'aide à la décision dans des scénarios complexes de guerre urbaine constitue une étude de cas convaincante. En exploitant les algorithmes d'apprentissage automatique et l'analyse des données en temps réel, les commandants militaires ont pu anticiper les tactiques et les manœuvres de l'adversaire avec une meilleure connaissance de la situation, ce qui a permis de minimiser les pertes civiles et d'accélérer la réussite de la mission. Cette étude de cas souligne l'impact profond de l'IA sur l'amélioration des processus de prise de décision sur le champ de bataille et la réduction des erreurs humaines dans les environnements de combat urbain à fort enjeu.

Ces diverses études de cas soulignent collectivement l'influence considérable des innovations en matière d'IA dans les conflits récents et mettent en lumière le rôle essentiel de l'IA dans la redéfinition du champ de bataille contemporain. Alors que nous explorons les tendances et les projections futures de l'IA dans la guerre, ces études de cas servent de preuves empiriques du potentiel de transformation et des impératifs stratégiques associés à l'intégration des technologies de l'IA dans les opérations militaires.

Prévisions pour l'avenir : Tendances et prévisions pour l'IA dans la guerre

L'intelligence artificielle (IA) est à la pointe de l'innovation technologique dans la guerre moderne, présentant des opportunités sans précédent et des défis complexes. Alors que nous nous penchons sur les prévisions concernant l'IA dans la guerre, nous devons analyser les tendances évolutives et les implications potentielles de son intégration dans les stratégies et les opérations militaires. L'une des prédictions les plus importantes concerne l'autonomie croissante des systèmes dotés d'IA, qui entraîne une modification de la dynamique de la guerre. Les prévisions indiquent une augmentation du déploiement de véhicules sans pilote, de drones et d'armes intelligentes dotées de capacités de prise de décision alimentées par l'IA, ce qui modifiera les notions conventionnelles de combat et de défense. En outre, la convergence de l'IA avec d'autres technologies perturbatrices, telles que l'informatique quantique et la robotique avancée, devrait redéfinir la nature des conflits et des engagements sur le champ de bataille. Le futur paysage de la guerre sera probablement marqué par des systèmes d'analyse prédictive et d'aide à la décision pilotés par l'IA, visant à améliorer la précision et l'efficacité tout en minimisant les dommages collatéraux. Toutefois, l'escalade potentielle des conflits autonomes pilotés par l'IA suscite des inquiétudes et pose des dilemmes éthiques et juridiques complexes à la communauté internationale.

En outre, les prévisions géopolitiques suggèrent l'émergence de tactiques de guerre hybrides et d'offensives cybernétiques fondées sur l'IA, remettant en question les paradigmes de sécurité traditionnels et nécessitant des réponses adaptatives de la part des autorités mondiales et des alliances militaires. En outre, la prolifération de l'IA dans la guerre soulève des questions pertinentes sur le contrôle des armements, la stabilité stratégique et les implications d'une course aux armements par l'IA. Les anticipations tournent également autour du besoin impératif de cadres réglementaires complets pour régir le développement, le déploiement et l'utilisation de la technologie de l'IA dans des contextes militaires, façonnant ainsi l'avenir des architectures de sécurité mondiales. En outre, l'interaction entre l'IA et la guerre de l'information pourrait conduire à des campagnes de désinformation, de propagande et d'opérations psychologiques sophistiquées, ce qui pourrait amplifier la complexité des conflits et de l'influence à l'ère numérique. Il est primordial que les décideurs politiques, les stratèges de la défense et les technologues anticipent les résultats imprévisibles et les ramifications systémiques de la guerre menée par l'IA, ce qui nécessite des mesures proactives pour encourager l'innovation responsable, la gouvernance éthique et la coopération internationale dans la trajectoire de transformation de l'IA dans la résolution des conflits et le maintien de la paix.

Conclusion : Trouver un équilibre entre les progrès technologiques et la sécurité mondiale

Les progrès rapides de l'intelligence artificielle (IA) et sa prolifération dans diverses facettes de la guerre moderne posent des défis complexes à la sécurité mondiale. Alors que nous naviguons dans le paysage complexe de l'intégration de l'IA dans les opérations militaires, il devient évident que la nécessité d'une réglementation équilibrée et de considérations éthiques est primordiale. Reconnaissant l'impact potentiellement transformateur des technologies de l'IA sur les scénarios de conflit, les décideurs politiques et les organes directeurs internationaux doivent aborder de manière proactive les intersections entre l'innovation technologique et les préoccupations en matière de sécurité mondiale.

Une approche multilatérale est impérative pour concilier efficacement les avancées technologiques et la sécurité mondiale. Il faut pour cela favoriser les dialogues internationaux et la coopération entre les nations afin d'établir des principes universels qui régissent le développement et le déploiement de systèmes d'IA dans la guerre. En favorisant un environnement de collaboration, les pays peuvent travailler collectivement à l'établissement de normes qui atténuent les risques d'utilisation abusive de l'IA tout en exploitant son potentiel pour renforcer les capacités de défense.

En outre, l'intégration des technologies de l'IA dans les cadres militaires doit impérativement s'accompagner d'une transparence et d'une responsabilisation globales. Les acteurs étatiques et non étatiques doivent adhérer à des lignes directrices et à des réglementations claires qui garantissent une utilisation responsable des systèmes d'armes autonomes et des outils alimentés par l'IA. Le respect de ces normes favorise la confiance dans les relations internationales et réduit la probabilité d'une escalade involontaire ou d'une exploitation malveillante de l'IA dans le cadre d'un conflit.

Les considérations éthiques sont essentielles à l'intersection de l'IA et de la sécurité mondiale. Il est primordial d'aborder les implications morales de l'IA dans la guerre, y compris la préservation de l'action humaine et le respect des principes fondamentaux du droit humanitaire. Des cadres éthiques solides doivent être établis pour guider le développement et le déploiement éthiques des applications de l'IA dans les engagements militaires, en donnant la priorité à la protection des populations civiles et en garantissant le respect des lois et conventions internationales établies.

En conclusion, le lien entre les avancées technologiques, en particulier dans le domaine de l'IA, et la sécurité mondiale exige une approche proactive et inclusive. En encourageant les initiatives de collaboration, la transparence, la responsabilité et la gouvernance éthique, la communauté internationale peut s'efforcer de trouver un équilibre délicat qui permette d'exploiter le potentiel de l'IA tout en se protégeant des effets déstabilisateurs sur la sécurité mondiale. Alors que nous entrons dans une ère où la technologie s'immisce de plus en plus dans le domaine des conflits, la prise de décisions raisonnables et éclairées sera essentielle pour tracer la voie vers un paysage international plus sûr et plus stable.

26

Conclusion

NAVIGUER DANS UN MONDE MULTIPOLAIRE

Récapitulation de la dynamique géopolitique mondiale

Tout au long de l'histoire, la dynamique géopolitique mondiale a connu de profonds changements et transformations qui ont façonné le paysage international. Il est essentiel de récapituler ces développements critiques pour comprendre le monde multipolaire actuel et anticiper les tendances futures. Pour ce faire, il est essentiel d'examiner les transitions de pouvoir et les alliances significatives. Les changements de pouvoir historiques, de l'après-guerre froide à aujourd'hui, ont joué un rôle déterminant dans la redéfinition de l'ordre mondial. La dissolution de l'Union soviétique et l'émergence des États-Unis en tant qu'unique superpuissance ont marqué un tournant, signifiant un monde unipolaire. Toutefois, la montée en puissance économique de la Chine et son influence géopolitique croissante ont remis en question cette unipolarité, conduisant à un environnement multipolaire plus complexe.

En outre, l'évolution de l'Union européenne, qui est passée d'un bloc économique à une entité politique, a également contribué à la redistribution du pouvoir mondial. Le référendum sur le Brexit et les négociations qui ont suivi ont témoigné de l'évolution des alliances et des allégeances dans la géopolitique contemporaine. Avec son réseau complexe d'alliances et de conflits, le Moyen-Orient a joué un rôle central dans le remodelage de la dynamique mondiale. Le printemps arabe, la guerre civile syrienne et la lutte actuelle pour l'hégémonie régionale entre l'Iran et l'Arabie saoudite ont eu des répercussions sur tous les continents. Ces changements de pouvoir historiques soulignent la nature fluide et volatile des relations internationales.

En outre, les réalignements stratégiques en Asie-Pacifique, en particulier la rivalité sino-américaine, ont eu un impact significatif sur la géopolitique mondiale. Les différends commerciaux, la concurrence technologique et les positions militaires reflètent l'interaction complexe des dynamiques de pouvoir dans cette région vitale. À mesure que nous examinons ces développements géopolitiques critiques, il devient évident qu'il est impératif de comprendre les trajectoires historiques des transitions de pouvoir et des alliances pour naviguer dans les complexités du monde multipolaire. En outre, l'analyse des leçons tirées de ces changements de pouvoir historiques permet d'élaborer des politiques étrangères et des initiatives stratégiques prudentes afin de promouvoir la stabilité et la coopération mondiales dans un contexte d'intérêts divergents.

Leçons tirées des changements de pouvoir historiques

Tout au long de l'histoire, les flux et reflux des puissances mondiales ont profondément façonné le paysage géopolitique, fournissant des leçons inestimables pour naviguer dans les complexités d'un monde multipolaire. La montée et la chute des empires, l'impact des conflits idéologiques et la dynamique de l'ascension économique ont tous laissé des empreintes indélébiles sur les affaires mondiales. Un examen approfondi des changements de pouvoir au cours de l'histoire révèle des schémas récurrents qui permettent de mieux comprendre les défis et les opportunités que présente la multipolarité contemporaine. Le passage d'un ordre mondial unipolaire à un ordre mondial multipolaire n'est pas sans précédent. Les changements de pouvoir historiques soulignent la nature fluide de la dynamique du pouvoir mondial, depuis les anciennes rivalités entre Rome et la Perse jusqu'à la concurrence actuelle entre les États-Unis, la Chine et d'autres puissances émergentes. Ces changements ont mis en évidence le rôle essentiel de l'adaptabilité, de la résilience et de la prévoyance stratégique. En outre, les changements de puissance historiques mettent en évidence l'interaction complexe entre les facteurs militaires, économiques et idéologiques qui déterminent la répartition du pouvoir. Les enseignements tirés des changements de puissance historiques mettent également en lumière le rôle important de l'innovation et des progrès technologiques dans l'évolution géopolitique. Par exemple, la révolution industrielle a fondamentalement modifié l'équilibre des pouvoirs au XIXe siècle, soulignant l'impact transformateur du progrès technologique sur les structures de pouvoir mondiales.

En outre, les changements de pouvoir historiques fournissent des enseignements précieux sur l'impermanence de la domination et les vulnérabilités inhérentes aux puissances hégémoniques. Le déclin d'empires autrefois dominants et l'ascension de nouveaux centres de pouvoir démontrent la nature éphémère de la suprématie mondiale et le flux continu de l'influence internationale. En outre, les changements de pouvoir historiques soulignent la pertinence durable de la diplomatie d'État et le rôle instrumental des alliances dans la gestion des changements de pouvoir au niveau mondial. La diplomatie utilisée pour forger des alliances et gérer les transitions géopolitiques offre des leçons essentielles pour l'art de gouverner contemporain face aux défis de la multipolarité. En s'appuyant sur les récits nuancés des changements de puissance historiques, les décideurs politiques, les universitaires et les dirigeants mondiaux peuvent acquérir une sagesse essentielle pour éclairer leurs stratégies et leurs décisions à l'ère multipolaire. L'examen des changements de puissance historiques permet également de rappeler l'interconnexion des affaires mondiales et l'impact durable des événements passés sur la dynamique actuelle. Ainsi, la compréhension des leçons tirées des changements de pouvoir historiques est indispensable pour naviguer dans les complexités d'un monde multipolaire et façonner un avenir mondial plus stable et plus prospère.

Approches stratégiques de la gestion de la multipolarité

À une époque caractérisée par la coexistence de plusieurs grandes puissances, la gestion de la multipolarité exige une vision stratégique et des approches nuancées. Pour élaborer des stratégies efficaces, il est essentiel de reconnaître l'interaction complexe des intérêts et des rivalités entre les principaux acteurs mondiaux. L'une des approches consiste à s'engager de manière proactive par le biais de la diplomatie bilatérale et multilatérale, en recherchant un terrain d'entente tout en abordant les sujets de discorde. Cela nécessite des compétences de négociation astucieuses et la capacité de naviguer dans des paysages géopolitiques délicats. Une autre approche stratégique essentielle consiste à cultiver des alliances et des partenariats stratégiques. En nouant des relations mutuellement bénéfiques, les pays peuvent exploiter leur force collective pour relever des défis communs et atteindre des objectifs partagés.

En outre, la promotion de dialogues inclusifs et de plateformes de coopération peut contribuer à stabiliser les dynamiques de pouvoir changeantes. L'adoption d'un cadre pragmatique intégrant la concurrence et la collaboration est primordiale pour gérer la multipolarité. Simultanément, il est essentiel d'investir dans des services de renseignement et d'analyse complets pour comprendre l'évolution des structures de pouvoir et anticiper les perturbations potentielles. Il est donc nécessaire de renforcer les capacités de collecte de renseignements, de planification de scénarios et d'évaluation des risques afin d'éclairer la prise de décision stratégique. En outre, l'adoption d'une politique étrangère diversifiée tenant compte des différentes réalités géopolitiques est essentielle pour s'adapter au paysage multipolaire. L'adaptation des initiatives diplomatiques, économiques et sécuritaires à des contextes régionaux spécifiques peut renforcer l'efficacité et la crédibilité sur la scène mondiale. Par-dessus tout, le maintien de l'engagement à respecter les normes internationales, l'ordre fondé sur des règles et la conduite éthique est fondamental pour naviguer dans la multipolarité. Il est impératif de maintenir un leadership fondé sur des principes et de plaider en faveur de mécanismes de gouvernance mondiale inclusifs. Ce faisant, on peut atténuer le potentiel d'escalade des conflits, en favorisant les possibilités d'engagement constructif et de coopération. Alors que le monde est aux prises avec les complexités de la multipolarité, les approches stratégiques fondées sur la résilience, l'adaptabilité et le leadership moral sont indispensables pour façonner un ordre mondial durable.

L'importance du développement durable en géopolitique

Le développement durable est devenu un élément essentiel de la géopolitique, qui façonne le paysage stratégique des relations internationales. L'interconnexion des problèmes mondiaux exige une approche intégrée qui intègre les dimensions environnementales, sociales et économiques dans la formulation des politiques et les processus de prise de décision. Dans un monde multipolaire dynamique, le développement durable est à la fois un objectif essentiel et un outil stratégique pour les nations qui cherchent à relever des défis géopolitiques complexes. À la base, le développement durable affirme la nécessité de répondre aux besoins du présent sans compromettre la capacité des générations futures à satisfaire leurs propres exigences. D'un point de vue géopolitique, ce principe se traduit par l'impératif de garantir la stabilité, la sécurité et la prospérité sur tous les continents et dans toutes les sociétés. L'importance du développement durable en géopolitique est soulignée par sa capacité à atténuer les conflits, à favoriser la coopération et à renforcer la résilience face aux risques et aux incertitudes mondiaux.

En outre, la poursuite du développement durable peut contribuer au soft power et à l'influence des États, d'autant plus que la gestion de l'environnement et la gouvernance éthique sont de plus en plus appréciées par la communauté internationale. Au-delà de la dynamique traditionnelle du pouvoir, le développement durable offre une plateforme pour favoriser les alliances stratégiques, promouvoir les biens publics mondiaux et relever les défis transnationaux tels que le changement climatique, la pénurie de ressources et l'inégalité sociale. Notamment, les stratégies de sécurité nationale évoluent pour inclure des considérations de durabilité, reconnaissant le lien indissociable entre le bien-être d'une nation et la santé de l'écosystème mondial. Cette reconnaissance remodèle les doctrines de défense, les politiques étrangères et les engagements multilatéraux, mettant en évidence l'intégration des impératifs du développement durable dans le discours géopolitique. En outre, on ne peut ignorer le rôle du développement durable dans le remodelage de la dynamique commerciale, de l'innovation technologique, de la sécurité énergétique et des investissements dans les infrastructures. Alors que les nations s'efforcent de renforcer leur position dans un monde multipolaire, le développement durable devient une obligation morale et un avantage stratégique. Comprendre et promouvoir le développement durable peut favoriser la bonne volonté, la confiance et la légitimité à l'échelle mondiale, en positionnant les pays comme des acteurs responsables et des leaders dans la construction d'un monde plus équitable et plus prospère. L'intégration du développement durable dans la géopolitique nécessite des efforts de collaboration, des solutions innovantes et des politiques inclusives qui transcendent les intérêts étroits et à court terme. En intégrant les principes du développement durable dans les stratégies géopolitiques, les nations peuvent exploiter le potentiel de transformation des approches holistiques et avant-gardistes du site et, en fin de compte, orienter le système international vers un avenir résilient, stable et durable.

Technologie et stratégie géopolitique future

Les progrès technologiques rapides continuent de remodeler le paysage géopolitique mondial, présentant des opportunités et des défis pour les acteurs étatiques et les relations internationales. Alors que les technologies émergentes telles que l'intelligence artificielle, l'informatique quantique et la biotechnologie redéfinissent la nature du pouvoir et de la sécurité, les nations sont obligées de recalibrer leurs perspectives stratégiques et leurs politiques étrangères pour s'adapter à ces forces de transformation. La cybersécurité est l'un des domaines clés où la technologie et la géopolitique se croisent. La numérisation des infrastructures essentielles et la montée en puissance des cyberopérations en tant qu'outil d'influence ont rendu les États de plus en plus vulnérables aux cyberattaques et à la guerre de l'information. Par conséquent, la sauvegarde des intérêts nationaux dans le cyberespace fait désormais partie intégrante de la stratégie géopolitique, et les États investissent massivement dans des capacités cybernétiques défensives et offensives. Dans le même temps, l'exploitation des big data et des algorithmes d'apprentissage automatique pose des problèmes d'éthique et de protection de la vie privée, suscitant des débats sur la réglementation et la gouvernance des technologies émergentes au niveau international.

En outre, les progrès de l'automatisation et de l'internet des objets (IdO) ont des répercussions considérables sur la concurrence économique et les chaînes d'approvisionnement mondiales, influençant les relations géopolitiques et la dynamique commerciale. L'interconnexion permise par l'innovation technologique a également élargi le théâtre géopolitique à l'espace extra-atmosphérique, stimulant les discussions sur la gouvernance spatiale, la guerre des satellites et la commercialisation de l'exploration spatiale. Alors que la course à la domination de l'espace s'intensifie, les nations spatiales cherchent à consolider leurs positions et à affirmer leur influence au-delà de l'atmosphère terrestre, dessinant ainsi les contours futurs de la stratégie géopolitique. En outre, la prolifération des technologies émergentes a redéfini les concepts traditionnels de guerre et de dissuasion, donnant lieu à de nouveaux dilemmes de sécurité et à de nouvelles doctrines stratégiques. Par exemple, l'avènement des systèmes d'armes autonomes et la militarisation de l'IA soulèvent des questions cruciales concernant les traités de contrôle des armements, les risques d'escalade et l'utilisation éthique des armes de pointe.

En outre, les disparités technologiques entre les nations créent de nouvelles dimensions d'asymétrie de puissance et d'influence, justifiant une prévoyance stratégique et des cadres de coopération pour gérer les risques et les vulnérabilités inhérents. En naviguant sur ce terrain technologique complexe, les décideurs politiques doivent forger des partenariats multilatéraux et des efforts d'élaboration de normes qui s'adaptent à un environnement géopolitique en évolution rapide. L'adoption d'une approche prospective sera essentielle pour gérer l'impact perturbateur de la technologie sur les affaires internationales, en veillant à ce que les mécanismes de gouvernance mondiale restent réactifs et résilients à une époque définie par l'accélération technologique. En fin de compte, la fusion de la technologie et de la géopolitique annonce un changement de paradigme dans la dynamique du pouvoir mondial, nécessitant une adaptation astucieuse et de la prévoyance pour naviguer dans les défis et les opportunités à multiples facettes qui se profilent à l'horizon.

La diplomatie à l'ère de la Realpolitik

Alors que le monde navigue dans un paysage multipolaire caractérisé par une compétition pour le pouvoir et l'influence, la diplomatie a pris de nouvelles dimensions à l'ère de la realpolitik. Les pratiques diplomatiques traditionnelles sont remodelées et recalibrées pour s'aligner sur les intérêts stratégiques des États dans cet environnement complexe. La realpolitik dicte aux États de donner la priorité à leurs intérêts nationaux, en adoptant souvent des approches pragmatiques et non émotionnelles des relations internationales. Dans ce contexte, la diplomatie devient à la fois un art et une science, nécessitant des manœuvres astucieuses et des négociations nuancées. L'une des principales caractéristiques de la diplomatie à l'ère de la realpolitik est l'accent mis sur le renforcement du pouvoir et l'obtention d'avantages tout en équilibrant les intérêts des autres acteurs. Cela exige une compréhension approfondie du terrain géopolitique et une conscience aiguë des motivations et des actions des autres États. En outre, le rôle de la diplomatie s'étend au-delà des interactions traditionnelles entre États et englobe un large éventail de parties prenantes, y compris des acteurs non étatiques, des sociétés multinationales et des organisations transnationales. La nature interconnectée de la géopolitique moderne exige des diplomates qu'ils naviguent dans un réseau complexe de relations et d'interdépendances, dépassant souvent les frontières traditionnelles de l'intérêt national.

En outre, la technologie a révolutionné les communications et les négociations diplomatiques, permettant des interactions en temps réel et des échanges d'informations entre des lieux géographiquement éloignés. Cependant, elle introduit également de nouveaux défis liés à la cybersécurité, à la confidentialité des données et à la militarisation de l'information. Les diplomates doivent exploiter habilement ces outils technologiques tout en atténuant les risques qui y sont associés. En outre, l'ère de la realpolitik souligne l'importance de la diplomatie de crise et de la résolution des conflits. Face à l'émergence de fortes tensions et de points chauds potentiels, les diplomates jouent un rôle essentiel dans la désescalade des conflits, la médiation des différends et la promotion du dialogue entre les parties en conflit. Cela nécessite une compréhension profonde des nuances culturelles, des griefs historiques, de la dynamique du pouvoir et un engagement à respecter le droit international et les normes internationales ( ). En fin de compte, la diplomatie à l'ère de la realpolitik exige un équilibre délicat entre la poursuite des intérêts nationaux et la promotion des objectifs collectifs pour la stabilité et la prospérité mondiales. Elle exige des diplomates qu'ils soient des négociateurs astucieux, des analystes avisés et des pacificateurs empathiques, tout en opérant dans le cadre complexe de la multipolarité et des dynamiques de pouvoir réalistes.

Défis et mécanismes de la gouvernance mondiale

Alors que nous naviguons dans le paysage complexe d'un monde multipolaire, la gouvernance mondiale apparaît comme un facteur essentiel dans l'élaboration des relations internationales. Toutefois, l'efficacité et la pertinence des mécanismes traditionnels de gouvernance mondiale ont fait l'objet d'un examen minutieux au cours des dernières années. L'un des principaux défis réside dans le système westphalien des États-nations, qui conserve une influence significative sur les processus décisionnels internationaux. La montée en puissance des acteurs non étatiques, tels que les sociétés multinationales, les organisations non gouvernementales et les réseaux transnationaux, remet en question les modèles de gouvernance traditionnels centrés sur l'État.

En outre, les questions liées à la représentation et à l'inclusion au sein des organes de gouvernance mondiale restent controversées. La domination de certaines nations puissantes au sein d'institutions multilatérales influentes a conduit à des appels à la restructuration et à une plus grande inclusivité, offrant une représentation équitable aux puissances émergentes et aux États plus petits. Le besoin de transparence, de responsabilité et d'éthique dans les processus de prise de décision est également de plus en plus souligné, reflétant une prise de conscience croissante de l'impact de la gouvernance mondiale sur les sociétés du monde entier.

En outre, le rythme rapide des avancées technologiques a nécessité une réévaluation des mécanismes de gouvernance mondiale. La cybersécurité, la confidentialité des données et la réglementation des technologies émergentes présentent des défis inédits qui nécessitent de nouveaux cadres et accords au niveau international. L'évolution de ces domaines a brouillé les frontières entre la sécurité nationale et la gouvernance mondiale, exigeant des approches novatrices pour traiter les complexités des systèmes numériques interconnectés.

Au milieu de ces défis, il existe des possibilités de réimaginer les mécanismes de gouvernance mondiale afin de mieux servir les intérêts d'un monde diversifié et interconnecté. Les approches collaboratives, les dialogues inclusifs et les structures adaptables peuvent renforcer la légitimité et l'efficacité des entités de gouvernance mondiale. En outre, investir dans l'éducation, favoriser la compréhension interculturelle et promouvoir l'engagement civique peuvent contribuer à faire de des citoyens du monde mieux informés et plus participatifs, renforçant ainsi les fondements d'une gouvernance mondiale efficace.

Les discussions en cours sur la réforme des mécanismes de gouvernance mondiale soulignent l'impératif de relever les défis mondiaux contemporains. Qu'il s'agisse du changement climatique, des pandémies, des disparités économiques ou des tensions géopolitiques, une gouvernance mondiale efficace est la clé de voûte de solutions durables et de réponses collectives. Pour revitaliser la gouvernance mondiale au XXIe siècle, il est essentiel de tenir compte de la diversité des points de vue, de tirer parti de l'expertise des différents secteurs et de favoriser les partenariats stratégiques.

Les paradoxes de la sécurité dans un ordre mondial fragmenté

Les paradoxes en matière de sécurité sont de plus en plus prononcés dans l'ordre mondial fragmenté d'aujourd'hui, ce qui pose des défis complexes aux acteurs mondiaux. Avec l'évolution des structures de pouvoir traditionnelles et l'apparition de nouveaux acteurs sur la scène internationale, la dynamique de la sécurité est entrée dans une période d'ambiguïté accrue. L'un des paradoxes les plus marquants est l'intersection des avancées technologiques et des vulnérabilités en matière de sécurité. Si les percées technologiques ont amélioré les capacités de communication, de collecte de renseignements et de défense, elles ont également exposé les infrastructures critiques aux cybermenaces et à la guerre de l'information, créant ainsi une énigme où l'innovation favorise à la fois la sécurité et l'insécurité.

En outre, la prolifération des armes nucléaires et d'autres ADM a intensifié les inquiétudes concernant l'accès d'acteurs non étatiques à ces capacités destructrices. Ce paradoxe souligne l'équilibre délicat entre la sauvegarde de la sécurité nationale et la prévention de la dissémination d'armes susceptibles d'infliger des dommages catastrophiques. L'essor de la guerre asymétrique complique encore ce paradigme, en brouillant les frontières entre les menaces conventionnelles et non conventionnelles et en remettant en question les doctrines et les stratégies de sécurité établies.

En outre, l'interconnexion de l'économie mondiale présente une autre dimension du paradoxe de la sécurité. Si l'intégration et l'interdépendance économiques peuvent atténuer la probabilité de conflits à grande échelle en alignant les incitations entre les nations, elles rendent également les États plus vulnérables aux crises financières, aux manipulations du marché et aux coercitions fondées sur le commerce. Cette dualité met en évidence la relation complexe entre la stabilité économique et la sécurité nationale, car les perturbations dans un domaine se répercutent invariablement sur l'autre.

En outre, la recherche d'une domination et d'une influence régionales par les grandes puissances contribue aux paradoxes sécuritaires au sein d'un ordre mondial fragmenté. Des ambitions géopolitiques concurrentes conduisent souvent à des conflits par procuration, à des alliances de complaisance et à des manœuvres de brinkmanship, générant instabilité et imprévisibilité à l'échelle mondiale. Inversement, les efforts visant à mettre en place des mécanismes de sécurité collective et des cadres multilatéraux peuvent se heurter à une résistance fondée sur des préoccupations de souveraineté, ce qui a pour effet d'ancrer les paradoxes de la sécurité dans le discours sur les relations internationales.

La gestion de ces paradoxes sécuritaires dans un ordre mondial fragmenté nécessite des approches nuancées et adaptatives qui transcendent les paradigmes traditionnels de la sécurité. Elle exige des réponses agiles intégrant les dimensions diplomatiques, économiques, technologiques et militaires pour relever les défis à multiples facettes. Il faut pour cela favoriser le dialogue, promouvoir la transparence et cultiver la confiance entre des acteurs divergents afin d'encourager des accords de sécurité coopératifs fondés sur des intérêts mutuels et des responsabilités partagées.

Recommandations en matière de politiques publiques et rôles des dirigeants

Dans un monde multipolaire, les recommandations de politique publique et les rôles de leadership sont essentiels pour façonner les relations internationales et les affaires mondiales. Pour faire face aux complexités imposées par la multipolarité, il est nécessaire de faire preuve d'un sens politique qui s'aligne sur une vision stratégique visant à favoriser la coopération, à atténuer les conflits et à promouvoir le développement durable à l'échelle mondiale. Dans ce contexte, un aspect crucial de la politique publique consiste à cultiver des cadres de collaboration qui transcendent les dynamiques de pouvoir traditionnelles et prennent en compte les divers intérêts des acteurs multipolaires. Le leadership dans la gouvernance mondiale doit donner la priorité à l'inclusion, à l'équité et à la poursuite d'objectifs communs au milieu de priorités nationales divergentes.

En outre, des recommandations efficaces en matière de politique publique nécessitent des approches adaptatives de la diplomatie et de la négociation. Il s'agit de prôner le dialogue, la réconciliation et le compromis tout en préservant les intérêts de sécurité nationale et la souveraineté. Une éthique diplomatique centrée sur l'instauration de la confiance et du respect entre les nations devient impérative pour atténuer les risques posés par la multipolarité tout en saisissant les opportunités de partenariats mutuellement bénéfiques. Une telle approche exige des dirigeants avisés, capables de transcender les clivages idéologiques et géopolitiques pour élaborer des solutions politiques novatrices qui favorisent la stabilité et la prospérité sur la scène mondiale.

En outre, le leadership dans la lutte contre la multipolarité exige une perspective d'avenir reconnaissant l'interconnexion des défis économiques, environnementaux et sécuritaires. Les recommandations en matière de politique publique devraient défendre les initiatives de développement durable, l'action en faveur du climat et les efforts de collaboration pour faire face aux menaces transnationales telles que la cybercriminalité, les pandémies et le terrorisme. Les rôles de leadership catalysent l'action collective sur ces questions urgentes, transcendant les paradigmes traditionnels à somme nulle pour cultiver des résultats gagnant-gagnant pour les nations au sein d'un monde multipolaire.

Une composante essentielle des recommandations de politique publique pour naviguer dans la multipolarité consiste à recalibrer les institutions et les mécanismes internationaux existants pour refléter les réalités géopolitiques contemporaines. Il s'agit notamment de réformer les structures de gouvernance mondiale, de revitaliser les plateformes multilatérales et de renforcer l'efficacité des cadres réglementaires qui régissent les interactions transfrontalières dans les domaines du commerce, de la finance et de la technologie. Un leadership fort et visionnaire est essentiel pour conduire ces réformes et promouvoir des processus décisionnels inclusifs au niveau international.

Les recommandations en matière de politique publique et les rôles de leadership dans un monde multipolaire exigent de la prévoyance, de l'adaptabilité et du courage. L'interconnexion des défis mondiaux actuels nécessite des stratégies proactives et coopératives entre les nations, soulignant le rôle indispensable des dirigeants visionnaires et de l'élaboration de politiques innovantes pour naviguer dans les complexités de la multipolarité et assurer un avenir durable à l'humanité.

Dernières réflexions : Intégrer la complexité dans les affaires mondiales

Naviguer dans le paysage de plus en plus complexe des affaires mondiales exige une compréhension nuancée de l'interaction entre les forces géopolitiques, économiques, environnementales et technologiques. Il est essentiel d'embrasser cette complexité pour concevoir des stratégies efficaces permettant de relever les défis multiformes de la communauté internationale. Alors que nous sommes confrontés aux réalités d'un monde multipolaire, il devient évident que les approches traditionnelles de la diplomatie, de la sécurité et de la gouvernance se transforment de manière significative.

L'acceptation de la complexité repose sur la reconnaissance du fait qu'aucune nation ou entité ne détient à elle seule toutes les réponses. Il est primordial d'adopter des approches collaboratives et inclusives pour résoudre les problèmes mondiaux. Pour ce faire, il faut favoriser la mise en place de solides réseaux de coopération entre les nations, les organisations internationales, les entités non gouvernementales et les acteurs du secteur privé. En engageant un dialogue ouvert et en intégrant diverses perspectives, nous pouvons mieux comprendre les complexités des questions interconnectées telles que la sécurité, le commerce, le développement et les échanges culturels.

La fragilité de l'ordre mondial souligne la nécessité d'un leadership adaptable et tourné vers l'avenir. Les dirigeants doivent posséder l'agilité nécessaire pour naviguer dans l'incertitude, atténuer les risques et tirer parti des opportunités qu'offre un monde multipolaire. En outre, ils doivent faire preuve d'un engagement en faveur d'une gouvernance éthique, de la transparence et de la responsabilité, car ces qualités sont essentielles pour favoriser la confiance et la collaboration sur la scène internationale.

Un autre aspect essentiel de la prise en compte de la complexité est la reconnaissance du rôle central des avancées technologiques. La quatrième révolution industrielle a entraîné de profonds changements dans tous les secteurs, de l'intelligence artificielle et de la biotechnologie à la cybersécurité et à la gouvernance des données. Il est impératif de comprendre et d'exploiter ces technologies de manière éthique et responsable pour façonner l'avenir des affaires mondiales.

En outre, pour faire face à la complexité des affaires mondiales, il est nécessaire d'adopter une perspective à long terme en matière de durabilité et de résilience. La dégradation de l'environnement, la pénurie de ressources et le changement climatique ne sont pas de simples préoccupations environnementales, mais sont profondément liés à la stabilité géopolitique et au développement socio-économique. L'adoption de pratiques durables, la promotion des sources d'énergie renouvelables et la résolution des crises humanitaires font partie intégrante de la navigation dans le réseau complexe des questions mondiales.

Par essence, la prise en compte de la complexité dans les affaires mondiales exige une approche holistique et intégrative qui transcende les cloisonnements traditionnels et les cadres étroits. Elle requiert un répertoire de finesse diplomatique, d'acuité stratégique et de capacité d'adaptation à des circonstances en constante évolution. En reconnaissant l'interconnexion de notre monde et en embrassant la diversité de ses défis, nous pouvons tracer la voie vers un avenir mondial plus pacifique, plus prospère et plus durable.

27

Aide étrangère et développement

OUTILS STRATÉGIQUES D'INFLUENCE

Définir l'aide étrangère et le développement

L'aide étrangère et le développement font partie intégrante du paysage socio-économique mondial et jouent un rôle essentiel dans l'élaboration des relations internationales et la promotion du progrès entre les nations. L'aide étrangère englobe diverses formes d'assistance, notamment les subventions financières, les prêts à des conditions préférentielles, la coopération technique et l'aide humanitaire, offertes par les gouvernements, les organisations internationales et les entités non gouvernementales pour soutenir les initiatives de développement dans les pays bénéficiaires. D'autre part, le développement fait référence au processus complexe d'amélioration du niveau de vie, de promotion de la croissance économique, de renforcement des infrastructures et de résolution des problèmes sociaux au sein d'une nation ou d'une région. Cette section vise à approfondir le domaine multiforme de l'aide étrangère et du développement, en mettant en lumière son évolution historique, ses motivations sous-jacentes et sa signification contemporaine. Au fond, l'aide étrangère et le développement reflètent l'interconnexion des nations et la responsabilité partagée de réduire la pauvreté, de renforcer les structures de gouvernance et d'encourager le progrès durable à l'échelle mondiale. En examinant les concepts fondamentaux et la portée de l'aide étrangère et du développement, nous pouvons comprendre leur impact profond sur les affaires internationales et la prospérité collective. Cette exploration portera sur les principes qui sous-tendent l'aide étrangère et le développement, en élucidant les considérations éthiques, géopolitiques et économiques qui guident la dynamique donateur-bénéficiaire. En outre, elle mettra en évidence la nature évolutive de l'aide étrangère, encapsulant les paradigmes changeants, les tendances émergentes et l'impératif d'alignement stratégique sur des objectifs diplomatiques et de développement plus larges. En fin de compte, cette enquête offre une perspective nuancée sur l'interaction complexe entre l'aide étrangère, le développement et la poursuite d'un progrès inclusif et équitable sur la scène mondiale.

Évolution historique de l'aide étrangère

L'aide étrangère, en tant que concept, a évolué de manière significative au cours de l'histoire, reflétant les changements dans la politique mondiale, les économies et les besoins humanitaires. Les origines de l'aide étrangère remontent à l'Antiquité, où les empires fournissaient des ressources et du soutien à leurs alliés et à leurs États vassaux. Cependant, l'itération moderne de l'aide étrangère a commencé à prendre forme après la Seconde Guerre mondiale, lorsque les pays ont cherché à reconstruire les régions déchirées par la guerre et à empêcher la propagation du communisme par le biais de l'assistance économique et des programmes de développement.

Le plan Marshall, mis en place par les États-Unis en 1948, a marqué un tournant dans l'histoire de l'aide étrangère. Il visait à fournir un soutien financier et matériel important pour aider les pays européens à se remettre des ravages de la guerre. Cette initiative a permis non seulement de faciliter la reconstruction économique, mais aussi de renforcer les alliances et d'affirmer son influence dans le paysage géopolitique de l'après-guerre.

L'ère de la guerre froide a marqué le début d'une nouvelle phase de l'aide étrangère, caractérisée par la concurrence stratégique entre les États-Unis et l'Union soviétique. Les deux superpuissances ont utilisé l'aide pour construire des alliances, promouvoir des programmes idéologiques et exercer une influence sur les pays en développement. Cette période a vu l'émergence de l'aide liée, où les bénéficiaires étaient tenus de s'aligner sur les intérêts politiques du pays donateur en échange de l'aide.

Dans l'après-guerre froide, l'aide étrangère s'est orientée vers la lutte contre la pauvreté, la promotion du développement durable et la défense des droits de l'homme. Les organisations multilatérales telles que les Nations unies et la Banque mondiale ont joué un rôle central dans la coordination des efforts d'aide mondiale et la définition des objectifs de développement. En outre, l'essor des organisations non gouvernementales (ONG) et des initiatives de la société civile a donné une nouvelle dimension à l'aide étrangère, en mettant l'accent sur le développement axé sur la communauté et l'autonomisation de la base.

Le 21e siècle a vu la prolifération de diverses modalités d'aide, notamment l'assistance humanitaire, le soutien budgétaire, la coopération technique et les programmes de renforcement des capacités. En outre, l'interconnexion croissante de l'économie mondiale a conduit à mettre davantage l'accent sur l'aide au commerce et à la promotion des investissements, reconnaissant ainsi l'importance du développement économique dans la réalisation de progrès durables.

Dans l'ensemble, l'évolution historique de l'aide étrangère reflète une interaction dynamique entre les intérêts géopolitiques, les impératifs humanitaires et les priorités de développement socio-économique. Il est essentiel de comprendre cette évolution pour saisir les multiples facettes de l'aide étrangère contemporaine et son rôle en tant qu'outil stratégique d'influence internationale.

Principaux donateurs et bénéficiaires : Une perspective mondiale

Tout au long de l'histoire, les principaux donateurs d'aide étrangère ont joué un rôle central dans le développement mondial et les relations internationales. La distribution de l'aide est influencée par divers facteurs tels que les intérêts géopolitiques, les motivations économiques et les préoccupations humanitaires. Cette section vise à fournir une vue d'ensemble des principaux donateurs et bénéficiaires de l'aide étrangère d'un point de vue mondial. Il est essentiel de comprendre la dynamique de l'attribution de l'aide et son impact sur les pays bénéficiaires pour saisir la complexité des relations internationales. Les principaux donateurs comprennent principalement les gouvernements, les organisations intergouvernementales et les organisations non gouvernementales qui allouent des ressources financières substantielles aux programmes d'aide étrangère. Ces entités opèrent dans un cadre d'objectifs stratégiques, alignant souvent la distribution de l'aide sur leurs intérêts nationaux. Les États-Unis ont toujours été l'un des plus grands donateurs d'aide étrangère, qu'ils utilisent pour atteindre des objectifs diplomatiques, économiques et de sécurité.

De même, d'autres grandes économies telles que l'Union européenne, le Japon et la Chine ont contribué de manière significative à l'aide mondiale au développement, chacune avec ses propres motivations et priorités. Dans le même temps, des puissances émergentes comme l'Inde, le Brésil et l'Afrique du Sud ont accru leur présence dans l'aide étrangère, signalant un changement dans la dynamique traditionnelle donateur-bénéficiaire. Du côté des bénéficiaires, les pays en développement des différents continents comptent sur l'aide pour relever les défis liés à la réduction de la pauvreté, au développement des infrastructures, aux soins de santé, à l'éducation et aux secours en cas de catastrophe. La relation complexe entre les donateurs et les bénéficiaires reflète les dynamiques de pouvoir, les dépendances économiques et l'évolution du paysage géopolitique. En outre, l'attribution de l'aide est souvent liée à des stratégies diplomatiques, à des relations commerciales et à des partenariats de sécurité, ce qui amplifie la nature complexe des réseaux d'aide mondiaux. L'examen de l'impact de l'aide étrangère d'un point de vue global permet une compréhension nuancée de la manière dont l'aide façonne le tissu socio-économique des nations bénéficiaires, influence les décisions politiques et contribue à des agendas internationaux plus larges. En examinant les nuances des principaux donateurs et bénéficiaires, ce chapitre vise à fournir des informations précieuses sur les multiples facettes de l'aide étrangère et ses implications stratégiques à l'échelle mondiale.

Les objectifs stratégiques qui sous-tendent l'attribution de l'aide

L'attribution de l'aide étrangère est un instrument essentiel de la politique étrangère qui reflète les objectifs stratégiques et les intérêts nationaux des pays donateurs. Au fond, la distribution de l'aide est souvent utilisée pour faire avancer des objectifs géopolitiques, améliorer les relations diplomatiques et influencer la scène mondiale. Cette section se penche sur l'écheveau complexe des objectifs stratégiques qui sous-tendent l'attribution de l'aide étrangère.

L'un des principaux objectifs stratégiques de l'attribution de l'aide est de cultiver des alliances et de renforcer les partenariats avec les pays bénéficiaires. Les pays donateurs ciblent souvent leur aide sur , des régions ou des pays stratégiquement importants qui cherchent à renforcer leurs liens politiques et économiques. En aidant ces pays, les donateurs peuvent susciter la bonne volonté, encourager la coopération et renforcer leur influence dans des domaines géopolitiques clés. En outre, l'attribution de l'aide sert à exprimer la solidarité et le soutien aux pays alignés sur l'agenda géopolitique du donateur, renforçant ainsi les intérêts mutuels et les valeurs partagées.

En outre, l'attribution de l'aide contribue à la réalisation d'objectifs plus larges en matière de sécurité. Les pays donateurs aident souvent des régions en proie à des conflits ou à l'instabilité, dans le but de promouvoir la paix, la stabilité et la sécurité. En s'attaquant aux causes profondes de l'instabilité et en soutenant la reconstruction après les conflits, les donateurs cherchent à créer des environnements plus sûrs, propices à la stabilité régionale et, en fin de compte, à servir leurs intérêts stratégiques en matière de sécurité. Par conséquent, l'attribution de l'aide stratégique est souvent liée aux efforts visant à atténuer les menaces à la sécurité et à réduire la prolifération des conflits, sauvegardant ainsi la stabilité à long terme de l'ordre international.

En plus de favoriser les alliances et de répondre aux préoccupations en matière de sécurité, l'allocation de l'aide peut être utilisée pour ouvrir la voie à des opportunités économiques et à l'accès aux ressources naturelles. Les pays donateurs orientent souvent l'aide vers les pays en développement qui regorgent de ressources précieuses ou qui possèdent un potentiel commercial inexploité. Ce faisant, les donateurs cherchent à jeter les bases de futurs partenariats économiques, d'investissements et de relations commerciales, amplifiant ainsi leur influence économique tout en promouvant le développement durable dans les pays bénéficiaires. En outre, l'allocation stratégique de l'aide peut faciliter la création de conditions favorables pour les entreprises et les investisseurs des pays donateurs, leur permettant d'acquérir un avantage concurrentiel sur les marchés émergents et d'ouvrir de nouvelles voies d'expansion commerciale.

En outre, les objectifs stratégiques qui sous-tendent l'attribution de l'aide s'étendent à la promotion d'agendas idéologiques et à l'élaboration de perceptions mondiales. Les donateurs utilisent l'aide pour propager leurs valeurs, leurs principes et leurs idéologies, dans le but d'exercer une puissance douce et de façonner les récits internationaux. En soutenant des projets liés à la démocratie, aux droits de l'homme, à l'éducation et aux soins de santé, les donateurs affirment leur engagement envers les valeurs universelles et contribuent à renforcer la prévalence de leurs idéaux sur la scène mondiale. Par conséquent, l'allocation stratégique de l'aide devient un moyen de projeter une image de bienveillance, de compassion et de leadership, renforçant ainsi les capacités de soft power de la nation donatrice.

Dans l'ensemble, les objectifs stratégiques qui sous-tendent l'attribution de l'aide reflètent la nature multiforme de l'aide étrangère en tant qu'outil stratégique d'influence. Qu'elle soit motivée par des alignements géopolitiques, des impératifs de sécurité, des intérêts économiques ou des motifs idéologiques, l'attribution de l'aide incarne l'interaction complexe entre la diplomatie, la géopolitique et l'influence mondiale. Il est essentiel de comprendre ces objectifs stratégiques pour déchiffrer les motivations sous-jacentes et les implications des pratiques d'aide étrangère dans le cadre des relations internationales et de la dynamique du pouvoir mondial.

Méthodes et modalités d'octroi de l'aide

La fourniture de l'aide étrangère englobe diverses méthodes et modalités essentielles pour assurer une assistance efficace et pratique aux pays bénéficiaires. Le choix des mécanismes d'acheminement de l'aide est influencé par de multiples facteurs, notamment la nature de l'aide, les besoins du pays bénéficiaire et les objectifs du donateur. L'une des méthodes d'acheminement de l'aide les plus courantes est l'aide bilatérale, dans le cadre de laquelle le pays donateur fournit une aide directement au bénéficiaire. Cette approche permet de fournir une aide plus personnalisée et plus ciblée, ce qui permet au donateur d'adapter l'aide à des objectifs de développement spécifiques. Une autre modalité clé est l'aide multilatérale, qui implique des contributions à des organisations internationales telles que les Nations unies ou la Banque mondiale. L'aide multilatérale présente plusieurs avantages, notamment les économies d'échelle, la coordination avec d'autres donateurs et l'alignement sur les priorités de développement mondiales.

En outre, elle peut faciliter une approche plus cohérente et standardisée de la fourniture de l'aide dans plusieurs pays bénéficiaires. Ces dernières années, l'accent a été mis de plus en plus sur l'utilisation de mécanismes de financement innovants tels que les obligations humanitaires, l'investissement d'impact et les partenariats public-privé pour compléter les canaux d'aide traditionnels. Ces instruments peuvent mobiliser des ressources et une expertise supplémentaires auprès d'acteurs non traditionnels, en tirant parti de l'innovation et des capitaux du secteur privé pour les projets de développement. En outre, l'appui budgétaire et les approches sectorielles ont gagné en importance en tant que stratégies efficaces de fourniture d'aide, permettant une assistance financière directe au budget national d'un pays bénéficiaire ou à des secteurs spécifiques tels que l'éducation ou les soins de santé. Ces approches favorisent l'appropriation et la gouvernance locales tout en améliorant la transparence et la responsabilité de l'utilisation de l'aide. Outre le soutien financier, la coopération technique et le renforcement des capacités sont essentiels à la fourniture de l'aide. Il peut s'agir du déploiement d'experts, du transfert de connaissances et de programmes de formation visant à renforcer les capacités institutionnelles et à promouvoir le développement durable.

En outre, l'aide humanitaire et les secours d'urgence sont des éléments essentiels de la fourniture de l'aide, car ils permettent de sauver des vies lors de catastrophes naturelles, de conflits et d'autres crises. L'utilisation intégrée des technologies numériques et des systèmes axés sur les données a également transformé la fourniture de l'aide, permettant un suivi, une évaluation et un ciblage en temps réel des interventions d'aide. Cela a conduit à une plus grande transparence et à une plus grande responsabilité, à une meilleure coordination des parties prenantes et à une allocation plus efficace des ressources. Dans l'ensemble, la diversité des méthodes et des modalités de fourniture de l'aide reflète le paysage dynamique et évolutif de la coopération internationale au développement. Cela souligne la nécessité d'adopter des approches adaptatives qui répondent aux nouveaux défis et opportunités.

Impact de l'aide étrangère sur le développement économique

L'aide étrangère joue un rôle crucial dans le soutien au développement économique des pays bénéficiaires, en particulier ceux qui ne disposent pas des ressources nécessaires pour parvenir à une croissance durable de manière indépendante. En fournissant une assistance financière, une expertise technique et un développement des infrastructures, l'aide étrangère peut avoir un impact significatif sur le paysage économique des pays bénéficiaires. L'une des principales façons dont l'aide étrangère contribue au développement économique est le financement de projets et de programmes de développement visant à améliorer des secteurs essentiels tels que l'éducation, les soins de santé, l'agriculture et les infrastructures. Ces investissements peuvent conduire à des améliorations tangibles du capital humain, de la productivité de la main-d'œuvre et du bien-être général de la société. En outre, l'aide étrangère facilite souvent le transfert de connaissances et d'expertise des pays donateurs vers les pays bénéficiaires, ce qui favorise l'amélioration des compétences, l'innovation et une capacité accrue de croissance économique durable.

En outre, l'aide étrangère peut également catalyser l'attraction d'investissements privés et la promotion de l'esprit d'entreprise, contribuant ainsi à la création d'emplois et à la génération de revenus. En outre, les programmes d'aide axés sur les réformes politiques et la bonne gouvernance peuvent contribuer à promouvoir la stabilité et la transparence institutionnelles, jetant ainsi les bases d'un progrès économique à long terme. Cependant, il est essentiel de reconnaître que l'impact de l'aide étrangère sur le développement économique n'est pas sans poser de problèmes. Il est essentiel d'assurer une utilisation efficace des fonds d'aide, de minimiser la dépendance et d'atténuer les effets négatifs potentiels sur les marchés locaux. En outre, il est essentiel d'aligner les stratégies d'aide sur les besoins et les priorités réels des pays bénéficiaires afin de maximiser l'impact positif.

En outre, la promotion de la coordination et de la collaboration entre les différentes parties prenantes, y compris les gouvernements, les ONG et les institutions internationales, est essentielle pour améliorer l'efficacité de l'aide et obtenir des résultats durables en matière de développement économique. En conclusion, l'aide étrangère peut contribuer de manière significative au développement économique en s'attaquant aux principaux défis socio-économiques, en favorisant le développement du capital humain et en promouvant une croissance inclusive et durable. Toutefois, elle nécessite une planification stratégique, un engagement actif et un suivi attentif pour garantir que les initiatives d'aide profitent aux nations bénéficiaires et facilitent leur cheminement vers l'autonomie et la prospérité.

L'influence politique à travers l'aide au développement

L'aide étrangère est depuis longtemps reconnue comme un outil puissant permettant d'exercer une influence politique et de promouvoir les intérêts nationaux sur la scène mondiale. Au-delà de son impact économique, l'aide au développement joue un rôle crucial dans l'élaboration des relations diplomatiques, la promotion de la stabilité politique et la réalisation des objectifs stratégiques des pays donateurs. Cette section se penchera sur le lien complexe entre l'aide étrangère et l'influence politique, en soulignant comment les programmes d'aide sont utilisés pour faire avancer les agendas géopolitiques.

Un aspect important de l'influence politique exercée par le biais de l'aide au développement est l'utilisation de l'aide pour cultiver des alliances et des partenariats avec les pays bénéficiaires. Les pays donateurs utilisent souvent l'aide étrangère pour tisser des liens plus étroits et s'assurer la coopération de régions stratégiquement importantes. En apportant un soutien financier et technique aux projets de développement, les donateurs peuvent renforcer leur présence diplomatique et influencer les processus décisionnels dans les pays bénéficiaires, amplifiant ainsi leur importance géopolitique sur la scène internationale.

En outre, l'aide au développement sert à promouvoir l'alignement idéologique et à façonner l'orientation politique des gouvernements bénéficiaires. Les donateurs peuvent assortir les programmes d'aide de conditions, exigeant des bénéficiaires qu'ils adhèrent à certaines réformes politiques et normes en matière de droits de l'homme ou qu'ils adoptent des pratiques de gouvernance spécifiques. Ce faisant, les donateurs cherchent à promouvoir leurs propres valeurs et principes tout en orientant la dynamique et les trajectoires internes des États bénéficiaires, exerçant ainsi une influence indirecte sur leurs politiques et programmes nationaux.

En outre, l'aide étrangère peut être déployée de manière stratégique pour atténuer les conflits, encourager les efforts de consolidation de la paix et stabiliser les régions instables. En canalisant les ressources vers les zones touchées par les conflits, les donateurs cherchent à s'attaquer aux causes profondes de l'instabilité, à renforcer les capacités de gouvernance et à promouvoir la réconciliation entre les parties en conflit. De cette manière, l'aide au développement contribue à instaurer la confiance, à faciliter le dialogue et à créer des conditions propices à la résolution pacifique des conflits, ce qui contribue à renforcer la position et l'influence géopolitiques des pays donateurs.

Cependant, il est essentiel de reconnaître que l'intersection de la politique et de l'aide au développement pose également des dilemmes éthiques et moraux. Les critiques affirment que la politisation de l'aide sape son intention altruiste et soulève des inquiétudes quant à l'ingérence indue dans les affaires intérieures des États bénéficiaires. L'allocation sélective et la nature conditionnelle de l'aide peuvent perpétuer les déséquilibres de pouvoir et créer des dépendances, compliquant ainsi la poursuite des objectifs de développement et exacerbant potentiellement les vulnérabilités des nations bénéficiaires.

Études de cas : Succès et échecs

Nous examinons de manière critique des études de cas spécifiques qui illustrent les résultats variés de l'aide étrangère et des initiatives de développement. Ces études de cas servent de microcosmes reflétant l'interaction complexe des facteurs qui influencent le succès ou l'échec de telles entreprises. L'une des réussites les plus remarquables est la transformation de la Corée du Sud, qui est passée du statut de bénéficiaire de l'aide à celui d'important pays donateur. Au lendemain de la guerre de Corée, les flux d'aide internationale ont été orientés vers la reconstruction et le développement de la Corée du Sud. Grâce à une gouvernance efficace, à des réformes économiques et à un investissement stratégique de l'aide, la Corée du Sud a connu une croissance économique remarquable et est ensuite devenue un fournisseur d'aide étrangère. Cela témoigne du potentiel de transformation d'une aide bien ciblée lorsqu'elle est complétée par des politiques nationales saines.

À l'inverse, le cas du Zimbabwe met en lumière les défis et les échecs qui prévalent dans l'utilisation de l'aide. Bien qu'il ait reçu une aide étrangère substantielle au fil des ans, le pays est confronté à l'instabilité politique, à la mauvaise gestion économique et aux troubles sociaux. L'utilisation abusive des fonds d'aide et les problèmes de gouvernance profondément enracinés ont conduit à un scénario dans lequel les avantages escomptés de l'aide au développement n'ont pas été réalisés, mettant ainsi en évidence les limites et les complexités inhérentes à l'efficacité de l'aide. En outre, nous nous penchons sur le cas de l'Éthiopie, où des interventions d'aide ciblées dans les domaines de la santé et de l'agriculture ont contribué de manière significative à la réduction de la pauvreté et à l'amélioration des moyens de subsistance de millions de personnes. Toutefois, la durabilité et l'impact à long terme de ces réussites sont remis en question en raison des conflits régionaux en cours, de la fragilité politique et des défis environnementaux. Ces études de cas soulignent l'importance des analyses holistiques lorsqu'il s'agit d'examiner l'efficacité de l'aide étrangère et des programmes de développement. Au-delà des simples mesures financières, il est impératif de considérer les nuances contextuelles, la cohérence des politiques, l'appropriation locale et les paysages sociopolitiques dynamiques des pays bénéficiaires comme des facteurs déterminants de la réussite ou de l'échec. En examinant de près ces cas, nous comprenons mieux les multiples facettes de l'aide étrangère et de l'aide au développement, ce qui nous guide en fin de compte vers des approches plus informées et plus stratégiques pour faire de l'aide un outil d'influence positive sur la scène mondiale.

Défis et critiques des pratiques d'aide actuelles

La fourniture d'une aide étrangère et d'une aide au développement n'est pas exempte de défis et de critiques. Malgré les nobles intentions qui sous-tendent les programmes d'aide, plusieurs questions complexes entravent souvent l'efficacité de ces initiatives. L'un des principaux problèmes est la corruption au sein des pays bénéficiaires, qui peut entraîner une mauvaise affectation des fonds et un manque d'impact sur les bénéficiaires visés. En outre, certains gouvernements peuvent utiliser l'aide comme levier politique ou pour soutenir des régimes autoritaires, perpétuant ainsi les structures de pouvoir existantes et entravant les progrès vers la démocratie et la bonne gouvernance. Un autre aspect critique est le syndrome de dépendance, où le versement d'une aide soutenue peut décourager les pays bénéficiaires de développer l'autosuffisance et des solutions durables à long terme. Cela peut conduire à un cycle de dépendance à l'égard de l'aide et entraver la croissance des économies locales.

En outre, la fragmentation et le manque de coordination entre les différents donateurs peuvent entraîner un manque d'efficacité et une duplication des efforts, ce qui finit par nuire à l'efficacité globale de l'aide. En outre, l'imposition de conditions par les donateurs, souvent liées à des réformes économiques et politiques, a été un sujet de controverse, car elle peut porter atteinte à la souveraineté des nations bénéficiaires et ne pas s'attaquer aux causes profondes de la pauvreté et du sous-développement. Au-delà de ces défis, l'évaluation et la mesure de l'impact de l'aide restent un problème important, car il est difficile de quantifier le succès ou l'échec des programmes d'aide et leurs effets à long terme. Les critiques soutiennent que certains programmes d'aide ne s'attaquent pas aux problèmes structurels qui perpétuent la pauvreté et l'inégalité, et proposent plutôt des solutions à court terme qui ne favorisent pas le développement durable. Enfin, l'insensibilité culturelle et le manque d'implication des communautés locales dans la conception et la mise en œuvre des projets d'aide ont également été une source de préoccupation, car ils peuvent conduire à des interventions qui ne correspondent pas aux besoins et aux aspirations de la population cible. Il est essentiel de relever ces défis et de répondre à ces critiques pour améliorer l'efficacité et les considérations éthiques de l'aide étrangère et des pratiques de développement, ouvrant ainsi la voie à des contributions plus efficaces et plus durables au développement mondial.

Tendances futures de l'aide étrangère et de l'influence internationale

Alors que le paysage de la politique mondiale continue d'évoluer, le domaine de l'aide étrangère et de l'aide au développement connaît lui aussi des transformations significatives. Plusieurs tendances clés sont sur le point de façonner l'avenir de l'aide étrangère et son rôle dans l'influence internationale. L'une d'entre elles concerne l'importance croissante accordée aux objectifs de développement durable (ODD) et à l'atténuation du changement climatique. Avec la prise de conscience croissante des défis environnementaux, on assiste à une évolution vers la priorisation des projets d'aide qui contribuent à la durabilité écologique à long terme et à la résilience face aux perturbations liées au climat. Il s'agit notamment d'investissements dans les énergies renouvelables, la conservation de la biodiversité et les stratégies d'adaptation au climat.

En outre, l'intégration de la technologie et de l'innovation numérique devrait révolutionner la fourniture et l'impact de l'aide étrangère. Qu'il s'agisse de solutions bancaires mobiles pour l'inclusion financière ou d'analyses de données avancées pour l'allocation ciblée de l'aide, la technologie recèle un immense potentiel pour améliorer l'efficacité et l'efficience de l'aide au développement. En outre, la diversification des sources et des modalités de l'aide devrait s'imposer comme une tendance déterminante. La dynamique traditionnelle entre donateurs et bénéficiaires est en train d'être remodelée par l'influence croissante des acteurs non étatiques, des fondations philanthropiques et des partenariats public-privé dans le paysage de l'aide. Cette pluralisation des acteurs de l'aide est porteuse d'opportunités et de défis, nécessitant une coordination et une collaboration minutieuses pour maximiser l'impact collectif.

En outre, les reconfigurations géopolitiques en cours à l'échelle mondiale sont susceptibles d'avoir de profondes répercussions sur la distribution et l'utilisation de l'aide étrangère. Au fur et à mesure que de nouvelles alliances stratégiques et des changements de pouvoir se produisent, les modèles d'aide peuvent refléter l'évolution des intérêts et des rivalités géopolitiques, façonnant ainsi la dynamique de l'influence internationale. Une autre tendance significative réside dans la priorité croissante accordée à l'aide humanitaire et aux mécanismes de réponse aux crises. Avec l'escalade des conflits, des catastrophes naturelles et des crises sanitaires mondiales, il est de plus en plus impératif de renforcer les capacités d'aide humanitaire et de rationaliser les cadres de réponse rapide. Cela implique des engagements financiers et des infrastructures logistiques et organisationnelles solides pour fournir une aide humanitaire rapide et efficace. Enfin, l'impératif d'une plus grande transparence, d'une plus grande responsabilité et de mécanismes d'évaluation de l'aide étrangère devrait prendre de l'ampleur. Les parties prenantes de l'écosystème de l'aide soulignent la nécessité d'un suivi, d'une évaluation et de processus d'apprentissage rigoureux pour s'assurer que les interventions d'aide produisent des résultats durables en matière de développement tout en évitant les conséquences négatives potentielles. Ce mouvement en faveur d'une transparence et d'une responsabilité accrues s'aligne sur les appels plus généraux en faveur d'une bonne gouvernance et d'une conduite éthique dans les relations internationales. En reconnaissant et en s'adaptant à ces tendances évolutives, les acteurs de l'aide étrangère et de l'influence internationale peuvent naviguer de manière proactive dans le paysage dynamique du développement mondial et contribuer de manière significative à un changement positif.

28

La course à l'espace

LA CONCURRENCE GÉOPOLITIQUE AU-DELÀ DE LA TERRE

La nouvelle frontière de la concurrence géopolitique

L'espace est devenu un domaine central pour les jeux de pouvoir mondiaux, les grandes nations investissant massivement dans l'exploration et la technologie spatiales. La course à la domination au-delà de l'atmosphère terrestre représente un changement dans le paysage traditionnel de la géopolitique et de la sécurité. Les nations reconnaissent de plus en plus que l'espace offre à la fois un potentiel scientifique et commercial et des avantages stratégiques et militaires. Le contexte historique de l'exploration spatiale permet de comprendre comment cette nouvelle frontière a captivé l'imagination et les ambitions des pays du monde entier. Depuis les débuts de la course à l'espace entre les États-Unis et l'Union soviétique jusqu'aux efforts de collaboration de la Station spatiale internationale, les entreprises spatiales ont reflété le prestige national, les prouesses technologiques et l'influence géopolitique. Aujourd'hui, le regain d'intérêt pour l'exploration spatiale s'explique par différents facteurs, notamment les progrès de la technologie spatiale, la découverte de ressources extraterrestres et le désir d'établir une présence forte au-delà de la Terre. De grandes nations telles que les États-Unis, la Chine et la Russie, ainsi que des acteurs émergents comme l'Inde et des entreprises privées, poursuivent activement des missions spatiales ambitieuses afin de démontrer leur leadership et leurs capacités dans ce domaine. La lutte pour la suprématie dans l'espace s'est intensifiée, entraînant une concurrence accrue dans le déploiement de satellites, l'exploration lunaire et les projets de colonisation de Mars.

En outre, l'intégration des moyens spatiaux dans les doctrines militaires et le développement de capacités antisatellites soulignent l'importance stratégique des moyens spatiaux. L'émergence de nouvelles puissances spatiales et d'acteurs non étatiques complique encore la dynamique géopolitique, soulevant des questions sur la gouvernance, la transparence et les conflits potentiels dans l'espace extra-atmosphérique. L'intersection des découvertes scientifiques, du potentiel économique et des intérêts stratégiques a propulsé l'importance nouvelle du domaine spatial dans les affaires mondiales. Alors que les pays continuent d'investir des ressources et des efforts considérables dans leurs programmes spatiaux, la géopolitique de l'espace promet de façonner les relations internationales et les paradigmes de sécurité dans un avenir prévisible.

Contexte historique : Les débuts de l'exploration spatiale

L'exploration spatiale a captivé l'imagination humaine pendant des siècles, mais ce n'est qu'au milieu du XXe siècle que des progrès significatifs ont été réalisés dans ce domaine. Les débuts de l'exploration spatiale ont été marqués par une compétition intense entre les États-Unis et l'Union soviétique pendant la guerre froide. En 1957, l'Union soviétique a mis en orbite Spoutnik 1, le premier satellite artificiel au monde, marquant ainsi le début de l'ère spatiale et déclenchant la course à l'espace. Cet événement historique a provoqué une onde de choc aux États-Unis. Il a suscité une réponse rapide sous la forme de la création de la NASA et du développement des programmes Mercury, Gemini et Apollo.

Après le lancement réussi de Spoutnik 1, les deux superpuissances se sont engagées dans une série de jalons qui ont rapidement fait progresser l'exploration spatiale. En 1961, le cosmonaute soviétique Youri Gagarine est devenu le premier être humain à voyager dans l'espace, en se plaçant en orbite autour de la Terre à bord de Vostok 1. Ce triomphe a été rapidement suivi par l'exploit historique des États-Unis, lorsque l'astronaute Neil Armstrong a posé le pied sur la surface lunaire dans le cadre de la mission Apollo 11, en 1969. Ces réalisations monumentales ont stimulé l'innovation technologique et ont eu de profondes implications géopolitiques, influençant la perception mondiale du pouvoir et du prestige.

À mesure que la rivalité entre les États-Unis et l'URSS s'intensifiait, la quête de la suprématie spatiale dépassait la simple curiosité scientifique pour devenir une arène cruciale pour la domination idéologique et militaire. Le déploiement de satellites de reconnaissance pour la collecte de renseignements et la recherche de capacités de missiles balistiques intercontinentaux (ICBM) ont souligné la dimension stratégique de l'exploration spatiale. La crainte d'une militarisation potentielle de l'espace a conduit au traité sur l'espace extra-atmosphérique de 1967, qui visait à empêcher l'implantation d'armes nucléaires ou d'autres armes de destruction massive dans l'espace extra-atmosphérique et à établir des principes régissant l'utilisation pacifique de l'espace.

Au-delà des dimensions politiques et militaires, les débuts de l'exploration spatiale ont également servi de phare à l'ingéniosité et à la détermination de l'humanité. Ces efforts ont inspiré des générations de scientifiques, d'ingénieurs et de rêveurs, favorisant une ère sans précédent de progrès technologique et de coopération. La collaboration internationale née des missions spatiales a également jeté les bases d'alliances et de partenariats futurs, transcendant les frontières terrestres. L'héritage des premières explorations spatiales continue de façonner les projets spatiaux contemporains, témoignant de la quête permanente de connaissances et de découvertes au-delà de la Terre.

La course à l'espace moderne : les principaux acteurs mondiaux

La course à l'espace moderne s'est transformée en un réseau complexe de concurrence et de collaboration entre les principaux acteurs mondiaux. Les États-Unis, avec leur riche histoire en matière d'exploration spatiale et d'innovation technologique, sont en tête du peloton. La NASA, en partenariat avec des entreprises privées telles que SpaceX et Blue Origin, continue de repousser les limites du voyage et de l'exploration spatiaux, en se fixant des objectifs ambitieux pour les missions habitées vers Mars et au-delà. La forte présence militaire des États-Unis dans l'espace, par le biais d'organisations telles que l'United States Space Force, souligne également leur domination stratégique.

La Russie n'est pas en reste et continue de jouer un rôle important dans les activités spatiales. Roscosmos, l'agence spatiale russe, continue de démontrer son expertise en matière de missions spatiales avec équipage et de soutien à la Station spatiale internationale, ce qui témoigne de l'engagement durable du pays en faveur de l'exploration spatiale et de la recherche scientifique.

La montée en puissance de la Chine en tant que concurrent redoutable dans la course à l'espace moderne ne peut être négligée. Avec des projets ambitieux de missions lunaires et martiennes et le déploiement réussi de la station spatiale Tiangong, la Chine a fait des progrès considérables pour s'imposer comme une nation spatiale de premier plan. Ses progrès rapides en matière de technologie spatiale et sa collaboration avec d'autres nations dans le cadre d'initiatives spatiales lui ont permis de devenir un acteur clé sur la scène spatiale mondiale.

L'Inde s'est imposée comme une étoile montante de l'exploration spatiale, en franchissant des étapes importantes telles que la mission

Mars Orbiter et le lancement d'un nombre record de satellites sur une seule fusée. L'Organisation indienne de recherche spatiale (ISRO) a attiré l'attention internationale pour ses programmes spatiaux rentables et technologiquement avancés, positionnant l'Inde comme un futur acteur clé dans les missions spatiales et les lancements de satellites.

Les pays européens, organisés collectivement au sein de l'Agence spatiale européenne (ESA), ont apporté des contributions significatives à l'exploration spatiale par le biais de missions scientifiques et de lancements de satellites révolutionnaires. Ces collaborations ont consolidé la position de l'Europe en tant que leader de la recherche et de l'innovation spatiales de pointe, favorisant les partenariats avec d'autres acteurs mondiaux et contribuant à la compréhension du cosmos par l'humanité.

Outre ces acteurs clés, les agences spatiales émergentes de pays tels que le Japon, Israël et les Émirats arabes unis gagnent rapidement en reconnaissance pour leurs ambitieuses incursions dans l'exploration spatiale et le développement technologique. Leurs capacités croissantes et leurs aspirations redessinent le paysage de la course à l'espace moderne, ajoutant de nouvelles dimensions à la dynamique géopolitique de l'exploration et de l'utilisation de l'espace.

Les avancées technologiques et leurs implications stratégiques

Le domaine spatial a connu des avancées technologiques rapides ces dernières années, modifiant de manière significative le paysage stratégique de la géopolitique mondiale. Ces avancées ont des conséquences considérables sur les relations internationales et la sécurité nationale, qu'il s'agisse de la technologie des satellites, des systèmes de communication basés dans l'espace ou des missions d'exploration. L'une des avancées technologiques les plus importantes est le développement de capacités satellitaires avancées par les principaux acteurs mondiaux. Ces satellites fournissent de précieuses capacités de renseignement, de surveillance et de reconnaissance, offrant un contrôle et un suivi sans précédent des activités sur Terre et dans l'espace. La possibilité de recueillir des données et des images en temps réel a révolutionné les opérations militaires, les interventions en cas de catastrophe et la surveillance de l'environnement. Cependant, cette avancée technologique soulève également des inquiétudes concernant la vie privée, la sécurité et la militarisation potentielle de l'espace.

En outre, la prolifération des petits satellites et des CubeSats a transformé l'accès à l'espace et démocratisé l'exploration spatiale. La mise en orbite de ces petits satellites par différents pays et entreprises privées a créé de nouvelles opportunités pour la recherche scientifique, la télédétection et les entreprises commerciales. Cette tendance a élargi la participation aux activités spatiales, mais elle a également des implications pour la gestion des débris spatiaux et l'encombrement des espaces orbitaux. En outre, les progrès des technologies de propulsion spatiale ont ouvert la voie aux voyages interplanétaires et à l'exploitation des ressources au-delà de la Terre. Des concepts tels que l'exploitation minière des astéroïdes et les bases lunaires ne sont plus confinés à la science-fiction, et les nations revendiquent de plus en plus les corps célestes pour les explorer et les exploiter à l'avenir. Ces développements soulèvent des questions sur les droits de propriété, la préservation de l'environnement et l'accès équitable aux ressources extraterrestres. Un autre progrès technologique important est le déploiement d'armes à énergie directe et de capacités antisatellites. L'espace étant de plus en plus contesté, les conflits potentiels et la nécessité d'adopter des mesures de maîtrise des armements pour empêcher l'arsenalisation de l'espace sont de plus en plus préoccupants.

En outre, la technologie quantique et les réseaux de communication sécurisés sont sur le point de révolutionner l'échange d'informations et la cryptographie dans l'espace, ce qui représente des défis et des opportunités pour la cybersécurité et les opérations de renseignement. Les entités qui disposent de technologies spatiales supérieures ( ) acquièrent un avantage stratégique, influençant les communications mondiales, la navigation et la connaissance de la situation. Par conséquent, l'équilibre géopolitique se déplace vers ceux qui possèdent des capacités spatiales avancées, et la compétition pour maintenir la domination dans cette frontière continuera à façonner les affaires internationales. Dans l'ensemble, l'évolution du paysage technologique de l'espace présente à la fois des opportunités et des défis, nécessitant un examen attentif des implications stratégiques pour la sécurité, la gouvernance et la coopération au niveau mondial.

Droit de l'espace : Gouvernance et traités internationaux

La gouvernance des activités spatiales et l'établissement de traités internationaux sont essentiels au maintien de l'ordre et de la coopération au-delà de la Terre. Le droit de l'espace, également connu sous le nom de droit de l'espace extra-atmosphérique, englobe les règles et les principes qui régissent les activités spatiales menées par les États, les organisations internationales et les entités privées. À mesure que l'engagement de l'humanité dans l'espace s'intensifie, la nécessité d'un cadre juridique solide devient de plus en plus évidente.

Le document fondateur du droit de l'espace est le traité sur l'espace extra-atmosphérique, ouvert à la signature en 1967 et ratifié par plus de 100 pays. Ce traité historique établit des principes fondamentaux tels que l'exploration et l'utilisation de l'espace extra-atmosphérique au profit de tous les pays, l'interdiction de placer des armes nucléaires ou d'autres armes de destruction massive en orbite, et la reconnaissance de l'espace extra-atmosphérique comme la province de l'humanité tout entière. En outre, elle interdit l'appropriation nationale des corps célestes, garantissant ainsi que l'espace reste un domaine pacifique pour toutes les nations.

Un autre élément clé du droit de l'espace est l'accord sur le sauvetage, qui décrit l'obligation des nations spatiales d'aider les astronautes en détresse et d'informer rapidement la nation de lancement de tout accident. En outre, la convention sur la responsabilité aborde la question de la responsabilité pour les dommages causés par les objets spatiaux. Cette convention garantit l'indemnisation des dommages causés par les objets spatiaux d'un pays à l'autre.

La Convention sur l'immatriculation impose aux États d'enregistrer les objets lancés dans l'espace auprès des Nations unies. Ce processus facilite l'identification des objets spatiaux et contribue à prévenir les collisions ou les interférences avec les missions en cours. Bien qu'il n'ait pas été adopté aussi largement que le traité sur l'espace extra-atmosphérique, l'accord sur la lune vise à réglementer l'exploration et l'extraction des ressources lunaires afin d'en assurer une distribution et une utilisation équitables.

Les entités commerciales étant devenues des acteurs importants des activités spatiales ces dernières années, le paysage juridique a évolué pour tenir compte de leur implication. Des lois et des réglementations nationales ont été élaborées pour régir des activités telles que le déploiement de satellites, le tourisme spatial et l'exploitation minière de l'espace. Cependant, l'harmonisation de ces divers cadres juridiques afin de respecter les obligations internationales constitue un défi permanent.

À l'heure où l'humanité vise une exploration plus poussée de l'espace, l'élaboration d'un droit de l'espace clair, complet et universellement accepté devient primordiale. L'examen de questions telles que les droits de propriété, la protection de l'environnement et la prévention de la militarisation sera essentiel pour préserver l'avenir de l'exploration spatiale et faire en sorte que ses avantages soient partagés équitablement entre toutes les nations.

Aspects militaires et de défense de la domination de l'espace

La militarisation de l'espace est devenue une préoccupation majeure en géopolitique, car les nations reconnaissent de plus en plus l'importance stratégique de l'espace extra-atmosphérique pour la sauvegarde de leurs intérêts nationaux en matière de sécurité. Le domaine spatial offre des avantages uniques pour les opérations militaires, notamment des capacités de surveillance, de communication et de positionnement au niveau mondial qui peuvent avoir un impact considérable sur les conflits terrestres. Par conséquent, la course à la domination de l'espace s'est étendue au-delà de l'exploration pacifique et s'est transformée en compétition militaire, soulevant des considérations éthiques et géopolitiques complexes. Les pays ont investi massivement dans des technologies et des capacités spatiales à double usage, brouillant ainsi les frontières entre les activités civiles et militaires. Le développement et le déploiement d'armes antisatellites, de plateformes orbitales et de systèmes de reconnaissance basés dans l'espace constituent des éléments essentiels des stratégies militaires modernes. Ces avancées ne renforcent pas seulement l'infrastructure de défense d'une nation, mais permettent également des capacités offensives qui pourraient potentiellement perturber les actifs spatiaux d'un adversaire.

En outre, la dépendance à l'égard des réseaux satellitaires pour les systèmes de communication et de navigation militaires essentiels en fait des cibles de choix en cas de conflit. Cette vulnérabilité a suscité des efforts pour améliorer la connaissance de la situation dans l'espace et mettre au point des mesures défensives pour protéger ces biens. L'intérêt croissant pour les systèmes de défense antimissile basés dans l'espace et les systèmes d'armes spatio-terrestres illustre également l'évolution du paysage des capacités militaires dans l'espace. En outre, la dissuasion spatiale gagne en importance, les nations cherchant à démontrer leur capacité à empêcher leurs adversaires d'accéder à l'espace ou à contrer des actions hostiles dans ce domaine. Cela introduit une nouvelle dimension de tension et de concurrence dans les relations internationales, augmentant la complexité des stratégies de dissuasion et la dynamique d'escalade. L'interaction entre les activités spatiales et les opérations militaires terrestres traditionnelles souligne la nécessité de mettre en place des cadres politiques globaux pour l'espace, qui tiennent compte de l'intersection complexe des domaines civil, commercial et militaire.

En outre, l'absence de normes et de règles universellement acceptées régissant la conduite militaire dans l'espace pose des problèmes pour atténuer les conflits potentiels et garantir un comportement responsable. Les efforts internationaux visant à établir des lignes directrices et des accords réglementant l'utilisation de l'espace à des fins militaires sont essentiels pour prévenir une course aux armements et maintenir la stabilité dans cette zone frontalière. L'équilibre délicat entre l'exploitation de l'espace à des fins défensives et la promotion de la coopération multilatérale reste essentiel pour naviguer dans le paysage complexe des aspects militaires et de défense de la domination de l'espace.

Opportunités économiques : L'exploitation minière et au-delà

Le potentiel économique de l'espace extra-atmosphérique est de plus en plus au centre des discussions mondiales sur l'exploration spatiale. L'un des aspects les plus fascinants est la perspective de l'exploitation des ressources extraterrestres. L'exploitation des minéraux et des ressources précieuses des corps célestes, tels que la Lune, les astéroïdes et d'autres planètes, offre une opportunité convaincante de progrès scientifique et de gain économique. L'exploitation minière de l'espace implique l'extraction et l'utilisation de matériaux trouvés dans l'espace, qui pourraient inclure des métaux précieux, des éléments de terres rares, de l'eau et même de l'hélium 3 pour une future énergie de fusion potentielle. L'abondance de ces ressources dans l'espace pourrait révolutionner diverses industries sur Terre, en apportant de nouvelles solutions pour la production d'énergie, la fabrication et les infrastructures spatiales. Les implications économiques sont considérables, car les pays et les entreprises privées investissent dans la technologie des expéditions minières robotisées ou conduites par l'homme. Cependant, les dimensions juridiques et éthiques de l'exploitation minière de l'espace posent également des défis importants et nécessitent un examen attentif. Les opérations d'exploitation minière dans l'espace soulèvent des questions sur les droits de propriété, l'impact environnemental et la coopération internationale. Étant donné que les traités existants sur l'espace ne traitent pas explicitement de l'exploitation des ressources extraterrestres, il est urgent de parvenir à un consensus international sur les cadres réglementaires qui régiront les activités commerciales au-delà de la Terre. En outre, les discussions sur la répartition équitable des richesses générées par l'exploitation minière de l'espace et l'atténuation des perturbations écologiques potentielles dans l'espace doivent être au premier plan des délibérations politiques. Au-delà de l'exploitation minière traditionnelle, les possibilités s'étendent à l'utilisation des ressources de l'espace pour la construction et la fabrication en orbite, réduisant ainsi le coût et la complexité du transport des matériaux depuis la Terre. Ce concept, connu sous le nom d'utilisation des ressources in situ (ISRU), ouvre de nouvelles voies pour le développement d'une présence humaine durable dans l'espace et soutient la viabilité à long terme de missions ambitieuses d'exploration spatiale. En outre, le potentiel d'exploitation minière des astéroïdes introduit une autre dimension dans les perspectives économiques des projets spatiaux. Les astéroïdes sont riches en métaux précieux et en composés volatils, ce qui représente un véritable trésor qui ne demande qu'à être exploité. Les sociétés de capital-risque et les agences spatiales investissent dans des technologies innovantes pour prospecter, extraire et transporter ces ressources vers la Terre. La réussite de l'exploitation minière des astéroïdes pourrait entraîner un changement de paradigme dans l'économie des ressources terrestres, en atténuant potentiellement la pénurie de matériaux rares et en redéfinissant les chaînes d'approvisionnement. Au milieu de ces opportunités, les risques et incertitudes inhérents à l'exploitation minière de l'espace ne doivent pas être négligés. Il sera essentiel de relever les défis techniques, logistiques et financiers tout en maintenant une gestion responsable de l'espace extra-atmosphérique pour réaliser tout le potentiel économique de l'exploration spatiale. Alors que l'humanité s'aventure plus loin dans le cosmos, la vision de l'exploitation des ressources extraterrestres est porteuse de promesses de transformation pour l'économie mondiale, soulignant la nécessité d'une gouvernance et d'une coopération réfléchies pour un avenir cosmique durable et prospère.

Collaboration vs. concurrence : Différentes approches de l'exploration spatiale

L'exploration et l'exploitation de l'espace ont toujours été un sujet de fascination et d'intrigue, non seulement pour la communauté scientifique, mais aussi pour les puissances mondiales qui cherchent à étendre leur influence au-delà des limites de la Terre. À mesure que l'humanité s'aventure dans le cosmos, les approches de l'exploration spatiale peuvent être classées en deux paradigmes distincts : la collaboration et la compétition. Chaque approche a ses propres implications pour la géopolitique mondiale, le progrès technologique et le développement économique.

D'une part, la collaboration en matière d'exploration spatiale implique des efforts multinationaux, dans le cadre desquels différents pays et agences spatiales travaillent ensemble à la réalisation d'objectifs communs. Des projets de collaboration tels que la Station spatiale internationale (ISS) démontrent qu'il est possible de combiner les ressources, l'expertise et le financement de plusieurs pays pour atteindre des objectifs scientifiques et exploratoires ambitieux. Les avantages de la collaboration vont au-delà des progrès scientifiques : ils favorisent les liens diplomatiques, encouragent la coexistence pacifique et améliorent la compréhension mutuelle entre les nations participantes. En outre, une approche collaborative peut atténuer la charge financière associée aux missions spatiales à grande échelle et répartir les risques encourus entre plusieurs parties prenantes.

D'autre part, la concurrence dans le domaine de l'exploration spatiale a toujours été un catalyseur d'innovations technologiques et de découvertes scientifiques rapides. La course à l'espace entre les États-Unis et l'Union soviétique à l'époque de la guerre froide est un exemple typique de la façon dont les rivalités géopolitiques peuvent conduire à des réalisations monumentales dans le domaine de l'exploration spatiale. Cet esprit de compétition persiste aujourd'hui, avec des pays comme la Chine et des entités privées comme SpaceX qui se disputent la suprématie dans des domaines tels que l'exploration lunaire, le déploiement de satellites et les missions interplanétaires. La concurrence favorise un sentiment de fierté nationale, encourage les investissements stratégiques dans la recherche et le développement et stimule la poursuite d'avancées révolutionnaires qui redéfinissent les limites des capacités humaines.

La juxtaposition de la collaboration et de la concurrence dans le domaine de l'exploration spatiale soulève des questions qui donnent à réfléchir sur la trajectoire future des efforts de l'humanité au-delà de l'atmosphère terrestre. Alors que certains prônent une approche harmonieuse et coopérative qui transcende les clivages politiques et maximise le potentiel collectif de l'humanité, d'autres affirment qu'une concurrence saine stimule l'innovation, génère de la valeur économique et préserve l'autonomie nationale dans la poursuite des ambitions spatiales. Alors que le paysage mondial continue d'évoluer, il est impératif d'explorer des modèles synergiques qui tirent parti des forces des deux paradigmes, en équilibrant la coopération avec une concurrence saine pour propulser notre civilisation vers de nouvelles frontières de la connaissance et de la découverte.

Projets futurs : Mars, les astéroïdes et la lune

Alors que nous nous tournons vers l'avenir de l'exploration spatiale, plusieurs projets ambitieux se profilent à l'horizon et ont captivé l'imagination de la communauté scientifique et du grand public. La perspective de missions humaines vers Mars est passionnante et fait l'objet de débats. Les agences spatiales et les entreprises privées investissent des ressources considérables dans le développement de la technologie et de l'infrastructure nécessaires pour faire de ce rêve une réalité. Mars représente une nouvelle frontière pour l'humanité, avec un potentiel de découvertes scientifiques, d'extraction de ressources et de colonisation. En outre, l'exploration et l'exploitation potentielle des astéroïdes sont devenues une priorité pour les agences spatiales et les entreprises commerciales. Avec l'abondance de matières premières telles que les métaux et la glace d'eau, les astéroïdes promettent de futures opérations minières qui pourraient révolutionner l'industrie sur Terre.

Par ailleurs, la Lune continue d'être une cible pour l'exploration et la recherche. L'établissement d'une présence lunaire durable est une étape cruciale pour l'exploration de l'espace lointain. Elle pourrait servir de terrain d'essai pour les technologies et les processus nécessaires aux futures missions vers Mars et au-delà. L'ambition d'établir une colonie humaine permanente sur la Lune a gagné du terrain au sein de la communauté spatiale internationale, avec des discussions sur la Lune comme rampe de lancement pour une exploration plus poussée du système solaire. Ces projets futurs représentent des efforts scientifiques, des opportunités géopolitiques et des avantages stratégiques. Alors que les nations et les entités privées se disputent le leadership dans l'exploration et l'exploitation de l'espace, ces projets ont le potentiel de remodeler la dynamique du pouvoir mondial. La capacité à prendre pied sur d'autres corps célestes est synonyme de prouesse technologique, de potentiel économique et d'influence géopolitique.

En outre, la collaboration ou la concurrence autour de ces projets reflète des stratégies et des alliances géopolitiques plus profondes. La réussite des futurs projets liés à Mars, aux astéroïdes et à la Lune aura sans aucun doute des répercussions considérables sur l'équilibre des pouvoirs dans l'arène internationale. Les résultats de ces projets façonneront le paysage géopolitique et redéfiniront la répartition de l'influence entre les nations et les organisations. Chaque pas en direction de ces corps célestes représente une avancée monumentale, non seulement pour l'exploration spatiale, mais aussi pour la géopolitique du XXIe siècle.

Conclusion : Implications pour la stabilité mondiale et la dynamique des pouvoirs

À mesure que nous nous aventurons dans les profondeurs de l'exploration et de l'exploitation de l'espace, il devient de plus en plus crucial d'évaluer les implications plus larges pour la stabilité mondiale et la dynamique du pouvoir. Les activités et les ambitions dans l'espace peuvent potentiellement façonner de manière significative les relations géopolitiques sur Terre et au-delà. La concurrence et la coopération entre les nations dans les activités spatiales reflètent leurs forces et aspirations relatives, influençant ainsi l'équilibre du pouvoir mondial. De plus, les progrès de la technologie et des ressources spatiales apportent de nouvelles dimensions stratégiques qui peuvent avoir un impact sur les relations internationales et les paradigmes de sécurité. L'analyse de ces implications est essentielle pour comprendre l'évolution du paysage géopolitique mondial. L'une des conséquences fondamentales est le risque de tensions et de rivalités accrues entre les principales nations spatiales. La recherche d'avantages stratégiques dans l'espace, que ce soit à des fins militaires ou économiques, peut conduire à une nouvelle course à l'espace qui pourrait refléter les conflits historiques sur Terre. Cela pourrait encore intensifier les rivalités géopolitiques existantes et nécessiter l'élaboration de mécanismes de gouvernance globaux pour éviter l'escalade des tensions.

En outre, les opportunités économiques offertes par l'exploration spatiale, telles que l'exploitation minière des astéroïdes et la colonisation lunaire, pourraient perturber les structures financières existantes et créer de nouvelles sphères d'influence. Comme les pays et les entités privées se disputent le contrôle des ressources extraterrestres, les asymétries du pouvoir économique pourraient entraîner des changements de pouvoir géopolitique. Cependant, il existe également un potentiel de coopération dans l'espace qui pourrait favoriser le renforcement des liens diplomatiques et de la collaboration entre les nations. Les efforts conjoints en matière d'exploration et de recherche cosmiques peuvent renforcer la confiance et la compréhension entre les différentes nations, ce qui pourrait atténuer les frictions géopolitiques sur Terre. En outre, les cadres réglementaires régissant les activités spatiales seront déterminants pour la stabilité mondiale future. Une gouvernance efficace de l'espace, comprenant des traités et des accords internationaux, sera indispensable pour gérer les conflits potentiels et garantir un accès équitable aux ressources spatiales. Cela nécessitera des efforts diplomatiques importants et des cadres normatifs pour équilibrer les intérêts des différentes parties prenantes.

En conclusion, les implications de l'exploration spatiale et son intersection avec la stabilité mondiale et la dynamique du pouvoir sont multidimensionnelles. Face aux défis et aux opportunités de cette nouvelle frontière, les décideurs politiques, les diplomates et les stratèges doivent anticiper et traiter les impacts sur les relations internationales. La compréhension de l'interaction complexe entre les activités spatiales et la géopolitique sera essentielle pour façonner un avenir harmonieux et coopératif pour l'expansion de l'humanité dans le cosmos.

29

L'impact de la mondialisation

SYSTÈMES FINANCIERS ET STABILITÉ ÉCONOMIQUE INTERNATIONALE

L'économie mondiale interconnectée

L'impact profond de la mondialisation sur l'interconnexion des économies ne peut être surestimé. Dans un monde de plus en plus intégré, les flux de capitaux, de biens et de services transfrontaliers ont transcendé les frontières traditionnelles, remodelant les paysages économiques des nations. Les investissements transfrontaliers sont devenus une caractéristique essentielle de l'économie mondiale, les multinationales étant à l'origine d'importants mouvements de capitaux pour exploiter leurs avantages comparatifs et accéder à de nouveaux marchés. Ces investissements facilitent la croissance économique et l'innovation et favorisent une interdépendance entre les nations qui transcende les barrières politiques.

En outre, l'escalade du commerce international a renforcé les liens entre les nations, forgeant des réseaux complexes d'interconnectivité économique. L'échange de biens et de services, facilité par les progrès en matière de transport et de communication, a donné naissance à des chaînes d'approvisionnement complexes qui s'étendent d'un continent à l'autre, remodelant la dynamique concurrentielle des industries et renforçant la prospérité des nations participantes. L'essor du commerce mondial a eu un impact positif sur le développement économique et le niveau de vie, car les pays tirent parti de leurs forces et de leurs ressources uniques pour s'engager sur le marché mondial.

En outre, le concept d'interconnexion s'étend au-delà du simple commerce et de l'investissement, s'infiltrant dans les systèmes financiers des nations. L'intégration des marchés de capitaux a entraîné une dépendance accrue à l'égard de la stabilité et des performances des économies étrangères. Les fluctuations des marchés financiers d'un pays peuvent se répercuter sur le paysage financier mondial et avoir un impact sur la confiance des investisseurs, la valorisation des actifs et la stabilité économique globale. Par essence, l'économie mondiale interconnectée a rendu les nations individuelles très dépendantes du bien-être économique et des décisions politiques des autres, créant un équilibre délicat de dépendance mutuelle.

En tant que telles, les ramifications de cette interconnexion sont d'une grande portée. Les chocs économiques dans une région se répercutent rapidement à l'échelle mondiale, soulignant l'impératif d'une gouvernance coopérative et d'une coordination des politiques pour atténuer les risques systémiques. L'économie mondiale interconnectée exige une surveillance vigilante et une gestion prudente pour se prémunir contre les vulnérabilités du site qui pourraient précipiter une perturbation économique généralisée. Avec ses complexités inhérentes et sa vulnérabilité à l'interconnexion, l'économie mondiale reste dans un état perpétuel de flux, façonné par un réseau complexe d'interactions transfrontalières, ce qui rend essentiel pour les nations de naviguer de manière proactive dans les défis et les opportunités présentés par cette ère d'interconnexion.

Le rôle des grandes banques centrales dans la stabilité économique

Les banques centrales sont essentielles pour assurer la stabilité économique et la résilience financière au sein du système monétaire d'un pays. En tant que principale autorité responsable de la formulation et de la mise en œuvre de la politique monétaire, les banques centrales exercent une influence significative sur les taux d'intérêt, la masse monétaire et les conditions économiques générales. Par leurs fonctions de régulation et de supervision, les banques centrales maintiennent l'intégrité du système financier en surveillant les banques commerciales, en atténuant les risques systémiques et en encourageant la confiance dans le secteur bancaire. En outre, les banques centrales sont souvent chargées de préserver la stabilité des prix et de gérer les pressions inflationnistes. En contrôlant l'émission de monnaie et en jouant le rôle de prêteur en dernier ressort, les banques centrales s'efforcent de maintenir la valeur de la monnaie nationale et de préserver la stabilité financière pendant les périodes d'incertitude économique. Outre leur rôle national, les grandes banques centrales contribuent à la stabilité économique mondiale par des interventions coordonnées et une coopération avec d'autres banques centrales et institutions financières internationales. Leur capacité à fournir des liquidités en temps de crise, à stabiliser les taux de change et à soutenir les initiatives de croissance économique souligne leur importance dans l'élaboration du paysage économique international.

En outre, les banques centrales effectuent des recherches et des analyses permanentes pour comprendre l'évolution de la dynamique des marchés, anticiper les risques potentiels et élaborer des réponses politiques efficaces afin de préserver la stabilité financière. Cela implique un suivi sophistiqué des indicateurs macroéconomiques, des vulnérabilités financières et des flux de capitaux transfrontaliers. Dans l'ensemble, le rôle des grandes banques centrales dans la promotion de la stabilité économique s'étend au-delà des frontières nationales, exerçant un impact profond sur l'économie mondiale interconnectée et influençant la trajectoire du commerce international, de l'investissement et des relations monétaires.

Marchés des changes et mécanismes de taux de change

Les marchés des changes sont une composante fondamentale du système financier mondial, car ils constituent l'épine dorsale du commerce et de l'investissement internationaux. Il est essentiel de comprendre les mécanismes des taux de change pour comprendre comment les monnaies interagissent et influencent la stabilité économique à l'échelle mondiale. Les taux de change déterminent la valeur de la monnaie d'un pays par rapport à celle d'un autre, ce qui a un impact sur les flux de biens, de services et de capitaux à travers les frontières. Différents facteurs contribuent à la fluctuation des taux de change, notamment les indicateurs macroéconomiques, les événements géopolitiques et le sentiment du marché. Les banques centrales jouent un rôle important dans la gestion des taux de change en prenant des décisions de politique monétaire et en intervenant sur le marché des changes. Leurs actions peuvent influencer la dynamique de l'offre et de la demande d'une monnaie, affectant ainsi sa valorisation par rapport à d'autres. Les mécanismes de taux de change englobent à la fois les régimes fixes et les régimes flottants. Dans un régime fixe, les gouvernements rattachent leur monnaie à une autre, généralement une monnaie de réserve importante comme le dollar américain, afin de stabiliser et de faciliter les transactions internationales.

À l'inverse, un système de taux de change flottant permet aux forces du marché de déterminer la valeur des monnaies en fonction de la dynamique de l'offre et de la demande. Cette flexibilité peut conduire à une plus grande volatilité et offre un mécanisme de fixation des prix efficace. Outre ces systèmes primaires, certains pays adoptent des régimes de flottement géré ou de parité à crémaillère, qui combinent des éléments des régimes fixes et flottants. L'impact des taux de change va au-delà du commerce et de l'investissement et affecte l'inflation, les taux d'intérêt et les performances économiques globales. Les variations des taux de change peuvent influencer la compétitivité d'un pays sur le marché mondial, en influençant les volumes d'exportation et les coûts d'importation.

En outre, les mouvements des taux de change peuvent affecter les multinationales, les institutions financières et les investisseurs individuels engagés dans des transactions transfrontalières. Les acteurs du marché utilisent divers outils pour gérer le risque de change, tels que les stratégies de couverture et les produits dérivés sur devises. La compréhension des marchés des devises et des mécanismes de taux de change est essentielle pour les décideurs politiques, les entreprises et les investisseurs qui naviguent dans les méandres de l'économie mondiale. Le maintien de mécanismes de taux de change stables et transparents est essentiel pour promouvoir la stabilité économique internationale et favoriser une croissance durable dans un monde interconnecté.

Crises financières : Causes, conséquences et gestion

Les crises financières sont des événements complexes qui peuvent affecter l'économie mondiale. Il est essentiel que les décideurs politiques et les professionnels de la finance en comprennent les causes, les conséquences et les stratégies de gestion ( ). Différents facteurs, dont la déflation rapide du prix des actifs, l'illiquidité du marché ou les perturbations du système bancaire, peuvent déclencher une crise financière. Les conséquences de ces crises sont importantes, entraînant des ralentissements économiques généralisés, des pertes d'emplois et une diminution des investissements. La gestion d'une crise financière nécessite une action rapide et coordonnée de la part des banques centrales, des autorités de régulation et des gouvernements. L'un des aspects essentiels de la gestion de crise consiste à restaurer la confiance dans le système économique par une communication transparente et des mesures politiques décisives.

En outre, une évaluation efficace des risques et des stratégies d'atténuation sont essentielles pour prévenir les crises futures et minimiser leur impact. Les leçons tirées des crises passées, comme la crise financière mondiale de 2008, ont souligné l'importance des réformes réglementaires et du renforcement de la surveillance des institutions financières. La coopération et la coordination internationales jouent également un rôle essentiel dans la gestion des crises financières, compte tenu de la nature interconnectée de l'économie mondiale. Les efforts de collaboration entre les organisations financières internationales et le dialogue entre les décideurs politiques peuvent contribuer à remédier aux vulnérabilités systémiques et à promouvoir la stabilité. En outre, l'élaboration de systèmes d'alerte précoce et de plans d'urgence est essentielle pour se préparer aux crises futures. Les parties prenantes peuvent mettre en œuvre des mesures préventives de manière proactive en identifiant les déclencheurs potentiels et les vulnérabilités du système financier. Dans l'ensemble, il est essentiel de s'attaquer aux causes profondes des crises financières, de comprendre leurs répercussions et de mettre en œuvre des stratégies efficaces de gestion des crises pour maintenir la stabilité économique internationale et favoriser une croissance durable.

Prêts internationaux et structures de la dette

La dynamique des prêts internationaux et de la structure de la dette est essentielle pour façonner le paysage économique mondial. Les entités souveraines et les entreprises dépendent des marchés internationaux des capitaux pour financer leurs opérations et leurs projets de développement, créant ainsi des réseaux complexes d'interdépendance financière. Les prêts internationaux impliquent la mise à disposition de fonds par un pays ou une institution à un autre, souvent dans des devises différentes, ce qui ajoute des couches de complexité aux processus d'emprunt et de remboursement. D'autre part, les structures de la dette englobent les conditions de remboursement des fonds empruntés, y compris les taux d'intérêt, les dates d'échéance et les exigences en matière de garantie.

L'un des aspects fondamentaux des prêts internationaux est la dette souveraine, qui représente l'argent emprunté par les gouvernements nationaux pour financer les dépenses publiques ou les investissements. Ces dettes sont généralement émises sous la forme d'obligations d'État achetées par par des investisseurs désireux de rentabiliser leur capital. La viabilité des niveaux de la dette souveraine est une préoccupation constante, en particulier lorsque les pays éprouvent des difficultés à assurer le service de leurs obligations, ce qui peut conduire à un défaut de paiement et à des turbulences financières plus importantes.

En outre, les mécanismes de prêts internationaux s'étendent également aux banques multilatérales de développement et aux institutions financières mondiales telles que la Banque mondiale et le Fonds monétaire international (FMI). Ces entités jouent un rôle clé dans la fourniture d'une assistance financière aux pays pour des projets de développement et de stabilisation économique, en se concentrant souvent sur la réduction de la pauvreté et le développement d'infrastructures dans les économies émergentes. Cependant, les termes et conditions de ces prêts et programmes d'aide ont soulevé des débats quant à leur impact sur la santé fiscale des pays bénéficiaires et sur l'autonomie de leur politique intérieure.

Les structures de la dette, quant à elles, englobent un éventail d'instruments et d'accords qui encadrent les processus d'emprunt et de remboursement. Des prêts bancaires traditionnels aux produits dérivés complexes et aux produits financiers structurés, les structures de la dette reflètent la nature évolutive de la finance mondiale. En outre, l'émergence des obligations vertes et à impact social souligne l'importance croissante de la responsabilité environnementale et sociale dans les transactions financières, ce qui stimule les programmes de développement durable dans le monde entier.

Naviguer dans les méandres des prêts internationaux et des structures de la dette exige une gestion astucieuse des risques et une surveillance réglementaire. La coordination entre les banques centrales, les régulateurs et les acteurs du marché est essentielle pour maintenir la stabilité financière et garantir la transparence des transactions transfrontalières. En outre, les considérations éthiques et le respect des normes internationales telles que les accords de Bâle et les lignes directrices du Conseil de stabilité financière sont impératifs pour cultiver la confiance et l'intégrité dans le système financier mondial.

Alors que le paysage financier international évolue, le discours sur les pratiques de prêt et les structures de la dette reste essentiel pour favoriser la croissance économique, atténuer les vulnérabilités financières et promouvoir un accès équitable aux capitaux entre les nations.

Cadres réglementaires et conformité transfrontalière

Dans l'économie mondiale interconnectée d'aujourd'hui, les cadres réglementaires et les mesures de conformité transfrontalières sont essentiels au maintien de la stabilité et de l'intégrité des systèmes financiers. Les flux de capitaux traversant les frontières internationales, le respect des normes réglementaires devient primordial pour maintenir l'équilibre économique et atténuer les risques systémiques. Pour parvenir à une cohérence réglementaire transfrontalière efficace, il faut une collaboration entre les différentes parties prenantes, notamment les gouvernements, les banques centrales, les institutions financières et les autorités de surveillance. Cet effort de collaboration vise à harmoniser des régimes réglementaires disparates tout en respectant les principes de transparence, de responsabilité et de surveillance prudentielle. Les cadres réglementaires sont conçus pour régir diverses facettes des activités financières, dans des domaines tels que la gestion des risques, l'adéquation des fonds propres, la liquidité et la conduite du marché. Les mécanismes de conformité transfrontalière visent à relever les défis posés par les différences entre les cadres juridiques et institutionnels des différentes juridictions. L'harmonisation de ces cadres favorise une plus grande prévisibilité et cohérence des attentes réglementaires, ce qui renforce la confiance des investisseurs et promeut la stabilité financière.

En outre, la convergence réglementaire permet également d'atténuer l'arbitrage réglementaire, dans lequel les entités exploitent les lacunes ou les variations des réglementations pour s'engager dans des pratiques risquées ou contraires à l'éthique. Par le biais d'engagements multilatéraux et d'organismes internationaux de normalisation, des efforts sont déployés pour élaborer des principes communs et des meilleures pratiques qui peuvent être adoptés au-delà des frontières. Toutefois, pour naviguer dans les méandres de la réglementation transfrontalière, il faut tenir compte des questions de souveraineté inhérentes et respecter les contextes juridiques et culturels propres à chaque pays. Trouver un équilibre entre la promotion de la coopération internationale et le respect de la souveraineté nationale reste un défi permanent dans l'élaboration de cadres réglementaires efficaces. Des initiatives mondiales telles que le Comité de Bâle sur le contrôle bancaire et le Conseil de stabilité financière illustrent les efforts déployés pour améliorer la coordination réglementaire transfrontalière et promouvoir une gouvernance solide des activités financières internationales. L'efficacité de la conformité transfrontalière dépend du partage de l'information, de la reconnaissance mutuelle des régimes réglementaires et de la coopération en matière de surveillance. Les mécanismes d'échange de données et les accords de reconnaissance mutuelle contribuent à l'interopérabilité de la surveillance réglementaire, ce qui permet aux autorités de surveiller et de traiter les risques transfrontaliers de manière plus complète.

En outre, l'essor des technologies financières innovantes introduit de nouvelles dimensions dans les considérations réglementaires, amplifiant l'urgence d'une collaboration entre les régulateurs du monde entier. Les progrès de la fintech, notamment la blockchain, les actifs numériques et le trading algorithmique, posent de nouveaux défis aux cadres réglementaires traditionnels et exigent des réponses agiles pour assurer la protection des consommateurs et la résilience systémique. Une approche prospective des cadres réglementaires transfrontaliers implique de se tenir au courant des évolutions technologiques et d'adapter les outils réglementaires pour superviser efficacement les paysages financiers en évolution. L'adoption des principes des "bacs à sable" réglementaires et l'expérimentation de nouvelles approches réglementaires peuvent faciliter l'équilibre entre l'innovation et la protection contre les risques potentiels. Alors que l'écosystème financier mondial continue d'évoluer, la recherche de cadres réglementaires transfrontaliers efficaces reste essentielle pour favoriser la confiance, la résilience et la durabilité des systèmes financiers internationaux.

L'innovation dans les technologies financières et son impact

Les progrès rapides de la technologie financière, communément appelée Fintech, ont considérablement remodelé le paysage de la finance mondiale. De la banque mobile et des portefeuilles numériques à la blockchain et à l'intelligence artificielle, les innovations Fintech ont révolutionné la prestation de services financiers et transformé les modèles commerciaux traditionnels. L'un des impacts les plus marquants de la Fintech est sa capacité à renforcer l'inclusion financière en donnant accès à des opportunités bancaires et d'investissement à des populations auparavant mal desservies. En tirant parti de la connectivité mobile et des plateformes numériques, la Fintech a comblé le fossé entre les individus et les services financiers formels, leur permettant de participer plus activement aux activités économiques.

En outre, la Fintech a rationalisé les processus au sein de l'industrie financière, ce qui a permis d'améliorer l'efficacité et de réaliser des économies. L'automatisation des tâches de routine, telles que le traitement des transactions et le service à la clientèle, a permis aux institutions financières de réaffecter leurs ressources à des activités à valeur ajoutée et à des initiatives stratégiques. En outre, l'utilisation d'algorithmes d'analyse avancée et d'apprentissage automatique a amélioré les pratiques de gestion des risques, permettant une meilleure évaluation de la solvabilité et la détection des fraudes. Ces avancées technologiques ont augmenté la vitesse des transactions financières et renforcé la sécurité et la fiabilité globales du système financier.

En outre, l'introduction de mécanismes de financement novateurs, tels que les prêts de pair à pair et les plateformes de financement participatif (crowdfunding), a diversifié les sources de capitaux pour les entreprises et les particuliers. Cette démocratisation de la finance a réduit la dépendance à l'égard des canaux bancaires traditionnels et ouvert de nouvelles voies à l'investissement et à l'entrepreneuriat. Parallèlement, l'émergence des robo-advisors et des systèmes de trading algorithmique a révolutionné la gestion de patrimoine et les services de conseil en investissement, en offrant des conseils financiers personnalisés et une optimisation du portefeuille à un plus large éventail d'investisseurs.

Malgré ces avancées, la Fintech pose des défis, notamment en ce qui concerne la surveillance réglementaire et la cybersécurité. Comme les solutions Fintech fonctionnent au-delà des frontières et transcendent souvent les cadres réglementaires traditionnels, assurer la conformité et la protection des consommateurs reste une préoccupation essentielle. Les décideurs politiques et les organismes de réglementation sont confrontés à pour trouver un équilibre entre l'innovation et la stabilité, en s'efforçant de favoriser un environnement qui encourage les avancées technologiques tout en sauvegardant l'intégrité du système financier. En outre, l'omniprésence des technologies de pointe dans les transactions financières a renforcé la nécessité de mettre en place des mesures de cybersécurité robustes pour atténuer les cybermenaces et les violations de données potentielles.

La poursuite de l'intégration des Fintech dans l'écosystème financier mondial est inévitable et offre d'énormes possibilités d'innovation continue et de gains d'efficacité. La collaboration entre les institutions financières, les entreprises technologiques et les régulateurs jouera un rôle essentiel pour naviguer dans le paysage évolutif de la Fintech et exploiter tout son potentiel pour une croissance économique et un développement durables.

Les flux mondiaux d'investissement et leurs implications économiques

Les flux d'investissement mondiaux jouent un rôle essentiel dans la dynamique du paysage économique international, exerçant une influence significative sur les économies développées et émergentes. Les capitaux qui traversent les frontières ont un impact sur divers secteurs et industries, affectant l'emploi, la productivité et la croissance économique globale. Comprendre les complexités des flux d'investissement mondiaux est essentiel pour les décideurs politiques, les investisseurs et les entreprises qui cherchent à naviguer dans les méandres de l'économie mondiale interconnectée.

Les flux d'investissements entre les nations englobent un large éventail d'activités financières, notamment les investissements directs étrangers (IDE), les investissements de portefeuille et le commerce international. Les IDE, qui se caractérisent par des engagements à long terme pour l'acquisition ou l'établissement d'entreprises à l'étranger, favorisent le transfert de technologies et l'échange de connaissances et contribuent à la création d'emplois et au développement des infrastructures dans les pays bénéficiaires. D'autre part, les investissements de portefeuille impliquent l'acquisition d'actifs financiers tels que des actions et des obligations sur les marchés étrangers, ce qui offre des possibilités de diversification et des rendements potentiels pour les investisseurs. En outre, le commerce international représente une composante substantielle des flux d'investissement mondiaux, influençant les taux de change, la balance des paiements et les déséquilibres commerciaux entre les nations.

Les implications économiques de ces flux d'investissement sont multiples et profondes. Pour les pays d'accueil, les flux d'investissements étrangers peuvent soutenir les industries nationales, améliorer les capacités technologiques et stimuler le développement économique. Toutefois, ils peuvent également présenter des risques liés à une perte potentielle de souveraineté, à une répartition inégale des richesses et à des préoccupations environnementales. D'autre part, les pays d'origine qui canalisent les investissements à l'étranger cherchent à étendre leur présence sur le marché, à sécuriser les ressources et à capitaliser sur les opportunités de croissance, mais sont exposés à des incertitudes géopolitiques, réglementaires et monétaires.

En outre, la volatilité des flux d'investissement mondiaux peut avoir un impact significatif sur les marchés financiers, entraînant des fluctuations du prix des actifs et des risques systémiques. La fuite des capitaux déclenchée par des instabilités économiques ou des incertitudes politiques dans une région peut rapidement transmettre des chocs à d'autres marchés interconnectés, ce qui souligne l'importance de cadres réglementaires solides, de la transparence et des pratiques de gestion des risques. Dans ce contexte, il devient impératif d'encourager un dialogue ouvert et la coopération entre les nations pour atténuer les effets négatifs potentiels et promouvoir la stabilité des flux d'investissement mondiaux.

Alors que le monde continue d'être témoin de l'évolution des flux d'investissement mondiaux sous l'effet des avancées technologiques, de la dynamique géopolitique et de l'évolution des préférences des consommateurs, il est essentiel de faire preuve de prévoyance stratégique et de prendre des mesures politiques proactives pour exploiter les avantages potentiels tout en atténuant les risques qui y sont associés. En comprenant parfaitement l'interaction complexe entre les flux d'investissement mondiaux et les implications économiques, les parties prenantes peuvent tracer la voie vers une croissance durable et inclusive, favorisant la prospérité dans diverses régions et une économie mondiale plus résiliente.

Prévention des crises : Politiques pour une croissance durable

Pour parvenir à une croissance économique soutenue, il faut mettre en place des politiques de prévention des crises diligentes, capables d'atténuer l'impact des instabilités financières, économiques et géopolitiques. Comme en témoigne l'histoire moderne, les crises peuvent potentiellement perturber la prospérité mondiale et affecter profondément les moyens de subsistance dans le monde entier. Dans ce contexte, les décideurs politiques et les institutions financières internationales jouent un rôle essentiel dans la formulation de stratégies proactives visant à atténuer les risques et à maintenir la stabilité économique. Une approche politique fondamentale consiste à mettre en œuvre des cadres réglementaires solides conçus pour superviser les marchés et les institutions financières et surveiller les risques systémiques. En évaluant en permanence les vulnérabilités du système financier mondial, les régulateurs peuvent identifier de manière préventive les sources potentielles d'instabilité et prendre des mesures correctives pour éviter les crises en cascade. Un autre aspect essentiel de la prévention des crises est la promotion de la transparence et de la responsabilité à tous les niveaux du secteur financier. Cela implique des normes strictes en matière d'information, des exigences en matière d'audit et des techniques de supervision adéquates pour garantir que les acteurs du marché adhèrent aux meilleures pratiques et évitent d'adopter des comportements risqués qui pourraient précipiter les turbulences financières.

En outre, il est essentiel d'encourager la coopération internationale entre les gouvernements, les banques centrales et les organismes de réglementation pour prévenir les crises. Des efforts coordonnés pour partager l'information, harmoniser les approches réglementaires et mettre en place des systèmes d'alerte précoce peuvent renforcer la résilience de l'économie mondiale et contribuer à éviter les crises. Parallèlement à ces mesures, favoriser une croissance durable implique de donner la priorité à des politiques économiques inclusives qui s'attaquent aux inégalités de revenus, favorisent l'accès au financement pour les populations défavorisées et soutiennent la création d'emplois. Investir dans l'éducation, les soins de santé et les infrastructures contribue à la stabilité à long terme et à la résistance aux chocs économiques. En outre, l'amélioration de la prudence budgétaire et de la gestion de la dette aux niveaux national et international est essentielle pour prévenir les crises de la dette souveraine et préserver la viabilité économique. En fin de compte, la prévention des crises exige une stratégie proactive à multiples facettes qui englobe la vigilance réglementaire, la transparence, la collaboration internationale et le développement économique inclusif. En poursuivant résolument ces politiques, les nations peuvent renforcer leurs économies, promouvoir une croissance durable et minimiser la probabilité et la gravité des crises futures.

Favoriser la coopération entre les institutions financières internationales

Il est impératif de favoriser la coopération entre les institutions financières internationales dans l'économie mondiale interconnectée d'aujourd'hui. Les économies étant de plus en plus imbriquées, le besoin de coordination et de collaboration entre ces institutions n'a jamais été aussi pressant. Cette section examine l'importance de la promotion de la coopération entre les institutions financières internationales et les stratégies permettant d'atteindre cet objectif crucial.

Une communication et un dialogue efficaces entre des institutions telles que le Fonds monétaire international (FMI), la Banque mondiale, les banques régionales de développement et d'autres organisations multilatérales sont essentiels pour promouvoir la stabilité financière et une croissance économique durable. La collaboration facilite l'échange de bonnes pratiques, d'expertise et de ressources, ce qui permet en fin de compte d'améliorer la capacité à répondre aux crises financières et aux défis économiques de manière coordonnée. En outre, elle favorise une plus grande responsabilité et une plus grande transparence dans la gouvernance financière et les processus de prise de décision au niveau international.

La mise en place d'initiatives conjointes, de partenariats et de cadres politiques coordonnés constitue l'une des approches permettant d'encourager la coopération. En alignant leurs efforts, les institutions financières internationales peuvent tirer parti de leurs forces combinées et atteindre des objectifs communs de manière plus efficace. Des initiatives telles que des programmes de recherche conjoints, des plateformes de partage des connaissances et des projets de renforcement des capacités peuvent améliorer la capacité collective à s'attaquer à des questions financières complexes et à soutenir les pays dans le besoin.

En outre, la promotion de synergies dans la réglementation et la supervision financières est essentielle pour prévenir les risques systémiques et garantir la stabilité du système financier mondial. Les institutions financières internationales peuvent collaborer pour harmoniser les normes, améliorer les cadres réglementaires et renforcer les mécanismes de surveillance transfrontalière. En élaborant des lignes directrices et des procédures communes, ces institutions peuvent contribuer à promouvoir des conditions de concurrence équitables pour les activités financières dans les différentes juridictions et à minimiser l'arbitrage réglementaire.

En outre, la promotion de la coopération entre les institutions financières internationales passe par la reconnaissance et la prise en compte des disparités économiques mondiales. Les efforts de collaboration devraient viser à soutenir les économies en développement, à lutter contre la pauvreté et à réduire les inégalités de revenus. Pour que les avantages de la mondialisation soient équitablement partagés, il faut une action concertée et se concentrer sur les objectifs de développement durable.

Enfin, l'adoption de la transformation numérique et l'exploitation des avancées technologiques dans les systèmes financiers peuvent renforcer la coopération entre les institutions financières internationales. L'adoption de solutions fintech innovantes, de la technologie blockchain et d'infrastructures de paiement numériques peut rationaliser les transactions transfrontalières, améliorer l'inclusion financière et renforcer la résilience de l'architecture financière mondiale.

En conclusion, la promotion de la coopération entre les institutions financières internationales est essentielle au maintien de la stabilité économique mondiale et à la promotion d'une croissance inclusive. Elle exige l'engagement des parties prenantes à travailler ensemble, à partager leurs connaissances et à aligner leurs politiques afin de relever les défis économiques en constante évolution et de soutenir le bien-être des nations du monde entier.

30

Le jeu des nations

LIENS DIPLOMATIQUES ET ALLIANCES INTERNATIONALES

Fondements des relations diplomatiques

Les relations diplomatiques entre les nations constituent la pierre angulaire de la politique internationale, essentielle au maintien de la paix, à la promotion de la coopération et à la résolution des problèmes mondiaux. Les fondements des relations diplomatiques reposent sur les principes de respect mutuel, de souveraineté, d'égalité et de non-ingérence dans les affaires intérieures des autres États. Ces relations sont établies par le biais de canaux formels tels que les ambassades, les consulats et les réunions de haut niveau, et sont guidées par les lois et les conventions internationales. Les diplomates représentant leurs nations respectives jouent également un rôle essentiel dans l'établissement et le maintien de ces relations. Les caractéristiques des relations diplomatiques englobent la communication, la négociation, la représentation et la poursuite d'intérêts communs. Des lignes de communication ouvertes facilitent l'échange d'idées, de préoccupations et de points de vue sur diverses questions mondiales, ce qui permet de trouver un terrain d'entente et de résoudre les différends. Les diplomates négocient pour obtenir des accords et des traités favorisant la collaboration dans les domaines du commerce, de la sécurité et de la préservation de l'environnement.

En outre, ils représentent leur gouvernement, transmettant les positions et les politiques officielles tout en recueillant des informations sur la position du pays d'accueil sur des questions spécifiques. La poursuite d'intérêts communs est au cœur des relations diplomatiques, les nations cherchant à aligner leurs objectifs dans des domaines allant de la prospérité économique à la stabilité régionale et au-delà. À mesure que la mondialisation remodèle le monde, les relations diplomatiques ont évolué pour inclure des partenariats dans les domaines de l'action climatique, de la cybersécurité et de la santé publique. Comprendre les éléments fondamentaux et les caractéristiques des relations diplomatiques permet de mieux comprendre la dynamique de la politique internationale et la complexité de l'établissement de relations de coopération entre diverses nations.

Jalons historiques des alliances internationales

Tout au long de l'histoire, les alliances internationales ont façonné le paysage géopolitique et influencé les événements mondiaux. Ces alliances ont souvent été forgées en réponse à des menaces communes, à des intérêts partagés ou à des opportunités stratégiques. Les étapes historiques, des anciens empires aux États-nations modernes, mettent en évidence la nature dynamique des alliances internationales et leur impact durable sur les relations mondiales. L'un des premiers exemples d'alliances internationales remonte à la guerre du Péloponnèse, lorsque Athènes et Sparte ont formé des coalitions avec diverses cités-États pour obtenir un avantage militaire. Cet exemple historique souligne l'importance stratégique des alliances dans la guerre et la diplomatie. Plus loin dans l'histoire, le traité de Westphalie de 1648 a marqué une étape importante dans le développement du système étatique moderne et du concept de souveraineté. Cet accord historique a jeté les bases de la reconnaissance d'États indépendants et de la notion de coexistence par des moyens diplomatiques. Au cours du XIXe siècle, le Concert de l'Europe est apparu comme un cadre multilatéral destiné à maintenir l'équilibre des pouvoirs et à prévenir les conflits majeurs à la suite des guerres napoléoniennes. Cet effort de coopération entre les puissances européennes a démontré le potentiel de la diplomatie collaborative pour assurer la stabilité et la paix régionales. Les deux guerres mondiales du XXe siècle ont vu la formation d'alliances puissantes, telles que les puissances alliées et les puissances de l'axe, qui ont fondamentalement remodelé l'ordre mondial et préparé le terrain pour l'ère de la guerre froide qui a suivi. La création d'organisations internationales clés telles que les Nations unies et l'OTAN après la Seconde Guerre mondiale a représenté un changement monumental vers la coopération multilatérale et la sécurité collective, favorisant des alliances durables entre des nations partageant des valeurs démocratiques et des objectifs de sécurité. Plus récemment, la dissolution de l'Union soviétique a entraîné la transformation des alliances mondiales. Elle a ouvert la voie à de nouveaux partenariats et alignements régionaux, notamment en Europe de l'Est et en Asie centrale. L'élargissement de l'Union européenne et la mise en place de mécanismes tels que le G7 et le G20 illustrent également l'évolution des alliances internationales en vue de relever les défis économiques, sécuritaires et environnementaux contemporains. Ces étapes historiques constituent des points de référence essentiels pour comprendre la complexité et l'importance des alliances internationales, et fournissent des indications précieuses sur la dynamique de la diplomatie mondiale et l'héritage durable des efforts de coopération.

Principes guidant les engagements diplomatiques

L'art de la diplomatie est guidé par un ensemble de principes qui servent de base à des relations internationales efficaces. Au cœur de la diplomatie se trouvent la paix, la stabilité et la prospérité mutuelle entre les nations. L'un des principes fondamentaux est le respect de la souveraineté, qui reconnaît à chaque nation le droit de gouverner de manière indépendante à l'intérieur de ses frontières territoriales . Ce principe sous-tend le concept moderne d'État et constitue la base des interactions diplomatiques.

Un autre principe directeur est l'adhésion au droit international et aux conventions internationales. Les engagements diplomatiques sont régis par un cadre de normes juridiques et de traités visant à réglementer le comportement interétatique, à résoudre les différends et à défendre les valeurs communes. Les traités sont essentiels pour formaliser les accords et les engagements entre les pays, en fournissant un mécanisme structuré pour la coopération et la résolution des conflits.

En outre, la diplomatie est guidée par le principe de réciprocité, qui met l'accent sur l'échange mutuel de privilèges et de droits entre les États. Les actions réciproques constituent la base de l'instauration de la confiance et de la promotion des relations de coopération. La transparence et l'ouverture sont également essentielles dans les engagements diplomatiques, car elles favorisent une communication claire et la compréhension entre les nations.

Le principe de non-ingérence dans les affaires intérieures, qui respecte la compétence nationale des États souverains, est tout aussi important. Ce principe souligne l'importance de respecter l'autonomie des nations dans la gestion de leurs affaires intérieures sans intervention extérieure. En outre, la diplomatie est guidée par le principe de la résolution pacifique des conflits, qui met l'accent sur la négociation, la médiation et l'arbitrage en tant que méthodes privilégiées pour traiter les conflits entre les États.

En outre, le principe de bonne foi et de confiance souligne l'importance de la sincérité, de l'honnêteté et de l'intégrité dans les interactions diplomatiques. L'instauration et le maintien de la confiance sont essentiels à l'établissement de relations constructives et à la résolution efficace des problèmes entre les nations. Enfin, l'inclusion et la diversité sont de plus en plus reconnues comme des principes essentiels dans les engagements diplomatiques modernes, reconnaissant la valeur des différentes perspectives et de la prise de décision inclusive. L'acceptation de la diversité améliore la représentation des intérêts mondiaux et favorise un système international plus équitable.

En résumé, les principes qui guident les engagements diplomatiques incarnent les valeurs de respect, de coopération, de transparence et de confiance, servant de pierre angulaire pour favoriser des relations internationales harmonieuses et relever des défis géopolitiques complexes.

Rôle des lois et traités internationaux

Les lois et les traités internationaux constituent le fondement des relations diplomatiques, offrant un cadre pour la coexistence pacifique et la coopération entre les nations. Ces instruments juridiques sont des outils essentiels pour instaurer la confiance, résoudre les différends et promouvoir la stabilité sur la scène internationale ( ). Au fond, les lois et traités internationaux sont conçus pour défendre les principes de souveraineté, d'égalité et de respect mutuel entre les États.

L'une des principales fonctions des lois et traités internationaux est d'établir des normes qui régissent la conduite des États dans divers domaines, notamment la diplomatie, le commerce et les droits de l'homme. Des traités tels que les conventions de Genève, la charte des Nations unies et la convention de Vienne sur les relations diplomatiques définissent les droits et les obligations des États, en fixant des lignes directrices pour l'immunité diplomatique, les relations consulaires et la protection des civils pendant les conflits armés. En adhérant à ces cadres juridiques, les pays peuvent favoriser un environnement propice à l'interaction et à la collaboration pacifiques.

En outre, les lois et les traités internationaux sont essentiels pour réglementer les relations interétatiques et relever les défis mondiaux. Des accords tels que l'accord de Paris sur le changement climatique, le traité de non-prolifération nucléaire et les accords de l'Organisation mondiale du commerce visent à résoudre des problèmes transnationaux qui nécessitent une action collective. Ils établissent des mécanismes pour contrôler le respect des règles, faciliter les négociations et les faire appliquer afin de promouvoir les intérêts communs et de résoudre les différends de manière équitable.

En plus de façonner le comportement des États, les lois et les traités internationaux servent d'instruments pour construire et maintenir des alliances. Les pactes de défense mutuelle, les accords commerciaux et les traités bilatéraux d'investissement sont des arrangements juridiques qui sous-tendent les relations de coopération entre les nations. Ces accords définissent les droits et les obligations et créent des canaux de dialogue, de résolution des litiges et de prise de décision conjointe, ce qui favorise la confiance et la solidarité entre les membres de l'alliance.

Malgré leur impact significatif, l'efficacité des lois et des traités internationaux dépend fortement de leur respect et de leur application. Les États doivent s'engager à respecter leurs obligations conventionnelles et à se conformer aux principes juridiques établis. En outre, les organisations internationales et les organes judiciaires jouent un rôle crucial en interprétant et en tranchant les litiges liés à la mise en œuvre des traités, en garantissant la responsabilité et en faisant respecter l'État de droit au sein de la communauté mondiale.

À l'avenir, la nature évolutive des défis mondiaux nécessitera une adaptation et une innovation constantes des lois et traités internationaux. Avec l'apparition de nouvelles menaces et opportunités, les efforts diplomatiques visant à élaborer des cadres juridiques efficaces seront essentiels pour traiter des questions complexes telles que la cybersécurité, l'intelligence artificielle et l'exploration spatiale. En fin de compte, les lois et les traités internationaux restent indispensables à un ordre mondial plus stable, plus sûr et plus coopératif.

Études de cas de stratégies diplomatiques réussies

Tout au long de l'histoire, de nombreux exemples ont démontré le pouvoir et l'efficacité de stratégies diplomatiques réussies pour façonner les relations internationales et résoudre les conflits. Les accords de Camp David, signés en 1978 par le président égyptien Anouar el-Sadate et le premier ministre israélien Menachem Begin, sous la médiation du président américain Jimmy Carter, constituent l'une de ces études de cas convaincantes. Ces accords ont débouché sur le tout premier traité de paix entre Israël et un pays arabe, mettant effectivement fin à des décennies d'hostilité et de confrontation militaire. Cette réalisation monumentale a démontré le potentiel de transformation des négociations diplomatiques guidées par un engagement sincère en faveur de la coexistence pacifique. Un autre exemple notable est l'accord de Dayton, négocié en 1995 pour mettre fin au conflit dévastateur en Bosnie-Herzégovine. Grâce à des efforts de médiation inlassables menés par des puissances mondiales, dont les États-Unis et l'Union européenne, l'accord a permis de mettre un terme à des années de guerre brutale. Il a ouvert la voie à la stabilisation et à la reconstruction après le conflit.

En outre, l'accord sur le nucléaire iranien, officiellement connu sous le nom de Plan global d'action conjoint (JCPOA), illustre la nature complexe mais efficace de la diplomatie multilatérale. Négocié par les pays du groupe P5+1 et l'Union européenne, l'accord visait à limiter le programme nucléaire iranien en échange d'un allègement des sanctions, favorisant ainsi un environnement géopolitique plus stable et plus coopératif. Cette étude de cas souligne la nécessité de négociations nuancées et de compromis pour répondre à des préoccupations sécuritaires sensibles. En outre, les accords d'Oslo, signés en 1993 entre Israël et l'Organisation de libération de la Palestine, symbolisent le potentiel de la diplomatie pour ouvrir la voie à une paix à long terme dans des conflits enracinés. Bien qu'il ait été confronté à des difficultés ultérieures, cet accord historique a marqué un tournant dans la recherche d'une solution à deux États, soulignant les progrès progressifs que la diplomatie peut réaliser. Ces études de cas illustrent notamment le fait que les stratégies diplomatiques fructueuses reposent sur des compétences de négociation, l'instauration d'une confiance mutuelle et la volonté courageuse des parties de prendre des risques calculés pour le bien de tous. À partir de ces exemples, les décideurs politiques et les diplomates peuvent acquérir des connaissances précieuses pour naviguer dans des paysages géopolitiques complexes et favoriser une coopération durable entre les nations.

Les défis de la diplomatie moderne

La diplomatie moderne est confrontée à de nombreux défis complexes qui ont évolué parallèlement à la dynamique changeante des relations internationales. L'un des principaux défis est la nature de plus en plus multidimensionnelle des conflits et des négociations, qui exige une approche plus polyvalente et adaptable de la diplomatie. Dans un paysage mondial interconnecté, les canaux diplomatiques traditionnels doivent faire face à des acteurs non étatiques, à des questions transnationales et à des frontières floues entre la politique intérieure et la politique étrangère. Il est donc nécessaire de réévaluer les stratégies et les outils diplomatiques conventionnels.

En outre, les progrès rapides de la technologie ont révolutionné la communication et l'espionnage, présentant à la fois des opportunités et des vulnérabilités pour les diplomates. L'impact des médias sociaux, des menaces de cybersécurité et des campagnes de désinformation a considérablement compliqué le processus diplomatique, obligeant les diplomates à naviguer dans les paysages numériques avec précision et prudence. En outre, le recours croissant à la prise de décision fondée sur les données a suscité des inquiétudes concernant la protection de la vie privée, la surveillance et la militarisation potentielle de l'information dans les interactions diplomatiques.

La polarisation croissante de l'opinion publique au niveau national et international constitue un autre défi majeur. Les diplomates doivent négocier dans un environnement où le populisme, les divisions idéologiques et les récits politisés façonnent la perception qu'a le public de la politique étrangère et des alliances internationales. Naviguer entre ces points de vue divergents tout en maintenant une cohérence stratégique est essentiel pour un engagement diplomatique efficace.

Les différences culturelles posent également des défis importants à la diplomatie moderne. Il est essentiel de comprendre, de respecter et de concilier les diverses normes, coutumes et valeurs culturelles pour favoriser la compréhension et la confiance mutuelles entre les nations. L'incapacité à apprécier et à prendre en compte ces différences peut conduire à une mauvaise communication, à des malentendus et à des crises diplomatiques.

L'interdépendance et la concurrence économiques compliquent encore les relations diplomatiques. Les questions financières devenant profondément liées aux intérêts géopolitiques, la négociation d'accords commerciaux, la résolution des différends et l'équilibre entre la coopération économique et les considérations de sécurité nationale exigent une approche diplomatique nuancée et sophistiquée.

Enfin, les crises environnementales et humanitaires, les urgences en matière de santé publique et les menaces sécuritaires amplifient la complexité de la diplomatie moderne. L'équilibre entre les besoins humanitaires immédiats ( ) et les objectifs politiques à long terme exige des diplomates qu'ils déploient des stratégies agiles et réactives pour faire face à des crises aux multiples facettes.

Pour relever efficacement ces défis, les diplomates doivent posséder une connaissance approfondie des affaires internationales, des compétences en matière de communication et de négociation, des compétences culturelles, des connaissances technologiques et une conscience aiguë de l'évolution du paysage mondial.

Impact des différences culturelles sur la diplomatie

Les différences culturelles jouent un rôle important dans l'élaboration des interactions et des résultats diplomatiques. Lorsque les nations s'engagent dans des relations internationales, elles apportent des normes, des valeurs et des pratiques culturelles uniques qui peuvent avoir un impact sur la dynamique des échanges diplomatiques. Il est essentiel de comprendre et de gérer ces différences culturelles pour assurer le succès de la diplomatie. Les nuances culturelles englobent divers aspects tels que les styles de communication, les processus de prise de décision, les hiérarchies sociales et l'étiquette, qui influencent tous la manière dont les diplomates de différentes nations interagissent. Par exemple, dans certaines cultures, une communication directe et assurée peut être perçue comme agressive, alors que dans d'autres, elle peut être la norme. Ces différences peuvent entraîner des malentendus et des interprétations erronées dans les négociations diplomatiques, ce qui risque d'entraver les progrès.

En outre, les différences culturelles vont au-delà des barrières linguistiques et englobent des éléments plus profonds tels que les traditions, les coutumes et les systèmes de croyance. Les diplomates doivent être à l'écoute de ces disparités culturelles pour favoriser la compréhension et le respect mutuels. Ne pas reconnaître et apprécier les différences culturelles peut créer des frictions et éroder la confiance, empêchant ainsi la réalisation des objectifs diplomatiques. Par conséquent, les diplomates doivent consacrer du temps à l'éducation interculturelle et à la formation à la sensibilité afin de combler les lacunes et d'établir des relations fructueuses. En outre, l'intelligence culturelle et l'empathie sont des atouts précieux pour naviguer dans les complexités des divers paysages culturels. Les missions diplomatiques bénéficient de représentants qui apprécient profondément les fondements historiques, religieux et sociétaux des pays avec lesquels ils s'engagent. En reconnaissant et en respectant la diversité culturelle, les diplomates peuvent établir des relations et renforcer les liens avec leurs homologues, jetant ainsi les bases d'un dialogue et d'une collaboration constructifs.

En outre, l'acceptation des différences culturelles offre une opportunité d'innovation et enrichit le processus diplomatique en favorisant des solutions créatives à des défis mondiaux complexes. À l'ère de la mondialisation, où les partenariats internationaux sont essentiels, il est impératif d'embrasser et de tirer parti de la diversité culturelle pour une diplomatie efficace. L'alphabétisation culturelle reste donc une pierre angulaire pour faire progresser les relations internationales et encourager la prospérité mutuelle, la paix et la stabilité sur la scène mondiale.

Le rôle de la technologie dans l'amélioration ou l'entrave de la diplomatie

La technologie joue un rôle central dans l'élaboration des engagements diplomatiques et des relations internationales à l'ère moderne. L'avènement des outils de communication numériques, des plateformes de médias sociaux et des technologies de l'information avancées a transformé la manière dont les nations interagissent et négocient sur la scène mondiale. Ces avancées ont à la fois renforcé et entravé la diplomatie de diverses manières. D'une part, la technologie a facilité la communication instantanée, permettant aux diplomates d'engager des discussions en temps réel, de coordonner les réponses aux crises et d'échanger rapidement des informations essentielles. Des plateformes telles que les vidéoconférences et les applications de messagerie sécurisée ont permis aux dirigeants et aux diplomates d'organiser plus facilement des sommets virtuels et de maintenir une communication constante malgré les barrières géographiques.

En outre, l'analyse des big data et l'intelligence artificielle ont révolutionné la manière dont les pays recueillent et analysent les informations, fournissant des indications précieuses qui éclairent les stratégies diplomatiques et les processus de prise de décision. Cependant, les avancées technologiques qui renforcent les efforts diplomatiques présentent également des défis substantiels. Les menaces de cybersécurité représentent un risque important pour les communications diplomatiques, car les cyberattaques et les violations d'informations parrainées par des États peuvent compromettre des négociations sensibles et saper la confiance entre les nations. En outre, la prolifération de la désinformation et de la propagande par le biais des plateformes de médias sociaux a contribué à la diffusion de fausses informations, attisant les tensions et compliquant les dialogues diplomatiques. En outre, l'évolution rapide des technologies militaires, telles que les drones et les capacités de cyberguerre, a introduit de nouvelles dimensions de conflit et de coercition dans les relations diplomatiques. Alors que les nations s'efforcent d'intégrer la technologie dans la diplomatie, elles doivent faire face à des considérations éthiques, à des problèmes de protection de la vie privée et au risque que l'asymétrie technologique n'exacerbe les différences de pouvoir. Pour exploiter efficacement la technologie à des fins diplomatiques, les États doivent établir des cadres transparents pour la communication numérique, investir dans des mesures de cybersécurité et collaborer pour relever des défis communs. En outre, des normes et des réglementations internationales concernant l'utilisation éthique des technologies émergentes sont essentielles pour promouvoir la confiance mutuelle et la coopération entre les nations. À l'avenir, l'intersection de la technologie et de la diplomatie continuera d'évoluer, offrant des possibilités d'innovation et de collaboration tout en exigeant une gestion astucieuse et de la vigilance pour atténuer les risques et les vulnérabilités potentiels.

Tendances futures des alliances internationales

Alors que la dynamique de la politique mondiale continue d'évoluer, le paysage des alliances internationales est sur le point de subir une transformation significative dans les décennies à venir. Plusieurs tendances clés devraient façonner l'avenir des partenariats internationaux, en influençant la manière dont les nations collaborent et relèvent les défis géopolitiques. L'une d'entre elles concerne la montée en puissance des partenariats non traditionnels, dans le cadre desquels des pays partageant des intérêts, des valeurs ou des objectifs stratégiques forgent des alliances qui transcendent les frontières géopolitiques traditionnelles. Ces alliances peuvent émerger en réponse à des questions urgentes telles que le changement climatique, la cybersécurité ou les pandémies, reflétant une reconnaissance croissante de l'interconnexion des défis mondiaux. En outre, l'émergence de blocs de puissance régionaux devrait jouer un rôle central dans la formation des alliances internationales. À mesure que certaines régions affirment leur influence économique et géopolitique, les pays de ces blocs sont susceptibles de nouer des liens plus étroits afin de renforcer leur force et leur influence collectives sur la scène mondiale. Cette tendance pourrait conduire à une reconfiguration des alliances traditionnelles et créer de nouvelles opportunités de coopération et de concurrence.

En outre, le développement d'alliances multidimensionnelles, englobant une collaboration politique et militaire ainsi que des composantes économiques, culturelles et technologiques, est appelé à devenir de plus en plus courant. Dans un monde interconnecté, les nations reconnaissent l'importance d'exploiter un éventail de ressources et de capacités pour relever les défis mondiaux complexes de manière globale. Cette approche holistique des alliances signifie une évolution vers des formes de coopération plus intégrées et plus diversifiées. En outre, le rôle des institutions transnationales et des acteurs non étatiques dans la formation des alliances internationales devrait s'accroître. Des organisations telles que les Nations unies, les blocs économiques régionaux et les mouvements de la société civile sont susceptibles d'exercer une plus grande influence sur les efforts de construction d'alliances, introduisant de nouvelles dynamiques et complexités dans le paysage diplomatique.

En outre, l'impact des avancées technologiques sur les alliances internationales ne peut être sous-estimé. De l'intelligence artificielle à la cyber-guerre en passant par l'exploration spatiale et les télécommunications, la technologie continuera à redéfinir la nature des alliances, introduisant des opportunités de collaboration plus étroite et des vulnérabilités qui nécessitent une navigation prudente. L'adaptation à ces évolutions sera cruciale pour garantir la résilience et la pertinence des alliances internationales à l'avenir. En conclusion, l'avenir des alliances internationales se caractérise par une confluence de tendances diverses et dynamiques qui remodèlent les paradigmes traditionnels de la diplomatie et de la coopération mondiales. Comprendre ces tendances et y répondre sera essentiel pour les décideurs politiques et les diplomates qui cherchent à favoriser des alliances durables, efficaces et adaptables dans un contexte d'interdépendance mondiale sans précédent.

Stratégies de renforcement des partenariats mondiaux

Alors que le paysage géopolitique mondial continue d'évoluer, le besoin de stratégies efficaces pour renforcer les partenariats mondiaux devient de plus en plus vital. Il est essentiel de cultiver et d'entretenir des alliances internationales solides pour promouvoir la paix, la sécurité et la prospérité à l'échelle mondiale. Dans cette section, nous examinons les approches et les stratégies à multiples facettes visant à améliorer et à renforcer les partenariats mondiaux. Tout d'abord, l'une des stratégies clés pour renforcer les partenariats mondiaux consiste à favoriser la confiance et la compréhension mutuelles entre les nations. Cela implique de s'engager dans des dialogues ouverts, de mettre en œuvre des politiques transparentes, d'honorer les engagements et de construire une base solide de confiance et de fiabilité.

En outre, la promotion de programmes d'échanges culturels, la collaboration en matière d'éducation et la diplomatie interpersonnelle peuvent contribuer à combler les fossés culturels et à favoriser l'empathie, le respect et l'appréciation des différentes perspectives. Un autre aspect crucial est la garantie d'une coopération économique équitable et juste. Encourager les accords commerciaux équitables, promouvoir les partenariats d'investissement et s'attaquer aux disparités économiques sont des éléments essentiels pour développer des relations économiques durables et mutuellement bénéfiques. En outre, la promotion de pratiques commerciales éthiques et de la responsabilité sociale des entreprises peut contribuer à favoriser des relations commerciales internationales positives.

En outre, l'exploitation du potentiel de la technologie peut catalyser le renforcement des partenariats mondiaux. L'exploitation des plateformes numériques pour les communications diplomatiques, l'utilisation d'informations fondées sur des données pour la formulation des politiques et la collaboration en matière d'innovation technologique peuvent faciliter l'établissement de liens plus étroits entre les nations. Toutefois, il est impératif de répondre aux préoccupations en matière de cybersécurité et de garantir une utilisation responsable de la technologie dans les relations diplomatiques. Il est également essentiel de mettre l'accent sur la diplomatie multilatérale et la résolution collaborative des problèmes pour renforcer les partenariats mondiaux. S'engager dans une action collective par l'intermédiaire d'organisations internationales, telles que les Nations unies, et participer à des initiatives conjointes pour relever les défis mondiaux, allant du changement climatique aux crises de santé publique, démontre un engagement en faveur d'intérêts et de valeurs partagés. Enfin, le maintien de relations à long terme en donnant la priorité à des engagements réguliers à haut niveau ( ), en cultivant des relations personnelles entre les dirigeants et en investissant dans la formation diplomatique et le renforcement des capacités consolide encore davantage les partenariats mondiaux. En mettant en œuvre ces stratégies à multiples facettes, les nations peuvent s'efforcer de favoriser des partenariats mondiaux durables qui contribuent à un monde plus stable, plus interconnecté et plus prospère.

31

Regarder vers l'avenir

SCÉNARIOS POUR LA GÉOPOLITIQUE FUTURE

A ***nticiper les tendances géopolitiques***

L'anticipation des tendances géopolitiques futures nécessite une approche multidimensionnelle englobant des facteurs politiques, économiques, sociaux et technologiques. En examinant la dynamique mondiale actuelle d'un point de vue critique et prospectif, nous pouvons commencer à spéculer sur les trajectoires et les défis potentiels qui pourraient façonner le paysage géopolitique dans les années à venir. Cette section explore les complexités de la prévision géopolitique tout en explorant diverses méthodologies et outils analytiques pour anticiper les tendances futures. Il est essentiel de reconnaître la nature interconnectée des relations internationales et l'évolution de la dynamique du pouvoir entre les États et les acteurs non étatiques. Alors que nous naviguons dans un monde de plus en plus interdépendant, la compréhension de l'interaction entre les puissances traditionnelles et émergentes et l'impact des avancées technologiques seront essentiels pour anticiper les changements géopolitiques. En outre, la convergence des variables économiques, environnementales et démographiques complique encore la prévision des futurs paysages géopolitiques. En analysant les modèles historiques et les développements contemporains, nous pouvons discerner les moteurs potentiels du changement et identifier les questions essentielles susceptibles d'influencer les perspectives géopolitiques.

En outre, cette exploration mettra en lumière le rôle des dynamiques régionales, des alliances et des conflits, qui contribuent tous à la trame plus large des relations internationales. L'examen des scénarios potentiels nécessite une compréhension nuancée des structures de pouvoir mondiales, des ambitions stratégiques et des relations diplomatiques. Grâce à cette analyse complète, nous pouvons démêler les multiples facettes des prévisions géopolitiques et nous faire une idée des voies probables qui pourraient se dessiner dans les années à venir.

Méthodes de prévision de l'avenir

La prévision des tendances géopolitiques futures nécessite une approche rigoureuse et multidimensionnelle. S'appuyant sur l'expertise de politologues, d'économistes, d'historiens et de technologues, les méthodologies de prévision sont essentielles pour guider la prise de décisions stratégiques aux niveaux national et mondial. Pour commencer, la planification de scénarios est un outil puissant qui permet d'anticiper les résultats potentiels en fonction de différentes trajectoires géopolitiques. En élaborant plusieurs scénarios hypothétiques, les décideurs peuvent mieux se préparer à diverses éventualités et atténuer les risques de manière efficace. En outre, l'analyse des tendances est essentielle pour identifier les modèles persistants et les changements émergents dans la dynamique mondiale. Il s'agit notamment de surveiller les indicateurs économiques, les changements démographiques et les avancées technologiques afin de discerner leur impact sur la géopolitique.

En outre, l'exploitation de données quantitatives et qualitatives est essentielle pour créer des modèles prédictifs qui aident à comprendre la probabilité de certains événements géopolitiques. Les méthodologies statistiques avancées, les avis d'experts et les précédents historiques contribuent à des prévisions plus précises. L'évaluation des risques géopolitiques est impérative pour évaluer la vulnérabilité des nations et des régions aux chocs géopolitiques, tels que les conflits, les ralentissements économiques ou les catastrophes environnementales. Ces évaluations intègrent des facteurs tels que la stabilité politique, les menaces pour la sécurité et la répartition des ressources afin de mesurer le potentiel d'instabilité et de bouleversement. En outre, l'analyse des réseaux permet de mieux comprendre le réseau complexe des relations internationales et l'influence des principaux acteurs. L'identification des parties prenantes influentes et la cartographie de leurs interactions offrent une perspective plus claire sur les alliances, les conflits et les luttes de pouvoir potentiels. Il est primordial de reconnaître l'interconnexion du système mondial et d'anticiper son évolution. Alors que la technologie continue de remodeler le paysage géopolitique, l'adoption d'outils analytiques avancés et de l'intelligence artificielle améliore la précision et la profondeur des prévisions futures. L'analyse des big data, les algorithmes d'apprentissage automatique et le traitement du langage naturel permettent aux analystes de traiter une grande quantité d'informations et d'en extraire des informations exploitables. Enfin, la collaboration interdisciplinaire est fondamentale pour améliorer la robustesse des prévisions. Une compréhension globale des développements géopolitiques futurs peut être obtenue en réunissant des experts de divers domaines, y compris des diplomates, des stratèges militaires, des environnementalistes et des spécialistes de l'industrie. En conclusion, les méthodologies de prévision sont indispensables pour naviguer sur le terrain complexe et dynamique de la géopolitique mondiale. Grâce à l'application méticuleuse de la planification de scénarios, de l'analyse des tendances, de la modélisation prédictive, de l'évaluation des risques, de l'analyse des réseaux, de l'intégration technologique et de la collaboration interdisciplinaire, les parties prenantes peuvent prendre des décisions éclairées qui déterminent le cours des relations internationales.

Changements de pouvoir dans les hémisphères oriental et occidental

Alors que nous envisageons l'avenir de la géopolitique mondiale, nous ne pouvons pas ignorer les importants changements de pouvoir qui se produisent dans les hémisphères oriental et occidental. L'ascension fulgurante de la Chine en tant que puissance économique mondiale ( ) s'est accompagnée d'un effort concerté pour étendre son influence géopolitique à l'Est. Grâce à des initiatives telles que l'initiative "la Ceinture et la Route" et à des décisions de politique étrangère affirmées, la Chine a démontré ses ambitions sur la scène internationale. Parallèlement, l'émergence de l'Inde en tant qu'acteur clé dans les affaires régionales et mondiales, grâce à son économie florissante et à ses capacités militaires stratégiques, est en train de remodeler la dynamique du pouvoir en Asie. La réémergence de la Russie en tant que force dominante dans les relations internationales présente une facette passionnante de la projection de puissance dans l'hémisphère oriental. Grâce à sa forte présence militaire et à ses manœuvres diplomatiques, la Russie continue de jouer un rôle central dans le façonnement des paysages géopolitiques, en particulier dans le contexte de l'Europe de l'Est et de l'Asie centrale.

À l'inverse, le statut durable des États-Unis en tant que superpuissance dans l'hémisphère occidental est confronté à des défis potentiels dans une dynamique mondiale en pleine évolution. Le changement de l'équilibre des pouvoirs dans les Amériques, alimenté par la montée en puissance de pays comme le Brésil et le Mexique en tant qu'acteurs régionaux influents, a des implications de grande portée pour les futurs paradigmes géopolitiques. Parallèlement, malgré les précédents historiques, l'Europe reste un centre de pouvoir influent qui a un impact significatif sur les tendances géopolitiques mondiales. Des facteurs tels que le Brexit, le rôle de l'Union européenne et les changements d'alliances en réponse aux menaces émergentes façonnent la position dynamique de l'Europe dans l'hémisphère occidental. Les changements de pouvoir dans les deux hémisphères ont des répercussions qui vont au-delà des dynamiques régionales, influençant les structures de gouvernance mondiale, les architectures de sécurité, les relations commerciales et les voies de l'innovation technologique. Il est essentiel de comprendre ces changements de pouvoir pour naviguer dans le futur paysage des relations internationales et formuler des stratégies efficaces pour relever les défis et saisir les opportunités qui en découlent.

Le rôle central de la technologie dans les stratégies géopolitiques

Dans le paysage contemporain des relations internationales, la technologie est devenue un facteur déterminant des stratégies géopolitiques, influençant profondément la dynamique du pouvoir mondial et façonnant la conduite de l'État. Les progrès incessants de la technologie, en particulier dans des domaines tels que l'intelligence artificielle, la cyberguerre et l'exploration spatiale, ont redéfini la sécurité nationale, la compétitivité économique et l'influence stratégique. Les nations s'appuient de plus en plus sur les innovations technologiques pour affirmer leur domination, préserver leurs intérêts et exercer une influence sur la scène mondiale. Cette section examine les multiples facettes de l'impact de la technologie sur les stratégies géopolitiques ( ), en élucidant son rôle dans le façonnement de la trajectoire future des relations internationales.

La prolifération de cybercapacités sophistiquées a fondamentalement modifié la nature de la guerre moderne et de l'art de gouverner. Les menaces liées à la cybersécurité constituent des défis importants pour la défense nationale et les infrastructures essentielles, ce qui oblige les États à renforcer leurs cyberdéfenses et à développer des cybercapacités offensives à des fins de dissuasion et de riposte. En outre, l'intégration de l'intelligence artificielle dans les opérations militaires a révolutionné les tactiques de combat, la collecte de renseignements et les systèmes d'armes autonomes, ouvrant une ère de progrès militaires et de doctrines stratégiques sans précédent. Alors que les nations s'efforcent d'exploiter le potentiel des technologies émergentes, la poursuite de la suprématie technologique est devenue étroitement liée aux calculs géopolitiques et aux impératifs de sécurité nationale.

En outre, le domaine en plein essor de l'exploration spatiale a dépassé les frontières scientifiques pour revêtir une importance stratégique dans le discours géopolitique. Les biens spatiaux sont devenus indispensables pour la reconnaissance, la communication et la navigation, exerçant une influence profonde sur les opérations militaires et la collecte de renseignements. La quête de la domination de l'espace a intensifié la concurrence entre les grandes puissances, stimulant les investissements dans les technologies spatiales avancées et les capacités satellitaires afin de renforcer l'avantage stratégique et de protéger les intérêts nationaux vitaux.

En outre, l'impact omniprésent de l'innovation technologique dépasse les domaines traditionnels de la sécurité pour englober la compétitivité économique et la connectivité mondiale. La transformation numérique et l'essor des réseaux interconnectés ont engendré de nouvelles dimensions de la guerre économique, suscitant des inquiétudes quant à la dépendance technologique, aux vulnérabilités de la chaîne d'approvisionnement et à la protection de la propriété intellectuelle. Dans le même temps, les percées dans le domaine des infrastructures intelligentes, de la technologie 5G et de l'informatique quantique sont devenues des points focaux dans la course au leadership technologique, incitant les nations à naviguer dans des paysages réglementaires complexes et à forger des partenariats stratégiques pour garantir leur avantage concurrentiel sur le marché mondial.

Alors que la technologie continue d'évoluer sans relâche, l'interaction complexe entre les avancées technologiques et les stratégies géopolitiques façonnera sans aucun doute les contours des relations internationales au XXIe siècle. Les décideurs politiques et les stratèges devront impérativement se tenir au courant de ces évolutions, anticiper leurs implications et formuler des réponses politiques agiles afin de naviguer avec clairvoyance et perspicacité dans les méandres complexes de la technologie et de la géopolitique.

Incertitudes économiques et adaptation des marchés mondiaux

L'économie mondiale traverse une période de flux importants, caractérisée par des incertitudes économiques émanant de facteurs géopolitiques, technologiques et environnementaux. Nous examinons ici l'interaction complexe entre ces incertitudes et les stratégies d'adaptation dans le paysage du marché mondial. La dynamique changeante des relations commerciales internationales, les guerres tarifaires et les blocs économiques régionaux ont créé de l'incertitude pour les entreprises et les investisseurs. En outre, l'évolution des systèmes financiers, de la banque traditionnelle aux innovations fintech, a introduit de nouvelles complexités et opportunités. Dans ce contexte, naviguer dans les incertitudes économiques nécessite une compréhension approfondie des tendances macroéconomiques, des politiques monétaires et des interventions fiscales adoptées par les gouvernements et les banques centrales du monde entier. Le marché mondial doit s'adapter à ces diversités, car les différentes régions sont confrontées à des défis uniques tels que les transitions démographiques, la rareté des ressources et l'instabilité politique. L'essor des marchés émergents et de l'économie numérique offre des perspectives prometteuses et des bouleversements qui remodèlent les paradigmes économiques traditionnels. Face à ces incertitudes, les entreprises doivent reconsidérer leurs stratégies de chaîne d'approvisionnement, leur résilience opérationnelle et leurs cadres de gestion des risques.

En outre, la pandémie de COVID-19 a accéléré les changements structurels dans le comportement des consommateurs, les infrastructures de soins de santé et les modalités de travail à distance, amplifiant l'importance des modèles d'entreprise adaptatifs et des pratiques durables.

Les objectifs de développement durable, l'investissement à impact et la responsabilité sociale des entreprises sont devenus des facteurs clés de la résilience et de la compétitivité des marchés. La convergence des incertitudes géopolitiques, des avancées technologiques rapides et des impératifs environnementaux exige une réévaluation complète des adaptations du marché mondial. Face à ces défis, des mesures proactives telles que la promotion des écosystèmes d'innovation, le renforcement des collaborations transfrontalières et la mise en place de cadres réglementaires souples peuvent ouvrir la voie à une croissance économique durable et inclusive. Alors que les industries, les institutions financières et les gouvernements naviguent dans ce paysage, une approche stratégique visant à tirer parti des incertitudes économiques en tant que catalyseurs de changements constructifs peut favoriser la résilience, la créativité et la prospérité sur le marché mondial.

Les défis environnementaux et leur impact international

Les défis environnementaux sont devenus un facteur critique qui façonne le paysage de la géopolitique mondiale. L'interconnexion des questions environnementales au-delà des frontières a conduit à une reconnaissance collective de l'impératif d'une collaboration internationale pour relever ces défis. Les répercussions du changement climatique, des catastrophes naturelles et de l'épuisement des ressources dépassent largement les frontières nationales, ce qui a de profondes répercussions sur la géopolitique et les relations internationales. Avec l'élévation du niveau des mers, l'intensification des phénomènes météorologiques extrêmes et la dégradation des écosystèmes, les pays du monde entier doivent réévaluer leurs stratégies de sécurité nationale et coopérer pour atténuer l'impact environnemental. La concurrence pour des ressources rares, en particulier l'eau et les terres arables, peut déclencher des conflits et exacerber les tensions géopolitiques.

En outre, la crise environnementale en cours constitue une menace importante pour la sécurité humaine, avec des répercussions sur les schémas migratoires, la santé publique et la stabilité socio-économique. Il est essentiel de comprendre l'interaction complexe entre les facteurs écologiques et les dynamiques géopolitiques pour s'orienter dans la complexité des défis environnementaux. Cela nécessite le développement de politiques durables, de technologies innovantes et d'accords multilatéraux pour lutter contre la dégradation de l'environnement à l'échelle mondiale. De l'Accord de Paris aux initiatives régionales, la coopération internationale sur les questions environnementales témoigne de la reconnaissance de notre responsabilité partagée de sauvegarder la planète pour les générations futures. On ne saurait trop insister sur le rôle de la diplomatie environnementale dans la promotion de la collaboration et des pratiques durables.

En outre, l'intégration des considérations environnementales dans la planification stratégique et la formulation de la politique étrangère est essentielle pour faire face aux impacts multiformes des défis environnementaux. Les nations doivent adopter des approches prospectives reconnaissant l'interdépendance de la durabilité écologique et de la stabilité géopolitique. La prise de conscience de l'interconnectivité environnementale et de ses implications pour les relations internationales jette les bases de partenariats solides et d'actions coordonnées pour faire face aux défis environnementaux. L'urgence de cette question exige un engagement proactif, un leadership visionnaire et des efforts concertés pour défendre la gestion de l'environnement dans le contexte plus large de la géopolitique. Alors que nous naviguons dans le réseau complexe des défis environnementaux, la convergence des impératifs écologiques et des réalités géopolitiques souligne la nécessité d'un engagement soutenu pour favoriser une coexistence durable et harmonieuse entre les nations.

Changements démographiques et instabilité politique

Les changements démographiques sont depuis longtemps reconnus comme des facteurs critiques influençant la stabilité politique et la géopolitique mondiale. La modification de la composition des populations au sein des nations et entre elles peut avoir de profondes répercussions sociales, économiques et politiques et façonner les relations internationales comme jamais auparavant. Ces dernières années, des changements démographiques rapides, notamment le vieillissement des populations dans certaines régions et la jeunesse des populations dans d'autres, ont intensifié la complexité des paysages géopolitiques. Il est essentiel de comprendre l'interaction entre les tendances démographiques et l'instabilité politique pour anticiper les futurs scénarios géopolitiques. L'urbanisation est une tendance démographique importante qui a des répercussions considérables à l'échelle mondiale. Comme de plus en plus d'individus quittent les zones rurales pour les centres urbains, la concentration des populations dans des régions géographiques spécifiques a de profondes ramifications sur l'allocation des ressources, le développement des infrastructures et l'intégration sociétale. La démographie urbaine a également un impact sur la représentation politique, car les villes influencent souvent les processus décisionnels nationaux et internationaux.

En outre, le phénomène de l'explosion de la jeunesse, caractérisé par un nombre disproportionné de jeunes au sein d'une population, présente à la fois des opportunités et des défis pour la stabilité géopolitique. Si une population de jeunes en plein essor peut alimenter la croissance économique et l'innovation, elle présente aussi des risques si elle n'est pas gérée efficacement. Les disparités en matière d'éducation, les taux de chômage et la privation de droits au sein des cohortes de jeunes peuvent contribuer aux troubles civils et à la volatilité politique. En outre, les changements démographiques liés aux migrations et aux flux de réfugiés influencent considérablement la politique intérieure et les relations internationales. Alors que les pays sont aux prises avec l'impact des migrations à grande échelle, les débats sur la citoyenneté, l'assimilation culturelle et la cohésion sociale deviennent des éléments centraux du discours politique. Ces facteurs peuvent alimenter les politiques identitaires, conduisant à des idéologies nationalistes et à des conflits potentiels sur les politiques d'immigration. Il est essentiel de reconnaître les liens complexes entre les changements démographiques et la stabilité politique pour élaborer des stratégies éclairées et efficaces afin de relever les défis géopolitiques futurs. En intégrant les considérations démographiques dans les analyses géopolitiques, les décideurs politiques peuvent mieux anticiper et atténuer les sources potentielles d'instabilité tout en tirant parti des opportunités démographiques pour la coopération et la prospérité mondiales.

L'influence des acteurs non étatiques et des organisations supranationales

Les acteurs non étatiques et les organisations supranationales jouent un rôle important dans la dynamique de la géopolitique mondiale. Des multinationales aux organisations non gouvernementales (ONG) en passant par les blocs régionaux, ces entités exercent une influence qui transcende les frontières traditionnelles des États. L'interconnexion mondiale a amplifié l'impact des acteurs non étatiques, remettant en cause le monopole des États-nations dans les relations internationales. Les sociétés multinationales, par exemple, exercent un pouvoir économique qui rivalise avec celui de nombreux pays. Leurs décisions en matière d'investissement, de production et de commerce peuvent avoir un impact considérable sur les économies nationales et le paysage géopolitique.

En outre, les ONG sont devenues des défenseurs influents de diverses causes, façonnant l'opinion publique et faisant pression sur les gouvernements pour qu'ils s'attaquent à des problèmes cruciaux tels que les droits de l'homme, la protection de l'environnement et la santé mondiale. Parallèlement, des organisations régionales telles que l'Union européenne et l'Union africaine sont devenues des entités puissantes, capables d'élaborer des politiques et d'influencer le comportement des États membres. Ces organisations supranationales répondent à des préoccupations économiques et sécuritaires et défendent des normes et des valeurs qui transcendent les frontières nationales. Leur cadre réglementaire et leurs processus décisionnels s'entremêlent souvent avec ceux des États souverains, introduisant une interaction dynamique entre les acteurs étatiques et non étatiques. En outre, les groupes armés non étatiques, les organisations terroristes et les cyber-attaquants posent des défis uniques à l'ordre géopolitique traditionnel. Leurs tactiques asymétriques et leurs opérations transnationales peuvent potentiellement perturber la stabilité et la sécurité à l'échelle mondiale. Pour faire face à l'évolution du rôle des acteurs non étatiques et des organisations supranationales dans la géopolitique, il est nécessaire de bien comprendre leurs motivations, leurs capacités et leurs interactions avec les acteurs étatiques traditionnels. Pour l'avenir, la navigation dans ce paysage complexe nécessite un examen attentif des diverses forces en présence et une approche adaptable de la diplomatie et de la gouvernance. En fin de compte, l'influence des acteurs non étatiques et des organisations supranationales continuera d'être un facteur déterminant dans le tissu des futures réalités géopolitiques, exigeant une réponse nuancée et stratégique de la part de la communauté internationale.

Études de cas : Points chauds et points d'éclair potentiels

Pour évaluer le paysage de la géopolitique future, il est impératif d'examiner minutieusement les points chauds et les foyers potentiels susceptibles d'émerger sur la scène mondiale. Ces zones géographiques ou situations géopolitiques ont tendance à dégénérer en conflits ou crises importants susceptibles d'avoir des répercussions considérables sur les relations internationales et la sécurité. L'une de ces zones préoccupantes ( ) est la mer de Chine méridionale, où les revendications territoriales et les intérêts stratégiques de plusieurs pays, dont la Chine, le Viêt Nam et les Philippines, se chevauchent et constituent un risque permanent de confrontation et d'instabilité. L'affirmation croissante de la Chine dans cette région et la construction d'îles artificielles et d'installations militaires ont exacerbé les tensions et suscité des inquiétudes quant à la sécurité maritime et à la liberté de navigation. La péninsule coréenne est un autre point chaud critique, caractérisé par la division durable entre la Corée du Nord et la Corée du Sud, aggravée par les ambitions nucléaires de la Corée du Nord et la menace persistante qu'elle fait peser sur la stabilité régionale. Le conflit en cours en Syrie et en Irak reste un foyer d'instabilité, exacerbé par des intérêts régionaux et mondiaux concurrents, la présence de groupes extrémistes et les crises humanitaires. En outre, le conflit en cours en Ukraine, qui découle de l'annexion de la Crimée par la Russie et des mouvements séparatistes en cours dans l'est de l'Ukraine, continue de peser sur les relations entre la Russie et l'Occident, entraînant des sanctions et des frictions diplomatiques.

En outre, la Corne de l'Afrique, y compris la Somalie et la région environnante, est depuis longtemps un point chaud où des problèmes tels que la piraterie, le terrorisme et l'instabilité politique contribuent à sa nature volatile. Ces études de cas rappellent de manière cruciale la fragilité de la paix mondiale et la complexité de la gestion des risques géopolitiques. Il sera essentiel de comprendre et de traiter ces points chauds et ces foyers potentiels pour élaborer des stratégies efficaces visant à promouvoir la stabilité, la résolution des conflits et la sécurité internationale, alors que nous naviguons dans les méandres d'un monde en constante évolution.

Recommandations politiques et mesures stratégiques

Pour naviguer dans le paysage complexe de la géopolitique future, il est impératif d'élaborer des recommandations politiques proactives et des mesures stratégiques afin de répondre efficacement aux défis et aux opportunités potentiels. Tout d'abord, l'engagement diplomatique et la coopération multilatérale devraient être considérés comme des piliers fondamentaux de la politique étrangère. Des relations solides avec les principaux alliés et les puissances émergentes peuvent créer un ordre mondial plus stable et plus sûr. En outre, la promotion du dialogue et de la collaboration par l'intermédiaire d'organisations internationales telles que les Nations unies et les blocs régionaux peut faciliter la résolution des conflits et l'action collective pour faire face aux menaces communes. Il est essentiel d'investir dans de solides capacités de collecte et d'analyse de renseignements pour comprendre l'évolution de la dynamique géopolitique et prendre des décisions politiques éclairées. En tirant parti des technologies de pointe et de l'expertise humaine, les gouvernements peuvent obtenir des informations essentielles sur les tendances et les risques émergents.

En outre, il est essentiel de donner la priorité à la résilience et à la diversification de l'économie pour se préparer à d'éventuelles perturbations. Il s'agit notamment de soutenir les industries nationales, de promouvoir l'innovation et d'obtenir des ressources stratégiques pour atténuer les vulnérabilités dans une économie mondiale qui évolue rapidement. En outre, les initiatives de développement durable et les investissements dans les sources d'énergie renouvelables peuvent réduire la dépendance à l'égard de marchés énergétiques volatils et contribuer à la durabilité environnementale. La stabilité géopolitique à long terme passe également par la prise en compte des changements démographiques et des inégalités sociales. La mise en œuvre de politiques inclusives qui soutiennent les diverses populations et s'attaquent aux causes profondes des troubles sociaux peut contribuer à prévenir les troubles internes et à favoriser la cohésion au sein des nations. Enfin, à l'ère du numérique, il est indispensable de renforcer les mesures de cybersécurité et de mettre en place des infrastructures résistantes aux cybermenaces. Les gouvernements et les entités privées doivent collaborer pour renforcer les mécanismes de défense, lutter contre la désinformation et garantir l'intégrité des systèmes critiques. En conclusion, la formulation de recommandations politiques et de mesures stratégiques globales exige une approche prospective qui anticipe et s'adapte à l'évolution du paysage géopolitique. En misant sur la diplomatie, l'innovation technologique, la résilience économique, l'intégration sociale et la cybersécurité, les nations peuvent se construire un avenir plus sûr et plus prospère au milieu des complexités de la politique mondiale.

Sélection bibliographique

Acharya, A. (2014). La fin de l'ordre mondial américain. Polity Press.

Acharya, A. (2017). Après l'hégémonie libérale : L'avènement d'un ordre mondial multiplexe. Ethics & International Affairs, 31(3), 271-285.

Aldis, W. (2008). La sécurité sanitaire en tant que concept de santé publique : ACritical Analysis. Health Policy and Planning, 23(6), 369-375.

Allison, G. (2017). Destiné à la guerre : l'Amérique et la Chine peuvent-elles échapper au piège de Thucydide ? Houghton Mifflin Harcourt.

Allison, R. (2020). Russian 'deniable' intervention in Ukraine : how and why Russia broke the rules. International Affairs, 96(1), 63-86.

Bäckstrand, K., Kuyper, J. W., Linnér, B. O., & Lövbrand, E.(2017). Les acteurs non étatiques dans la gouvernance climatique mondiale : de Copenhague à Paris et au-delà. Environmental Politics, 26(4), 561-579.

Bernstein, S., & Hoffmann, M. (2019). Politique climatique, métaphores et piège fractal du carbone. Nature Climate Change, 9(12), 919-925.

Betz, D. J. et Stevens, T. (2013). Le cyberespace et l'État : Toward a Strategy for Cyber-Power. Routledge.

Biermann, F. et Gupta, A. (2011). Responsabilité et légitimité dans la gouvernance du système terrestre : A research framework. Ecological Economics, 70(11),1856-1864.

Biscop, S. (2019). La stratégie européenne au 21e siècle : NewFuture for Old Power. Routledge.

Blackwell, R. D. et Harris, J. M. (2016). La guerre par d'autres moyens : Geoeconomics and Statecraft. Harvard University Press.

Bormann, N., & Sheehan, M. (Eds.). (2018). Securing OuterSpace : International Relations Theory and the Politics of Space. Routledge.

Bostrom, N. (2017). La superintelligence : Voies, dangers, stratégies.Oxford University Press.

Bown, C. P., & Irwin, D. A. (2019). L'assaut de Trump contre le système commercial mondial : Et pourquoi le découplage avec la Chine changera tout.Foreign Affairs, 98(5), 125-136.

Bown, C. P. et Keynes, S. (2020). Pourquoi Trump a tiré sur les shérifs : La fin du règlement des différends de l'OMC 1.0. Journal of International Economic Law,23(4), 861-884.

Bradshaw, M. J. (2014). Global energy dilemmas : a geographical perspective. Polity.

Brands, H. et Cooper, Z. (2019). Après la partie prenante responsable, quoi ? Débattre de la stratégie chinoise de l'Amérique. Texas National Security Review, 2(2), 69-81.

Breslin, S. (2013). La Chine et l'ordre mondial : menace ou amitié ? International Affairs, 89(3), 615-634.

Brooks, S. G. et Wohlforth, W. C. (2016). L'ascension et la chute des grandes puissances au XXIe siècle : China's Rise and the Fate of America's Global Position. International Security, 40(3), 7-53.

Brundage, M., Avin, S., Clark, J., Toner, H., Eckersley, P.,Garfinkel, B., ... & Amodei, D. (2018). L'utilisation malveillante de l'intelligence artificielle : Forecasting, Prevention, and Mitigation. arXiv preprintarXiv:1802.07228.

Buzan, B. et Lawson, G. (2014). Capitalism and the emergent world order (Le capitalisme et l'ordre mondial émergent). International Affairs, 90(1), 71-91.

Caliskan, A., Bryson, J. J., & Narayanan, A. (2017). SemanticsDerived Automatically from Language Corpora Container Human-like Biases (La sémantique dérivée automatiquement des corpus linguistiques contient des biais de type humain). Science,356(6334), 183-186.

Callahan, W. A. (2016). Le "rêve asiatique" de la Chine : The BeltRoad Initiative and the new regional order. Asian Journal of ComparativePolitics, 1(3), 226-243.

Castles, S., de Haas, H. et Miller, M. J. (2013). L'âge de la migration : International Population Movements in the Modern World. PalgraveMacmillan.

Charre, P. (2018). L'armée de rien : Les armes autonomes et l'avenir de la guerre. W. W. Norton & Company.

Colgan, J. D. (2013). Petro-Aggression : Quand le pétrole provoque la guerre, Cambridge University Press.

Collis, C., & Dodds, K. (Eds.). (2016). Securing Outer Space, Routledge.

Cooley, A. et Nexon, D. H. (2020). La sortie de l'hégémonie : The Unraveling of the American Global Order. Oxford University Press.

Deudney, D. (2020). Dark Skies : Space Expansionism, Planetary Geopolitics, and the Ends of Humanity. Oxford University Press.

Dolman, E. C. (2002). Astropolitik : Classical Geopolitics in theSpace Age. Routledge.

Drezner, D. W. (2015). Sanctions Sometimes Smart : Targeted Sanctions in Theory and Practice (Les sanctions parfois intelligentes : les sanctions ciblées en théorie et en pratique). International Studies Review, 13(1), 96-108.

Drezner, D. W. (2019). Economic Statecraft in the Age of Trump (La diplomatie économique à l'ère de Trump). The Washington Quarterly, 42(3), 7-24.

Duncombe, C. et Dunne, T. (2018). Après l'ordre mondial libéral.Affaires internationales, 94(1), 25-42.

Elbe, S. (2010). Sécurité et santé mondiale : Vers la médicalisation de l'insécurité. Polity.

Falkner, R. (2016). L'Accord de Paris et la nouvelle logique de la politique climatique internationale. International Affairs, 92(5), 1107-1125.

Fallon, T. (2015). La nouvelle route de la soie : La grande stratégie de Xi Jinping pour l'Eurasie. American Foreign Policy Interests, 37(3), 140-147.

Farrell, H. et Newman, A. L. (2019). Weaponized Interdependence : How Global Economic Networks Shape State Coercion.International Security, 44(1), 42-79.

Fiddian-Qasmiyeh, E., Loescher, G., Long, K., & Sigona, N.(Eds.). (2014). The Oxford Handbook of Refugee and Forced Migration Studies, Oxford University Press.

Fidler, D. P. (2004). SARS, Governance and the Globalization of Disease (SARS, gouvernance et mondialisation des maladies). Palgrave Macmillan.

Fiott, D. (2020). The European Union's Strategic Autonomy Trap", Survival, 62(6), 95-102.

Foot, R. et King, A. (2019). Évaluer la détérioration des relations entre la Chine et les États-Unis : Perspectives gouvernementales américaines sur le lien entre économie et sécurité. Revue de stratégie internationale de la Chine, 1(1), 39-50.

Friedberg, A. L. (2018), Competing with China. Survival, 60(3), 7-64.

Geist, E. (2016). Il est déjà trop tard pour arrêter la course aux armements - nous devons plutôt la gérer. Bulletin of the Atomic Scientists, 72(5),318-321.

Giumelli, F. (2017). L'impact redistributif des mesures restrictives sur les membres de l'UE : Winners and Losers from Imposing Sanctions on Russia.JCMS : Journal of Common Market Studies, 55(5), 1062-1077.

Goldthau, A. (2017). Les politiques de développement du gaz naturel dans l'Union européenne. Journal of European Public Policy, 24(10), 1369-1384.

Gostin, L. O., & Friedman, E. A. (2015). Analyse rétrospective et prospective de l'épidémie de maladie à virus Ebola en Afrique de l'Ouest : RobustNational Health Systems at the Foundation and an Empowered WHO at the Apex. TheLancet, 385(9980), 1902-1909.

Götz, E. (2019). La quête d'hégémonie régionale de la Russie. Orbis,63(1), 55-70.

Haass, R. (2019). Comment un ordre mondial se termine : et ce qui vient dans son sillage. Foreign Affairs, 98(1), 22-30.

Hale, T. (2020). Le rôle des acteurs sub-étatiques et non-étatiques dans les processus climatiques internationaux. Annual Review of Environment and Resources,45, 29-53.

Hancock, K. J. et Vivoda, V. (2014). International political economy : Un domaine né de la crise de l'OPEP retourne à ses racines énergétiques. Energy Research & Social Science, 1, 206-216.

Hillman, J. E. (2018). L'initiative chinoise "la Ceinture et la Route" : Cinq ans plus tard. Centre d'études stratégiques et internationales.

Hoffmann, M. J. (2011). La gouvernance climatique à la croisée des chemins : expérimentation d'une réponse globale après Kyoto. Oxford University Press.

Horowitz, M. C. (2018). Intelligence artificielle, concurrence internationale et équilibre des pouvoirs. Revue de sécurité nationale du Texas, 1(3).

Howorth, J. (2017). La coopération UE-OTAN : la clé de l'avenir de la sécurité en Europe. European Security, 26(3), 454-459.

Huang, Y. (2016). Comprendre l'initiative chinoise Belt & Road : Motivation, cadre et évaluation. China Economic Review, 40, 314-321.

Hufbauer, G. C., Schott, J. J., Elliott, K. A. et Oegg, B.(2009). Economic Sanctions Reconsidered. Peterson Institute for International Economics.

Ikenberry, G. J. (2011). L'avenir de l'ordre mondial libéral : Internationalism After America. Foreign Affairs, 90(3), 56-68.

Ikenberry, G. J. (2018). The end of liberal international order ? International Affairs, 94(1), 7-23.

Kagan, R. (2012). Le monde que l'Amérique a fait. Alfred A. Knopf.

Kahler, M. (2018). La gouvernance mondiale : Quoi ? Pourquoi ? Whither?International Studies Review, 20(2), 238-250.

Kamradt-Scott, A. (2015). Gérer la sécurité sanitaire mondiale : L'Organisation mondiale de la santé et la lutte contre les épidémies. Palgrave Macmillan.

Katz, R., Kornblet, S., Arnold, G., Lief, E. et Fischer, J. E.(2011). Définir la diplomatie de la santé : Changing Demands in the Era of Globalization. The Milbank Quarterly, 89(3), 503-523.

Kennedy, A. B. et Lim, D. J. (2018). The innovation imperative : technology and US-China rivalry in the twenty-first century (L'impératif d'innovation : la technologie et la rivalité entre les États-Unis et la Chine au XXIe siècle). International Affairs, 94(3), 553-572.

Keohane, R. O. et Victor, D. G. (2016). Coopération et discorde dans la politique climatique mondiale. Nature Climate Change, 6(6), 570-575.

Keukeleire, S., & Delreux, T. (2022). La politique étrangère de l'Union européenne. Macmillan International Higher Education.

Kevany, S. (2014). Diplomatie sanitaire mondiale, "Smart Power" et nouvel ordre mondial. Global Public Health, 9(7), 787-807.

Khanna, P. (2019). L'avenir est en Asie : L'ordre mondial au XXIe siècle. Simon & Schuster.

Koser, K. (2016). International Migration : A Very ShortIntroduction. Oxford University Press.

Krotz, U. et Maher, R. (2016). La place de l'Europe dans les relations sino-américaines. In "Power Shift ? The Rise of China and the Decline of theWest ?" (pp. 194-222). Palgrave Macmillan.

Kupchan, C. A. (2012). Le monde de personne : The West, the Rising Rest, and the Coming Global Turn. Oxford University Press.

Laruelle, M. (2015). Le "monde russe" : SoftPower et imaginaire géopolitique de la Russie. Centre sur les intérêts globaux.

Layne, C. (2018). Le changement de pouvoir entre les États-Unis et la Chine et la fin de la PaxAmericana. International Affairs, 94(1), 89-111.

Lo, B. (2015). Russia and the New World Disorder (La Russie et le nouveau désordre mondial). BrookingsInstitution Press.

Manger, M. S., et Pickup, M. A. (2016). The Coevolution of Trade Agreement Networks and Democracy (L'évolution conjointe des réseaux d'accords commerciaux et de la démocratie). Journal of Conflict Resolution, 60(1),164-191.

Massey, D. S., Arango, J., Hugo, G., Kouaouci, A., Pellegrino, A.,& Taylor, J. E. (1993). Theories of International Migration : A Review and Appraisal. Population and Development Review, 19(3), 431-466.

Mastro, O. S. (2019). La superpuissance furtive : comment la Chine a caché ses ambitions mondiales. Foreign Affairs, 98(1), 31-39.

Mearsheimer, J. J. (2019). Bound to Fail : The Rise and Fall of the Liberal International Order. International Security, 43(4), 7-50.

Medeiros, E. S. (2019). Les fondamentaux changeants des relations entre les États-Unis et la Chine. The Washington Quarterly, 42(3), 93-119.

Moltz, J. C. (2014). La politique de la sécurité spatiale : StrategicRestraint and the Pursuit of National Interests. Stanford University Press.

Nye, J. S. (2020). Puissance et interdépendance avec la Chine. The Washington Quarterly, 43(1), 7-21.

Okereke, C., Bulkeley, H., & Schroeder, H. (2009).Conceptualiser la gouvernance climatique au-delà du régime international. GlobalEnvironmental Politics, 9(1), 58-78.

Overland, I. (2019). La géopolitique des énergies renouvelables : Debunkingfour emerging myths. Energy Research & Social Science, 49, 36-40.

Portes, A., et Rumbaut, R. G. (2014). Immigrant America : a portrait. University of California Press.

Rolland, N. (2019). Un guide concis de l'initiative "la Ceinture et la Route". Bureau national de la recherche asiatique.

Rushton, S. (2011). La sécurité sanitaire mondiale : La sécurité pour qui ? la sécurité contre quoi ? Political Studies, 59(4), 779-796.

Sadeh, E. (Ed.). (2011). Space Politics and Policy : An Evolutionary Perspective. Springer.

Sakwa, R. (2017). La Russie contre les autres : La crise de l'ordre mondial après la guerre froide. Cambridge University Press.

Sassen, S. (2014). Expulsions : Brutalité et complexité dans l'économie mondiale. Harvard University Press.

Scholten, D. (Ed.). (2018). La géopolitique des énergies renouvelables.Springer.

Schweller, R. L. et Pu, X. (2011). After Unipolarity : China'sVisions of International Order in an Era of U.S. Decline. InternationalSecurity, 36(1), 41-72.

Segal, A. (2018). Quand la Chine règne sur le Web : La technologie au service de l'État. Foreign Affairs, 97(5), 10-18.

Sheehan, M. (2007). The International Politics of Space. Routledge.

Slaughter, A. M. (2017). L'échiquier et le web : Stratégies de connexion dans un monde en réseau. Yale University Press.

Smith, M. E. (2018). Les relations de sécurité transatlantiques depuis la stratégie européenne de sécurité : quel rôle pour l'UE dans sa poursuite de l'autonomie stratégique ? Journal of European Integration, 40(5), 605-620.

Sovacool, B. K. (2016). Combien de temps cela prendra-t-il ? Conceptualiser la dynamique temporelle des transitions énergétiques. Energy Research & Social Science,13, 202-215.

Stuenkel, O. (2016). Post-Western World : How Emerging Powers AreRemaking Global Order. Polity Press.

Subacchi, P. (2017). L'argent du peuple : Comment la Chine construit une monnaie mondiale. Columbia University Press.

Summers, T. (2016). China's 'New Silk Roads' : sub-national regions and networks of global political economy. Third World Quarterly, 37(9),1628-1643.

Swaine, M. D. (2015). Points de vue et commentaires chinois sur l'initiative "Une ceinture, une route". China Leadership Monitor, 47(2), 1-24.

Tocci, N. (2020). L'autonomie stratégique européenne : What It Is, Why WeNeed It, How to Achieve It. Istituto Affari Internazionali.

Triadafilopoulos, T. (2013). Becoming Multicultural : Immigration and the Politics of Membership in Canada and Germany. UBC Press.

Tsygankov, A. P. (2019). La politique étrangère de la Russie : Change and Continuity in National Identity (5e éd.). Rowman & Littlefield.

Vertovec, S. (2007). La super-diversité et ses implications. Ethnic and Racial Studies, 30(6), 1024-1054.

Wimmer, A. et Glick Schiller, N. (2002). Methodological nationalism and beyond nation-state building, migration, and the social sciences. Global Networks, 2(4), 301-334.

Yergin, D. (2011). The Quest : Energy, Security, and the Remaking of the Modern World. Penguin.

Youngs, R. (2020). Le piège de l'autonomie stratégique de l'UE. CarnegieEurope.

Zakaria, F. (2008). Le monde post-américain. W. W. Norton &Company.

Zolberg, A. R. (2006). A Nation by Design : Immigration Policy in the Fashioning of America. Harvard University Press.

Sommaire

PREFACE PAR HICHEM KAROUI
- Introduction
- Le contexte historique
- Comprendre la perturbation géopolitique
- La rivalité sino-américaine
- La position de l'Europe
- Le soldat et le diplomate
- Guerre économique
- Marchés émergents
- Technologie et cybersécurité
- Changement climatique et Écologie
- Migration et changements démographiques
- Crises sanitaires et géopolitique
- L'initiative "la Ceinture et la Route"
- Face à l'émergence de nouveaux défis
- La politique étrangère des États-Unis
- La Russie en Europe
- Le commerce maritime
- Gouvernance mondiale
- Les manifestations de l'influence populaire
- Investir dans la défense
- Diplomatie culturelle et soft power
- Politique énergétique
- La manipulation et le contrôle
- L'ère de l'IA
- Conclusion
- Aide étrangère et développement
- La course à l'espace
- L'impact de la mondialisation

Le jeu des nations
Regarder vers l'avenir
Bibliographie

www.ingramcontent.com/pod-product-compliance
Lightning Source LLC
Chambersburg PA
CBHW071213040426
42333CB00068B/1733